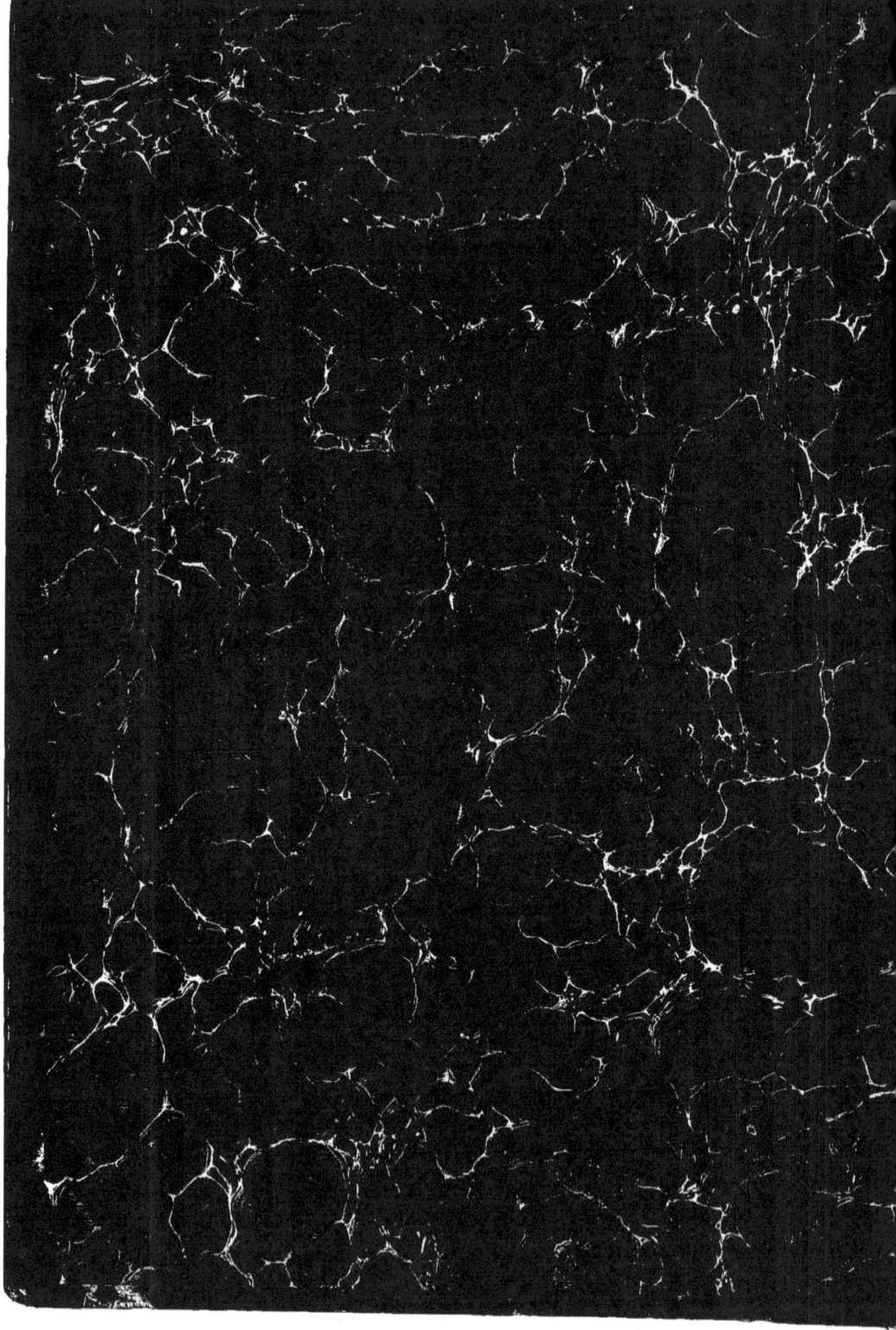

1456

LE PARTHÉNON DE L'HISTOIRE

SIX VOLUMES PUBLIÉS SIMULTANÉMENT

ENRICHIS

DE

PLUS DE 1500 SPLENDIDES GRAVURES

ENTIÈREMENT INÉDITES

Format Royal in-quarto, Papier Vélin. Chaque Volume contenant 400 pages

COMPRENANT :

2 Volumes	LA RÉVOLUTION FRANÇAISE	**2 Volumes**	LA RUSSIE
500 gravures	Par M. Jules JANIN	450 gravures	Par M. Piotre ARTAMOF
1 Volume	LES REINES DU MONDE	**1 Volume** 2ᵉ TOME DES GALERIES DE L'EUROPE	
150 gravures	Par nos premiers écrivains	450 gravures	Par M. J.-G.-D. ARMENGAUD

Compositions et Dessins par M. Hippolyte DE LA CHARLERIE — Gravures par M. PANNEMAKER, professeur à l'École impériale
ET PAR LES MEILLEURS DESSINATEURS   ET PAR L'ÉLITE DES GRAVEURS

OUVRAGE PUBLIÉ SOUS LA DIRECTION
DE M. J.-G.-D. ARMENGAUD
Fondateur de l'Histoire des Peintres, Auteur des Galeries publiques de l'Europe (ROME)
des Trésors de l'Art, des Chefs-d'œuvre de l'Art chrétien, etc., etc.

PARIS
IMPRIMERIE DE CH. LAHURE ET Cⁱᵉ
RUE DE FLEURUS, 9

VRAISONS 49 et 50   Voir au verso de cette page.

PUBLICATION EN LIBRAIRIE
DU PARTHÉNON DE L'HISTOIRE
LIBRAIRIE L. HACHETTE ET Cᴵᴱ
BOULEVARD SAINT-GERMAIN, N° 77, A PARIS.

AVIS IMPORTANT

La beauté de ce livre, la délicatesse et le fini des gravures dont il est orné, les soins de tout genre apportés à son exécution, le désir de l'éditeur lui-même, le bon goût et l'intérêt de la publication exigent qu'il arrive aux mains des SOUSCRIPTEURS dans l'état le plus parfait de fraîcheur et de conservation.

Dans ces conditions, il n'était pas possible d'envoyer ces belles livraisons par la voie de la poste. Pas une feuille ne doit arriver ployée, maculée : il la faut sans taches et sans plis.

Chargée exclusivement de la vente *en librairie* de cet ouvrage, la maison L. HACHETTE et Cⁱᵉ a décidé, en conséquence, que la remise des livraisons s'opérerait à Paris en leur librairie, et dans les départements chez les libraires leurs correspondants.

PRIX

Le prix de la livraison, 3 feuilles, 24 pages, 10 à 12 gravures (une feuille de chaque sujet), est de 5 francs.

PRIME

FONDÉE PAR LA PRESSE FRANÇAISE AU PROFIT DE SES ABONNÉS

LA PRESSE FRANÇAISE, *heureuse de donner à* MM. *les abonnés un témoignage durable de sympathie, leur offre* EN PRIME, *à des conditions exceptionnelles, les six tomes du* PARTHÉNON DE L'HISTOIRE, *un chef-d'œuvre de la librairie moderne.*

Pour réaliser cette bonne pensée et pour assurer à tous les abonnés la possession de ce livre où la forme et le fond méritent également l'intérêt et la curiosité du lecteur, LA PRESSE FRANÇAISE *a fixé*

A 2 FRANCS 25 CENTIMES SEULEMENT LE PRIX DE LA LIVRAISON AU LIEU DE 5 FRANCS.

AVIS IMPORTANT

Par les mêmes motifs que la librairie L. HACHETTE ET Cⁱᵉ, les Journaux de Paris n'enverront pas ce bel ouvrage par la voie de la poste ; la remise des livraisons s'effectuera dans les bureaux mêmes du Journal, ou elles seront portées, par les soins de l'administration, au domicile des abonnés de Paris qui en feraient la demande.

Les abonnés des départements et de l'étranger aux Journaux de Paris sont invités à s'adresser aux libraires de leur ville, qui se chargeront de faire-retirer les livraisons dans les bureaux du Journal et de les faire comprendre dans les caisses de livres qui leur sont journellement expédiées de Paris.

Les facilités de communications qui existent d'une ville à l'autre nous dispensent d'indiquer les mesures à prendre pour le service des livraisons qui seront demandées aux Journaux des départements par leurs abonnés.

NUL N'A DROIT A LA PRIME S'IL N'EST ABONNÉ ET S'IL N'EN JUSTIFIE PAR SA QUITTANCE D'ABONNEMENT

La livraison se compose de 3 feuilles, 24 pages, 10 à 12 gravures (une feuille de chaque sujet).

LES
REINES DU MONDE

PAR

Nos Premiers Ecrivains

OUVRAGE PUBLIÉ SOUS LA DIRECTION

DE M. J.-G.-D. ARMENGAUD

FONDATEUR DE L'HISTOIRE DES PEINTRES, AUTEUR DES GALERIES PUBLIQUES DE L'EUROPE
DES TRÉSORS DE L'ART, ETC., ETC.

PARIS
IMPRIMERIE DE CH. LAHURE ET Cie
RUE DE FLEURUS, 9
1862

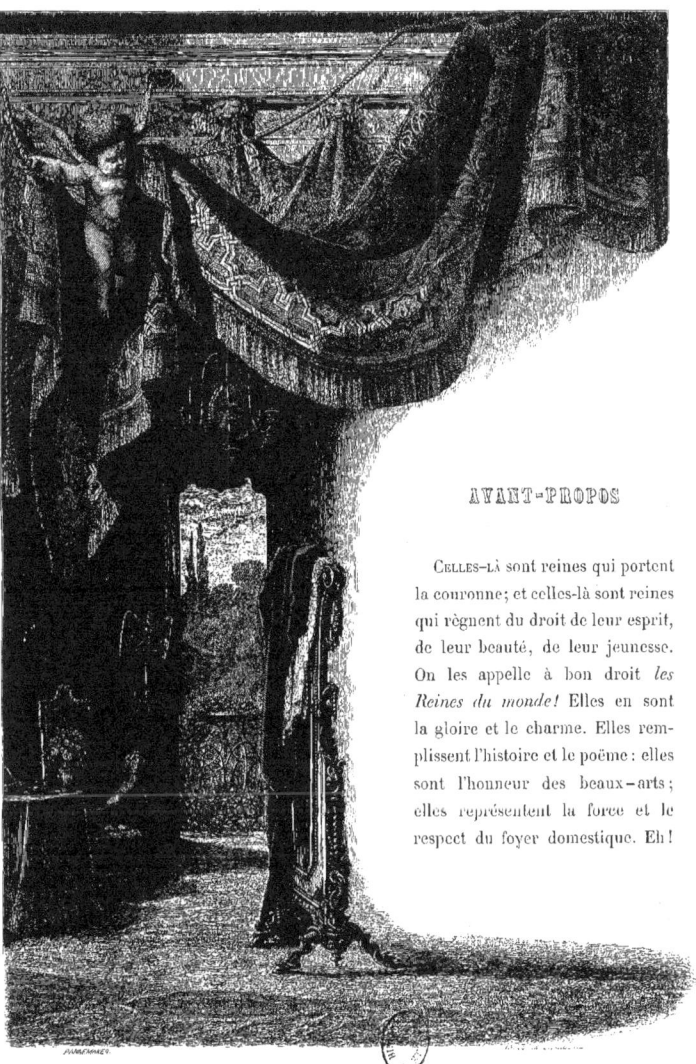

AVANT-PROPOS

CELLES-LÀ sont reines qui portent la couronne; et celles-là sont reines qui règnent du droit de leur esprit, de leur beauté, de leur jeunesse. On les appelle à bon droit *les Reines du monde!* Elles en sont la gloire et le charme. Elles remplissent l'histoire et le poëme : elles sont l'honneur des beaux-arts; elles représentent la force et le respect du foyer domestique. Eh!

quel plus digne sujet de notre étude et de nos louanges! Les plus grands philosophes et les plus grands poëtes, à commencer par Sophocle et Platon, ont célébré ces grâces, ces attraits, ce doux parler, ce doux regard. Une femme, la première, notre mère, est l'héroïne du poëme de Milton. Les premières femmes que nous ayons aimées sont les femmes de la Bible, enchantements et déjà consolations du monde naissant. Nos secondes amours appartiennent aux filles d'Homère, et, dans nos jeunes cœurs, la belle Hélène a bientôt pris la place de la tendre Rachel. Ces filles d'Homère ont un si grand charme! Elles tiennent d'une main savante et charmante la quenouille et la lyre. Aspasie est restée un des personnages les plus considérables de la cité de Minerve. A la beauté de Phryné Praxitèle empruntait sa Vénus. *Enchantement*, c'est le nom de Corinthe inabordable. Il fallait tant d'esprit, de gaieté, de jeunesse et tant d'amour pour aller à Corinthe! Un seul voyage était permis, même aux plus braves, aux plus célèbres, aux plus heureux.

Rome arrive à son tour, et voici l'enlèvement des Sabines :

Nous sommes tous les fils d'un attentat immense!

Nous trouvons dans cette histoire illustre : Lucrèce, Virginie, la mère éplorée de Coriolan, Porcia la fille de Caton, Julie la femme de Pompée, et jusqu'à Flora la courtisane, qui fit la république héritière de ses grands biens. Étrange histoire; et n'oublions pas que les dames romaines, au milieu de ces licences, conservèrent leur courage et leur vertu jusqu'à la fin de ces règnes affreux, qui firent même de la vertu des femmes une proscription, un arrêt de mort.

Le christianisme, enfin, délivra la femme esclave ; il la fit libre, il la fit parfaite ; et l'Angleterre, et la France, et l'Allemagne, et la Bavière ont eu des femmes chrétiennes pour leurs premiers apôtres. En Hongrie, en Bohême, en Lithuanie, en Pologne, en Russie on n'entendit que des voix claires et douces, qui disaient en leurs cantiques les premières promesses de l'Évangile ; et le jour du martyre elles étaient les premières à témoigner de la vérité nouvelle.

Honneur à la chevalerie! Elle a donné l'auréole aux beautés du monde féodal. L'Espagne des chevaliers est tout un poëme à la louange éternelle de ces *dames de beauté* : naïveté, loyauté, franchise, autant de devises amoureuses.

Saluons, chez nous, François Ier, le roi de la Renaissance. Il disait si bien : « Une cour sans femmes est un printemps sans roses. » Ah! ces Valois, quelles amours! François II amène en France une héroïne, une martyre appelée Marie Stuart. L'infortunée, elle paya de sa tête sa rivalité avec le *roi Élisabeth*. « Le roi Élisabeth, la reine Jacques, » disaient les Anglais en leur mauvais latin [1].

---

1. *Rex fuit Elisabeth, fuit et regina Jacobus.*

Au même instant Henri IV, *ce conquérant du sien*, servait en poëte, en chevalier les plus belles de son siècle. On a gardé ses lettres, on chante encore ses chansons. Que de belles galanteries sous la régence d'Anne d'Autriche! Un grand écrivain a passé sa vie à célébrer la duchesse de Longueville. Au seul nom de Louis XIV, vous voyez accourir la Vallière, Montespan, mademoiselle de Fontanges, et vous avez, pour célébrer ces reines de Versailles, Quinault, Molière et Racine.

Tout le monde a le droit de maudire un peu le siècle de Louis XV : tout le monde, hormis les femmes. Elles ont régné, elles ont gouverné; chacune était reine. Elles ont inspiré les plus doux poëtes; elles ont fait les plus grands artistes. Puis les jours étant venus où ce monde imprévoyant, au fond de l'abîme, expiait les imprudences d'un si long règne, soudain voici ces faibles duchesses, ces tendres marquises qui se lèvent du sein de ces corruptions, pour donner à tous ces hommes pâles d'effroi l'exemple du courage. En ce moment funeste, beaucoup plus qu'aux temps des adorations, les noms viennent en foule à nos souvenirs : madame de Lamballe, Madame Elisabeth, Charlotte Corday, madame Rolland, et la plus illustre et la plus courageuse entre toutes, la reine de France !...

C'est un adage ancien : « Les hommes font les lois, les femmes font les mœurs. » Elles font aussi l'esprit, la renommée et la gloire; elles sont le courage et la récompense. Elles ont tenu dignement le sceptre, et l'épée et la plume. Elles ont accompli les plus grandes actions. Chacune, en même temps, conserve hardiment le caractère qui lui est propre, avec le caractère de sa nation. Et c'est encore une des supériorités d'une pareille histoire, de n'éveiller aucune jalousie.

Aussitôt donc que se rencontre une de ces beautés que le monde entier glorifie, on la salue, on l'adore! Homère est un grand poëte lorsqu'il nous montre aux derniers jours d'Ilion les grands vieillards se levant de leurs siéges au seul aspect de la fille de Tyndare, cause de tant de ruines et de funérailles pour le peuple troyen.

Tel sera le sujet varié, fécond, inépuisable en mille émotions si différentes, de ce grand livre d'intelligence et de beauté. A Dieu ne plaise, en effet, que nous séparions dans nos louanges l'âme et le corps, le visage et le talent ·

> Que le beau soit toujours camarade du bon
> Et dès demain je prendrai femme....

a dit la Fontaine.

Choisir ce qu'il y a de beau, de rare et de charmant dans les grâces, dans les vertus, dans les passions, voire dans les faiblesses de la femme, est tout ce livre. On les choisira dans toutes les nations, chez tous les peuples : à la ville, à la cour, au théâtre, à Versailles, à l'Ermitage, à Sans-Souci, à l'Escurial. Nous les voulons belles, nous les voulons célèbres, entre les écrivains, les artistes, les poëtes, les majestés, les amoureuses. Ce livre est une galerie où chaque image a conquis les honneurs du Louvre, où la Fornarina de Raphaël est à côté de la Vénus du Titien, où la Joconde de Léonard de Vinci fait face à la Marie de Médicis de Rubens.

Voyez cependant, en un pareil sujet, quelle admirable variété.... Saintes et pécheresses, chacune de ces filles d'Adam devient un sujet de bonnes paroles, d'enseignements utiles, de pieux souvenirs. Ces reines d'un jour, dont le nom est immortel, d'Agnès Sorel à madame Tallien, elles ont le charme et le parfum des choses passées. Un rien les fait revivre, un rien les ramène à la douce lumière, et les vivants, contents de les revoir, n'ont plus de regard que pour elles : « Vous voilà, disent-ils, soyez les bienvenues, soyez les bien fêtées. Vous voilà, doux fantômes qui donniez le signal à tant de chefs-d'œuvre, à tant de nobles actions; venez à nous, immortelles dont les plus grands poëtes ont chanté les louanges : sceptres, éventails, miroirs, fantaisies, lyres d'or, tout ce qui brille et retentit, au temps présent, dans le lointain des âges. Noms charmants associés aux plus beaux chapitres de l'histoire, on vous attend, on vous salue, on vous écoute.... »

J.-G.-D. A.

MADAME DE BOUFFLERS.

Ce doux visage où l'amour a laissé sa trace en passant, ces yeux petillants d'esprit, de malice et de bonne humeur, vous représentent une des femmes les plus charmantes du règne de Louis XV, à l'heure où le premier soin de la femme était de plaire, où sa première ambition était d'aimer.

Cette aimable et poétique marquise de Boufflers, de la maison de Beauvau-

Craon (origine exquise), tenait à toutes les élégances, et principalement aux élégances de l'esprit.

Elle avait été longtemps la seconde reine à Lunéville, à la cour du roi Stanislas, *le philosophe bienfaisant*, cet autre roi René, roi sans royaume, adoré de ses sujets d'un jour, lorsque madame de Boufflers quitta la Lorraine et revint en France avec sa couronne. Elle est morte en reine de Paris, l'an de grâce 1787. Vivre.... et mourir à la bonne heure, voilà tout le secret.

Quand nous disons une reine! il n'y a pas d'autre expression pour expliquer l'autorité de madame la marquise de Boufflers, dans ce royaume à part qu'on appelait la Lorraine, à cette petite cour de Lunéville où le bon roi Stanislas, le père de la reine de France, attirait à sa cour les plus belles dames, les plus beaux esprits, les savants, les sages qui voulaient vivre en pleine liberté, sous les ombrages de la Malgrange, ou dans le château de Lunéville.

En ces lieux de sa prédilection, le roi Stanislas avait commencé par se monter une maison royale, tant il éprouvait, ce noble cœur, le besoin de s'entourer des compagnons de ses anciennes batailles, des amis de sa vie errante. Toutes les grandes charges de la couronne, il les avait libéralement maintenues pour en décorer les chers compagnons de son exil. Le comte de Béthune était grand chambellan, le marquis de Custine grand écuyer, le comte d'Haussonville grand louvetier, le marquis de Lambertye était capitaine des gardes du corps. Ce roi si facile à vivre, heureux de tout, content de peu, n'avait pas moins de cinq chambellans ordinaires : les comtes de Croy, Ligneville, Nettancourt, Brassac, le chevalier de Meuse.... Il y voulut ajouter deux pensionnaires grands officiers : MM. de Berchemy et d'Andelau; enfin douze chambellans d'honneur parmi lesquels on citait les marquis de Lambertye, de Choiseul, du Châtelet, de Salles et de Mougey, les comtes de Tonneille, d'Hunalstein, et le chevalier du Châtelet; deux gentilshommes pour la chambre : MM. Casteja et Vauglas, Massallès et la Roche-Aymon pour la seconde table; et tant et tant de gentilshommes pour la vénerie et pour les bâtiments, pour la musique et le gouvernement de ses pages, avec douze gentilshommes surnuméraires. Madame de Linanges, dame d'honneur de la reine; les comtesses de Choiseul et de Raigecourt, premières dames du palais.... Bref, le palais de Versailles *ad honores*!

De cette réunion de courtisans désintéressés, dont les grands emplois étaient autant de sinécures, et qui remplaçaient par la majesté des titres la modicité des traitements, madame de Boufflers était la vie et le charme. Elle était si jolie et si piquante, avec tant de bel esprit et de bonne humeur! Elle entendait si bien le grand art de plaire à ce gentilhomme un instant couronné, au bon roi Stanislas!

De ses grandeurs passées il n'avait gardé que le souvenir! Madame de Boufflers partageait tous les goûts du prince; il aimait la peinture, elle était peintre; il aimait la musique, elle était musicienne; elle était architecte aussi; quand l'argent manquait, elle bâtissait de si beaux palais dans les nuages!

Hospitalière et bienveillante à tous les honnêtes gens, madame de Boufflers eut l'honneur de recevoir dans le château de Commercy, qui était une espèce de Trianon, le président Hénault, Helvétius le fermier général, M. le président de Montesquieu lui-même, avant qu'il eût publié *l'Esprit des lois*, mais il était déjà l'auteur des *Lettres persanes* et du *Temple de Gnide!* On n'était pas plus Française et grande dame que madame de Boufflers, ajoutez plus hospitalière, avec plus de grâce et de générosité. « Elle n'a pas de jupes! » disait Voltaire, et Voltaire accordait, en si peu de mots, à cette aimable femme un grand éloge, en contraste aux dépenses scandaleuses, aux prodigalités insensées de Cotillon II, de Cotillon III !

Madame de Boufflers était pour le vieux roi une amie, une conseillère, une gaieté; elle était le charme et l'à-propos de cette cour, semblable à l'abbaye de Thélème, où toutes les passions élégantes venaient en aide à toutes les sciences sérieuses, à toutes les heureuses frivolités :

> Les livres, les bijoux, les compas, les pompons,
> Les vers, les diamants, le biribi, l'optique,
> L'algèbre, les soupers, le latin, les jupons,
> L'opéra, les procès, le bal et la physique....

Et même, un jour, deux voyageurs frappant aux portes du château du roi Stanislas et de la comtesse de Boufflers, comme on leur demandait de montrer patte blanche, ils répondirent : celui-ci qu'il s'appelait Voltaire, et celle-là la marquise du Châtelet. Pensez donc s'ils furent les bienvenus, et si tout de suite ils se trouvèrent les maîtres en cette belle et bonne compagnie! A Lunéville, ils étaient chez eux, comme au château de Cirey, voisin de Lunéville.

«En vérité, écrivait Voltaire à madame la comtesse d'Argental, c'est un château enchanté dont le maître fait les honneurs. » Or, ces honneurs consistaient à représenter solennellement *Brutus*, *Mérope* et *Zaïre!* Une autre fois, c'était *le Comte de Boursoufle;* et madame du Châtelet, une rieuse, égayait ces honnêtes gens des charmantes vivacités de *Mademoiselle de la Cochonnière!* Ah! les beaux jours qu'ils passaient ainsi les uns et les autres à se sourire, à se complaire, à se contempler, à charmer cet aimable roi dont le sceptre était si léger!

Ce roi-là était fait pour aimer l'esprit de Voltaire; il se sentait véritablement aimé du grand poëte; il n'avait rien à redouter de ses hardiesses! Et que de fois l'aimable prince eut la primeur des plus charmants passages de certain poëme aussi recherché que défendu!... Ou bien la porte étant close, le roi priait Voltaire de lui lire un de ses contes qu'il tenait en portefeuille. Il les lisait comme on les écoutait, c'est-à-dire à merveille. En toute occasion Voltaire écrivait des vers à la louange du roi son hôte, et de madame de Boufflers :

> Le nouveau Trajan des Lorrains
> Comme roi n'a pas mon hommage,
> Vos yeux seraient plus souverains!
> Mais ce n'est pas ce qui m'engage
> Je crains les belles et les rois :
> Ils abusent trop de leurs droits;
> Ils exigent trop d'esclavage.
> Amoureux de ma liberté,
> Pourquoi donc me vois-je arrêté
> Dans les chaînes qui m'ont su plaire?
> Votre esprit, votre caractère
> Font sur moi ce que n'ont pu faire
> Ni la grandeur ni la beauté.

Voilà certainement une admirable louange, et quand il loue avec tant d'esprit les belles ou les rois, on se méfie un peu de Voltaire. Eh bien, cette fois la louange était tout à fait méritée; il n'y avait rien de plus charmant que cette digne fille du prince de Craon, à trente ans qu'elle pouvait avoir, en l'an de grâce 1748. Une taille charmante, une figure pleine d'agrément et de vivacité printanière. — Elle écoutait à merveille! Elle savait rire et sourire, et tout comprendre! Un charme, une grâce, un enchantement, un style animé de toutes les gentillesses de ces belles éloquentes, échos d'un monde évanoui! Elle parlait peu, lisait beaucoup; si sa causerie était semblable à un livre décousu, c'est qu'elle en avait déchiré les pages inutiles.

Ah! qu'elle était bien nonchalante et plaisante à la fois!... On l'appelait à la cour de Lorraine : « La dame de Volupté! » Elle acceptait volontiers ce doux titre, à telles enseignes qu'elle se fit à elle-même, et contente et nonchalante, l'épitaphe que voici :

> Ci-gît dans une paix profonde
> Cette dame de Volupté
> Qui, pour plus grande sûreté,
> Fit son paradis dans ce monde.

« Ah! marquise, y pensez-vous? disait le bon prince; eh quoi, déjà votre *de*

MADAME LA MARQUISE DE BOUFFLERS.

profundis? et vraiment vous êtes faite pour mieux que cela. » A quoi la marquise enfant répondait par ce joli quatrain :

> De plaire un jour sans aimer j'eus l'envie ;
> Je ne cherchais qu'un simple amusement ;
> L'amusement devint un sentiment,
> Le sentiment le bonheur de ma vie.

Notez bien que ces belles choses-là s'improvisaient, le soir, entre une causerie étincelante, un petit concert et d'élégantes chansons. Ajoutons tout bas que l'Amour était de la partie. On écrirait d'heureuses pages, si l'on voulait faire l'histoire de ce château de Commercy, le Trianon de Lunéville. Madame du Châtelet habitait le rez-de-chaussée ; au second étage habitait Voltaire ; entre les deux, madame de Boufflers et le roi Stanislas. Un joli capitaine appelé Saint-Lambert, poëte et bel esprit, dans le bel âge des amours, était logé, en grand secret, chez le curé du village, non loin de l'Orangerie. Or, sitôt que le roi s'était retiré dans ses appartements, une lumière avertissait le jeune exempt des gardes.

Guidé par la douce clarté, M. de Saint-Lambert ne se faisait guère attendre, et.... l'ingrat ! par oisiveté, sans doute, il s'arrêtait volontiers à mi-chemin de madame de Boufflers. Il était aux pieds divins de madame du Châtelet !... il se jetait dans les bras charmants de madame de Boufflers ! Il jurait ses grands dieux, à celle-ci, à celle-là, qu'il était fidèle, incapable de trahison.... « Par respect pour le roi ! disait-il à madame du Châtelet. — Par admiration pour Voltaire ! » disait-il à madame de Boufflers. Et Voltaire et le roi ne s'inquiétaient guère de ce galant porteur d'épée.... « Ah ! le bon billet pour Voltaire ! disait le roi. — Le bon billet pour le roi ! » disait Voltaire.

Que vous dirai-je ? il n'y eut jamais dans le plus pacifique et le plus amoureux château du monde une plus agréable et plus amusante comédie !... Ils se trompaient.... on les trompait avec tant de bonhomie !

Et le jour, funeste entre tous les jours de sa vie, en apprenant la mort soudaine de madame du Châtelet, de quel deuil fut rempli l'hôte célèbre du château de Commercy. « Elle est morte, elle est morte ! disait Voltaire à son rival trop heureux ; elle est morte, et c'est vous qui l'avez tuée ! » Il pleurait, il se lamentait ; il réclamait, comme étant sa propriété, le médaillon que portait sur son cœur sa chère maîtresse. « Il m'appartient ! » disait Voltaire. — « Il est à moi ! » disait, d'une voix terrible, le marquis du Châtelet. « Il contient mon portrait, » disait l'un. — « Il contient mon portrait, » disait l'autre. Or le médaillon étant ouvert.... le médaillon traître au mari, perfide à l'amant, contenait le portrait de Saint-Lambert ! Dans une pareille aventure, il y a de quoi rire.... et pleurer.

Voltaire.... et madame de Boufflers eurent bientôt pardonné à cette aimable femme ces trahisons si chèrement payées! Le monde entier a retenti des douleurs de Voltaire; encore fut-il heureux de trouver pour le consoler madame de Boufflers. Il y avait tant de pitié dans son regard, tant d'indulgence et de bonté dans son cœur! elle comprenait si bien les passions, les peines, ajoutons les faiblesses de l'amour! Voltaire en la quittant lui adressait cette louange suprême :

> Vos yeux sont beaux, mais votre âme est plus belle :
> Vous êtes simple et naturelle,
> Et sans prétendre à rien vous triomphez de tous.
> Si vous eussiez vécu du temps de Gabrielle,
> Je ne sais pas ce qu'on eût dit de vous,
> Mais l'on n'aurait point parlé d'elle.

Et quand Voltaire, à son tour, quitta ce monde, où son génie avait brillé comme un météore au milieu de toutes ces voix qui s'élevaient, pour le plaindre ou le condamner, on entendit par-dessus toutes la voix de son ancienne amie, et cette voix éloquente eut un écho dans tout ce peuple au désespoir :

> Celui que dans Athène eût adoré la Grèce,
> Que dans Rome à sa table Auguste eût fait asseoir,
> Nos césars d'aujourd'hui n'ont pas voulu le voir,
> Et Monsieur de Beaumont lui refuse une messe!

A ces causes, ne vous étonnez pas que madame de Boufflers, ce rare esprit, ce noble cœur, cette fidèle amitié, ce talent prime-sautier, ait laissé chez nous, dans la société polie, un éternel souvenir.

Jusqu'à l'heure où le dix-huitième siècle allait finir et tomber dans les abîmes, madame la marquise de Boufflers est restée un des plus sincères représentants de cette antique société qui se croyait si forte encore! Elle avait l'accent même de l'ancien régime! Elle tenait, par la maison de Boufflers, à l'ancien capitaine de François Ier et de Henri II, Louis de Boufflers, dont l'histoire disait des prodiges; elle tenait à ce maréchal de France qui fut un digne élève de Condé, de Turenne, de Luxembourg; elle appartenait, par son fils, le chevalier de Boufflers, à tous les beaux esprits de la France! Il se glorifiait d'être un homme de lettres, et sa mère applaudissait à sa dignité nouvelle. Il était peintre, et poëte, et romancier; il fut un bon capitaine; il fut un sage administrateur!... Ses chansons furent le suprême enjouement de cette fin d'un monde; il les faisait plaisantes, amoureuses, très-parées et peu vêtues. Plus d'un proscrit de la terreur, attendant le jour de comparaître devant des juges sans appel.... et sans pitié, avait encore à la lèvre une chanson de M. de Boufflers.

Écoutez ce portrait de madame de Boufflers : « Elle parlait peu, écrivait peu, lisait beaucoup ; elle aimait les livres pour le plaisir qu'elle y trouvait, l'utilité ne venant qu'après l'intérêt et la curiosité de la lecture. Elle aimait d'instinct les belles choses ; elle s'y plaisait parce qu'elle en avait le goût plus que la passion. Elle lisait comme elle jouait, pour s'exempter de parler. Sitôt qu'elle avait rencontré un chef-d'œuvre, elle en faisait son camarade et son ami ! » Ajoutons qu'elle était fidèle à l'amitié, plus que constante en amour.

Un témoin de ces temps qui ne sont plus, M. le duc de Lévis, était l'ami de madame de Boufflers. Il l'écoutait, comme on écoute un bruit qui vous charme ! Elle lui redisait toute la société du Temple, et le bel esprit du prince de Conti ; elle lui racontait la mort du bon roi Stanislas. Il s'était brûlé au feu de sa cheminée, une vieille camériste accourut au secours de son maître et se brûla les mains. « Qui nous eût dit, madame Gallier, disait le roi, qu'à ce vieil âge, vous et moi, nous brûlerions des mêmes feux ! »

Cette femme heureuse avait bien usé de ses belles années ; elle avait écrit à son usage plusieurs belles sentences précieusement gardées et suivies dans la société polie.... Ainsi, sage et prudente, elle enseignait aux jeunes femmes comment on apprend à vivre.... en vivant.

J. JANIN.

MADAME DE PARABÈRE.

« Que celle-là qui est sans péché lui jette la première pierre! » En effet, il n'y a que les belles âmes qui sont indulgentes. La charité, voilà ce qui manque, et trop souvent, à la femme heureuse qui n'a jamais connu le péril, qui n'a couru que les petits dangers de chaque jour, loin des grandes passions, loin du tumulte et du bruit des fêtes royales. Une humble vie, à l'ombre heureuse et modeste d'un toit pacifique, un mari qui vous aime et vous protége, une famille innocente dont vous êtes la providence, un milieu bourgeois, une époque obéissante et féconde en chastes enseignements, un grand exemple parti de très-haut, tantôt d'un roi sérieux, tantôt d'une reine honnête femme, honnête mère; un rempart de grands magistrats, de vaillants prêtres, de bonnes gens ; une ville où chaque voisin, selon vos mérites, vous loue ou vous blâme, autant de motifs pour qu'une femme ici-bas mérite à la fois le respect des hommes, les sympathies et les déférences des femmes, l'obéissance et l'admiration de tous les honnêtes gens.

Mais transportez, si vous l'osez, cette femme ambitieuse au milieu d'une ville en désordre et dans une cour où l'ambition, le luxe et les plus violentes passions de la vie humaine accomplissent leur chef-d'œuvre; amenez cette abandonnée au palais d'un satrape d'Asie, esprit délicat, sceptique, intelligent, malheureux prince, obéissant à l'heure présente, ami de tous les excès, compagnon de toutes les débauches, sans respect pour l'innocence et sans pitié pour la vertu.... que voulez-vous qu'elle devienne? En même temps, autour de ces regards éblouis, étalez à plaisir le luxe et l'enivrement de la toute-puissance; enchantez les oreilles délicates du bruit des chansons les plus hardies et des paradoxes les plus étranges; conduisez cette héroïne à l'Opéra, au bal, au concert, dans les enchantements du Palais-Royal, dans les salons de M. le Régent, et dites-lui, en désignant les reines de la jeunesse et les beautés de la cour : Celle-ci appartient à Richelieu, celle-là à M. de Lauzun ; cette autre a quitté le cloître, et jeté le froc aux orties, pour obéir à toutes les passions de ses vingt ans! Allez ! courage ! Et que les reines de Paris vous servent de modèles. Voyez-les rire, écoutez leurs chansons, assistez à leurs toilettes, interrogez leurs écrins, leurs garde-robes et leurs galeries profanes; saluez leurs portraits, où tout brille, où tout provoque, où le regard brûle, où le sourire insulte, où le geste est un appel.... Comment donc cette imprudente aura-t-elle assez de courage et d'énergie pour refuser son encens à ces tristes divinités du bon plaisir? Si cette obstinée résiste encore à vos déclarations furieuses, redoublez de soins, d'activité, de vigueur. Faites mieux : illuminez le palais de Saint-Cloud sur le minuit, et conduisez la dame à ces tables fabuleuses où les plus belles s'enivrent à la coupe ardente de tous les vins, mêlés à la rosée de tous les cieux.... Allez encore : appelez en aide intérêt et séductions; à côté du Régent d'Orléans, ce prince étonnant qui menait de front tant de grandes affaires, tant de tristes plaisirs, jusqu'à ce qu'enfin il tomba au fond de l'abîme à son tour; appelez l'abbé Dubois en personne, un tentateur à qui rien ne résiste, et dites-nous quelle femme honnête, et pure et bien née, eût résisté à ces enivrements de l'esprit, de la tête et des sens ! C'était impossible. Une fois sur le seuil de ces doutes, de ces plaisirs, de ces voluptés, si voisines du sceptre, une femme était perdue. En vain elle se rappelait le nom de ses aïeux, la vertu de sa mère et l'austérité de sa maison, un regard de M. le Régent changeait en remords toutes ces grandeurs. Donc, philosophes, abstenez-vous de ces déclamations impuissantes, de ces remontrances inutiles, et si quelque fille échappée au toit domestique arrive en cette cour où sa perte est certaine, il faut la plaindre.

A ce compte, on plaindra madame de Parabère. Elle apportait, en venant au monde, une grâce, une beauté, une séduction irrésistibles. Elle avait quatre ans à peine quand disparut dans les nuages le soleil de Louis XIV, et ce fut dans toute l'Europe un grand cri : *Le roi est mort!* Elle avait seize ans quand elle fut mariée, en toute hâte, au comte de Parabère, un gentilhomme du Poitou, de bonne race, dont le grand-père était bien connu du roi Henri le Grand. Mais déjà le grand mot: *Noblesse oblige*, était effacé de la mémoire des indignes héritiers de ces grandes maisons. Ce nouveau Parabère était un faible esprit, un triste cœur, un courage assez médiocre. Il avait beaucoup plus de vanité que d'orgueil, et marié à cette belle personne, il ne sut ni l'aimer, ni la protéger, ni la défendre. Il ne vit pas les piéges qui furent tendus, tout de suite, à cette beauté; il ne comprit pas tous ces regards tournés vers elle, et que déjà les jeunes seigneurs aspiraient à lui plaire : aujourd'hui Richelieu, demain M. le Régent. Le premier, très-habile, ingénieux, beau parleur, tout jeune, effronté, très-convaincu que tous les hommes sont des fourbes, que toutes les femmes sont des coquettes, attirant à soi toutes ces âmes, pour les perdre et pour s'en moquer. Le second, M. le Régent d'Orléans, qui n'était pas un séducteur de profession, devenait cependant irrésistible, à force d'esprit, de bonne humeur, de gaieté, de puissance et de fortune. Il était très-riche, agréable, aimant la vie, et la cultivant comme on cultive un arbre exotique en pleine séve, qui produit à la fois tous ses fruits et toutes ses fleurs. Le duc de Richelieu, M. le Régent, l'un et l'autre, également libertins, négateurs de toute probité, incapables de garder un secret, de respecter la jeunesse et l'innocence et le nom des aïeux, furent les premiers amoureux de madame de Parabère. Ils attaquaient si bien la vertu même, et trop souvent la vertu se défendait si mal! Que vouliez-vous qu'elle fît, cette jeune épouse d'un indigne mari, contre ces rires, ces bons mots, ces fêtes, ces plaisirs, ces profusions, ces présents et ces piéges charmants? Une de ces dames, et non pas la moins belle, madame de Sabran, avait souvent à la bouche cette étrange maxime : *Le moyen le plus sûr de résister à la tentation, c'est d'y succomber!*

Il faut dire aussi, car nous ne l'excusons pas plus qu'il ne convient, que de bonne heure, et sans un trop grand apprentissage, sa mère au cercueil, son mari perdu dans les bois de la Picardie, madame de Parabère eut bientôt déchiré son dernier voile, oublié son dernier remords, foulé à ses pieds charmants les leçons qu'elle avait reçues. C'était le malheur de la Régence, il fallait vivre en toute hâte et profiter de cette minorité du roi, qui sera, tout à l'heure et pour son compte, un Moncade, un don Juan. Vivre une heure, et disparaître, elle n'avait pas d'autre rêve, et pas d'autre avenir. Ainsi vécut madame de Parabère, et, tout de suite, elle fut au niveau de ces gaietés, de ces ivresses, de ces plaisirs, de ces folies. Elle régnait dans les entre-sols du Palais-Royal, par sa façon d'écouter toute chose, et par la vivacité de sa repartie ; elle était effrontée et plaisante à ce point que, plus d'une fois, le Régent lui-même baissa les yeux sous la hardiesse et l'éclat de ce regard. Cette femme, encore si jeune et si naïvement perdue, est un phénomène au milieu de cette cour de maris déshonorés, de femmes complaisantes, de philosophes ivres morts. Il faut entendre, à ce propos, parler et s'indigner la propre mère de M. le Régent, *Madame*, un de ces témoignages qui se rencontrent au commencement et à la fin des monarchies, pour expliquer, de la façon la plus nette et la plus claire, des vices auxquels on ne saurait croire en effet s'ils n'étaient pas attestés par des témoins irrécusables.

« Il arrive ici des choses, écrivait *Madame*, qui montrent, selon moi, que le roi Salomon avait tort de s'écrier : « Il n'y a rien de nouveau sous le soleil ! » Et la voilà qui raconte, en son patois terrible et naïf, à l'allemande, les amours de madame de Parabère. Elle ne l'aime pas, elle l'estime assez peu ; on voit cependant qu'elle reconnaît que son fils est sous le charme, et rien ne l'amuse autant que de surprendre un doute, une querelle, une séparation de celle-ci et de celui-là.

Tout autant que *Madame*, la ville était attentive aux caprices de M. le Régent. Paris l'aimait parce qu'il était bon homme, et puis parce que le Régent le délivrait des ennuis, du malaise insupportable et des hypocrisies des dernières années du roi Louis XIV. Madame de Parabère, insolente, et tenant souvent à distance un prince dont chacun redoutait les fureurs passagères, intéressait la ville et la cour. Tantôt M. le Régent chassait madame de Parabère ; alors il jurait ses grands dieux de ne plus la voir, il défendait que son nom fût prononcé devant lui ; le lendemain, il la rappelait, il demandait grâce et pardon, il était à ses pieds, sollicitant un regard qu'il n'obtenait pas toujours. Une autre fois, il apprenait que M. de Nocé ou M. de Beringhem faisaient la roue autour de la dame, et le voilà qui leur vient en aide, et qui sollicite auprès de la belle dédaigneuse indulgence et bonté pour ces nouveaux venus : à quoi la dame répondait en fermant sa porte à M. de Nocé, à M. de Beringhem, à M. le Régent.... M. le Régent, très-content de les voir dispersés, les envoyait pour quelques jours en exil. Et lorsque enfin M. de Parabère, oublié dans son château, mourut tout d'un coup, ce qu'il avait de mieux à faire, au dire de Saint-Simon, « pour le personnage qu'il jouait en ce monde, » on trouva généralement que sa femme en éprouvait trop de joie. Elle s'écriait désormais : qu'elle était libre ! et de rire. Les hommes n'en voulaient déjà plus à sa main, à

MADAME DE PARABÈRE.

peine à son cœur, ils en voulaient à sa beauté. Elle était de belle taille, et grande et bien faite, et brune et vaillante; elle aimait à plaire; elle avait une infinité de caprices, de bons mots, de gentillesses, de prévenances. Elle disait souvent : « Je suis veuve, et j'en suis bien aise! » Elle aimait M. le Régent pour le tourmenter, pour le conseiller. Il avait beau se défendre et se cacher d'elle, en toute affaire importante, elle le savait par cœur. Elle était entrée, en dépit de ses défenses expresses, dans les mystères de la Régence; elle devinait le piége tendu, elle comprenait la peine cachée, elle s'inquiétait des chagrins, des espérances, des inquiétudes, du malaise et des moindres accidents de ce prince entouré de tant de flatteurs. Elle était piquante et non pas méchante. Exposée aux calomnies, aux chansons, aux quolibets, aux satires, jamais elle ne s'en est vengée. Elle n'a jamais ouvert la Bastille au poëte, au satirique, au pamphlétaire. Outragée, elle pardonnait, et si l'outrage était d'un bel esprit, elle en riait volontiers. Contente avec peu de chose, elle se fâchait souvent contre les présents de ce Régent prodigue; elle disait toujours : « C'en est trop! » et si la fortune à la fin lui sourit, c'est qu'elle avait rencontré chez M. le Régent le dispensateur de tout l'or et de tout l'argent du royaume, M. Law, un grand financier qui forçait l'argent à sortir de ses cachettes séculaires, et qui jetait à pleines mains tous ces trésors aux amis de son prince. Elle fut riche ainsi, sans le vouloir, sans le savoir, surtout sans avoir tendu la main à ce financier de passage et de malheur dont la femme, en se rengorgeant, disait : « Je suis lasse de princesses et saoule de duchesses !... » Voilà bien les paroles de la prospérité sans excuse et du succès voisin du néant!

Jusqu'à la fin, madame de Parabère accompagna M. le Régent dans ses sentiers misérables et charmants. Ils avaient, sur les bords de la Seine et non loin des îles d'Asnières, un château qu'ils appelaient *une ferme!* et, plus d'une fois, ils s'en vinrent rêver, sous ces ombrages, de campagne et de petit-lait. C'était leur dernier rêve. M. le Régent, peu à peu, dans la force de l'âge et de l'esprit, tombait dans des langueurs sans nom. Il s'affaiblissait chaque jour, prêtant à peine une oreille dédaigneuse aux murmures du peuple, ruiné par *le système*. Il y eut, autour de sa maison, des émeutes, des menaces sur sa tête; il riait de ces désastres, il riait de ces colères; il se laissait lentement mourir; il n'y avait plus guère que sa mère et la duchesse d'Orléans, sa femme, qui fussent assez intelligentes pour comprendre à quelle ruine, à quelle mort ce malheureux prince était réservé. Peut-être un peu de repos, de bien-être et de calme auraient prolongé sa vie; il disait, comme autrefois M. Arnault à M. Nicole, qu'il avait toute l'éternité pour se reposer. Il travaillait tout le jour, il mangeait et buvait toute la nuit; il sortait du conseil de régence pour entrer chez madame de Parabère. Il aimait le jeu, il jouait.... tout ce que joue un dispensateur de la fortune publique. A cette heure suprême, il n'y avait pas d'émotion assez violente et pas de devoir assez grave pour M. le duc d'Orléans. Il était de tous les conseils à Paris; il allait chaque matin au petit lever du jeune roi, et souvent chaque soir, l'abordant et le quittant avec des révérences et des respects dont il donnait l'exemple à toute la cour. Le reste appartenait à l'Opéra, aux soupers, aux folies, aux *roués*, ces dévoreurs du présent et de l'avenir : la Fare, Grancey, le marquis de Nesle, d'Effiat, Conflans, Simiane et Clermont. On voit encore aujourd'hui leurs portraits dans le fameux Recueil de M. de Maurepas :

> Ce sont messieurs les libertins,
> Gens à bombances, à festins,
> Gros Gascons à vastes bedaines,
> Aimant bien gentilles fredaines,
> Traits malins et joyeux propos,
> Bref, gens tout ronds et point cagots.

Voilà pourtant dans quel monde et dans quels vices a vécu madame de Parabère! Elle avait à sa suite, autour d'elle, haletantes, à qui dévorera ce règne d'un moment, ses émules et ses rivales : les favorites d'hier, les favorites de demain : madame d'Averne avec madame de Phalars et madame de Sabran, la princesse de Léon, madame de Gesvres, madame de Flavalowt, de Schac, de Brossay, madame de Mouchy! madame Desportes! Parmi les plus intelligentes, il faut compter madame Verrac et madame de Tencin. Et ces dames, en plein désordre, acceptaient volontiers le compagnonnage des demoiselles de l'Opéra. La duchesse et la danseuse étaient des égales aux petits soupers de M. le Régent. Telle était la grande orgie! Hommes et femmes rivalisaient de cris et de paradoxes, oubliant le passé, dédaigneux du temps présent et des menaces de l'avenir! Madame de Parabère, il faut bien le dire, a vécu dans ce chaos!

Cependant ce Régent, cet homme inaccessible au repentir, ce rieur infatigable, ressemble au don Juan de Molière : il devait mourir comme lui, d'un coup de foudre. On comprend que ce prince, aimable et galant, bel esprit, railleur et bon enfant, ait attiré à soi toutes les sympathies. Roi d'une cour de rieurs et de femmes légères, il s'entourait de toutes les grâces de la royauté; même ceux qui conspiraient contre lui auraient été fâchés de réussir. Comment le remplacer? où trouver mieux? Il avait des caprices, des colères, mais il revenait si vite! Il disait si bien, à la mort du cardinal Dubois : « Qui est mort a tort. » Il rappelait, en toute hâte, son ami Nocé, dans ce joli billet : « Morte la bête, morte le venin; reviens vite.... » Il resta toujours, en dépit des brouilleries, le fidèle ami de madame de Parabère. Elle était la seule femme à qui il permît de toucher à la politique. Il lui sacrifiait volontiers tous ses autres amours. Elle lui fermait sa porte, il revenait humblement. « Elle était nécessaire — ainsi parle un historien — à son repos et même aux affaires. Elle le forçait d'aller même à la messe et de faire ses dévotions. »

En vain la duchesse d'Orléans se plaignait que cette dame empiétât sur ses priviléges, M. le Régent répondait qu'elle était trop violente, et qu'il avait assez fait pour elle en la faisant duchesse d'Orléans. Il l'appelait madame Lucifer, et lui payait toutes ses infidélités en plaisirs, en déférences, en respects, en belle vie, en tout ce qui peut plaire et charmer une femme oisive ; et puis, l'espérance ! Or l'espérance était qu'un jour ou l'autre, disparaîtrait de céans madame de Parabère ! Elle pouvait disparaître; elle pouvait aussi.... *se convertir*. Elle avait de grands penchants à la dévotion; elle frappait volontiers à la porte des monastères; elle était vraiment dévote, et l'on ferait un recueil de tous les sermons qui sont tombés de ses lèvres éloquentes. C'est pourquoi le Régent lui disait souvent, même au dessert : « Tu as beau faire et beau dire, tu seras sauvée! » A la dévotion, elle ajoutait la bonté; elle fut dévouée à cette belle Aïssée, une des plus furieuses amours du dix-huitième siècle; le nom de madame de Parabère, à chaque instant, revient dans les lettres de cette innocente criminelle.

Il faut pourtant que nous en finissions avec notre héroïne. Après avoir tenu tant de place en ce bas monde et dans l'attention publique, elle disparut, silencieuse et cachée, appelant en aide à son heure suprême et le bon Dieu et les amours.

J. JANIN.

MADEMOISELLE GEORGES.

Qui voudrait avoir une image exacte et très-ressemblante de la tragédie ancienne, à l'ancienne mode, et comme on s'y plaisait au temps de Voltaire, irait non pas à mademoiselle Rachel, mais à mademoiselle Georges Weymer. Elle est née en pleine tragédie, à l'heure où l'on croyait encore à la pitié, à la terreur du drame antique. Elle vit le jour sur un des grands chemins de la Normandie, et elle pourrait dire, à son tour, ce que disait mademoiselle Lacaverne, dans le *Roman comique,* de Scarron : « Je suis la fille d'un comédien ; ma mère était une comédienne, et ma grand'mère une reine de théâtre, et mon aïeul un matamore de comédie. » Il n'y a pas de meilleure origine, à tout prendre, pour ces enfants perdus de l'art dramatique. A peine elle eut atteint sa dixième année, au milieu des beaux paysages normands, notre enfant se révéla déjà une comédienne. Elle avait, à douze ans, l'aspect, l'autorité, la majesté ; elle était superbe, et son père et sa mère, épouvantés tout ensemble et charmés de cette belle œuvre, eurent une grande joie en voyant s'arrêter chez eux mademoiselle Raucourt, une illustre sociétaire du Théâtre-Français, qui voyageait pour chercher des recrues à la tragédie expirante.

Elle-même, non pas sans avoir tenu sans quelques succès le sceptre et le poignard, vidé la coupe de Rodogune, et porté sur son front vide et sans idées la couronne d'Athalie, mademoiselle Raucourt, donnant peu à peu sa démission des grandes batailles, cherchait des princes et des princesses à élever, si bien qu'à l'aspect de cette enfant, là s'arrêta son voyage, et elle revint en toute hâte à Paris, pour profiter de l'intelligence et de la docilité de ce jeune esprit. Certes, les amis de l'art dramatique ne sauraient tourner en accusation le zèle de mademoiselle Raucourt ; mais comme ils ont regretté souvent que la petite Georges Weymer n'eût pas été élevée à l'école intelligente de mademoiselle Clairon, ou, mieux encore, de mademoiselle Dumesnil ! mademoiselle Clairon, toute-puissante par le geste et par la diction ; mademoiselle Dumesnil, triomphante par l'inspiration, par la colère, par la pitié, toutes les vengeances, toutes les terreurs ! L'une et l'autre auraient donné à cette princesse naissante un exemple élevé de l'exercice et du respect de ce grand art. Mais quoi ! la néophyte était douée ; elle était belle et superbe ; elle avait naturellement la pompe, et l'emphase, et l'accent de la tragédie, et sitôt qu'elle eut appris, en se livrant à toutes les gaietés de son jeune âge, les deux ou trois grands rôles de ses débuts, le théâtre s'ouvrit à ses jeunes essais.

C'était en l'an de guerre et de gloire universelles 1804 ; le nouvel Empire était à son apogée ; on ne rêvait en France, à commencer par l'Empereur, que des Grecs des temps homériques, et des Romains de la grande époque. On ne savait rien du moyen âge ; on laissait le drame aux esprits vulgaires ; l'art dramatique était encore une fois, comme aux jours de Louis XIV, le reflet de la majesté souveraine. Ajoutez qu'en ce temps-là de grands comédiens remplissaient la scène de leur génie, et l'écho du bruit de leurs voix. Talma régnait, par droit de conquête, du droit même de l'Empereur ; Lafont représentait les aventuriers et les héros ; mademoiselle Duchesnois, les princesses ; mademoiselle Bourgoin, le charmant et doux visage, attirait à sa beauté tous les sourires et toutes les grâces. Quel fut donc le charme et l'étonnement à l'aspect de cette élève inattendue, inespérée, de mademoiselle Raucourt !

Jamais peut-être la tragédie, en ses atours souverains, ne s'était manifestée en caractères plus solennels. Pas un, spectateurs et critiques de l'an de grâce 1804, à l'heure où M. Luce de Lancival faisait représenter son *Hector*, ne s'était figuré aussi fière et superbe la Melpomène antique. Elle en avait toutes les splendeurs. Elle était belle à ce point que, sans talent même, elle eût conquis tous les suffrages. Or le talent ne manquait pas à cette beauté, non plus que l'intelligence et l'inspiration des grands poëmes. Ce qui manquait peut-être un peu, c'était la constance et le travail, l'ardeur de bien faire, et le courage assez difficile de s'arracher à la fortune, aux succès, à la fête heureuse des adorations sans cesse et sans fin renaissantes. On eût dit que cette beauté même était un piége que le sort avait jeté sous les pas de cette Iphigénie et de cette Ériphyle. Et cependant, à ses côtés, dans son rayon, redoublant de courage et d'ardeur, mademoiselle Duchesnois, la rivale de mademoiselle Georges, appelait à son aide, avec les plus beaux cris du monde, les dieux et les déesses, les reines et les héros. Elle était ardente, intrépide, active, et, peu belle, elle savait qu'il fallait remplacer la beauté absente par l'énergie et par la conviction. Si bien que, l'une à force de charme, et l'autre à force de zèle, elles eurent bientôt conquis chacune une suite animée et bruyante de partisans, qui renouvelèrent, ou peu s'en faut, au Théâtre-Français, les luttes et les violences des *deux Coins*, lorsqu'il y avait à l'Opéra le *Coin du roi* et le *Coin de la reine*.

Il y eut donc, très-nettement divisés, le camp de mademoiselle Duchesnois, le camp de mademoiselle Georges; et si l'on n'en vint pas, comme autrefois, aux coups d'épée, on ne s'épargna pas les injures, des deux parts. On écrivit des journaux pour et contre, et les malins de la caricature s'en mêlèrent. On voit encore aujourd'hui, dans le cabinet des curieux, une image de mademoiselle Duchesnois, aussi laide que peut l'être une simple mortelle, avec ce vers de Racine :

Le roi parut touché de mes faibles attraits !

Au théâtre aussi les opinions étaient divisées : Talma proclamait tout haut mademoiselle Duchesnois; Lafont s'inclinait à l'aspect de mademoiselle Georges; M. Geoffroy, le critique absolu, vieillard morose et trop écouté dans ses déclamations monotones, après avoir tenu longtemps la balance assez égale entre l'une et l'autre, avait fini par pencher, comme l'Empereur (non pas certes que M. Geoffroy fût poussé par les mêmes motifs), pour mademoiselle Georges.

Vivantes passions, attrait sans égal des représentations de chaque soir ! C'était donc une bataille animée et très-curieuse entre les deux principes, et qui se reproduisait trois fois par semaine, le jour du dimanche appartenant aux neutres, aux braves gens qui ont des oreilles pour entendre et des yeux pour voir. Les deux autres jours de la semaine appartenaient à cette beauté calme et souriante dont le génie et le bel esprit réunissaient tous les suffrages, à mademoiselle Mars.

Après quelques années de cette lutte, à laquelle elle aurait dû tenir davantage, mademoiselle Georges finit par se lasser de ces comparaisons constantes, auxquelles elle ne devait rien comprendre, et tout d'un coup, sans autre congé que sa volonté même, elle partit pour la Russie. Ils aimaient, ces rois du Nord, la tragédie autant que nous l'aimions nous-mêmes; ils en tenaient le goût de l'empereur Napoléon en personne, lorsqu'il faisait venir ses comédiens ordinaires à Erfurth, où ils furent applaudis par *un parterre de rois*, comme ils disaient à leur retour en France. Hélas! à peine la comédienne errante et fugitive avait posé sa tente à Moscou, à peine elle eut déployé sa grâce et ses beautés..., soudain un bruit terrible, avant-coureur des tempêtes les plus violentes, se fit entendre à travers toutes les Russies, justement épouvantées. Le bruit disait que l'Empereur avec la grande armée, appelée la grande armée par excellence, arrivait, à travers tant d'obstacles, pour s'emparer de Moscou, la ville sainte. Ah! quel drame imprévu dans toutes les tragédies! et quelle fut l'épouvante d'Agrippine et de Clytemnestre à cette nouvelle qui troublait la terre et le ciel, les hommes et les dieux! Cette fois encore la tragédienne errante et qui n'avait su se tenir nulle part prit la fuite, et, désespérée et tremblante comme si elle eût été pour quelque chose en ce mouvement armé, revint par mille détours dans cette France qu'elle avait quittée, et de très-loin elle put voir le reflet du vaste incendie où s'abîmait la ville de Moscou. Ceci est tout un drame, un drame inattendu dans une pareille vie, et bien peu de comédiennes, que je sache, ont traversé autant de dangers.

Dans cette horrible campagne de 1812 expira la tragédie et tomba l'Empire. En vain l'Empereur remportait de sa défaite le fameux décret de Moscou, qui était une espèce de charte à l'usage des comédiens; ce décret de Moscou trouva le Théâtre-Français dans un désordre extrême. Il avait perdu son étoile; il oubliait chaque jour l'art ancien, par lequel il avait vécu si longtemps. Trop de drames, de tragédies, et, dans les bas-fonds, trop de comédies se jouaient sur la surface de cet empire au désespoir, pour que le monde, en proie à ces cruelles disputes et sur le penchant de tant d'abîmes, s'amusât désormais à ces jeux puérils. En ce moment disparait mademoiselle Georges, avec tous les comédiens de son temps; les uns et les autres, ils attendaient pour revivre, une heure clémente, une société calmée, un roi pacifique, et les doux loisirs qui viennent à la suite de l'espérance.

Certes, elles ont été belles et clémentes ces heures de la Restauration; elles ont vu naître à la douce lumière du jour le nouvel art dramatique, et c'est justement ici la vraie gloire et le sincère progrès de mademoiselle Georges d'avoir été la première, elle, un des soutiens reconnus de l'ancienne tragédie, à comprendre, à

MADEMOISELLE GEORGES.

deviner qu'un art nouveau venait de naître, et que, sur les ruines du théâtre ancien, un nouveau théâtre allait surgir. Voilà ce qui l'a sauvée, et voilà ce qui lui fait pardonner une dizaine de si belles années assez mal dépensées à traîner çà et là, dans les bourgades, dans les hameaux, dans les cités perdues, l'œuvre des maîtres. Que de fois elle a pu dire, comme Ovide chez les Sarmates : « On ne me comprend pas, donc c'est moi qui suis le barbare ! » Aussi bien, Paris, content de la revoir, la trouva superbe en ces drames nouvellement éclos de ces têtes fécondes : Victor Hugo, Alexandre Dumas, Alfred de Vigny. Pour elle, Alexandre Dumas écrivit cette histoire d'horreur et de ténèbres intitulée *la Tour de Nesle*, un des épouvantements de ce siècle. Ah ! qu'elle y fut terrible et désespérée ! Avec quelle ardeur elle se précipita dans cette mêlée ardente, et dans les crimes et dans toutes ces histoires abominables où le hasard est un dieu, où l'impossible est une force ! et, chose étrange ! elle a trouvé le geste et l'accent de toutes ces œuvres si contraires à tout ce qui avait été l'objet de son culte et de ses études. Fille de la tradition par les œuvres anciennes, elle eut, à son tour, la tradition vivante du nouveau drame, et par son exemple, et par les souvenirs qu'elle a laissés, elle enseigne encore aujourd'hui le chemin qui conduit aux domaines romantiques. Elle a laissé sa trace autant que Bocage au milieu des sanglantes ténèbres et des histoires du moyen âge ! — Avant de s'appeler *Marguerite de Bourgogne*, elle avait représenté dans toutes les phases si variées et si diverses de sa vie abandonnée à tous les hasards, la reine *Christine de Suède*, encore un drame étrange et nouveau d'Alexandre Dumas jeune homme, enivré de toutes les fièvres du style et de l'innovation.

Dans cette *Christine*, à vingt ans, à soixante, et passant par toutes les phases de l'autorité, de l'abdication, du meurtre et de la vengeance, de la jeunesse et de l'amour, mademoiselle Georges déploya des ressources infinies ; elle avait le sourire et la fureur ; elle était reine, elle était femme, elle était le châtiment, elle était le règne et l'abdication. Ces drames nouveaux d'un art qui ne savait pas s'arrêter et qui ne demandaient pas moins de quatre ou cinq heures d'un zèle infini, trouvèrent mademoiselle Georges au niveau d'un si pénible et douloureux labeur. Rien ne pouvait lasser son courage ! Elle était toujours prête, et d'un pas infatigable elle traversait ces émeutes, ces passions, ces douleurs, ces désespoirs, ces grandes batailles qui tenaient son peuple attentif.

Certes, le temps n'était plus des rôles d'un instant, des tragédies où deux ou trois scènes suffisaient à la popularité du comédien. *Rodogune*, *Athalie* et *Clytemnestre*, à elles trois, ne représentaient pas la peine et le labeur de la seule *Marie Tudor* !

Par ce rôle implacable de *Marie Tudor*, mademoiselle Georges s'empara, triomphante, du génie et de la volonté de M. Victor Hugo, maître absolu des esprits et des âmes. M. Victor Hugo avait donné le rôle de Doña Sol et les Thisbé à mademoiselle Mars; M. Victor Hugo avait fait pour madame Dorval le rôle de la Catharina; il écrivit pour mademoiselle Georges ces crimes, ces pitiés, ces douleurs. *Marie Tudor* et *Lucrèce Borgia!* deux mémoires impérissables! Était-elle assez terrible sous les traits de la sanglante Marie! Était-elle assez pardonnable à l'heure où *Lucrèce Borgia* se rappelle enfin qu'elle est mère! C'était bien la femme « habile à passionner la foule par le grand et par le vrai, » telle que le poëte l'avait rêvée! Un mot la dira toute, écrivait M. Victor Hugo en parlant de mademoiselle Georges.... « Elle est sublime!... depuis le sourire exquis par lequel elle ouvre le second acte, jusqu'au cri déchirant par lequel elle clôt la pièce : il n'y a pas une des nuances de son talent qu'elle ne mette admirablement en lumière dans tout le cours de son rôle. Elle crée dans la création même du poëte; elle étonne et ravit l'auteur lui-même. Elle caresse, elle effraye, elle attendrit, et c'est un miracle de son talent que la même femme qui vient de vous tant épouvanter, vous faire tant pleurer! »

L'éloge est superbe, et surtout partant d'une telle bouche.... « Ah! tu le prends ainsi. Ah! ton amant! Que m'importe ton amant? Est-ce que toutes les filles de l'Angleterre vont vous demander compte de leurs amants, à cette heure? Pardieu! je sauve le mien comme je peux et aux dépens de tout ce qui se trouve là! » Ainsi parlant, elle était féroce et touchante à la fois.

Même admiration du poëte, et même reconnaissance aussi pour *Lucrèce Borgia*. Lui seul, M. Victor Hugo, il était le juge absolu de la façon dont s'accomplissaient ses grands rêves, et le lendemain de ces grandes batailles, mieux que la critique elle-même, il se rendait compte de l'effet produit par ses comédiens.... « Mademoiselle Georges réunit au degré le plus rare les qualités diverses, et quelquefois même opposées, que son rôle exige. Elle prend superbement, en reine, toutes les attitudes du personnage qu'elle représente. Mère au premier acte, femme au second, grande comédienne dans cette scène de ménage avec le duc de Ferrare, grande tragédienne pendant l'insulte, grande tragédienne pendant la vengeance, grande tragédienne pendant le châtiment, elle passe, comme elle veut, du pathétique tendre, au pathétique terrible. Elle est sublime comme Hécube et touchante comme Desdémona!... » Voilà de ces louanges qui ne peuvent pas mourir!

Elle fut admirable aussi, mais la pièce était difficile à vivre, dans cette *Maréchale d'Ancre* que M. Alfred de Vigny avait trouvée en ses jours de colère. En même temps, elle acceptait, vaillante, avec joie, avec orgueil, tous les drames de la nouvelle école; elle était un jour la Brinvilliers, elle était, le lendemain, la reine Caroline d'Angleterre; ou bien, si parfois elle s'arrêtait dans ces sentiers de ronces et de lauriers poétiques, la voilà qui redevenait lady Macbeth, Agrippine, Athalie et

Rodogune. Elle a joué la Clytemnestre et l'Agrippine de Soumet; elle n'a pas dédaigné les drames de M. Arnault. C'était un talent souple, abondant, une imagination féconde, et tant de vaillance unie à tant d'invention; jamais lasse et toujours prête! Un soir elle défia, en son propre champ clos, mademoiselle Rachel, dans tout l'éclat de la vie, à l'apogée ardente de son talent. Elle jouait Clytemnestre; mademoiselle Rachel, Ériphyle. Après les premières courtoisies, quand ces deux rivales d'un instant, mademoiselle Rachel à son apogée et mademoiselle Georges à son déclin, se furent bien étudiées l'une et l'autre, on les vit, par un accord tacite, réunir, chacune de son côté, toutes ses forces, et lutter franchement à qui l'emporterait dans l'admiration de cet auditoire attentif. On vit alors l'élève de mademoiselle Raucourt, rappelant à soi toute sa beauté superbe, et de ce grand geste, et de sa voix souveraine, écraser la frêle Ériphyle, et celle-ci se débattre en vain contre cette force et cette puissance irrésistibles. Grande lutte, et mémorable entre toutes! Mais la Clytemnestre arrivait enfin au bout de son sentier; sa tâche était accomplie; elle disait, comme le vieux lutteur de Virgile : « Voici mon ceste et mon disque, et toutes les armes de mes luttes passées! » *Cœstus artemque repono.*

Certes, disparaître après ce grand triomphe, après avoir forcé sa jeune et malheureuse rivale de l'applaudir publiquement, voilà un cinquième acte inattendu, inespéré dans cette tâche illustre, qui comprend plus d'un demi-siècle de combats, de succès et de labeurs.

J. JANIN.

MARIE-ANTOINETTE.

Les augustes victimes gardent leur empire; il est un diadème qu'on n'a pu leur arracher, le diadème de l'infortune; il est une majesté qui restera présente au respect des siècles, la majesté de la douleur. Il ne faut pas croire que l'impression des grandes iniquités s'affaiblisse à travers les temps comme un son à travers la distance. Il peut arriver que les âmes perdent de leur vigueur et fléchissent, mais la conscience du genre humain, ouvrage de Dieu même, porte avec elle une justice immortelle comme la justice de Dieu.

Notre cadre nous permet d'indiquer à peine les événements; les couleurs doivent y tenir plus de place que les faits. Nous avons à nous souvenir et à peindre, mais seulement par des traits rapides.

Voyez-vous cette fiancée de quinze ans à la taille souple, au visage éblouissant, avec des yeux où l'esprit rayonne, et qui porte sa tête avec tant de majesté? Elle quitte sa patrie pour ne plus aimer que la nôtre, elle franchit la frontière du pays qui va devenir le sien, elle arrive à Compiègne; tous les regards la cherchent, et tous les regards sont ravis : c'est Marie-Antoinette-Josèphe-Jeanne d'Autriche, fille de Marie-Thérèse et de l'empereur François Ier; sa main a été donnée au duc de Berri, dauphin de France, qui lui-même a seize ans.

La couronne, arrachée par la mort à la vieillesse souillée de Louis XV, se posa, le 10 mai 1774, sur des fronts bien purs. Marie-Antoinette avait passé les quatre ans de sa vie de dauphine dans une sorte de retraite au milieu même des pompes de Versailles; les deux jeunes époux demeuraient séparés par leurs goûts et leurs vertus de cette cour toute remplie de corruption : quand par hasard ils paraissaient en public, ils ne manquaient jamais de recevoir les plus vifs témoignages d'estime et d'amour. Le nouveau règne changea l'atmosphère de la cour; on y respira un air plus pur. Pendant que d'utiles réformes faisaient bénir le roi, mille traits de bonté et une grâce incomparable popularisaient la reine. Elle aimait la France, et la France l'aimait. Mais l'esprit de faction a son poison qu'il vomit, ses accusations qu'il étaye de son mieux, et tout lui est bon pour arriver ténébreusement à ses fins. L'esprit de faction considéra la reine comme un obstacle; il redouta, dès les premières années, son influence sur le roi et sa popularité charmante; il entreprit de disputer à la reine le cœur de la France, d'épier tous ses actes et de flétrir toutes les fleurs qui croissaient sur son chemin.

On exploita contre Marie-Antoinette la simplicité même des mœurs allemandes, le peu de goût de la reine pour les contraintes solennelles et les magnificences réglées dont se composait la cour de Versailles; le naissant esprit démocratique aurait dû au contraire lui savoir gré d'aimer si peu les pompes que les nouveaux philosophes n'épargnaient pas dans leurs déclamations. Mais il ne s'agissait pas de bonne foi, il s'agissait de miner et d'abattre. Marie-Antoinette avait fait connaissance avec l'étiquette à l'époque des fêtes pour son mariage, non sans quelques froissements particuliers; elle s'était contentée de sourire; mais, devenue reine, elle ne se gênait plus à l'égard de cet invisible tyran. On eût dit qu'elle pressentait les mauvais services que l'étiquette devait rendre à la monarchie aux jours du péril. Quoique sa beauté et ses airs de souveraine eussent marqué sa place au milieu des grandeurs royales, Marie-Antoinette les regardait comme un poids; elle s'en débarrassait avec délices. Elle aspirait aux douces et libres causeries de l'amitié, aux tranquilles images de la vie des champs. La reine avait fait de Trianon son univers, un univers paisible et familier où l'idylle helvétique se mêlait aux enchantements de l'esprit. Les commentaires malveillants l'accusaient de prodigalités, et l'on a su le peu que dépensait la reine pour sa maison particulière; la calomnie, cette chenille qui s'acharne sur les fleurs les plus blanches et les plus belles, attaqua l'intime existence de Marie-Antoinette; la sincérité historique doit reconnaître que Marie-Antoinette ne fut jamais coupable que de simplicité confiante et d'abandon gracieux. L'affaire du collier où, d'un côté, apparut tant d'innocence, et, de l'autre, tant de rouerie et de crédulité, fut une pâture imprudemment jetée aux fantaisies des factieux; quelque irréprochable que fût la reine, le respect pour son nom commandait le silence autour de ce scandale et non pas le retentissement d'un procès. Les goûts de Marie-Antoinette pour une vie sans éclat n'avaient pas empêché de deviner qu'il pouvait y avoir là un caractère; plus les regards ennemis croyaient le découvrir, plus la diffamation multipliait ses efforts; les libelles sans signature circulaient et atteignaient le cœur de la victime comme le poignard de l'assassin dans l'ombre. Au moment de l'ouverture des états généraux en 1789, le système de l'outrage et de la menace avait atteint son point le plus odieux.

Si un grand ministre s'était rencontré pour diriger les intentions droites et généreuses de Louis XVI, jamais Marie-Antoinette ne se serait mêlée de gouvernement; mais elle savait ce qui manquait au roi et ne voyait autour de lui personne pour diriger son profond amour du bien. Elle n'alla pas chercher les affaires; les affaires s'imposèrent à son cœur de reine. Son influence data du ministère de Brienne; elle en eut l'âme assombrie : « Ah! disait-elle, il n'y a plus de bonheur pour moi. » La reine vit venir avec appréhension les états généraux; elle sentait comme les approches d'une grande tempête et savait que le gouvernail n'était pas tenu par de vigoureuses mains. Les événements justifièrent trop, hélas! l'inquiétude de ses pensées. Elle trouva sa dernière heure de bonheur à son apparition au banquet des gardes du corps le 1er octobre 1789; une certaine prudence conseillait peut-être de n'y pas paraître, mais comment reprocher au roi et à la reine d'avoir mêlé leurs âmes à ces élans de dévouement, d'enthousiasme et d'amour? A trois quarts de siècle de distance, notre cœur ému ne craint pas de dire : ils firent bien de goûter cette suprême joie. Les jours de douleur n'étaient pas loin.

Le 5 octobre, pendant qu'une bande immonde, armée de piques, de sabres et de poignards, s'en allait de Paris à Versailles, la reine se promenait toute seule dans ses jardins de Trianon; elle songeait aux difficultés, aux périls des temps au milieu de ces lieux qui avaient vu les heures les plus douces de sa vie, et autour d'elle tombaient les feuilles jaunissantes. Puis la reine s'était assise rêveuse et triste dans sa grotte, et tout à coup un serviteur lui avait remis un billet qui la suppliait de rentrer au palais sans retard. En s'éloignant de Trianon, Marie-Antoinette ne savait pas qu'elle venait de parcourir sa chère solitude pour la dernière fois. Elle passait de la paix des bois aux émotions de la lutte et aux scènes sauvages. Nous venons d'écrire le mot lutte ; il n'y en eut pas. Le roi défendit de *repousser la force par la force ;* la monarchie se livrait. Nous voudrions effacer de notre histoire les journées des 5 et 6 octobre ; comment la France a-t-elle pu donner ce spectacle ? La barbarie est campée à Versailles, la barbarie escorte la royauté à Paris, et par-dessus toutes ces horreurs et tous ces outrages apparaît la dignité intrépide de Marie-Antoinette.

La reine, qui trouva dans son énergie la force d'espérer toujours, eut un éclair de joie le jour de la fête de la fédération, le 14 juillet 1790. Cette journée-là, où les provinces firent sentir leur royalisme, aurait pu sauver encore la monarchie si elle avait eu à sa tête un homme d'État. La reine avait apprécié Mirabeau à sa valeur, et Mirabeau avait rendu hommage au caractère de la reine ; mais Dieu, en abattant ce colosse de tribune, sembla dire qu'il ne voulait pas d'un instrument souillé pour sauver le royaume de saint Louis. Il fallut enfin s'arracher à une situation qui avait cessé d'être libre ; on sait ce que fut le voyage de Varennes, et ce retour où la reine montra une fermeté si supérieure à toutes les amertumes. Elle gagna à ce voyage le dévouement inutile de Barnave. La révolution marche à ses fins ; les événements se précipitent ; le hideux 20 juin nous apparaît.

A partir du 20 juin 1792, les précautions ennemies enveloppent plus étroitement la royale famille ; la surveillance devient brutalement indiscrète ; elle n'épargne pas les actes les plus intimes ou les plus indifférents ; elle pèse d'un poids insupportable. Les coups suprêmes allaient être portés. Le matin du 10 août, Marie-Antoinette accompagnait Louis XVI dans la revue des combattants de la dernière heure ; elle cherchait, par l'expressive majesté de ses regards et de son attitude, à suppléer à l'impuissante timidité du roi. Cette fois encore on perdit la bataille sans la livrer. La fidélité helvétique fit assez pour être immortelle ; l'histoire lui garde cet hommage, et le lion de Lucerne, tombé dans sa gloire, pleure de n'avoir pu sauver les fleurs de lis.

Depuis les premières menaces de la révolution, Marie-Antoinette avait déclaré qu'elle ne se séparerait jamais du roi ni de ses enfants ; cette résolution avait été sa réponse en plus d'une occasion, soit qu'à l'extérieur ses frères lui eussent offert de l'arracher au danger, soit qu'à l'intérieur des mesures militaires fussent pro-

MARIE-ANTOINETTE.

posées dans l'intérêt de la monarchie. La reine disait souvent : « Je dois mourir aux pieds du roi et dans les bras de mes enfants. » Prisonnière au Temple, tout lui semblait doux pourvu qu'elle fût avec le roi. Il était l'objet constant de ses soins et de ses pensées, et plus Louis XVI était malheureux, plus la reine s'attachait à lui : les grandes douleurs ont le secret d'unir fortement les âmes. Nous savons tous comment s'écoulaient les jours de la captivité au milieu des brutalités des gardiens et des insultes des guichetiers. La translation du roi dans la grande tour fut une nouvelle douleur; après quelques semaines cruelles, la reine reçut la permission de se réunir à Louis XVI avec ses enfants et sa sœur. Souffrir ensemble, c'est toujours moins souffrir.

Les massacres de septembre, le meurtre de la princesse de Lamballe mêlé à d'horribles détails, avaient révélé à la reine jusqu'où pouvait aller la scélératesse des factieux; mais elle gardait toujours dans les racines de l'âme quelque chose qui s'obstinait à croire au salut de la famille royale : les illusions sont vivaces au fond des riches natures. Quand la reine apprit que la Convention allait juger Louis XVI, elle écarta l'idée d'une condamnation à mort; il y a un certain degré d'iniquité et de malheur auquel elle se refusait de croire. Aussi combien fut déchirante pour son âme l'affreuse réalité! La scène des adieux, le 20 janvier, est la plus grande page de douleur qui soit connue chez les hommes. A côté de Louis XVI si ferme devant la mort, la reine est pour la première fois écrasée. Dans la nuit du 20 au 21 janvier, couchée tout habillée dans son lit, elle tremblait de froid et de douleur. La prière, la pensée de ses enfants, le dévouement de Madame Élisabeth l'aidèrent à vivre ou du moins à traîner ses jours jusqu'à de nouveaux sacrifices. Le 3 juillet 1793, à la nuit close, six municipaux entraient dans la chambre où dormait déjà le jeune Louis XVII, sous la garde de la reine et de Madame Élisabeth. Ils sont porteurs d'un décret de la Convention et viennent arracher à une mère son enfant.

Cette mesure inhumaine était le prélude de nouvelles iniquités. Pendant la nuit du 2 août 1793, la reine fut réveillée par les commissaires de la Commune; ils venaient lui signifier sa translation à la Conciergerie. Marie-Antoinette entendit la lecture de l'arrêté sans adresser une seule parole aux commissaires. Il fallut qu'elle s'habillât devant eux. Ils lui demandèrent ses poches pour les fouiller; elle les donna. Après avoir fait un paquet des pauvres vêtements qui lui restaient, la reine embrassa sa fille et sa sœur : c'était un dernier adieu. La reine laissait derrière elle un fils sur lequel elle ne savait rien et qu'elle ne devait plus revoir.

La voilà enfermée dans un étroit et humide cachot de la Conciergerie; la reine de la plus puissante monarchie du monde est réduite à un espace de quelques pieds, couchée sur un lit de sangles sans rideaux, manquant de robes, de bas et de chemises, ne trouvant autour d'elle qu'une petite table et deux chaises de paille. Marie-Antoinette était depuis longtemps accoutumée aux tortures; mais elle les endurait, le regard attaché sur les objets sacrés de son amour. Maintenant elle commençait seule une agonie qui devait être longue. Que de soupirs, d'angoisses et de larmes! « Mes enfants, mes pauvres enfants! » répétait souvent la royale prisonnière. La maladie, les nuits sans sommeil, les pleurs brûlants pâlirent et creusèrent ce beau visage; Marie-Antoinette passait des heures à genoux, les bras appuyés sur son lit; elle se livrait à la volonté de Dieu et priait en silence.

La Conciergerie eut sa pitié; le concierge Richard et surtout sa femme ont mérité que l'histoire rende hommage à leurs soins qui pouvaient les conduire à la guillotine. Les dévouements intrépides de quelques amis furent expiés sur l'échafaud. Ce fut le 14 octobre que Marie-Antoinette parut devant un tribunal de forcenés; on sentait l'indigence dans sa personne, mais on retrouvait la reine à la noble fierté de sa tête, à la dignité suprême de son maintien. L'ennemi avait compté sur le mal, les privations et les douleurs pour abattre ce grand caractère redouté; il fut surpris et inquiet à l'aspect de cette femme toujours magnanime, et qu'aucune épreuve n'avait pu entamer.

Les débats se prolongèrent. La reine, qui daigna descendre à se justifier, renversa l'amas d'accusations élevées contre elle; pas un des griefs n'était soutenable; les injures, les absurdités, les imputations vagues formaient l'acte d'accusation; Hébert, cité comme témoin, y joignit d'infâmes horreurs auxquelles la reine ne répondit point; un juré ayant insisté sur cette accusation abominable où se mêlait le nom du royal enfant du Temple : « Si je n'ai pas répondu, dit Marie-Antoinette, c'est que la nature se refuse à une pareille accusation faite à une mère; » puis se tournant vers les femmes ou plutôt les Furies de l'auditoire : « J'en appelle à toutes les mères! » ajouta-t-elle d'une voix forte; cette belle inspiration souleva contre Hébert des murmures d'indignation, et arracha des larmes à plusieurs femmes. La reine souffrait, et demanda pendant les débats un verre d'eau; personne n'osait le lui donner; elle le demanda une seconde fois, et l'obtint d'un officier de gendarmes qui perdit sa place. Le tribunal avait nommé d'office Chauveau-Lagarde et Tronçon-Ducoudray défenseurs de Marie-Antoinette; peut-être avaient-ils sollicité cet honneur. Ces jeunes avocats entendaient la gloire, et ne parlaient pas à Hermann ni à Fouquier-Tinville, mais à la postérité.

Marie-Antoinette entendit son arrêt de mort le 16 octobre, à quatre heures du matin; elle l'entendit dans un tranquille silence, sans geste ni mouvement, et ce silence fut encore de la majesté.

Rentrée dans son cachot, l'auguste condamnée adressa à Madame Élisabeth une lettre digne de figurer à côté du testament du roi martyr; il a fallu une grande force d'âme pour écrire une semblable lettre entre l'arrêt de mort et l'échafaud. Madame Élisabeth ne reçut point cette dernière pensée de la reine. Marie-Antoinette n'eut pas un abbé de Firmont pour fortifier ses dernières heures. Après avoir congédié deux prêtres assermentés, elle se mit en prière, et ensuite se coucha et dormit : derniers instants de repos sur la terre.

A onze heures, la royale condamnée se livra aux bourreaux, qui lui coupèrent les cheveux et lui lièrent les mains; elle éprouva comme un frémissement d'horreur au contact de la main qui s'était avancée pour se saisir de la sienne; elle aurait mieux aimé sentir le tranchant de l'acier. La reine n'avait en sa possession que deux robes, l'une blanche, l'autre noire; elle s'était vêtue de la noire pour son jugement, elle prit la blanche pour sa mort. On avait accordé une voiture à Louis XVI; on infligea à Marie-Antoinette l'ignominie de la charrette : la Révolution ne se respectait pas dans sa haute victime. Le trajet, à travers les rues les plus populeuses, dura une heure et demie au milieu de vociférations insultantes. Le schismatique abbé Girard accompagna la royale condamnée; mais elle ne l'écoutait pas. Arrivée au pied de l'échafaud, la reine fit une courte prière, tourna ses regards du côté de la tour du Temple pour adresser à ses enfants un suprême adieu, et franchit les degrés de la guillotine; elle marcha par mégarde sur le pied de l'exécuteur, qui jeta un cri : « Pardonnez-moi, » dit-elle doucement au bourreau. Son âme, « pleine du ciel où elle touchait », fit un dernier effort, et la tête de la reine tomba.

POUJOULAT.

MADAME VIGÉE-LEBRUN.

De tous les trésors que peut envier une femme, aucun n'a manqué à madame Vigée-Lebrun. Figure souriante, et qui semble avoir été toujours jeune, elle avait reçu en naissant les bénédictions des meilleures fées; elle a eu la beauté et l'esprit, le talent et la fortune, et quoiqu'elle ait traversé des temps difficiles, son âme légère n'a connu de la vie que ses enchantements et ses triomphes. Sa destinée fut doublement heureuse : femme du monde par la grâce, artiste par le goût, n'a-t-elle pas mérité deux couronnes?

Louise-Élisabeth Vigée avait cependant d'assez modestes origines. Elle naquit à Paris, le 16 avril 1755, dans la pauvre maison d'un peintre qui vécut et mourut sans être parvenu à se faire une réputation. On sait peu de chose de la mère d'Élisabeth, sinon qu'elle était belle, et, s'il faut en croire le témoignage indiscret de Bachaumont, qu'avant de devenir madame Vigée, elle avait été « coiffeuse. » Le ménage d'ailleurs n'était pas riche ; mais la famille avait été mieux partagée sous le rapport de l'esprit que sous celui de la fortune. Deux enfants devinrent la joie et l'illustration de la maison : le fils fut le poëte Vigée, un des plus galants pourvoyeurs de l'*Almanach des Muses;* la fille fut madame Lebrun, c'est-à-dire un des peintres les plus applaudis de la fin du dix-huitième siècle et l'aimable femme dont nous devons raconter l'histoire.

Mademoiselle Vigée fut élevée au couvent ; mais elle n'eut guère le temps d'y devenir bien savante, puisqu'elle en sortit à onze ans. La passion du dessin la tourmentait déjà ; la jeune fille s'essayait à tenir le crayon, et son père allait lui apprendre les secrets du métier, lorsqu'il mourut fort mal à propos, en 1767. Livrée dès lors à elle-même, mademoiselle Vigée n'eut d'autres guides que les conseils d'un peintre obscur, Davesne, et les encouragements de Doyen et de Joseph Vernet. Quant à l'éducation morale, elle dut beaucoup aux influences heureuses d'une nature qui, instinctivement, se tournait vers le bien. Sa mère, ne se sentant aucun goût pour le veuvage, épousa un riche joaillier de la rue Saint-Honoré, et la jeune fille, on doit le supposer, cessa dès lors d'être la première préoccupation de son cœur.

Cependant Élisabeth grandissait. Dans les curieux Mémoires qu'elle nous a laissés, elle a pris soin de nous dire qu'en sa première enfance elle était chétive et presque sans grâce ; mais lorsqu'elle eut quinze ou seize ans, ses formes grêles prirent de l'ampleur, son teint se colora, ses cheveux, plus abondants et plus souples, devinrent pour son jeune front une parure d'autant plus séduisante qu'elle n'aimait pas à cacher sous la poudre leur nuance délicate. Enfin, la coquetterie s'étant mise de la partie, mademoiselle Vigée apprit à marcher, à parler, à sourire, et bientôt elle comprit, non sans joie, qu'elle devenait charmante. Elle l'était en effet. Combien de fois, dans les promenades qu'elle faisait aux Tuileries avec sa mère ou ses compagnes, elle vit les passants se retourner pour la suivre du regard ; combien de fois elle entendit à son oreille ce murmure d'admiration que les femmes comprennent si bien ! En même temps, et malgré ces heures de naïve coquetterie, mademoiselle Vigée travaillait ; elle visitait les collections de tableaux qui étaient alors la richesse et l'orgueil de Paris ; elle copiait les œuvres des maîtres, et ayant donné des preuves de son talent précoce, elle fut, à dix-neuf ans, reçue membre de l'Académie de Saint-Luc. Affiliée dès lors à la famille des artistes, elle se consacra tout entière à sa profession et elle commença à tirer quelque profit de son travail; enfin, ayant eu, en 1775, la pensée d'offrir à l'Académie française les portraits de la Bruyère et du cardinal de Fleury, elle reçut de d'Alembert, secrétaire perpétuel de la compagnie, une lettre de remerciment et d'éloge, qui, reproduite par les journaux et colportée dans les salons, la rendit célèbre en un jour.

Élisabeth Vigée avait alors vingt ans, et, c'est elle-même qui nous le dit, elle était sans expérience. Elle ne savait presque rien de la vie; aussi, appelée pour la première fois à faire usage de sa liberté et de sa raison, elle se trompa. Il est permis de le dire aujourd'hui : en épousant, vers 1776, J. B. Lebrun, expert en tableaux, marchand et peintre, elle fit un assez triste mariage. Lebrun n'était pas un méchant homme, mais il était atteint d'une terrible maladie : il lui fallait toujours de l'argent. C'était là son moindre défaut. Madame Lebrun, qui, sans doute, a un peu chargé le portrait de son mari, ajoute que, non content d'aimer le jeu, il avait « une passion effrénée pour les femmes de mauvaises mœurs. » Aussi, quoique son commerce de tableaux fût assez prospère, Lebrun était sans cesse aux expédients; en réalité, son mariage fut une affaire, car mademoiselle Vigée, laborieuse comme elle l'était, pouvait réparer les brèches que ses folles dépenses faisaient constamment à sa fortune. A peine marié, l'honnête marchand se constitua le caissier de l'association; il s'empara de tout ce que gagnait la jeune femme, à qui — c'est encore elle qui le dit — il laissait à peine quelques louis pour sa toilette.... Certes, si mademoiselle Vigée avait rêvé d'être épousée pour ses yeux charmants, sa douce voix, sa grâce amoureuse, elle a dû, au sortir de ce beau songe, trouver le réveil amer!

Madame Lebrun chercha dans le travail une consolation à ses peines. Levée de bon matin, elle demeurait tout le jour devant son chevalet; puis, le soir venu, elle allait volontiers au théâtre, ou dans un de ces salons à la fois littéraires et élégants, où elle était toujours la bien reçue. Elle avait installé chez elle, rue du Gros-Chenet, un atelier où venaient quelques élèves. C'était plaisir de voir cette institutrice de vingt ans distribuer les bons conseils ou les douces gronderies à ces charmantes écolières, au milieu desquelles elle brillait comme une sœur aînée; mais n'ayant jamais su se fâcher, elle avait peine à régenter la bande rieuse. Ces jeunes folles imaginèrent un jour, en l'absence de leur maîtresse, d'organiser une balançoire dans l'atelier de travail. Vous devinez les gaietés et les chansons!... Tout à coup, madame Lebrun, qu'on n'attendait pas, entr'ouvre la porte : ses jolis yeux sont pleins de colère, elle s'efforce de grossir sa voix, elle entame une amère réprimande, puis un caprice traverse soudain sa jeune tête; cette balançoire, à propos de laquelle elle vient de faire un si beau sermon, elle veut l'essayer à son tour; elle s'y assied comme une enfant, et la voilà qui, au milieu de ses compagnes en belle humeur, se laisse aller mollement au rhythme joyeux de l'escarpolette improvisée.... Ah! si Fragonard eût passé ce jour-là dans la rue du Gros-Chenet, s'il eût entendu ces beaux rires, quel joli tableau il aurait fait d'après l'intérieur de l'atelier de madame Lebrun!

Le soir, la maison de l'artiste à la mode recevait des hôtes plus sérieux. Quoique bien jeune encore, madame Lebrun excellait dans cet art difficile de réunir en un même salon des invités appartenant à des nuances différentes de la société, à des opinions quelquefois contraires. Des philosophes se rencontraient chez elle avec des gentilshommes; des femmes de qualité venaient, sans crainte de se compromettre, se mêler à la causerie des artistes et des poëtes. Les réunions musicales de madame Lebrun étaient surtout recherchées. Grétry et Sacchini composaient pour ces fêtes intimes des ariettes dont l'exécution était confiée à madame Todi et à Garat; Cramer s'asseyait au piano; Viotti prenait son violon, et parfois madame Lebrun faisait elle-même sa partie dans ces concerts : car elle avait une voix charmante, et, chacun du moins se plaisait à le dire, cette heureuse femme, qui était si douce à voir, n'était pas moins douce à entendre.

Les arts, la littérature, le spectacle de la veille, la nouveauté du lendemain formaient chez madame Lebrun le sujet principal des conversations. Peu avancée en politique, et effrayée, sans savoir pourquoi, des menaces de l'avenir, l'aimable artiste avait cependant pris parti pour les idées nouvelles qui, sous la plume de l'abbé Barthélemy et sous le pinceau de Vien, préparaient à la fin du dix-huitième siècle une seconde renaissance de l'art antique. Déjà, dans plusieurs de ses portraits, madame Lebrun avait courageusement manifesté son antipathie pour les hautes coiffures dont les femmes aimaient alors à surcharger leur tête; elle était parvenue — et ce n'était pas là une mince victoire — à décider la duchesse de Gramont-Caderousse à ne plus mettre de poudre dans ses beaux cheveux; elle cherchait partout la simplicité élégante et la grâce sans manière; enfin elle fit davantage : dans la pensée de divertir quelques-uns de ses hôtes, et sans doute aussi pour donner un exemple, elle imagina un soir de faire servir chez elle un souper « à la grecque. » On peut sourire aujourd'hui au récit de cette fête, qui, je le crains, ne fut qu'une naïve parodie de l'antique. Madame Lebrun et ses amies devaient être charmantes en Athéniennes; les vases étrusques prêtés par M. de Paroy pour décorer la salle à manger étaient sans doute précieux et superbes; mais s'imagine-t-on le marquis de Cubières assistant au festin avec une lyre dorée; Ginguené et Chaudet, couronnés de lauriers et de roses, et, pendant que les convives achèvent un gâteau fait avec du miel et du raisin de Corinthe, le poëte Lebrun, — celui qui se faisait appeler Pindare, — affublé d'un manteau de pourpre et récitant avec emphase des odes d'Anacréon!

MADAME VIGÉE-LEBRUN.

Mais ces folles soirées succédaient à de longs jours de travail et d'étude. Si l'on parlait des fêtes de madame Lebrun, on parlait bien davantage de ses portraits, et sa réputation allait grandissant sans cesse. Le 31 mai 1783, l'Académie royale de peinture la reçut au nombre de ses membres; dès lors madame Lebrun fut exacte aux expositions du Louvre, où l'attendaient les plus vifs succès. La jeune artiste fut célébrée en vers et en prose, au théâtre, dans les journaux, partout. Laharpe lui-même, — car les pédants n'étaient pas sans galanterie à cette époque, — Laharpe fit son éloge dans une réunion solennelle de l'Académie française. Madame Lebrun assistait à cette séance, où le poëte lut des fragments de son épître sur les femmes, et ce fut au milieu des applaudissements et sous le feu des regards sympathiques de toute une assemblée qu'elle entendit ces vers, qui faisaient allusion en même temps à sa grâce, à son talent, à sa jolie voix :

> Lebrun, de la beauté le peintre et le modèle,
> Moderne Rosalba, mais plus brillante qu'elle,
> Joint la voix de Favart au souris de Vénus....

Certes, c'étaient là des triomphes bien faits pour troubler une jeune tête. Madame Lebrun supporta sans fléchir le poids de toutes ces couronnes, et alors que la gloire lui prodiguait ses plus doux sourires, elle rentrait chez elle, et, serrant dans ses bras sa petite fille, elle se sentait encore plus heureuse des caresses de son enfant que des acclamations de la foule. Ces soins familiers et son travail quotidien l'empêchèrent de s'apercevoir de ce qui manquait à son bonheur du côté de l'amour, car, il faut le redire, M. Lebrun était peu digne de sa charmante femme. Essaya-t-elle de le rappeler à ses devoirs en le rendant jaloux; exposée à tant d'adorations, sentit-elle un jour son cœur faiblir?... Nous n'en savons rien; mais on l'a dit. De méchantes langues ont prétendu que madame Lebrun n'était pas restée indifférente aux soupirs de M. de Calonne. Le lecteur en pensera ce qu'il voudra : nous rappellerons seulement qu'au moment où le ministre de Louis XVI fit faire son portrait par madame Lebrun et entra en relation avec elle (1785), il avait déjà dépassé l'âge des tendresses, ou du moins celui des tendresses persuasives. Je sais bien que, pour certaines femmes, un contrôleur général des finances est toujours jeune; mais madame Lebrun n'était pas de celles-là. Elle a d'ailleurs pris soin de répondre elle-même à ces calomnieuses suppositions; elle déclare avec une naïveté charmante que M. de Calonne, fidèle aux modes de sa jeunesse, portait une perruque; or, madame Lebrun était préoccupée de l'art grec, et sa conscience ne lui permettait pas de tolérer une coiffure aussi ridicule. Enfin nous avons un autre garant de la sagesse de l'artiste : c'est son mari, qui, entendant, sous la République, suspecter l'origine de sa fortune, que des pamphlétaires attribuaient aux générosités de l'ancien ministre, saisit la plume et défendit, dans une brochure fameuse, l'honneur de sa femme et le sien.

Madame Lebrun paraît du reste avoir conservé toute sa sérénité au milieu des méchants bruits qui couraient sur son compte. Elle aimait sa fille, elle travaillait, elle était heureuse. La reine, les princesses, les plus hauts personnages de la cour et de l'aristocratie l'honoraient de leur chaleureux patronage; la fortune lui souriait, et rien n'eût troublé le calme de cette vie noblement occupée, si aux approches de la Révolution la timide madame Lebrun ne se fût effrayée de la tournure que prenaient les affaires publiques. Elle n'était, il faut le dire, nullement menacée; personne ne songeait à l'inquiéter dans son travail ou dans son bonheur; mais, par des raisons qui sont restées inexpliquées, elle résolut de quitter la France. Elle prit sa fille avec elle, et, le 5 octobre 1789, elle partit pour l'Italie.

Nous ne suivrons pas madame Lebrun dans son voyage. Sa renommée de peintre habile l'ayant précédée partout, elle reçut partout le meilleur accueil. Et qui donc aurait hésité à ouvrir son cœur, sa bourse ou sa maison à cette jeune femme de trente-quatre ans qui, tenant son enfant par la main, s'avançait le front illuminé du double rayon de la grâce et de la gloire? Après un court séjour à Turin, madame Lebrun s'arrêta à Parme, à Bologne, où elle fut nommée membre de l'Académie de peinture, et à Florence où l'attendaient tant de chefs-d'œuvre, spectacle émouvant pour tous, et pour elle plus que pour tout autre. Au commencement de l'hiver, elle arriva à Rome, et c'est là qu'elle planta sa tente. Les pensionnaires de l'École française et leur directeur Ménageot, Angelica Kaufmann, Seroux d'Agincourt, tous ceux enfin qui, dans la ville éternelle, tenaient le pinceau, l'ébauchoir ou la plume, firent fête à l'aimable fugitive. La petite somme qu'elle avait emportée avec elle étant vite épuisée, et M. Lebrun étant moins que jamais disposé à envoyer de l'argent à sa femme, elle se remit au travail, et bientôt elle recommença une fortune.

Et quand l'Italie n'eut plus rien à lui dire, elle songea que le reste du monde était ouvert à sa curiosité. Au printemps de 1792, elle dit adieu à ses amis pour visiter l'Autriche; puis traversant Dresde et Berlin, elle arriva en Russie. Ce voyage fut pour elle un long triomphe. Enfin, rassurée par les nouvelles qui lui arrivaient de toutes parts, madame Lebrun rentra en France en 1801. Mais soit qu'elle n'y ait pas retrouvé tout ce qu'elle cherchait, soit qu'elle se sentît encore d'humeur voyageuse, elle alla passer trois ans en Angleterre, où l'attendaient de grands succès, et cette fois ce fut l'artiste qui les obtint : car madame Lebrun n'était déjà plus la jeune femme au doux sourire que Laharpe avait célébrée en pleine Académie. Lorsqu'elle revint à Paris, en 1805, elle fut chargée de peindre quelques-unes des héroïnes qui occupaient alors la scène. Mais, dès cette époque, il faut le dire, son importance comme artiste alla en diminuant. Un temps arriva où, débris oublié du dix-huitième siècle, elle devait paraître un peu en retard à la génération qui, en matière de portraits, faisait profession de préférer David et ses élèves à leurs plus glorieux devanciers. Toutefois madame Lebrun était riche encore : il lui restait le passé. Elle publia donc ses Mémoires. Ce fut le testament de l'aimable artiste. Elle mourut à Paris, le 30 mars 1842, emportant avec elle — car elle n'a pas tout dit dans son livre — les derniers souvenirs d'un monde à jamais disparu.

Et maintenant, est-il nécessaire de le remarquer, et le lecteur ne l'a-t-il pas compris? La vie de madame Lebrun a été saluée d'applaudissements que les mérites de son œuvre ne justifièrent pas toujours. Mais nul n'aurait le mauvais goût de se montrer sévère envers cette gloire, bien diminuée déjà, quoique séduisante encore. C'est surtout pour les jolies femmes qu'il y a des grâces d'état. Et qui donc aujourd'hui serait assez cruel ou assez malavisé pour venir discuter sérieusement le talent d'une artiste qui fut le caprice préféré d'un demi-siècle, et qui, lorsqu'on la regarde dans le charmant portrait qu'elle a laissé d'elle, oppose à toutes les attaques l'invincible sérénité d'un sourire victorieux?...

PAUL MANTZ.

JANE GREY.

A peine si quelques années séparent les dates de deux scènes de l'histoire de Jane Grey, dont un ancien burin et un pinceau moderne ont reproduit pour nous les principales figures. La première représente une jeune fille assise à une table avec un livre ouvert devant elle, et dans l'enchantement de sa lecture. Un vieillard, qui s'est approché d'elle avec une discrétion respectueuse, lui demande quel est ce livre qui charme la solitude d'un boudoir, pendant que les fanfares du cor, le fier hennissement des coursiers, les joyeux jappements de la meute l'avertissent en vain que tous les hôtes du château sont invités à chasser le cerf. On voit dans les yeux du sage la surprise et l'admiration qu'excite en lui la réponse à sa question. Ce livre est un volume grec, un volume de Platon. C'est le *Phedon*, que la jeune fille lit dans l'original. S'enivrant à la fois des dernières pensées de Socrate, de l'harmonieux langage de son interprète, elle a trouvé son idéal dans la sphère de ce spiritualisme qui prépara les esprits du monde païen à la révélation évangélique. Le vieillard est Roger Asham, la lectrice est Jane Grey. Comment ne pas s'étonner et ne pas admirer avec le grave précepteur de la reine Élisabeth en écoutant la jeune princesse décrire tout le bonheur qu'elle goûte, dans les preuves d'une autre vie devinées par le précurseur de saint Paul, à Athènes? Mais quelle eût été la tristesse du sage s'il avait pu apercevoir dans un miroir magique le pendant du tableau où il figurait lui-même; la scène tragique qui, après trois ans à peine écoulés, devait être le dénoûment de la vie de Jane Grey : au lieu d'un boudoir de château, les murailles sinistres de la Tour de Londres; au lieu d'un riche tapis sous ses pieds, une litière de paille; au lieu de la table où la studieuse princesse s'accoudait pour lire et méditer Platon, un échafaud et le billot qu'elle cherche à tâtons, pour y poser sa tête bandée avec un mouchoir. Au lieu du sage Asham, le bourreau, armé de cette hache du roi Henri VIII, toujours altérée du sang des reines....

A l'âge de dix-sept ans, Jane Grey devait aller déjà dans la sphère des purs esprits reconnaître par elle-même si le maître de Platon était un rêveur qui s'était nourri d'illusions consolantes, ou un sage qui avait deviné la vérité.

Nous ne pouvons que rapidement esquisser les événements qui remplirent ses dix-sept années de cette vie innocente, terminée par la hache régicide après un règne de neuf jours.

Jane Grey était née en 1537 à Bradgate, résidence du marquis de Dorset, duc de Suffolk, son père. Elle était d'une famille de reines, l'une de ses deux aïeules maternelles ayant été femme d'Édouard IV, l'autre fille de Henri VII d'Angleterre et femme de Louis XII, roi de France. Son père, seigneur lettré et patron des savants, lui donna pour précepteurs ses deux chapelains, le docteur Harding et le docteur Aylmer. Ce fut surtout celui-ci, depuis évêque de Londres, qui captiva à la fois l'intelligence et l'affection de la jeune élève.

Avec un pareil maître la jeune princesse ne pouvait que devenir savante sans doute; mais il est permis de croire qu'on a un peu exagéré son savoir quand on nous dit qu'elle parlait l'hébreu, le chaldéen, l'arabe aussi bien que le grec et le latin. Si elle était accomplie à ce degré, on peut d'autant plus l'admirer d'avoir conservé les grâces naïves de la jeune fille, qu'outre les langues anciennes, elle possédait réellement la science des théologiens, qui entrait d'ailleurs dans l'éducation des princes et princesses de ce siècle. Le cousin de Jane, Édouard VI, qui avait à peu près le même âge qu'elle lorsqu'il mourut, était un roi théologien comme son père, comme ses sœurs aînées, Marie et Élisabeth.

A ses deux sœurs, le jeune roi Édouard VI préférait Jane, qui, à son tour, éprouvait pour lui tous les sentiments que devaient naturellement lui inspirer ses grâces d'adolescent et sa santé chancelante.

La faiblesse physique du jeune roi, qui n'éveillait dans le cœur de Jane que la compassion d'une sœur pour un frère, fit naître d'autres pensées chez son père le duc de Suffolk et chez le duc de Northumberland, le seigneur le plus puissant du royaume, plus souverain que le roi lui-même qui régnait sous sa tutelle.

L'inconstance de Henri VIII avait tour à tour déclaré ses filles légitimes et illégitimes, en associant le Parlement à ses caprices pour leur donner force de loi ; mais sur la fin de sa vie il leur avait voulu restituer leurs droits à la couronne, et Édouard lui-même, en succédant le premier à son père, avait cru devoir faire sanctionner ses dernières volontés par un bill, qui déclarait traîtres ceux qui tenteraient de les modifier encore. Malgré ce bill, le monarque, obsédé par Northumberland, fit dresser secrètement des lettres patentes, excluant du trône Marie et Élisabeth pour y appeler Jane Grey. Le duc avait besoin d'assurer son ascendant sur la future reine et de l'enchaîner à lui par la plus étroite alliance. Sur quatre fils il lui en restait encore un à marier, lord Guilford, le quatrième. Avant de dévoiler son plan, il demanda pour lui la main de Jane au duc de Suffolk, qui l'accorda; doutant d'autant moins de son obéissance filiale, que lord Guilford était un des plus aimables seigneurs de la cour. Ni les rêveries platoniques, ni le mysticisme religieux ne rendent une jeune princesse insensible à l'amour, et lord Guilford n'eut aucune peine à lui faire un peu oublier Platon. Malheureusement, comme son père et la plupart des courtisans de cette époque, lord Guilford faisait passer l'ambition avant la tendresse conjugale.

Il s'enivra plus que Jane des acclamations dont le jeune couple fut salué par la foule; il s'enivra surtout de la pompe vraiment royale avec laquelle son père affecta de faire célébrer les noces dans son palais de Greenwich, sous prétexte de distraire le roi, qui contribua d'ailleurs aussi très-libéralement aux fêtes et mit toute sa garde-robe à la disposition du fiancé.

On était au mois de mai; les jeunes époux allèrent passer leur lune de miel à Chelsea, dans un des domaines de la couronne, le mois d'ensuite à Sion-House. Avec eux l'allégresse s'éloignait pour jamais de la cour. Le lendemain de leur départ, le roi Édouard VI, successivement attaqué de la petite vérole et de la rougeole, n'eut qu'une convalescence trompeuse. A la fin de juin, les médecins déclarèrent au duc de Northumberland que leur art était impuissant, et, en effet, le 6 juillet il expira après un règne de six ans.

Le duc cacha cette mort pendant trois jours, pour laisser arriver à Greenwich Marie Tudor, qu'il avait mandée ainsi qu'Élisabeth au nom du roi leur frère, rassembler ses partisans les plus dévoués, s'assurer la possession de la Tour et préparer tous les actes qui annonceraient au peuple, en même temps, la mort d'Édouard et l'avénement de Jane.

Ni Jane ni Guilford n'étaient prévenus, lorsque, le 9 juillet, ils virent entrer le duc de Northumberland, le duc de Suffolk, plus directement lord Pembroke et d'autres lords. Les deux ducs s'adressant à Jane lui disent que le roi n'est plus, et interrompant l'expression de sa douleur sincère, fléchissent un genou et l'appellent leur reine.

La conscience de la princesse se révolte à ce qui lui paraît une usurpation : « Elle trouve des paroles éloquentes pour réclamer en faveur des filles de Henri VIII. Elle repousse de son front cette couronne qui, dit-elle, lui sera aussi fatale qu'à Catherine d'Aragon, à Anna Boleyn et aux autres reines, qui l'ont portée à l'envi l'une de l'autre. « Ce n'est pas la puissance que vous m'apportez, dit-elle, mais une « servitude : mon élévation serait suivie d'une chute fatale.... Je refuse. » Elle résista longtemps aux argumentations de son beau-père et de son beau-frère; elle résista à leurs prières, et ne se laissa persuader que parce que son mari joignit ses raisonnements et ses supplications aux leurs.

Ce fut ainsi qu'elle se laissa conduire à la Tour, où sa famille et celle de son époux lui avaient préparé une entrée triomphale; sa mère elle-même, qui aurait eu plus de droit qu'elle à se parer du diadème, portait la queue de son manteau royal. Le lendemain, à six heures de l'après-midi, avait lieu dans la Cité la proclamation solennelle de l'avénement de Jane et de la déchéance de Marie et d'Élisabeth.

Il y eut de l'enthousiasme, mais il y eut aussi des protestations.

Marie Tudor trouva des champions, les uns la soutenant par la controverse, les autres décidés à la soutenir par la force. Elle eut bientôt une armée, une armée plus nombreuse que celle de Jane, et alors les désertions affaiblirent de jour en jour le parti de celle-ci. La capitale se prononça pour la fille de Henri VIII; et le duc de Suffolk lui-même, le père de la reine, passant de l'audace à la plus lâche faiblesse, cria : *Vive Marie!* Il se laissa arrêter, et fut conduit avec ses trois fils à la Tour où Jane et Guilford étaient déjà retenus prisonniers : Jane consolée, Guilford cruellement humilié, car, pendant ce règne de neuf jours, non content du titre de prince-époux il avait réclamé le titre de roi, et l'avait réclamé avec des paroles de violence!

JANE GREY.

La reine Marie promulgua une amnistie avec des exceptions peu généreuses et en retenant captifs dans la Tour Jane et Guilford. Le 5 novembre ils furent cités au tribunal de Guildhall, et le juge Morgan prononça contre eux la sentence de haute trahison, qui laissa suspendue sur leur tête la condamnation à mort, sans que la reine eût l'intention de la faire exécuter. Les rigueurs de leur prison furent même adoucies après leur jugement, contre lequel ils n'élevèrent aucune protestation ; ils purent se promener dans le jardin, et le geôlier témoignait à Jane les égards les plus respectueux : plus tard peut-être la liberté lui eût été rendue comme à son père et à sa mère, la duchesse de Suffolk étant même rentrée à la cour.

L'insurrection de Thomas Wyatt et de Carew mit un terme à la clémence, sincère ou non, de Marie Tudor. Le duc de Suffolk crut ou feignit de croire que les révoltés combattaient pour sa fille ; il tenta aussi d'insurger en son nom le comté de Warwick, et, vaincu, vint rejoindre les prisonniers de la Tour. Ce fut par son père que Jane se trouva malgré elle une seconde fois proclamée reine ; ce fut donc pour son père que cette tête innocente fut livrée au bourreau, le duc de Suffolk donnant presque raison à la politique de Henri VIII, qui prétendait que jamais des sujets n'oseraient s'insurger contre leur prince s'ils n'en avaient un autre à lui substituer, complice volontaire ou involontaire de la rébellion.

Nous ne saurions admettre que la raison d'État justifie une sentence reconnue trop sévère sinon injuste. En ordonnant la mort de Jane, Marie Tudor a perdu aux yeux de l'équité historique tout le mérite de son premier acte de clémence. Ce jour-là elle fut la vivace fille de Henri VIII, en oubliant qu'elle était aussi la fille de Catherine d'Aragon, dont la répudiation avait été motivée également et sur la raison d'État et sur un hypocrite scrupule de conscience.

Jane ne démentit ni la touchante résignation de son caractère, ni la modestie de ses vertus comme princesse et comme chrétienne, cherchant à consoler son père qui se reprochait amèrement sa fatale ambition.

Une chance lui était offerte encore, si elle eût voulu conserver sa vie : la reine eût consenti à l'épargner, si elle avait abjuré sa croyance religieuse. Jane catholique n'eût plus été une prétendante pour les réformes. C'était lui demander une apostasie, et la demander à celle qui avait récemment écrit une lettre de remontrances à l'un de ses deux précepteurs, le docteur Harding, rentré au sein de l'Église romaine.

La reine lui envoya son propre confesseur, le docteur Feckenham, et dans leur entretien sur la foi et les œuvres, elle lui prouva qu'elle était une théologienne aussi forte à la réplique que lui à l'attaque. Il faut qu'il y ait réellement dans l'argumentation théologique comme dans l'argumentation philosophique la plus heureuse des distractions pour celui qui va mourir. On nous a conservé l'espèce de thèse dialoguée soutenue par Jane et le docteur Feckenham : c'est le *Phedon* de la jeune princesse, le testament de sa foi, inspiré par le platonicisme non moins que par l'Évangile. Dans cette thèse et dans ses autres écrits, datés de ses derniers jours, on sent la même aspiration vers l'immortalité qui dicta les dernières paroles de Socrate, mais avec ce quelque chose de plus suave qui s'exhale du cœur des martyrs chrétiens. C'est ici que les louanges anticipées, à elle prodiguées par Roger Asham, Bullinger et les autres docteurs de la réforme, n'ont plus rien d'exagéré. L'auréole céleste couronne déjà ce front, qui dédaigna deux fois le diadème royal.

Jane ne s'exalta pas tellement aux approches des félicités que Jésus promet à ses apôtres qu'elle n'oubliât ses devoirs comme épouse mortelle. Elle avait pardonné à Guilford son ambition mise au-dessus de l'amour conjugal. Il devait la précéder à l'échafaud ; elle refusa de recevoir ses adieux, de peur d'affaiblir en lui, par l'attendrissement, le courage dont il avait besoin pour mourir avec fermeté. Il mourut au moins digne d'elle.

Quant à Jane, elle fut émue sans être troublée par la rencontre qu'elle fit de son corps décapité, lorsqu'on la conduisit au lieu de son propre supplice, qui n'était pas le même, mais une des cours intérieures de la Tour. Le dernier acte de cette tragédie eut entre autres témoins un des secrétaires de l'ambassadeur français, M. de Noailles, qui en fit une espèce de procès-verbal dont notre grand peintre Paul Delaroche a traduit littéralement sur sa toile les principaux détails tels que M. de Noailles les transmit au roi de France.

Le docteur Feckenham était là, espérant peut-être encore que la peur de la mort arracherait à Jane la rétractation de ses opinions hérétiques, et prêt à lui donner l'absolution selon le rit catholique, si Jane la lui eût demandée ; mais elle se contenta de lui demander si elle pouvait dire avec lui le psaume de la pénitence :

« Et soy agenouillant, diray-je cest pseaume ? et il luy respondit : « Ouy, ma-
« dame. » Adonc, en soy agenouillant, elle commença le *Miserere mei Deus* (en anglais) très-dévotement jusques à la fin. Après, elle se leva sus et bailla à sa damoiselle nommée mistress Telney, ses gauds, son mouchoir, et son livre au dict maître Bridges, et après delaça sa robe et le bourreau luy vouloit ayder, mais elle luy pria de la laisser faire elle-mesme et se tourna vers une gentille femme qui luy aida, laquelle luy bailla ung beau mouchoir pour bander ses yeux. Adonc le bourreau se mist à genoulx en luy demandant pardon et elle luy pardonna volontiers. Adonc il voulut la faire tenir sur la paille et adonc elle aperçut le chouquet (le billot), luy demandant en cette manière : « Est-ce icy le chouquet ? Je vous prie,
« depechez vistement. » Puis elle s'agenouilla en bas, et lia son mouchoir à l'entour de ses yeux en disant que feray-je ? cherchant de ses mains le chouquet ; et deman-

dant où il estoit, on le lui apporta; elle mist la tête humblement dessus, en disant : « Mon Dieu, entre tes mains je recommande mon esprit; » et fut exécutée et décapitée en grand abondance de sang. »

En grand abondance de sang!... Le sang appelle le sang, comme l'abîme appelle l'abîme, dit l'Écriture. Il allait couler par torrents sous le règne de Marie Tudor, et la source de celui des reines ne serait pas tarie sous Élisabeth. La fille catholique de Henri VIII avait fait trancher la tête à Jane Grey, reine protestante. Sa fille protestante fit trancher la tête à Marie Stuart, reine catholique.

Marie Tudor était destinée à sacrifier bien d'autres victimes, les unes à la raison d'État, les autres au fanatisme des réactions religieuses; mais aucun sang n'a laissé sur son manteau royal et sur son nom de reine une tache aussi détestée que le sang de l'innocente Jane Grey. Elle épousa un prince d'Espagne, le fils de Charles-Quint, mais Dieu ne bénit pas cette union; et quand le regret de ne pas être mère aggravait ses autres chagrins, plus d'une fois elle dut se dire, avec amertume : « J'aurais dû adopter Jane pour fille au lieu de l'immoler. »

AMÉDÉE PICHOT.

MADEMOISELLE RACHEL.

Cette histoire est à la fois bien triste et bien touchante : elle est complète; elle commence aux premiers jours douloureux d'une enfant de génie, elle s'arrête au tombeau d'une artiste admirée, admirable, morte avant l'heure, en pleine possession de sa gloire. Elle était née en 1821, elle mourut en 1858. Fille de la misère, aussi vaillante que sa mère, elle déploya tout de suite un grand courage!

Mademoiselle Rachel! Une enfance hâtée, une adolescence laborieuse, une intelligence précoce, et dans le labeur de son humble vie, une grâce ineffable, une espérance invincible! A douze ans, elle écrivait à son maître, un brave homme appelé M. Saint-Aulaire (il enseignait à ces enfants ce qu'il ne savait guère), le billet que voici :

« Il fait si beau temps! le petit Pierrot sera si content de voir le soleil, et de se promener au bois de Boulogne! Accordez, mon maître, un jour de congé à Pierrot! »

Pierrot, c'était elle-même! Elle allait, enfant, dans les sentiers de la tragédie et de la comédie, obéissante à Corneille, à Molière, aux douces clartés qui sortent des chefs-d'œuvre! Elle unissait le don du rire à celui des larmes. Des gens qui l'ont entendue, au moment où elle déclamait, dans les carrefours, les gaietés du *Dépit amoureux*, restaient charmés de l'entendre, et c'était un applaudissement unanime :

Que Marinette est sotte avec son gros René!

Disant ces aimables paroles, elle était gaie et souriante ; elle oubliait la faim, le froid, le vent de bise ; elle avait au fond de son âme ignorante un pressentiment certain de sa grandeur future. « Et pourtant j'avais quelque chose là! » s'écrie André Chénier que l'on mène à l'échafaud. L'enfant Rachel-Félix se sentait, là aussi, quelque chose, à savoir le génie et l'inspiration. Cette enfant était douée. Elle avait été touchée en son humble berceau de la baguette de la fée. Elle avait pour son aïeul le grand Corneille, et Jean Racine pour son père adoptif. Elle était confiante et courageuse ; elle a dit souvent que dans la condition la plus humble, elle n'avait jamais désespéré d'elle-même ; elle avait gardé de sa pénible enfance d'aimables petites chansons qu'elle avait apprises chez M. Choron, et qu'elle chantait, heureuse et triomphante, dans ses plus beaux jours!

Mais avant que ce génie, enfoui dans les abîmes, se fût révélé à la foule intelligente, avant que ces beaux yeux pleins de flamme eussent contemplé la douce lumière (c'est un mot d'Homère), hélas! que d'efforts inutiles! Elle se sentait appelée aux chefs-d'œuvre, et pour vivre, elle se condamnait à balbutier des vaudevilles! Heureuse encore, après une enfance errante et vagabonde, à travers tant d'obstacles et de périls (elle n'avait pas seize ans, c'était le 1er jour du mois de mai 1837), lorsque, après bien des efforts inutiles pour se produire au grand jour de cette rampe ingrate, inhabile, intelligente et cruelle du Théâtre-Français, hostile à tout ce qui commence et dédaigneux de ces jeunes âmes, en peine de l'idéal, elle finit, la pauvre enfant, par rencontrer, non pas hospitalière encore et bienveillante, mais déjà moins formidable, la porte dédaigneuse du théâtre où régnait dans ses bosquets, dans ses salons dorés, dans ses parures printanières, le petit art léger, charmant de M. Scribe et de mademoiselle Léontine Fay :

> Le premier jour du mois de mai
> Fut le plus beau jour de ma vie.

Ce ne fut pas le plus beau jour de mademoiselle Rachel, mais ce fut véritablement la première heure de sa renommée et de sa fortune.

Elle jouait le rôle principal d'un petit vaudeville, intitulé *la Vendéenne;* et songez à l'étonnement du public, lorsque, au milieu de son indifférence pour un conte assez mal fait, il se sentit pris soudain d'une ineffable émotion, et vit grandir cette enfant qui s'emparait, triomphante, de la curiosité, de l'attention, des respects! Peu s'en fallut qu'elle ne fût proclamée à l'instant une grande artiste; mais les gens sont rares, assez hardis pour juger si vite et si bien.... Les connaisseurs l'acclamèrent, le reste du peuple s'en tint à l'étonnement. Bref, ce premier succès fut un succès sans portée, et le premier bruit étant passé, revint le grand silence. Avec le grand silence arriva l'oubli. Cette *Vendéenne,* commencée dans l'enthousiasme, alla bientôt languissante, et se perdit dans le désert.

L'enfant seule, et quelques amis autour d'elle, avaient gardé l'espérance. Elle croyait désormais en sa force, et d'un pas ferme elle allait à son but. Ce *quelque chose* qu'elle avait *là*, lui disait qu'elle serait bien vite une inspirée. En même temps, de sa main convaincue elle frappait, mais cette fois sans crainte, aux portes du Théâtre-Français qui ne s'ouvraient guère. Elles s'ouvrirent enfin aux jours de l'été brûlant, le 12 juin 1838, et par grâce, et par fatigue aussi, il fut permis à la petite Vendéenne de représenter, incognito, la Camille d'*Horace*, une fille de Corneille. Il y avait pour ce début précieux cent écus de recette..., aussi peu d'argent qu'on en pût faire, et dans la même salle et dans le même abandon elle joua tour à tour : *Camille, Hermione, Aménaïde, Iphigénie.*

> Auras-tu donc toujours des yeux pour ne point voir,
> Peuple ingrat?...

Pourtant c'était déjà la grande Rachel, la jeune fille ardente à ces luttes suprêmes, et peu à peu triomphant de l'obstacle, à la façon du rayon perçant le nuage. Ah! le beau moment de sa vie : enthousiasme, inspiration, colère, enchantement, pitié, vengeance et terreur! Éloquente et convaincue, elle était seule en cette arène ingrate; elle combattait seule en ce théâtre où chaque soir elle remportait une victoire obscure. Enfin, pour toute récompense, on lui jetait sans pitié les noms sonores des tragédiennes d'autrefois : mademoiselle Clairon, mademoiselle Dumesnil, mademoiselle Duchesnois! Les grands comédiens de 1838, qu'elle devait abîmer dans sa gloire, à peine ils daignaient descendre à cette enfant qu'ils écrasaient de leur majesté.... Rien n'y faisait, elle était obstinée à son œuvre. Elle arrivait patiente et convaincue au milieu du silence des vieux oracles, et d'une voix superbe elle les tirait de leur sommeil.

Six semaines se passèrent ainsi, puis tout d'un coup le bruit s'en répandit dans la ville! On entendit des voix qui proclamaient les victoires de cette victorieuse! On disait qu'une tragédienne était apparue, et la critique, à son tour, voulut l'entendre. O dieux de Sophocle et d'Euripide, et de Racine et de Corneille, aviez-vous jamais rencontré pareille inspirée? Elle marchait dans ses domaines, et la tête haute; elle habitait ses palais athéniens, tout semblables à des temples; elle allait au vrai but de la tragédie, à la pitié, à la terreur. Elle portait la pourpre, elle portait la couronne, elle touchait au sceptre; enfin donc elle parlait sa langue natale, la langue même des grandes passions et des grands poëmes, que le maître orateur Quintilien recommande à ses disciples choisis : « Que votre esprit, leur disait-il, se sente élevé par la majesté du vers héroïque. » Ainsi son âme et son esprit s'étaient agrandis de toute la majesté des chefs-d'œuvre; en même temps sa voix avait pris une ampleur inespérée, et facilement elle remplissait de son souffle et de ses passions ces voûtes solennelles, charmées si longtemps par la voix sympathique et pure de mademoiselle Mars.

Désormais elle était signalée, elle était reconnue! A la fin, elle règne, elle commande, et la voilà maîtresse et souveraine. *Eris dictatrix nobis!* disait un personnage de Plaute à une dame romaine. « Régnez sur nos âmes, commandez à nos larmes, à notre émotion, à nos pitiés, à nos douleurs! » disait son peuple enthousiaste à mademoiselle Rachel. Mademoiselle Rachel le prit au mot. Elle exerça pendant vingt ans cette dictature sans exemple au théâtre, et tout lui compta dans le succès de sa vie et dans l'agrandissement de sa fortune. Après ces premières batailles, ces études patientes, ce progrès de tous les jours, cette popularité nette et vive et triomphante, elle ne rencontra plus que des victoires, ou des obstacles si peu dangereux, que c'était pour cette guerrière une fête de les franchir.

Quel spectacle enchanteur, cette éloquente personne abordant, l'un après l'autre, avec tant de vie et de passion ces grands rôles oubliés si longtemps! Ajoutez que sitôt qu'elle se vit triomphante et dans la pourpre, la couronne à son front superbe, le sceptre en sa main vaillante, elle trouva soudain (par quel miracle et par quel enchantement?) l'esprit, le goût, le tact, la grâce et la politesse, la voix, l'accent, la réserve, avec l'apparence et la plus exquise élégance d'une femme du meilleur monde.... Elle était reine à son tour!

MADEMOISELLE RACHEL.

Elle est tout de suite une altesse, et rien ne l'étonne; aux Tuileries, à Windsor, au palais de Sans-Souci, à l'Ermitage, elle reconnaît son domaine et sa maison! Elle avait naturellement le secret de toutes les grandeurs. Sitôt qu'elle se vit riche, elle se bâtit un palais! Elle se fit un musée! Princes et seigneurs, elle les fit attendre en ses antichambres. En vingt-quatre heures, elle apprit tout ce qu'elle voulut savoir.

Comme elle devinait toute chose, elle ne s'étonnait de rien; elle disait avec l'empereur Auguste : *Rome et moi!* Elle disait comme Périclès : *Moi et les Athéniens!* Elle fut donc au niveau de toutes les fortunes, et de même que dans l'abîme elle avait gardé le sang-froid, elle resta calme à ces sommets fabuleux.

Je vais vous dire ici le nom de ses plus beaux jours : *Cinna, Horace, Tancrède, Andromaque, Iphigénie, Esther, Mithridate, Bajazet, le Cid, Polyeucte, Athalie, Phèdre, Britannicus, Marie Stuart.* Elle a joué, mais pas assez souvent, pour les ajouter victorieusement à sa longue entreprise, le rôle de Laodice dans *Nicomède*, le rôle de Frédégonde, et le rôle de Bérénice. Elle a traversé avec trop de hâte sans doute, et non pas sans y laisser sa terrible empreinte, les terreurs du drame moderne; elle était la Tisbé dans *Angelo, tyran de Padoue*, à côté de sa jeune sœur, cette aimable Rebecca tant pleurée. Elle a représenté Cléopâtre et lady Tartuffe de madame de Girardin..., encore une ombre! Ainsi, tour à tour, elle appartint à la tragédie, au nouveau drame, à l'art antique, à l'art moderne, avec tant de pleurs, tant de sourires, et si touchante et si terrible, à propos de ces héroïnes de la fable ou de l'histoire! Elle fut Lucrèce, elle fut Cythéris. Elle a récité, avec quelle grâce nous le savons! le dialogue enchanté de Lydie et d'Horace! Elle a versé de si douces larmes sur le moineau de Lesbie!...

> Pauvre amour, pauvre oiseau!
> On dirait que le sort d'un seul coup de ciseau
> Les a tués tous deux. Que la mort les rassemble,
> C'est de toute justice; ils périrent ensemble,
> De la même façon qu'ensemble ils sont éclos.

Plus tard, mademoiselle Rachel, passant des vers de Catulle aux horreurs sanglantes du moyen âge, eut le caprice de s'appeler Rosemonde, un soir, et elle buvait dans le crâne de son père! Émile Augier a fait pour elle un drame, intitulé : *Diane*. Elle a joué de M. Legouvé, ce bel esprit, habile à mettre en œuvre mademoiselle Rachel, mademoiselle Mars, madame Ristori.... ce qu'il y a de plus grand dans l'art dramatique, le doux rôle de Louise de Lignerolles. Elle a donné *Virginie*, en pendant à *Lucrèce*. Elle a fait revivre, avec tous les délires et tous les désespoirs des brèves et malheureuses amours, l'illustre tragédienne Adrienne Lecouvreur; elle a fini par *la Czarine*, un drame de M. Scribe.... et son dernier drame.

Elle a bien travaillé; elle n'a reculé devant aucune tâche. Elle a porté la tragédie à Londres, à Saint-Pétersbourg, à Vienne, en Toscane, à Berlin, et des bords du Rhin aux bords du Tibre, où vivent ses frères les Romains, elle a dit sa plainte à tous les échos, poussée par tous les vents et par tous les prétextes : ici parce qu'il fait un soleil splendide, et là-bas parce que ça lui plaisait de contempler les neiges éternelles.

Désormais elle ne connaît pas d'obstacle; elle aborde audacieusement les difficultés les plus terribles. Un jour d'émeute, un jour d'épouvante, après une représentation de *Virginie*, elle voulut chanter *la Marseillaise*, et s'enveloppant furieuse, dans les plis sanglants du drapeau de 1792, elle chanta ces terreurs avec la voix d'Érynnis vengeresse. Ceux qui l'ont entendue (ils étaient nombreux ce soir-là) s'en souviendront jusqu'à l'heure où tout s'oublie, hélas !

Par un funeste et dernier caprice, elle abandonne une dernière fois ce Paris de ses rêves, où elle tenait une place illustre et charmante. Elle quitta, pour courir les aventures aux États-Unis d'Amérique (à peine elle y fut comprise !), cette ville de Paris où M. de Chateaubriand lui offrait son bras pour la conduire au théâtre, à côté de madame Récamier; la ville où M. de Lamartine lui disait : *ô Muse !* où M. de Lamennais, ce prêtre et ce tribun, la vint saluer de sa stalle à l'orchestre ! A cette nouvelle que mademoiselle Rachel allait partir pour le nouveau monde, hélas ! ce fut dans la ville entière un deuil précoce ! On s'abordait avec ces tristes paroles : « C'est donc bien vrai ? elle nous quitte encore ! » Un pressentiment certain nous disait que c'était la mort qu'elle allait chercher dans ces parages ! Rien ne put la distraire et la toucher. Seulement, comme elle voulait être à jamais pleurée, avant l'adieu suprême, elle joua merveilleusement ses plus beaux rôles : Phèdre, Hermione, Adrienne et Roxane.

C'était l'attrait, l'invincible attrait de mademoiselle Rachel ! Elle tenait de la reine et du fantôme ! Il y avait dans sa voix énergique et touchante un écho du théâtre athénien !... On eût dit à la voir récitant ses derniers rôles, qu'elle comprenait que sa fin était prochaine, et que sa majesté ne reverrait plus la même foule, attentive à ses passions, à ses douleurs. Nous ne l'avons plus revue. L'Amérique, étonnée un instant, ne fut guère touchée. Il faut une intelligence exquise et porter en soi-même une grâce ineffable, pour saluer comme il convient ces âmes poétiques, échos de l'ancien Parnasse, enfants de la Muse enivrée aux doctes fontaines ! Elle fut bien vite au bout de cette tâche ingrate ! A peine elle eut la force de quitter ces pays lointains : *où elle était la barbare !* Elle ne fit plus que languir.

Adieu donc à la gloire, aux bruits charmants, aux fêtes poétiques ! Les médecins l'envoyèrent à Cannes pour qu'elle y mourût paisible. Elle se leva de bonne heure, et son premier soin de cette dernière journée à Paris, fut de saluer d'un regard plein de larmes le seuil hospitalier du théâtre encore retentissant de sa gloire! Enfin elle disparut dans une humble maison du Midi, sous un soleil impuissant à la ranimer. Quelle agonie! Elle sentait la vie échapper à sa poitrine déchirée! Et résignée, et belle encore, et charmante, elle luttait contre la nuit qui l'envahissait de toutes parts. Jamais un plus grand courage! un regret plus juste et mieux senti! plus d'énergie en ces combats de la dernière heure! Elle appelait à son aide! Elle pleurait!... Une image funèbre la représente accablée, et non pas vaincue. On retrouve encore dans ces beaux traits brisés par la mort qui s'avance, le feu du regard, le front chargé de poésie, et cette lèvre éloquente où les chefs-d'œuvre avaient laissé leur trace! Un grand orgueil qui se résigne, une gloire qui s'éteint!

La ville entière, à cette nouvelle que mademoiselle Rachel revenait, morte, en son logis de la place Royale, antique asile des grands esprits du grand siècle, se portait au-devant de son cercueil, chargé de couronnes. Un vrai cortége entoura ce char mortuaire, changé en char triomphal. A cette heure encore les poëtes nouveaux, les tragédiens de la veille semblent interroger cette poussière; on dirait qu'un oracle habite au fond de ce tombeau.

J. JANIN.

LA PRINCESSE DE LAMBALLE.

Le lendemain même de la terrible journée du 10 août qui décida du sort de la monarchie, le roi se trouvait interné dans le local des Feuillants. Quelques amis éprouvés étaient venus l'y joindre, dans l'espoir de lui donner au moins, à défaut d'un secours effectif, la consolation d'une fidélité sans limite.

Dans cette douloureuse et suprême réunion de ceux qui faisaient, en des temps meilleurs, l'ornement et la joie de la cour, il n'était question que des événements de la veille, des terreurs du moment et des craintes du lendemain. Pendant cette dernière conversation, Louis XVI échangea avec la princesse de Lamballe les paroles suivantes, qu'elle a consignées dans une lettre à une amie :

« Je n'avais jamais connu jusqu'ici que les sots et les parasites qui eussent le privilége d'échapper à la censure publique. Comment se fait-il donc, ma chère princesse, que vous qui êtes si loin d'être l'un ou l'autre, vous soyez parvenue à naviguer sur cette mer dangereuse de l'opinion, sans donner contre les écueils dont elle est hérissée ? Vous seule ici êtes restée à l'abri de l'exécration de nos ennemis.

— Ah ! Sire, répondit Son Altesse, qui donc, à l'exception de ceux qui m'aiment, sait seulement que j'existe ? Et puis, mon heure n'est sans doute pas encore venue. »

Hélas! vingt-trois jours à peine après cet entretien, l'infortunée princesse tombait sous les coups de misérables assassins.

Le meurtre de madame de Lamballe et les circonstances odieuses dont il fut accompagné n'ont d'excuse ni dans les nécessités de l'époque, ni dans les actes antérieurs de cette aimable femme, et sont, dans l'histoire de la Révolution française, une tache que rien ne saurait effacer. Au milieu de nos agitations elle n'avait joué aucun rôle ; rien ne pouvait la rendre suspecte aux yeux du peuple dont elle n'était connue que par des actes de bienfaisance. Jamais son nom ne fut prononcé dans les feuilles ni dans les libelles qui signalaient à la haine publique ceux que la révolution devait considérer comme des adversaires, et suivant l'expression d'un historien : « On osa l'assassiner, mais on n'osa pas flétrir sa mémoire. »

La vie de madame la princesse de Lamballe, depuis son mariage jusqu'à sa mort, n'est, pour ainsi dire, qu'une longue souffrance à peine adoucie par les élans de l'amitié, d'ailleurs très-intermittente, de la reine, et l'affection toute paternelle du vénérable duc de Penthièvre, son beau-père. Elle a raconté elle-même son histoire dans quelques pages que la piété d'une amie, d'une compagne de ses mauvais jours nous a conservées.

« Un jour, dit-elle dans son journal, mes parents me firent appeler, et là, en présence du roi Charles-Emmanuel III et de l'envoyé de France, on me demanda si j'aimerais à devenir la compagne du prince de Lamballe. « Oui, répondis-je, il « ne m'inspire pas plus de répugnance que tout autre. » Cette réponse ingénue amusa beaucoup l'assemblée.

« J'entrais à peine dans ma dix-huitième année, lorsqu'on me conduisit par des chemins de fleurs à l'autel sacré qui me promettait le plus grand des bonheurs, et qui trop tôt devint pour moi l'autel de mon sacrifice.

« La longue série de mes souffrances remonte au jour où ma belle-sœur bien-aimée, mademoiselle de Penthièvre, épousa le duc de Chartres. De ce moment, tout plaisir, toute espérance de félicité conjugale furent interdits à mon cœur jeune et aimant. Mon bonheur fut pour ainsi dire coupé dans sa racine, pour ne plus fleurir désormais. La religion et la philosophie devenaient le seul refuge où mon cœur et mon esprit pussent trouver un peu de tranquillité.

« Je fus mariée presque enfant[1], épouse avant d'être femme, veuve avant d'être mère, et sans espoir de le devenir.

« Je quittai Turin. On avait tout préparé pour me recevoir avec la plus grande pompe dans l'hôtel de Toulouse et dans le palais de Rambouillet.

« Parmi ceux qui vinrent à ma rencontre, était mon époux lui-même, que je n'avais jamais vu. Il désirait tant me voir *incognito* pour la première fois, qu'il partit de Paris aussitôt qu'il fut informé de mon arrivée en France, et s'annonça en qualité de page du prince de Lamballe. Comme il avait grandi depuis qu'on m'avait montré son portrait, j'y fus trompée, et le reçus à ce titre. Mais le prince me trouvant plus à son gré qu'il ne s'y était attendu, eut assez de peine à ne pas se trahir lui-même. Dans le trajet jusqu'à Paris, je fis connaître l'intérêt que m'inspirait le prétendu page. « J'espère, lui dis-je, que le prince me permettra de dis-
« poser de son page, car je l'aime beaucoup. »

« Quelle fut ma surprise quand le duc de Penthièvre me présenta le prince de Lamballe, et que je retrouvai en lui ce même page pour lequel je m'étais senti une sorte d'inclination involontaire. Nous nous mîmes tous deux à rire, et les expressions nous manquèrent pour rendre nos sentiments. C'était réellement aimer à la première vue. »

Madame la princesse de Lamballe, trop modeste pour se louer elle-même, ne nous dit pas ici qu'elle était en effet une des plus belles princesses de l'Europe, et la plus jolie personne en même temps que la plus accomplie de la cour de Louis XVI. Ses grâces, ses vertus, l'élégance de ses manières lui donnèrent constamment une supériorité incontestable sur toutes les princesses de son temps.

Pauvre femme! comment pourrait-on songer sans frémir que cette beauté même, que cette grâce touchante qui auraient dû faire tomber les armes des mains de ses bourreaux, furent précisément la cause des outrages qu'on osa faire subir à son cadavre mutilé.

La beauté de madame de Lamballe avait tellement frappé le célèbre Gluck, qu'un jour, à la suite d'une répétition d'*Armide*, dans l'appartement de la reine,

---

[1]. Née à Turin le 8 septembre 1749, Marie-Thérèse-Louise de Savoie-Carignan épousa le prince de Lamballe. Elle était veuve à dix-huit ans.

il se précipita au-devant de la princesse qui venait le féliciter et lui dit, dans un plaisant accès d'enthousiasme : « O ma belle Altesse, il ne manque plus rien à mon Armide, pour être applaudie jusqu'au septième ciel, qu'une tête aussi belle que la vôtre !

— S'il ne faut que cela, je me ferai volontiers peindre pour vous, monsieur Gluck, répondit en riant la princesse.

— Non, non, vous ne m'entendez pas : je veux dire une tête réelle ; car mon actrice est fort laide, et pour être dans le vrai, il faudrait qu'elle fût charmante : c'est votre tête, votre adorable tête que je voudrais pouvoir prendre pour la lui donner. »

Quand on rapproche ce futile incident de l'horrible fin de madame de Lamballe, on ne peut s'empêcher de penser que le hasard fait parfois de cruelles plaisanteries.

Mais nous touchons à un point délicat de la vie de cette malheureuse princesse. C'est ici surtout qu'il importe de lui laisser la parole, car les allégations qui vont suivre risqueraient de prendre, sous la plume de l'historien, le caractère calomnieux du libelle.

« Le duc de Chartres, alors très-bel homme et fort insinuant, devenu mon parent par son mariage avec mademoiselle de Penthièvre, me rendit les soins les plus assidus. Il connaissait l'attachement que je portais à sa jeune épouse : pouvais-je soupçonner qu'il nourrissait des projets criminels contre mon honneur ? Quelles durent être, en conséquence, ma surprise et mon indignation quand il osa me déclarer qu'il désirait exercer les droits du légitime objet de mes affections, de celui que j'aimais autant que j'en étais aimée ! Je ne révélai point la conduite du duc de Chartres par égard pour mon père adoptif, le duc de Penthièvre, par attachement pour sa fille, alors enceinte, et surtout par la crainte que j'avais de compromettre les jours de mon époux, si je ne souffrais pas en silence. Ce fut précisément ce silence qui le perdit, et de quelle horrible manière ! Le prince de Lamballe ignorait le véritable caractère de son beau-frère. Il s'attacha de jour en jour plus aveuglément à cet homme qui s'efforçait de ruiner son bonheur.

« Pour se venger de ma résistance, cet homme arracha mon époux inexpérimenté du lit conjugal. Infortuné jeune homme ! Il se fit dès lors une étude de l'inconduite et de la débauche, jusqu'au moment où ses souffrances lui rendirent la vie insupportable. Il mourut en proie aux douleurs les plus déchirantes de l'esprit et du corps, dans les bras de sa femme inconsolable, et de son père au désespoir. Mariée depuis peu de mois, alors âgée de dix-huit ans, je restai veuve pour me désoler d'avoir été femme.

« Telle était ma situation : retirée du monde, tout entière à mes peines, ne

LA PRINCESSE DE LAMBALLE.

quittant plus le cher et respectable père de mon mari, m'efforçant d'adoucir les chagrins que lui causait la triste certitude de ne point se voir revivre dans la postérité de son fils, redoublant quelquefois, au lieu de les calmer, les douloureux effets d'une perte irréparable, lorsqu'un rayon inattendu brilla sur ma détresse. Marie-Antoinette, semblable à un messager céleste, m'apprit, dans le plus doux langage que la compassion puisse inspirer à une âme tendre, le baume qui devait cicatriser sa blessure. Sans le secours de sa vive amitié, le duc de Penthièvre et moi nous tombions dans le plus cruel désespoir. »

L'amitié de la reine et de madame de Lamballe, née d'une douce sympathie, s'accrut bientôt par l'habitude de l'intimité et par une connaissance plus approfondie. Dès lors, Marie-Antoinette songea à la resserrer par un lien qui fut en même temps un obstacle aux méchants effets de l'envie. Elle obtint du roi de rétablir au profit de madame la princesse de Lamballe la charge de surintendante de la maison de la reine, qui était restée supprimée depuis la mort de Marie Leczinska.

L'aimable amie de Marie-Antoinette n'usa des prérogatives de cette nouvelle dignité que pour y chercher de nouveaux moyens de donner l'essor à son goût pour la bienfaisance; si bien que tout en s'efforçant d'introduire l'économie à Trianon, elle risqua plus d'une fois d'épuiser pour des aumônes, des dotations et des pensions, une caisse où elle avait pour mission de rétablir l'équilibre.

Quelques petites intrigues de madame Diane de Polignac eurent pour effet de troubler un instant cette amitié si touchante d'une part, si désintéressée de l'autre. A la première apparence de refroidissement, madame de Lamballe, blessée, mais discrète, se tint à l'écart, sans éclat et sans ostentation. Les troubles de 1790, en rendant plus précieuse pour la reine l'affection de ses véritables amis, ramenèrent la princesse dans ses bras.

Le rôle de madame de Lamballe auprès de la reine était tout de conciliation. La droiture de son caractère, une éducation libérale développée par le malheur et l'expérience, lui avaient inspiré une sorte de sympathie intelligente pour les saines idées de la révolution.

L'histoire a conservé quelques conversations entre elle et Barnave qui rendent d'autant plus incompréhensible l'acharnement qu'on mit à la faire mourir. D'un autre côté, elle blâmait l'émigration; elle écrivit avec une éloquence inutile aux émigrés pour les engager à rentrer; elle flétrit l'invasion étrangère et s'expliqua, sur ce sujet, de manière à ne laisser aucun doute sur son patriotisme.

« Plût à Dieu, écrivait-elle, qu'on n'eût jamais provoqué l'invasion étrangère! Oh! pourquoi la reine a-t-elle refusé de me croire? Pourquoi n'a-t-elle pas écouté Dumouriez et quelques autres membres de l'Assemblée? Jamais les armées ne soumettront les nations, surtout une nation exaltée par la conquête récente de sa liberté, après avoir subi le joug d'un gouvernement faible et corrompu. »

Madame de Lamballe voulut accompagner la reine au Temple; lorsque arriva l'ordre d'en faire sortir toutes les personnes étrangères à la famille royale, elle fut enfermée à la Force. C'est cela sans doute qui la mit en vue et la signala aux septembriseurs; car il répugne de croire, comme on l'a dit, qu'elle tomba victime de la vengeance de trois représentants qu'elle n'aurait pu ou voulu recommander à la reine pour les faire nommer ministres après la chute de Roland.

A la nouvelle des premiers massacres dans les prisons, le duc de Penthièvre se fit mettre en rapport avec Manuel, et obtint de lui qu'il sauverait la princesse de Lamballe et les dames qui l'accompagnaient. En effet, à l'heure même il fit rendre la liberté à mesdames de Tarente, de Tourzel et à plusieurs autres dont la délivrance devait le moins fixer l'attention, réservant, par des motifs de prudence, madame de Lamballe pour la dernière. Quand il vint à elle pour la sauver à son tour, elle refusa obstinément de le suivre. Par une coïncidence fatale, elle avait reçu le matin même un billet tracé par une main amie; il était ainsi conçu : « Pour Dieu, quoi qu'il arrive, ne quittez pas votre chambre, et vous serez épargnée. » Manuel insista en vain et se retira désolé : la mort de la princesse devenait inévitable.

Deux heures plus tard, contrainte par la force, elle comparaissait devant l'implacable tribunal.

« Libre ! » s'écria le président après quelques questions insignifiantes; et l'infortunée princesse sortit l'espoir dans le cœur. Au premier pas qu'elle fit dans la cour, ses pieds foulèrent des cadavres. Elle poussa un cri et tomba presque inanimée dans les bras de sa femme de chambre.

A ce moment, un mulâtre qui avait été l'objet de sa bienfaisance, qu'elle avait fait baptiser et instruire, mais à qui, depuis peu, elle avait dû interdire sa maison à cause de sa mauvaise conduite, s'approcha en ricanant et lui porta un coup de pique à la nuque. Ses beaux cheveux se dénouèrent et dérobèrent un instant à tous les yeux la vue de son sang qui coulait en abondance. Un sentiment d'hésitation, peut-être de pitié, saisit la horde des massacreurs; un homme s'élança pour la soutenir et l'entraîner; à son tour il fut blessé par le mulâtre.

Ce fut là comme un signal qui rendit la fureur aux meurtriers. Madame de Lamballe tomba percée de mille coups. Alors on la dépouilla de ses vêtements, on lui trancha la tête après avoir fait subir à son cadavre les souillures les plus abominables. Sa tête, cette tête charmante, plantée au bout d'une pique, fut promenée dans tout Paris et portée en triomphe jusqu'au Temple sous les croisées de la reine prisonnière.

Attirée par les cris de la foule, parmi lesquels elle distingua le nom de son amie, Marie-Antoinette crut un instant qu'on la lui ramenait. Elle s'évanouit en reconnaissant l'horrible vérité.

Une main pieuse recueillit les restes outragés de l'infortunée princesse et les fit enterrer dans le cimetière de la Madeleine. Ses cheveux furent portés au duc de Penthièvre, qui mourut quelques jours après en les pressant sur son cœur.

Le lendemain, suivant le récit de Sérieys, dans un cabaret aux environs de la Force, trois hommes soupaient gaiement : c'étaient, s'il en faut croire cet historien, les trois représentants qui pensaient avoir à se plaindre de la complaisance de madame la princesse de Lamballe. Un des meurtriers arrive et pose sur la table la main droite de la victime. On la regarde, on la promène d'un convive à l'autre, on fait sur ses doigts des plaisanteries obscènes; puis l'un d'eux, que Sérieys désigne seulement par une initiale, la regarde plus attentivement et dit avec le sang-froid du mépris : « Elle était jolie ! »

Telle fut l'oraison funèbre de la vertueuse et touchante princesse de Lamballe.

ARTHUR DE CIREY.

CATHERINE II.

Comme il accompagnait la grande Catherine à travers ces steppes fabuleuses où le prince Potemkin avait fait dessiner au loin des fleuves, des villages et mille enchantements, le prince de Ligne ajoutait aux surprises du voyage toutes les grâces ingénieuses d'un bel esprit, d'un courtisan, d'un homme adroit et droit. Tout à coup l'impératrice, en jetant sur lui ses yeux pleins d'éclairs : « Faites-moi l'amitié de me dire comment vous pensiez que j'étais faite, avant de vous présenter à ma cour?

— Oh! mon Dieu! Madame, il n'est rien de plus simple. Je me figurais une étoile en grand panier.... » Pour compléter l'anecdote, le prince de Ligne ajoutait : « Je vis un jour les soldats de l'impératrice Catherine dans une tranchée ; ils se battaient comme des lions, en l'appelant *leur mère*, et d'un nom plus tendre encore : *Matouscka*, notre sainte. »

Donc celui-là seul ferait un portrait ressemblant qui réunirait sur la même toile cette double image : une Catherine à la française, en grand habit du palais de Versailles, dans le salon d'Apollon, et la Catherine à la russe, une épée au côté, animant de son esprit vigilant les soldats orthodoxes de la sainte Russie. Elle a joué, jusqu'à la fin de ses jours si remplis de grandes choses, son rôle impérial avec cette triple ambition : être adorée en Russie, applaudie en France et partout respectée. Et comme elle était, grâce à Dieu qui avait tant fait pour elle, une femme autant qu'une reine, et que sa grâce égalait sa majesté, il y avait des heures clémentes et sans danger où elle plaisantait même avec sa couronne. Elle contait alors, avec sa bonhomie allemande, que si parfois elle faisait des gaucheries, il fallait s'en prendre à la petite éducation qu'elle avait reçue, et à sa gouvernante, mademoiselle Gardel, une Française réfugiée. « Elle et moi ne nous attendions guère à tout ceci, et, je dois l'avouer, elle avait tout à fait négligé de m'enseigner l'art de porter le sceptre et d'occuper un si grand trône. Ainsi nous avons été prises à l'improviste, et l'on peut bien me passer un peu de maladresse. » Ainsi parlant, l'impératrice était charmante. En ces moments de modestie, on n'eût jamais dit que c'était la même femme dont le génie avait agrandi de moitié l'empire de Pierre Ier, déplacé le centre politique de l'Europe et mérité ces noms au-dessous de sa gloire : la Sémiramis du Nord, Catherine *le Grand*. Toute l'école encyclopédique, attentive à cet illustre esprit, n'a pas été trop loin dans cette louange que la postérité a confirmée.

L'histoire a célébré toutes ces vertus d'une âme forte ; le temps a mis en oubli ces faiblesses passagères. Désormais la grandeur de Catherine est incontestable autant que celle de Louis XIV ; et justement parce que son âme était grande, elle a su comprendre et deviner les instruments de sa toute-puissance. « Gouverner, c'est choisir, » disait Montesquieu. Catherine II, jusqu'à la fin de son règne, a choisi dignement les conseillers de sa couronne. Elle leur était reconnaissante et dévouée, et quand il fallait récompenser, elle ne savait pas de trop hautes récompenses. « Au prince Orloff, disait-elle, je dois la première part d'un règne éclatant; il a fait mieux que de me couronner, quand il me donnait le conseil d'envoyer ma flotte dans l'Archipel. Potemkin m'a donné la Tauride, et de son épée il a balayé les hordes qui menaçaient mon empire. Au maréchal Romanzoff, je suis redevable de mes plus brillantes victoires. A Michelson, je dois la prise de ce faux tzar Pugatschen qui menaçait ma capitale et que beaucoup de mes sujets reconnaissaient déjà pour leur maître. »

Ainsi parlait cette femme vaillante, et voilà comme, à tous ces respects, elle avait ajouté toutes les adorations qui l'entouraient. Dans ce mélange hardi de barbarie et de civilisation, dans ce composé d'Orient et d'Occident qui n'avait pas encore eu d'exemple ici-bas, l'impératrice Catherine était à l'aise; elle se sentait heureuse et forte, également habile à commander aux sauvages, aux civilisés, aux habiles, aux fous furieux. Elle était éloquente, ingénieuse, adroite, au besoin parfaitement dissimulée, et les hommes d'État les plus habiles de l'Europe restaient souvent confondus des aspirations, des projets et des prévisions de cette aimable souveraine. Elle écrivait un code et commandait en même temps une comédie; elle ouvrait une campagne et un grand bal le même jour; elle rêvait à la conquête de Voltaire et de la Turquie. Ah! que la couronne était bien séante à ce beau front! Que les fleurs allaient bien à ce corsage! Cette belle main portait à ravir le sceptre et l'éventail. Catherine se connaissait en belles revues, en petits tableaux, en beaux uniformes, en belles robes brochées d'or, en beau langage, en petits vers. Elle souriait à l'esprit du prince de Ligne; elle ne se déplaisait pas aux déclamations solennelles de notre ami Diderot.

Quel grand rêve, un si beau rêve; à quelle distance Élisabeth enfant entrevoyait ces espérances! Elle s'appelait de son nom Sophie-Auguste Danhalt-Zerbst; sa mère, Jeanne de Holstein, la conduisit à Stettin, de Stettin à Moscou, pour lui faire épouser le grand-duc Pierre, que lui destinait la tzarine Élisabeth. Le jeune homme était sauvage; il fut bien vite adouci par ce doux sourire. Il était violent; il fut calmé d'abord par tant de bonne grâce. Catherine, à cette heure impossible, a déployé plus de mérite et de vertu qu'il ne lui en fallut pour gouverner toute la Russie pendant un demi-siècle, ou peu s'en faut.

Mais enfin quand la jeune princesse (elle avait seize ans) eut vainement, à son aide, appelé toutes les grâces de sa jeunesse autour de ce prince abandonné à tous les emportements, il fallut bien reconnaître que ce jeune prince était indomptable; il n'était pas Russe, il était Prussien. La noblesse haïssait d'instinct ce grand-duc qui ne parlait que du roi de Prusse et n'admirait que ses soldats. Le clergé n'avait pu se faire au mépris de cette âme violente; le peuple, obéissant à ses prêtres, n'avait ni respect ni dévouement pour le futur empereur. — Il avait en outre une maîtresse absolue, insolente, et devant sa maîtresse il frappait son épouse, en déclarant que Catherine lui avait donné un bâtard. Voyez donc combien de douleurs, d'humiliations, de violences insensées l'auguste princesse eut à subir!

Voyez en même temps la pitié, l'émotion de ces gentilshommes, de ces capitaines pour cette belle princesse toute Russe, et qui s'était faite Russe avec tant d'ardeur et de conviction! En ce moment de sa vie, on aperçoit Catherine au milieu des grands nuages dont toutes ces puissances de là-bas sont entourées, et ce n'est pas nous qui percerons ces nuages. Ce que nous voulons contempler dans cette histoire où le récit funèbre a trop de place, uniquement c'est l'impératrice, à trente-trois ans proclamée héritière absolue d'un si grand empire. Elle régnait enfin, *par la grâce de Dieu*, elle régnait victorieuse, acceptée, admirée, animée aussi du souffle et de l'ambition de Pierre le Grand. Son premier ministre avait nom Potemkin, un caractère à la *romanesque*, *gigantesque* et *barbaresque*, dont le prince de Ligne a donné le portrait suivant : « .... Il a l'air paresseux et travaille toujours, toujours couché, il ne dort jamais ; triste dans les joies du palais, malheureux à force d'être heureux, ministre habile, enfant de dix ans, le plus fier satrape ou le courtisan le plus aimable de la cour de Louis XV. » Cet Asiatique roué, ce Tatare-Régence était aussi un bel esprit, une façon de barbare rimant et madrigalisant. Il chanta d'abord en vers russes, sur un ton de chérubin, la beauté de la grande souveraine qu'il aspirait à gouverner. Nous empruntons aux Mémoires du major Masson un fragment de cette poésie :

« .... Aussitôt que je te vis, je ne pensai plus qu'à toi seule ; tes yeux charmants me captivèrent, et je tremblai de dire que j'aimais. L'amour se soumet indifféremment à tous les cœurs, et c'est avec les mêmes fleurs qu'il les enchaîne. Mais, ô Dieu ! quel tourment d'aimer celle à qui je n'ose le dire, celle qui ne peut jamais être à moi ! Ciel barbare ! — Pourquoi la fis-tu si belle, ou pourquoi la fis-tu si grande? Pourquoi vouloir que ce fût elle, elle seule que je pusse aimer, elle dont le nom sacré ne sortira jamais de ma bouche, ni l'image charmante de mon cœur !... »

Certes le chevalier Bertin n'eût pas mieux parlé que Potemkin l'élégiaque. Il parlait en amoureux et en sujet. Or telle était l'autorité naturelle de cette majesté, que pas un de ces hommes qu'elle avait faits si grands ne lui manquèrent de respect. Elle était toute semblable à la déesse indiquée par le poëte : *Et vera incessu, patuit Dea*. Rien qu'à sa démarche, on connaissait la souveraine ; elle avait le geste et le regard du commandement. Ses yeux étaient pleins de flammes, son sourire était plein de lumière. Un front où tout était génie, une taille mince à rompre. Dans un portrait de Catherine par le peintre Lampi, le peintre avait tracé un pli terrible où la postérité pouvait lire un remords. Catherine, après l'avoir considéré longtemps, fit effacer ce pli funeste en demandant au peintre où donc il avait trouvé ce démenti à la sérénité d'une tête couronnée? Elle disait, à ce propos, que le calme est un des attributs de la majesté souveraine. Elle ajoutait parfois en souriant : « Mon imperturbabilité ! »

CATHERINE II.

Sérieuse en toutes choses, elle l'était même avec ses favoris d'un jour; elle les tenait à distance et dans le respect; rien ne la pouvait troubler, ni les fureurs jalouses du comte Orloff, ni les adorations, voisines des fables, du prince Potemkin. Elle châtiait sans honte et sans peur l'insolence d'Yermolow. Seul entre tous ces courtisans d'une autre Élisabeth, on raconte que le jeune et beau Lanskoy représente une élégie au milieu de ces cantiques. L'histoire a gardé le souvenir de ce beau jeune homme et de son doux sourire. Elle s'est inquiétée un instant de sa mort précoce, elle a noté la douleur de Catherine appelant la terre et le ciel au secours du beau chevalier que rien ne pouvait sauver. Comparée avec la conduite d'Élisabeth d'Angleterre, de Christine de Suède ou de Marie Stuart, on trouvera que la conduite de Catherine est innocente. Christine égorge dans une galerie du palais de Fontainebleau son écuyer Monaldeschi, sans se rappeler que ce meurtre est un attentat à la majesté de la couronne de France; Élisabeth envoie à l'échafaud le comte d'Essex infidèle; Marie Stuart, lâche et vile entre toutes les princesses amoureuses, tend au jeune Darnley, son mari, des piéges dignes d'une courtisane, et, souillée du sang de cet infortuné, elle offre sa main au féroce Bothwell. Catherine de Russie agit en reine; de son chevalier de la veille elle fait un prince.... et l'oublie. Hormis les deux premiers, Orloff et Potemkin, deux hommes d'État, les autres ne furent pas une seule fois consultés par cette hautaine et dédaigneuse maîtresse. Ils tremblaient devant elle, et cherchaient dans son regard l'heure propice où il leur était permis de se montrer.

A peine elle se vit couronnée, elle s'intitula reine *par la grâce de Dieu*, c'est-à-dire ne relevant que de son sceptre et de son épée; et comme elle voulait que sa majesté fût respectée, elle entourait de ses respects tous les grands rois du monde, honorant Louis XIV, adorant Pierre le Grand. A chaque doute, elle s'arrêtait pour contempler l'image du terrible empereur. Que ferait-il à ma place? Ou bien : quelle serait en ce moment sa volonté? Pierre était son oracle; elle en avait fait son exemple; elle eût accompli volontiers ses plus grands rêves au delà de l'impossible. Ainsi elle marchait à la suite de ce grand homme, à travers ces vastes sentiers.

Cette femme illustre avait le génie et la volonté. Très-laborieuse, attentive aux moindres détails, active, intelligente au degré suprême, elle a essayé, tenté, commencé toute chose. Elle a fait trembler le vieil empire ottoman, forcé de lui céder les provinces à sa convenance; elle a forcé la Grèce, antique mère des nations, à saluer le pavillon de la Russie; elle rêvait des splendeurs et de l'éloquence de Sparte et d'Athènes, sur les bords de la Néva. Sa volonté envahissante dominait dans les conseils de Vienne et de Berlin; le grand Frédéric était à ses pieds, et l'appelait sa souveraine. Ah! Pologne infortunée, comment résister à l'envahissement de cette impératrice déjà maîtresse de la Crimée et de la mer Noire, et qui fait du Caucase une des limites de son empire? Et toutes ces conquêtes se faisaient par elle-même. Elle voulut naviguer, en personne, sur le Volga et sur le Borysthène, indignés, mais obéissants. Sur son chemin elle rencontrait tantôt le plus aimable et le plus malheureux des rois de Pologne, couronné et détrôné par elle, Stanislas-Auguste, et tantôt l'empereur Joseph II, empereur d'Allemagne, un philosophe, un rêveur; il s'inclinait devant cette majesté redoutable et charmante, il promettait de travailler.... *au chemin de Byzance*, un des rêves de la grande impératrice.

Et ne pensez pas que le succès fut une indispensable condition de sa vie et de son règne; elle aimait le succès, elle honorait le danger. Elle sourit à ces rois qui s'inclinent, elle résiste à ces nations qui menacent. A la coalition de l'Angleterre, de la Prusse (le grand Frédéric était mort), de la Suède et de l'empire ottoman contre la Russie, Catherine oppose un front calme. On peut dire que toutes les guerres de Catherine eurent, pour la Russie, un résultat favorable et lui tournèrent en gloire et prospérité. L'impératrice y gagnait une popularité sans limites. Mais aussi quelle admiration d'un bout du monde à l'autre, et que de louanges pour l'impératrice Catherine! On disait les villes qu'elle avait bâties, les ports qu'elle avait creusés, ses messages dans l'archipel du Nord, dans l'océan Oriental, aux côtes du Japon. Son zèle appartenait à tout ce qui pouvait agrandir, éclairer, décorer son empire; heureuse au degré suprême, si elle eût entrepris ces grandes choses avec moins de hâte! Un jour, dans les Taurides, comme elle avait invité l'empereur Joseph II à l'investiture d'une ville nouvelle : « Aujourd'hui même, disait l'empereur, l'impératrice et moi nous avons accompli une tâche illustre; elle a posé la première pierre d'une ville, et moi j'ai posé la dernière. »

Un autre jour, comme elle était arrivée aux confins de son empire, en cette éloquente et poétique Tauride, où s'est accompli le sacrifice homérique d'Iphigénie, elle découvrit parmi les broussailles une tombe à demi brisée, et de son œil d'aigle elle reconnut le nom du poëte exilé par Auguste, le nom de l'innocent Ovide, expirant, malgré ses pleurs, au milieu de ces peuples sauvages, où vraiment il était *le barbare*. Attendrie, elle s'arrêta, et quand elle eut contemplé toute cette misère, elle voulut que les derniers honneurs fussent rendus à ce chantre infortuné des jeunes amours qui attendait, depuis bientôt dix-huit siècles, un regard de sympathie. Ainsi la justice et la pitié de la grande impératrice devaient relever la faute impitoyable d'Auguste empereur.

Voilà comme il faut la voir, dans sa clarté, dans son intelligence, attentive aux bruits de l'Europe, et remplissant le palais de l'Ermitage des livres de nos philosophes, des chansons de nos poëtes, des tableaux de nos plus doux artistes.

Il y avait sans cesse et sans fin des courriers allant et venant de Ferney à Saint-Pétersbourg, qui portaient tantôt la demande et tantôt la réponse entre ces deux hautes parties contractantes : Voltaire et Catherine II. Ils étaient les courtisans l'un de l'autre, avec des grâces adorables et des tendresses infinies. Elle écrivait de sa main royale : *A Madame Denis, la nièce d'un grand homme qui me fait l'honneur de m'aimer un peu.* Pour répondre à tant de louanges le grand homme écrivait ce beau vers que le monde entier sait par cœur :

C'est du Nord aujourd'hui que nous vient la lumière.

Une autre fois, elle offrait l'éducation de son propre fils, le grand-duc héritier, à M. d'Alembert, qui recula devant cette tâche illustre; ou bien par l'entremise et le bon soin du comte et de la comtesse Galitzin, ses deux amis, elle domptait Diderot le farouche, et faisait tant pour lui plaire, que le bonhomme, enfin subjugué, se prenait à l'aimer de toute son âme. Or, des conquêtes de Catherine, celle-ci ne fut pas la moindre, et nous autres, qui la saluons et la contemplons à tant de distance, nous sommes encore reconnaissants de ses bontés pour Diderot, notre maître. Elle acheta sa bibliothèque, et l'ayant payée, elle attendit qu'il fût mort pour réclamer ces beaux livres, que le philosophe aimait tant.

L'impératrice Catherine à son tour disparut subitement de la scène du monde le 9 novembre 1796 : elle avait soixante-sept ans.

HIPPOLYTE BABOU.

CHARLOTTE CORDAY.

C'était à l'heure sombre où Marat était un des maîtres de Paris. Sa volonté devenait la loi suprême; il dénonçait, sa délation était un arrêt. Quiconque était désigné par cet homme, on le venait prendre, et conduire à l'échafaud. Il appartenait par toute sa laideur physique et morale à ces puissances sorties de l'abîme, dont le nom reste une épouvante, même après que l'abîme est fermé.

A la même heure, il y avait au fond d'une province française, à Caen, l'une des villes principales de la Normandie, une jeune fille de la plus noble naissance et du plus beau visage; une héroïne, une petite-fille de Corneille, mademoiselle Charlotte de Corday, qui prêtait chaque jour une oreille indignée, une âme attristée, aux bruits misérables qui venaient sans cesse, et sans fin, du fond de ce Paris des échafauds et des meurtres. La jeune fille hésitait, se troublait, et dans son âme et dans sa conscience.... en songeant à Marat, elle se disait : « Cet homme est un crime, une honte, un monstre; il est le crime en personne; cet homme absolument doit mourir! » Nous avons relevé sur l'arbre généalogique de Pierre Corneille *les preuves* de Charlotte Corday à cette illustre alliance, et sans doute le lecteur ne sera pas fâché de rencontrer la page que voici

PIERRE CORNEILLE.

Marie, veuve de Guénébault, mariée en secondes noces à Jacques de Farcy.	Pierre Corneille, capitaine de cavalerie, gentilhomme ordinaire du roi, né le 7 septembre 1543, marié à Marie Cahois.	Corneille, tué à Grave.	Charles Corneille, filleul du P. la Rue.	L'abbé d'Aiguevive.	Marguerite, religieuse.
Françoise de Farcy, mariée à M. de Corday.	Pierre-Alexis Corneille, né le 29 mars 1694 (il eut pour tuteur Thomas Corneille, son grand-oncle), marié à Bénigne Larmanat.				
J. F. Corday d'Armont, mariée à Ch. Godier.					
MARIE-ANNE-CHARLOTTE CORDAY D'ARMONT, née à Saint-Saturnin, près Séez, en 1768.	Marie-Anne Corneille, élevée au couvent, à Nevers, protégée par M. Lamoignon de Malesherbes, pensionnée de lui et des fermiers généraux.		Claude-Étienne Corneille, né le 15 avril 1727, reçu par Voltaire à Ferney, le 9 mars 1763, marié à Marie-Rose Bérenger.		
	Louis-Ambroise Corneille, né le 9 déc. 1756, marié à Catherine Fabre.	Jeanne-Marie Corneille, née le 21 juillet 1785, élevée au couvent, pupille de M. de Malesherbes, qui obtint pour elle, en 1785, une pension sur la cassette de Louis XVI, pensionnée de la Comédie-Française.		N. Corneille, née le 10 novembre 1771, mariée à M. Girard.	Jean-Baptiste-Antoine Corneille, né le 17 janvier 1776, marié à Marie Chazel.
Louise-Madeleine Corneille, née le 19 octobre 1786.	Marie-Augustine Corneille, née le 4 sept. 1790.	Catherine Corneille, née le 5 novembre 1793.	Joseph-Augustin Corneille, né le 4 février 1798, élevé au lycée de Nîmes.	Marie-Alexandrine Corneille, née le 2 mess. an VI.	P.-Xavier Corneille, né le 1er août 1809, élevé au lycée de Caen.
Marie-Thérèse Corneille, née le 7 sept. 1787.	Pierre-Alexis Corneille, né le 24 janvier 1792, élevé au lycée de Marseille.	Pierre Corneille, né le 6 sept. 1796, élevé au lycée de Versailles.	Joseph-Michel Corneille, élevé au lycée de Nîmes.	Thérèse-Philippine Corneille, née le 2 pluv. an X.	Marie-Anne Corneille, née le 27 juillet 1812.

Charlotte Corday, digne fille de cette race auguste, avait à peine vingt-quatre ans quand, de si loin, elle mêlait son âme, innocente encore, aux douleurs de la patrie. Elle habitait, dans une rue obscure, une maison pauvre, sous le toit d'une vieille parente dont elle était la gardienne et la dernière espérance. Elle était modeste et charmante : une taille à la romaine, un regard plein de fierté, l'aspect virginal et sérieux de ces nobles filles de la Rome ancienne, qui naissaient violentes et généreuses, dévouées et passionnées, sous le souffle ardent de l'auteur d'*Horace* et de *Cinna*. Certes, vous étiez bien, ô vaillante héroïne, la digne sœur de Camille et de Sabine; vous aviez touché de près Émilie et Cornélie. Enfant de la même famille, il vous appartenait de disparaître à votre tour dans la sanglante mêlée.... A quinze ans déjà son front portait les marques du génie; on lisait dans ses regards la force et la simplicité. Elle dédaignait la parure et l'ornement, et d'un pas ferme et léger, sans recherche et sans art, elle allait dans la vie, attendant, espérant, priant, rêvant.... On eût dit une vision qui passe.

Elle était la sœur de deux frères et de deux sœurs; son père était gentilhomme et pauvre; sa mère était morte. Elle et ses sœurs avaient été élevées dans un monastère de Caen : éducation sévère, un grand silence, une grande piété, quelques amies sérieuses comme elle. Puis, la Révolution était venue; elle avait chassé Charlotte et ses sœurs de son dernier asile, et la jeune fille était devenue auprès de sa vieille tante un guide, un appui, une servante. Elle assistait chaque soir à ces regrets, à ces deuils, à ces douleurs cachées de toute une ville autrefois noble et grande, aujourd'hui tremblante et misérable. Ils regrettaient leur roi; ils pleuraient leur Dieu; ils comprenaient que tout était mort de leur jeunesse; ils se résignaient, mais Charlotte ne se résignait pas.

Comme elle était née intelligente et forte, elle aimait les livres d'histoire, et bientôt elle aima les livres de philosophie. Elle avait lu les anciens, elle dévora les modernes. Elle alla naturellement de Plutarque à Jean-Jacques Rousseau, s'enivrant au spectacle enchanté des grandes actions, quand c'est un grand écrivain qui les raconte. Ah! ce n'était pas en vain qu'elle était la petite-fille de Pierre Corneille; elle avait l'indignation, elle avait l'intelligence; elle avait adopté pour ses héros ces girondins qui parlaient si bien de la république et de la liberté, des beaux livres et des beaux-arts; ces rêveurs charmants, ces orateurs intrépides, ces dignes amis de madame Roland : Vergniaud, Barbaroux, Fonfrède, Isnard, et les voyant dénoncés sans cesse et sans fin, ces jeunes gens l'honneur de la tribune, Athéniens perdus au milieu des tempêtes de la Convention, par ce vil Marat, Marat le lépreux, Marat le bourreau, le terroriste et l'insensé, que disons-nous? Marat victorieux de la Gironde, Charlotte Corday eut bientôt pris le parti des vengeresses, et condamné cet homme à mourir.

Sitôt qu'elle eut prononcé dans son âme un si terrible arrêt, Marat fut perdu.... Le vrai nom de Charlotte Corday, le voici : la Justice!... Et maintenant qu'il est condamné, aujourd'hui, demain, dans huit jours, c'en est fait de l'*Ami du peuple*. Ainsi, dans sa pensée, elle avait condamné cet homme, et de son projet rien ne pouvait la distraire. Quand elle eut distribué à ses amies ses rubans, ses robes, ses modestes parures, même ses livres, moins un tome de Plutarque, elle embrassa les enfants, ses voisins, puis elle monta dans le carrosse de voiture (on parlait ainsi, en ce temps-là) qui menait de Caen à Paris.

Pendant tout le trajet elle fut très-calme; elle jouait avec une petite voyageuse à côté de sa mère, et ses compagnons de voyage, touchés de tant de beauté, mais frappés d'un respect involontaire, eurent grand soin d'elle. Un d'eux même, avec la grâce et l'enjouement de la jeunesse : « Ah! lui dit-il, mademoiselle, si vous voulez prendre un honnête homme, épousez-moi. » Elle ne se fâcha pas; elle prit l'adresse du jeune homme. — Il était midi, le 11 juillet 1793, quand elle débarquait à Paris, à l'hôtel de la Providence. Elle mangea fort peu, se coucha de bonne heure, et s'endormit d'un profond sommeil jusqu'au lendemain. Peu de gens dormaient cependant, en 1793, dans les maisons de Paris. Elle se leva de bonne heure, et fit sa toilette. Elle était vêtue sans apprêt, mais non pas sans grâce. Elle s'en fut porter à Duperret la lettre d'introduction que Barbaroux lui avait donnée. Duperret était à la Convention. Charlotte rentra dans son hôtel, elle ouvrit son livre, elle pria Dieu jusqu'à six heures. A six heures, Duperret soupait avec sa famille et ses amis; il la reçut poliment; il écouta ses réclamations, et lui promit que le lendemain il viendrait la prendre et la conduirait chez le ministre de l'intérieur. La confiance et la politesse de ce brave homme engagèrent Charlotte à lui donner un bon conseil : « Fuyez, lui dit-elle, allez-vous-en loin de la Convention. Rentrez à Caen, où vous trouverez des gens qui vous aiment. » Duperret, surpris, répondit qu'il était à son poste, et qu'il ne le quitterait point.

« Tant pis pour vous, » reprit Charlotte, et d'une voix plus basse elle reprit : « Sauvez-vous! » Sur quoi elle sortit. Duperret, revenu à ses amis, leur parla de cette fille étrange, dont la voix l'inquiétait plus que le conseil. Cependant, il eût bien fait de s'enfuir de cette Assemblée à laquelle il était déjà suspect.

Elle passa cette seconde nuit comme elle avait passé la première. A son réveil, le lendemain, elle sortit du même pas que si elle fût allée à la promenade, et se fit indiquer le Palais-Royal par des passants, très-étonnés de la question. Sous les galeries, elle découvrit de son regard d'aigle un magasin de coutelier; elle entra, choisit un couteau emmanché d'ébène, et le cacha sous son fichu. Un peu plus loin, elle se reposait sur un des bancs de pierre qui sont encore aujourd'hui appuyés contre les arcades. Des enfants qui jouaient la regardèrent de ce doux regard de l'enfance qui semble appeler une caresse. En ce moment suprême elle cherchait le dernier mot de son sanglant mystère. Elle voulait tuer Marat, mais à condition

CHARLOTTE CORDAY.

que son meurtre, à l'avenir, serait une leçon pour les traîtres. Elle l'eût assassiné volontiers dans la foule, où son corps en débris eût disparu, martyre inconnue et sans nom; mais comment le rejoindre? Il se tenait caché dans sa caverne; il avait peur de la rue et du soleil. A la fin, elle se résigna à lui tendre un piége, et de tous ses sacrifices, celui-là fut le plus douloureux.

Elle rentra chez elle, et d'une main ferme elle écrivit à cet homme un billet plein d'obscurité, qui lui promettait de nouvelles victimes. Elle insistait auprès de l'*Ami du peuple* pour être écoutée et lui parler sans témoin. Elle arrivait, disait-elle, uniquement pour rendre à Marat le plus signalé de tous les services. Elle-même, elle porta ce billet chez Marat; elle ne fut pas reçue. Elle en écrivit un second, et retourna sur le seuil de la caverne. Il était sept heures du soir; mais au mois de juillet il fait jour encore, et Charlotte avait fait, pour être mieux reçue et plus vite, une assez grande toilette : un élégant fichu qui se repliait en ceinture au-dessus de la taille; à ses cheveux, des dentelles attachées par un ruban de soie. Ainsi faite, elle était vraiment très-belle; et les hommes les plus féroces ne l'eussent pas regardée sans sympathie et sans admiration.

Ce fameux Marat habitait deux chambres et un salon sans meubles dans la rue de l'École-de-Médecine. Il avait fait de ce taudis le digne entrepôt de ses feuilles misérables. Là, il vivait, entouré de compositeurs d'imprimerie et de plieuses, au milieu d'un monceau de brochures et d'affiches révolutionnaires. Tout sentait le génie et l'activité du mal autour de ce triste héros d'une popularité malsaine : odeur d'encre, odeur de sang, bruit d'échafaud, menaces, délations, emportements; on sentait la haine et la vengeance autour de ce misérable; on y sentait aussi le dévouement et l'énergie.

Mieux qu'un roi au milieu de ses gardes, il était gardé par l'enthousiasme et les soupçons de son entourage. On se méfiait, sur ce seuil dévasté et dégradé, de tout honnête visage, et la maîtresse du lieu, la surveillante et la servante, à l'aspect de Charlotte Corday, se sentit prise d'un grand trouble.

Elle était jalouse; elle se méfiait de ces grands yeux fiers, et déjà elle fermait la porte, quand Marat commanda qu'on laissât entrer la citoyenne qui lui avait demandé, deux fois dans la journée, une audience. — Elle entra donc. Marat le lépreux, déjà condamné par tous les médecins, était plongé dans un bain, où il se tenait plusieurs heures par jour. Une planche en guise de table était posée à travers la baignoire, et sur cette table il écrivait de sa main, sans relâche, une de ces pages où la haine et le meurtre apparaissaient en gros caractères. Justement il exigeait de la Convention nationale, avec des menaces implacables, la mort de la reine et de Madame Élisabeth, emprisonnées dans le Temple. Il était jaloux de ce reste de vie. Au demeurant, hideux, féroce, un regard de tigre. Charlotte eut grand'peine à dominer sa profonde horreur. Il lui demanda ce qu'elle avait à dire, et le nom des réfugiés de la ville de Caen, jurant ses grands dieux *qu'ils seraient guillotinés dans huit jours*. Ces derniers mots furent le signal de sa mort. Charlotte, énergique et silencieuse, enfouit son couteau dans le cœur de ce misérable. « A moi! » dit-il.... Il était mort.

On arrive aux cris du monstre, et Charlotte est foulée aux pieds de la maîtresse de Marat dans un trépignement indicible. Elle ne poussa pas une plainte, elle ne fit pas un geste. Elle était armée, elle ne tenta pas de se défendre; et pendant que l'homme était porté dans son lit, des soldats liaient avec des cordes les mains de la petite-fille de Corneille. Alors ce fut dans tout ce peuple un cri de mort. Interrogée, elle répondit d'une voix délibérée.... Elle avait accompli sa tâche, elle avait fait justice, et s'étonnait quelque peu de tous ces cris, de toutes ces larmes pour un homme tel que Marat. On eut grand'peine à lui faire traverser cette foule hurlante qui la voulait déchirer; à la fin, la prison de l'Abbaye se referma sur elle. Alors recommencèrent les interrogatoires. On lui demanda si elle était vierge? Elle répondit qu'elle l'était.... Elle en avait l'auréole! Un instant, sa robe étant détachée, elle pria qu'on lui déliât les mains pour qu'elle pût se couvrir de son fichu. Ses bras étaient sillonnés par les cordes; quand on lui fit signer son interrogatoire, elle les regarda un instant, puis elle pria qu'on lui permît de mettre ses gants avant qu'on l'attachât de nouveau. — C'était, disait-elle, une torture inutile....

A l'Abbaye, elle fut renfermée à part, entre deux gendarmes, malgré ses vives réclamations. De ces profondeurs, elle pouvait entendre à chaque instant les malédictions et les hurlements de la foule. En ce moment terrible, elle songeait à se faire peindre, estimant que son portrait aurait quelque jour, pour la postérité, un certain charme. Ainsi, elle avait conservé tout l'orgueil de sa terrible action. Son inquiétude en tout ceci, c'était d'avoir compromis ses compagnons de voyage, le jeune homme qui avait demandé sa main, et surtout le citoyen Duperret.

Ame ingénue, esprit vaillant, elle oubliait son propre danger. On la transporta de l'Abbaye à la Conciergerie, où elle fut reçue en grand silence. On vint la prendre à huit heures, le lendemain, pour la livrer au tribunal révolutionnaire. Elle arrangea, de son mieux, ses habits et ses cheveux, et monta l'escalier, en priant le concierge, M. Richard, de tenir tout prêt le repas de ses funérailles.

Tout était simple, auguste et charmant dans sa personne, et pas d'emphase; au contraire, une modestie, une grâce, une force. On lui désigna pour défenseur un jeune avocat, Chauveau-Lagarde, qui devait être avant peu le défenseur de la reine. Elle répondit à l'accusateur public : « J'ai tué un homme pour en sauver cent mille! » Elle dit aussi : « Ah! le monstre! il me prend pour un assassin! »

Condamnée, elle resta silencieuse et dédaigneuse. L'instant d'après, on la vit sourire. Un jeune artiste faisait son portrait au crayon ; elle voulait qu'il la fît belle. En ce moment, elle était toute semblable à l'illustre héroïne dont elle lisait l'histoire la veille de son départ. Elle laissa sa Bible ouverte à ce passage : « Judith sortit de la ville, parée d'une merveilleuse beauté. Le Seigneur l'avait faite ainsi belle pour la délivrance d'Israël. »

A son courageux défenseur, M. Chauveau-Lagarde, en lui disant adieu : « Je n'ai rien, ils ont confisqué le peu de bien qui me reste. Ayez la bonté de payer mes dettes de la prison : c'est tout ce que je vous laisse. » Elle rentra en toute hâte à la Conciergerie ; elle n'eut pas le temps de faire un dernier repas : le bourreau l'attendait. On lui mit une chemise rouge. Elle monta sur la charrette au bruit du tonnerre et de l'orage, et la voilà qui s'avance, immobile et sérieuse, à travers la foule hésitante. Elle avait tout à fait l'apparence et l'aspect du martyre ; sa tête était au ciel ! Quand le valet du bourreau la releva tranchée, et frappa ce beau visage, on vit la joue en ce moment rougir, et cette fois le peuple eut honte de son bourreau.

J. JANIN.

ADÉLAÏDE DE SAVOIE.

Marie-Adélaïde, duchesse de Bourgogne et plus tard dauphine, était de cette illustre maison de Savoie qui, pendant près de deux siècles, eut la gloire de doter les premiers trônes de l'Europe de princesses les plus accomplies. Celle-ci n'eut pas le temps de régner ; elle tomba dans cette moisson de princes dont la Providence joncha les marches du trône de Louis XIV, comme pour montrer à celui qui se faisait appeler *le grand roi*, à quel point la puissance suprême est voisine du néant.

La vie de madame la duchesse de Bourgogne eut l'éclat et la durée d'un sourire : venir, charmer et disparaître, tel fut son lot sur la terre. On voit parfois de ces séduisantes figures éclairer un instant les sombres récits de l'histoire, et se perpétuer dans le souvenir des hommes. On les regrette après des siècles, comme si ces adorables apparitions avaient gravé dans le cœur de la postérité l'intuition du bien qu'une plus longue existence leur aurait permis de faire. Et, en effet, quand les hommes à qui la philosophie enseigne à déduire des faits leurs conséquences probables, examinent le caractère, les vertus, les qualités du duc et de la duchesse de Bourgogne, ils se demandent si leur règne, promis à la France, n'aurait pas absolument transformé ses destinées.

La vie de l'aimable princesse qui fait l'objet de cette notice a été si courte, si détachée des intérêts politiques dont l'étude a préoccupé les historiens, que ceux-ci n'ont pas tenu grand compte, à part quelques larmes données à sa mémoire, de cette tendre et poétique existence exclusivement vouée à une action intime et pour ainsi dire familière.

Les biographies les plus prolixes lui consacrent à peine une vingtaine de lignes, et si l'on en excepte les caquetages spirituels de Dangeau et les souvenirs plus approfondis de Saint-Simon, on peut dire que les mémoires du temps sont à peu près muets sur cette jeune femme. Il était réservé à une plume féminine, émue et délicate, de recueillir les traits épars de cette biographie et de reconstituer, avec la ténacité respectueuse de l'admiration, une histoire aussi gracieuse, aussi sympathique par ses détails qu'elle est touchante par son caractère et surtout par son lugubre dénoûment.

Madame la vicomtesse de Noailles se trouvant en possession, par un héritage de famille, d'une notable partie de la correspondance de la duchesse de Bourgogne, a mis au jour ces charmantes lettres, en les faisant accompagner d'une étude qu'il est permis de citer comme un petit chef-d'œuvre de grâce et de sensibilité. C'est la source à laquelle nous avons puisé avec le plus d'intérêt et de plaisir, car aucune préoccupation indiscrète n'en ternit la pureté, et pour faire aimer l'héroïne de sa prédilection, la noble historienne n'a eu qu'à laisser parler son cœur.

Marie-Adélaïde de Savoie, fille de Victor-Amédée, naquit en 1685. Sa mère était fille de Monsieur, frère du roi Louis XIV, et de cette adorable Henriette d'Angleterre, dont la courte et aimable carrière fut, comme celle de sa petite-fille, un des plus gracieux épisodes du grand siècle.

« Adélaïde de Savoie, dit madame de Noailles, petite-fille d'Henriette d'Angleterre, nièce de Marie-Louise d'Orléans, héritière de leurs charmes animés par la vivacité italienne, exerça pendant quinze ans sur Louis XIV, sur sa cour et même sur le peuple, ce prestige réservé aux agréments de l'esprit et de la figure, quand ils sont accompagnés d'un jugement solide et embellis par ce premier de tous les charmes qui s'appelle la bonté. Sa courte existence éclaire d'une douce lumière les dernières années du grand roi, et sa fin prématurée est la plus amère des douleurs de sa vieillesse. »

Il y a peu de chose à dire de l'enfance d'une princesse, en dehors des détails de son éducation. La princesse de Savoie dut en recevoir une excellente, car son père fut un des esprits les plus distingués et les plus habiles de son siècle. Sa mère, élevée à la cour de Versailles, restée Parisienne au sein d'une cour étrangère qu'elle domina par l'éclat mondain et les agréments de son caractère, lui apprit, dès sa naissance, dans quelles bornes une femme et surtout une princesse doit se contenir pour plaire.

Adélaïde avait à peine douze ans quand la raison d'État la désigna pour cimenter une paix hérissée d'obstacles et devenir, dans les bras du jeune duc de Bourgogne, le gage de la réconciliation des deux peuples. Par bonheur, la fortune lui réservait un époux charmant et digne de l'affection d'une femme accomplie comme elle l'était.

Ce fut le 4 novembre 1696 que la jeune princesse arriva en présence du majestueux Louis XIV.

Ce monarque, qui d'ordinaire ne faisait rien qu'avec des attitudes et des airs de demi-dieu, était d'un aspect bien fait pour troubler un peu une fillette royale, habituée sans doute aux exigences d'une étiquette sévère, mais non pas à ces éblouissements dont le roi-soleil semblait avoir seul le privilége. Elle lui sut donc un gré infini, qui se traduisit immédiatement par une amitié passionnée, de s'être fait pour elle, dès l'abord, bonhomme et grand-papa. Louis XIV vint l'attendre à Montargis, l'embrassa comme on embrasse un enfant aimable et bien aimé, et, tout le long de la route, lui dit de ces mignardises irrésistibles qui le firent chérir des femmes encore plus qu'il n'était craint des hommes.

Le secret de cette condescendance inusitée, c'est que la jeune princesse lui rappelait la radieuse physionomie d'Henriette d'Angleterre, l'un des plus purs souvenirs de sa jeunesse.

Le soir de ce jour, en se couchant, le roi dit à Dangeau : « Je l'ai bien examinée depuis ce matin et je ne lui ai rien vu faire, ni rien entendu dire dont je ne sois content au dernier point. »

Il fit plus : avant de se coucher il écrivit à madame de Maintenon une lettre — dont l'original se retrouve à la bibliothèque du Louvre — et qui vaut pour la duchesse de Bourgogne tous les éloges qu'on pourrait faire.

« J'ai été recevoir la princesse en carrosse; elle m'a laissé parler le premier, et après elle m'a fort bien répondu, mais avec un petit embarras qui vous aurait plu. Je l'ai menée chez elle au travers de la foule, la faisant voir de temps en temps en approchant les flambeaux de son visage. Elle a soutenu cette marche et ces lumières avec grâce et modestie. Nous sommes enfin arrivés dans sa chambre, où il y avait une foule et une chaleur à faire crever.... Elle a la meilleure grâce et la plus belle taille que j'aie jamais vue; habillée à peindre et coiffée de même; des yeux très-vifs et très-beaux, des paupières noires et admirables; le teint fort uni, blanc et rouge, comme on peut le désirer; les plus beaux cheveux blonds que l'on puisse voir et en très-grande quantité. Elle est maigre, comme il convient à son âge; la bouche fort vermeille, les lèvres grosses, les dents blanches; les mains bien faites, mais de la couleur de son âge. Elle parle peu, n'est point embarrassée qu'on la regarde, comme une personne qui a vu du monde. Elle fait mal la révérence et d'un air un peu italien. Elle a quelque chose d'une Italienne dans le visage, mais elle plaît et je l'ai vu dans les yeux de tout le monde. Pour moi, j'en suis tout à fait content. Pour vous parler comme je fais toujours, je la trouve à souhait et serais fâché qu'elle fût autrement. Je vous en dirai davantage après souper.... Plus je vois la princesse, plus je suis satisfait. »

Cette première entrevue fut décisive et posa de prime abord les relations du roi et de sa future petite-fille sur un pied d'égalité mutine et familière qui durait encore après que la princesse était déjà devenue mère; mais aussi faut-il dire, avec madame de Noailles, que du jour de son arrivée jusqu'à celui qui l'enleva à la France, elle ne fit que marcher de succès en succès. Après avoir été une enfant délicieuse, elle grandit sans cesser d'être charmante; son esprit semblait se développer avec sa taille, et son jugement chaque jour plus avancé eut une maturité précoce.

A première vue, le jeune duc de Bourgogne se sentit amoureux d'elle, et tant que leur union dura il ne cessa de lui donner les marques de la plus vive, de la plus exclusive affection.

Le grand triomphe de la jeune princesse de Savoie fut la conquête de madame de Maintenon. Elle la fit complète, absolue. En l'embrassant à son arrivée, la reine de Saint-Cyr lui dit : « Est-ce que vous n'avez pas peur d'une vieille femme comme moi? — Mais pas si vieille! » répliqua la princesse en la couvrant de baisers. Ce mot décida peut-être de leur amitié, et dès ce moment madame de Maintenon prit autant de goût que le roi lui-même à ce spirituel et gai caquet, à ces libertés adorables, à ces explosions de vivacités et de lutineries qui étaient le propre de cette charmante femme.

Ah! que Saint-Simon — le premier homme du monde pour peindre au vif les gens qu'il a connus — parle d'elle dans des termes qui la font, sans rivale, le

ADÉLAÏDE DE SAVOIE.

modèle de la perfection chez une princesse : « .... Le plus beau teint, dit-il, la plus belle peau, une gorge admirable ; un port de tête galant, gracieux, majestueux, et le regard de même ; le sourire le plus expressif ; une taille longue, ronde, menue, aisée, une marche de déesse sur les nues. Elle plaisait au dernier point ; les grâces naissaient d'elles-mêmes de tous ses pas, de toutes ses manières et de ses discours les plus communs. Un air simple et naturel toujours, naïf assez souvent, mais assaisonné d'esprit, charmait avec cette aisance qui était en elle jusqu'à la communiquer à tout ce qui l'approchait. Sa gaieté jeune, vive, active animait tout, et sa légèreté de nymphe la portait partout comme un tourbillon qui remplit plusieurs lieux à la fois et qui y donne le mouvement et la vie.... également gaie et amusée à faire des lectures sérieuses et à converser dessus.... En public, sérieuse, mesurée, respectueuse avec le roi et en timide bienséance avec madame de Maintenon, qu'elle appelait ma tante, pour confondre joliment le rang et l'amitié. En particulier, causante, voltigeante autour d'eux, tantôt penchée sur le bras du fauteuil de l'un ou de l'autre, tantôt se jouant sur leurs genoux ; elle leur sautait au cou, les embrassait, les chiffonnait, leur tirait le menton, fouillait leurs tables, leurs papiers, leurs lettres.... Entrant chez le roi à toute heure, même pendant le conseil, utile ou fatale aux ministres si elle eût voulu, mais toujours portée à obliger, à servir, à excuser ; si libre, qu'un soir entendant le roi et madame de Maintenon parler de la cour d'Angleterre et de la reine Anne : « Ma tante, dit-elle, il faut convenir qu'en Angleterre « les reines gouvernent mieux que les rois ; et savez-vous pourquoi, ma tante ? » Et toujours riant et folâtrant : « C'est que sous les rois, ce sont les femmes qui gou- « vernent, et ce sont les hommes, sous les reines. » L'admirable est qu'ils en rirent tous deux et convinrent qu'elle avait raison. »

Quel tableau plus exquis pourrait-on montrer de cette grâce féminine et juvénile qui ravit les cœurs, explique les enthousiasmes les plus ardents et justifie, si même il ne l'ennoblit pas, — quand on la rencontre chez les grands, — la servilité des courtisans ?

L'adoration que la duchesse de Bourgogne faisait naître autour d'elle, de près et de loin, et dont la domesticité du roi n'était pas plus exempte que la cour, car elle ne dédaignait personne et se rendait bonne jusque pour les moindres serviteurs attachés à son service, n'empêchait pas néanmoins qu'on ne remarquât beaucoup deux gros défauts, sur lesquels le duc son mari et surtout madame de Maintenon lui faisaient une guerre incessante : elle aimait le jeu plus qu'il ne convenait à son âge et à son rang ; en outre, elle était curieuse.

A force de remontrances, madame de Maintenon parvint à la modérer un peu sur le premier point. M. le duc de Bourgogne fut moins heureux sur le second, et il fallut vraiment toutes les excellentes qualités dont elle était douée pour empêcher d'accréditer un méchant bruit que ses ennemis — car elle en eut comme tout le monde — essayèrent de répandre. On voulut faire entendre qu'elle ne prenait tant d'intérêt aux secrets de l'État que dans le but coupable de les révéler à son père. Sa tenue parfaite, en mainte occasion douloureuse pour la France et pour elle-même, montra bien que cette accusation n'était pas fondée; mais elle aimait à tout savoir.

Nous touchons à un point de la vie de cette charmante femme, qu'on ne peut aborder qu'avec une extrême prudence. Saint-Simon, malgré son admiration et ses préférences, s'est bien gardé de taire quelques petites galanteries dont il n'a pas osé cependant affirmer la culpabilité, en ce qui concerne madame la duchesse de Bourgogne. Le prince, son mari, n'était ni beau ni bien fait; il l'aimait peut-être plus qu'il n'en était aimé. Il était grave, vertueux jusqu'à l'austérité ; mais si noble, si délicat, si tendre, que le respect et la reconnaissance liaient sa femme comme aurait pu faire l'amour. Pour une âme aussi fortement trempée que l'était celle de Marie-Adélaïde, de tels sentiments suffisaient pour la garantir de toute action coupable. Si son cœur ne put rester complétement insensible au milieu des adorations dont elle était l'objet, ce fut un secret entre elle et son confesseur ; mais à coup sûr elle n'eut jamais à rougir de démarches où une trop vive admiration de ses charmes aurait pu quelquefois l'entraîner.

A l'époque de cette crise, à laquelle les filles de roi n'échappent pas plus que les autres femmes, se rattachent deux ou trois épisodes plus romanesques que vraiment galants, et qui semblent ajouter un nouvel attrait à tous ceux dont elle était pourvue si abondamment.

Le jeune Nangis l'aima, il osa le lui dire; elle l'entendit en souriant, car elle ignorait la colère, et puis enfin un peu de coquetterie n'est pas un si grand crime. Par malheur, le beau Nangis, très-recherché des dames de la cour, était alors l'amant de la duchesse de la Vrillière. Éclairée par la jalousie, celle-ci surprit un soupir d'un côté, un regard de l'autre, et bien loin de céder à la princesse, elle se piqua d'honneur, et lui disputa sa conquête. Elle alla jusqu'à laisser voir un peu d'insolence dans son manége, d'où naquit dans le cœur de la duchesse de Bourgogne un certain éloignement pour madame de la Vrillière, éloignement que l'innocence même de son sentiment l'empêcha de déguiser.

Là-dessus Saint-Simon a bâti tout un roman.

Quant à l'histoire de M. de Maulevrier, elle n'a rien dont puisse se prévaloir la médisance. Un fou s'éprend de la belle duchesse au point de la menacer de sa vengeance si elle ne cède à ses transports. Elle s'en confie au médecin du roi, et Fagon — plus spirituel en un jour qu'il ne le fut tout le reste de sa vie — exile le coupable aux Eaux-Bonnes, sous le prétexte de phthisie. Certes, il n'y avait rien dans cette anecdote burlesque qui pût justifier les médisances si légèrement accueillies et enregistrées par le duc de Saint-Simon.

Nous ne suivrons pas le noble chroniqueur sur ce terrain que les mœurs de cour de ce temps rendaient si glissant. Est-il croyable qu'un homme comme lui ait pu s'appesantir avec tant de complaisance sur des détails de nature à compromettre gravement une princesse qu'il aimait par-dessus tout, et sur la mort de laquelle il a écrit une page aussi touchante que tout ce qu'auraient pu dire Bossuet ou Fléchier?

Lorsqu'arriva cette épouvantable catastrophe qui emporta en huit jours, d'un accès de rougeole, et l'épouse et l'époux, et avec eux le bonheur et les espérances de la France, M. de Saint-Simon traça d'une plume vraiment émue, cette fois, les lignes suivantes :

« Avec madame la duchésse de Bourgogne s'éclipsèrent joie, plaisirs, amusements même, et toute espèce de grâces. Le roi sentit à sa mort la seule véritable douleur qu'il ait jamais eue de sa vie. Si la cour subsista après elle, ce ne fut que pour languir. Jamais princesse si regrettée, jamais il n'en fut si digne de l'être. »

ALBERT DE LA FIZELIERE.

MADAME DES HOULIÈRES.

La vie de madame Des Houlières est plus intéressante que ses œuvres, plus romanesque que son cœur, plus variée que son esprit. C'est pourquoi nous donnerons plus de place dans cette étude à l'aventurière qu'à la précieuse, à l'héroïne qu'à la Muse. La Muse est suffisamment connue, toutes les *Abeilles du Parnasse* ont répété à satiété ses jolis vers *A ses Moutons*, et leur ont donné cette agaçante popularité que l'orgue de Barbarie impose aux airs dont il s'éprend. Au demeurant, madame Des Houlières a manié avec grâce, mais sans originalité, l'instrument poétique, aussi familier de son temps aux femmes qu'aux hommes. Mais sans sa vie, qui prête à ces petits tableaux idylliques, aussi fanés et aussi décolorés aujourd'hui que des pastels de cent ans, un cadre encore brillant, sans ses aventures et ses mésaventures, qui soutiennent, de leur émouvante réalité, l'intérêt languissant de ses pastorales de ruelle, et de ses églogues de boudoir, il y a longtemps que l'indifférence née d'un juste ennui eût laissé l'araignée filer sa toile sur son portrait, dans le *grenier aux ancêtres* de notre littérature, et que la souris rongerait silencieusement dans nos bibliothèques le reste, encore assez lourd, de ses *Poésies légères*.

Nous ne sommes plus faits à cette inspiration factice, à cette facilité vulgaire, à cette élégance banale. Nous n'aimons plus les vieux portraits chiffonnés et leurs grâces minaudières. Nous n'aimons plus les vers sans pensée et les roses sans parfum. Nous ne lisons plus les interminables romans des la Calprenède, des d'Urfé et des Scudéry. Nous trouvons M. de Voiture ennuyeux, et Saint-Évremont lui-même. Nous n'avons pas été élevés dans la chambre bleue d'Arthénice. Nous ne croyons plus à Jupiter, à Mars, à Minerve, ni à Vénus, ni à Bacchus, ni à Pan, ni à Cérès, ni à Pomone. Pour nous, les dieux sont morts, et Henri Heine nous a peint, avec sa verve ironique, les misères et les affronts de leur déchéance. Nous n'allons plus à Corinthe. Le Pinde est désert, le Parnasse solitaire, l'Olympe veuf de ses danses et de ses concerts. Tous ces charmants souvenirs de la mythologie païenne n'éveillent plus en nous ni désir, ni émotion, ni regret. C'est pourquoi, à part les vœux surannés de quelque classique retardataire, l'ombre de la dixième Muse, errante sur les bords délaissés du Lignon, rencontre plus d'affronts que de compliments et plus de malins que de galants.

Aussi nous parlerons peu de madame Des Houlières femme de lettres. Nous nous bornerons à étudier la femme, qui mérite au contraire une sympathique attention, puisqu'elle fut belle, malheureuse et honnête, ce qui n'était pas commun de son temps, et ne l'est pas davantage du nôtre.

Antoinette du Ligier de la Garde naquit à Paris, vers 1634. Son père, Melchior du Ligier, chevalier de l'ordre, fut successivement maître d'hôtel des deux reines Marie de Médicis et Anne d'Autriche. Sa mère, Claudine Gaultier, était nièce de M. de Videville, premier intendant des finances sous Henri III et président de la Chambre des comptes.

Antoinette reçut une excellente éducation, secondée en elle par tous les dons de l'esprit et du corps. Elle apprit le latin, l'espagnol et l'italien, les trois langues à la mode, à cette époque artificielle et raffinée, où une femme devait savoir tenir tête tour à tour aux pédants, aux rimeurs et aux galants. Tout ce monde dogmatisait, madrigalisait et courtisait à l'hôtel de Rambouillet, où mademoiselle de la Garde dut tenir brillamment sa place et donner dignement la réplique aux Julie d'Angennes, aux madame de Sablé et aux mademoiselle Paulet, quoique préférant sans doute, grâce au tour vif et libre que son esprit avait conservé, en dépit du sentimental apprêt du temps, causer avec les Sévigné et les Cornuel. Il est demeuré, de son passage dans ce fameux cercle, quelques traces éparses dans les *Recueils* du temps, où on lit, sous le nom de Maryllis et de Célimène, divers portraits, hommage hyperbolique de la flamme quintessenciée d'un Linières ou d'un chevalier de Grammont. Saumaise l'a enregistrée dans son fameux *Dictionnaire des Précieuses*, sous le nom de Dioclée. Tous ces heureux instincts, toutes ces charmantes promesses se fussent peut-être évaporés en vers médiocres et en intrigues galantes, si la destinée n'avait pris soin de réformer, par ses dures et précoces leçons, les errements de maîtres trop complaisants, et de développer dans mademoiselle de la Garde la raison par l'expérience et le talent par le malheur.

A peine les premiers hommages respirés et les premières leçons de versification reçues du poëte Hesnault, dont elle demeure encore le meilleur ouvrage, mademoiselle de la Garde épousa, à dix-sept ans, en 1651, Guillaume de la Fon de Bois-Guérin, sieur Des Houlières, gentilhomme poitevin au service du prince de Condé.

En 1652, pendant que M. Des Houlières suivait le prince dans ses évolutions en Guienne, en Champagne, puis enfin en Flandre, sa jeune femme, retirée dans sa famille, attendait que se fixât ce sort nomade auquel elle avait attaché le sien. Là, pour se distraire de l'attente et de la solitude, déjà un peu revenue des fictions trop flatteuses des romans qui l'avaient d'abord exclusivement captivée, elle se prenait, avec une curiosité intrépide et passionnée, à étudier la philosophie de Gassendi, qui devait avoir sur son esprit une certaine influence, en ternir à jamais la première pudeur, et déposer dans son inspiration future je ne sais quel levain matérialiste auquel se mêle aussi volontiers le sel gaulois.

Des Houlières, excellent capitaine et excellent ingénieur, s'était distingué aux côtés de son maître, et, après la prise de Rocroi, avait reçu le grade de major. Il était parmi les officiers particuliers du prince de Condé un de ceux qu'il estimait le plus. Désireuse de revoir son mari, et de jouir de sa faveur, madame Des Houlières alla le rejoindre et demeura avec lui deux ans, compagne fidèle et enjouée de cette odyssée militaire, qui finit par s'arrêter à Bruxelles.

Là elle ne tarda pas à être remarquée pour sa beauté, sa grâce, son esprit, et par une intrépidité qui la mettait également, au salon et au camp, à la tête des amazones du grand Condé. Celui-ci ne fut pas insensible à tant de charmes. Et elle reçut du héros amoureux des hommages, dont elle sut toujours contenir l'expression. Du reste, le péril ne fut que passager. Condé, qui n'aimait pas à attendre, et qui prenait les villes et les femmes d'assaut, se lassa bientôt de son *martyre*, et sut rendre justice aux vertueux mobiles d'une résistance à laquelle il n'était pas accoutumé. Madame Des Houlières brilla, sans brûler, dans cette cour militaire et galante, en lui donnant le spectacle imprévu d'une fidélité conjugale, qui ajoutait l'estime à l'admiration. La seule faute qui troubla cette heureuse union est trop à l'éloge de madame Des Houlières pour que nous la passions sous silence.

Le zèle, peut-être un peu trop vif, avec lequel elle avait sollicité de la cour d'Espagne le payement des appointements arriérés de son mari, la rendit facilement suspecte aux yeux du gouvernement espagnol qui redoutait l'exemple de ce mécontentement. Elle dut à cette noble imprudence le dangereux honneur d'être arrêtée et enfermée comme prisonnière d'État, dans le château de Vilvorde, sur la route de Malines, à deux lieues de Bruxelles. Au bout de huit mois d'efforts infructueux pour obtenir son élargissement, son mari prit la résolution de la délivrer lui-même. Il pénétra, sous prétexte d'une mission du prince de Condé, avec quelques soldats affidés, dans l'inexorable prison, lui ravit heureusement sa proie, et mit immédiatement la frontière entre le ressentiment des Espagnols et lui.

Les deux époux, profitant de l'amnistie générale qui venait d'être promulguée pour tous les révoltés de la Fronde, que la royauté ne craignait plus, rentrèrent en France plus pauvres et plus amoureux que jamais. Ils furent présentés à la cour, émue du bruit de leurs aventures, par le Tellier, qui s'était fait leur protecteur; et tandis que le mari, ruiné par la guerre, obligé d'abandonner ses biens à ses créanciers, continuait à Lille, à Tournay, à Dourlens, dans un modeste emploi de lieutenant du roi, une pénible carrière, sa femme se consolait de son absence par le culte de la poésie, d'abord frivole et mondaine, plus tard plus sérieuse et plus religieuse, et ajoutait sans profit la gloire littéraire au charme de sa beauté et au mérite de sa vertu.

L'éclat de sa renommée commence avec l'éclat du grand règne. Renommée assez futile après tout, et dont les titres sont légers, mais dont on n'a plus le courage de rire quand on pense que madame Des Houlières eut le tact de n'y mêler aucun scandale, si ce n'est le bruit inoffensif de quelques querelles littéraires.

« Elle avait quinze ans, dit Lemontey, quand son maître, le sceptique Hesnault, lui écrivait : « La poésie doit être votre jeu, et l'amour votre exercice. » Madame Des Houlières fit tout le contraire : les lettres occupèrent son esprit, dont l'amour ne fut qu'un jeu; amie sûre, mère dévouée, épouse fidèle, elle préféra le joug des devoirs et des besoins à l'opulence, dont tous les chemins étaient en ce temps-là ouverts à la beauté. L'éducation de quatre enfants et les tyrannies du luxe composèrent à madame Des Houlières une vie pénible et agitée

MADAME DES HOULIÈRES.

entre les vers et les dettes, la tendresse et les créanciers. C'est là son excuse d'avoir trop souvent dans la suite travesti sa Muse en solliciteuse, tenant un placet à la main ; les demandes de sa vieillesse certifiaient les refus de son adolescence. »

Mais j'ai parlé tout à l'heure de querelles littéraires. Madame Des Houlières, d'un caractère intrépide et d'un tempérament militant, se trouva mêlée à presque toutes celles de son temps. Associée à une sorte d'académie, qui tenait ses pédantesques commérages à l'hôtel de Matignon, chez l'abbé d'Aubignac, elle se laissa entraîner à prendre le parti de la *Phèdre* de Pradon, contre celle de Racine, et intervint dans le conflit par le fameux sonnet qui devait lui attirer plus d'une fâcheuse représaille :

<blockquote>
Dans un fauteuil doré, Phèdre, tremblante et blême,
Dit des vers où d'abord personne n'entend rien ;
Sa nourrice lui fait un sermon fort chrétien
Contre l'affreux dessein d'attenter à soi-même.

Hippolyte la hait presque autant qu'elle l'aime :
Rien ne change son cœur ni son chaste maintien ;
Sa nourrice l'accuse, elle s'en punit bien.
Thésée a pour son fils une rigueur extrême.

Une grosse Aricie, au cuir rouge, aux crins blonds,
N'est là que pour montrer deux énormes tetons,
Que malgré sa froideur Hippolyte idolâtre.

Il meurt enfin, traîné par ses coursiers ingrats ;
Et Phèdre, après avoir pris de la mort-aux-rats,
Vient en se confessant mourir sur le théâtre.
</blockquote>

Un sonnet qui attaquait à la fois l'auteur et l'actrice, l'action et la représentation, n'était pas fait pour calmer les passions soulevées par la rivalité des deux pièces. Nous l'avons cité en entier, pour montrer que le fond élégiaque de madame Des Houlières cachait une malice toute gauloise, qu'elle était aussi propre qu'une autre aux rescousses de la satire, que sa houlette pouvait se changer en bâton, et son lait en fiel. Quant à Racine, elle serait inexcusable de s'être trompée sur son compte, si cette erreur ne lui avait été commune avec madame de Sévigné. Et puis, évidemment, ce fut là une affaire de parti plutôt que de goût. Dans cette occasion décisive, toutes les dévotes de Corneille, toutes celles qui avaient applaudi *Polyeucte* et *Théodore* à l'hôtel de Rambouillet, voulurent restaurer ou venger la gloire de leur poëte oublié, du poëte de prédilection dont les vers rappelaient leur jeunesse et leur beauté.

Malheureusement, madame Des Houlières ne se contenta pas de critiquer Racine. Elle voulut le surpasser, et caressant le *dada* de la réaction, emprunta successivement à l'*Astrée* et à la *Cléopatre* de la Calprenède, le sujet de deux pièces : *Genséric*, représentée à l'hôtel de Bourgogne, et *Jules-Antoine*. Ces deux pièces, malgré leur médiocrité, ne réussirent pas, non plus qu'un essai de comédie : *les Eaux de Bourbon*, et un opéra : *Sémiramis et Zoroastre*. Mais ce qui réussit sans conteste, ce furent ces *Idylles*, ces *Églogues*, *Rondeaux*, ces *Bouts-rimés* qu'elle adressait, en toute occasion, à ses admirateurs ou à ses puissants amis.

Elle avait renouvelé, par je ne sais quelle gracieuse vivacité, par quel sourire imprévu, ce genre solennel, où parfois, à travers une inspiration de convention, se dégagent des accents sincères et des images heureuses.

Citons surtout cette plainte si touchante, qui lui fut inspirée, sur la fin de sa vie, par les douleurs et les privations dont elle fut assaillie après la mort de son mari, et qu'elle déplora dans cette charmante et allégorique idylle, dont une émotion sincère a rendu l'accent pénétrant :

> Dans ces prés fleuris
> Qu'arrose la Seine
> Cherchez qui vous mène,
> Mes chères brebis.
> J'ai fait, pour vous rendre
> Le destin plus doux,
> Ce qu'on peut attendre
> D'une amitié tendre ;
> Mais son long courroux
> Détruit, empoisonne
> Tous mes soins pour vous,
> Et vous abandonne
> Aux fureurs des loups....

Rarement madame Des Houlières avait été aussi bien inspirée. La mère, cette fois, domina l'auteur, et l'œuvre qui fait le plus d'honneur à son esprit est celle qui fait aussi le plus d'honneur à son cœur. C'est la seule, quoi qu'en ait dit Voltaire, dont on se souvienne.

Dès 1686, elle avait senti, en plein triomphe, les premières atteintes d'un mal inexorable. Elle supporta, avec une résignation toute chrétienne, puisée dans des lectures religieuses, les lentes morsures de ce cancer au sein, qui l'emporta enfin le 17 février 1694.

Madame Des Houlières, dont les *Poésies* avaient été publiées pour la première fois par ses amis, au moyen d'un privilége obtenu à son insu le 19 juin 1678, était successivement élue membre de l'Académie des *Ricovrati* de Padoue, de l'Académie d'Arles, recevait du roi une pension de deux mille livres, et prenait place pour la postérité sur le *Parnasse* de Titon du Tillet.

Rien ne manquait à sa gloire. L'Académie y mit le comble en faisant lire ses vers dans plusieurs de ses solennités, et en couronnant, en 1687, sa fille, héritière de ses talents.

Cependant quel lecteur, pour trouver quelques jolies stances aux *Idylles*, et quelques vers concis et bien frappés dans les *Réflexions morales*, osera se hasarder dans ce recueil, à moitié rempli par des *Épîtres de Gas, épagneul de madame Des Houlières, à M. le comte de L. T...; de Gas à Courte-Oreille, tourne-broche de M...; — de Dom Gris, chat de la duchesse de Béthune; de Blondin, chat des Jacobins, à sa voisine Grisette; — de Gas à Cochon, chien de M. de Vivonne*, et enfin par l'*Apothéose de Gas?*... Il y a aussi des pièces entières de vers en *eilles*, en *ailles*, en *illes*, en *ouilles*. Il y a enfin, ce qu'on n'a pas assez dit, certaines pièces familières d'un tour très-vif et d'un sens très-leste; notamment une certaine *Chanson* sur l'abbé Testu, qui nous rassure sur la bégueulerie des précieuses, et qui semble prouver qu'une honnête femme peut tout dire, si elle ne peut tout faire. Tout cela, en somme, est peu de chose. Si nous pardonnons aux chiens et aux chats de madame Des Houlières, ce n'est que grâce à ses *Moutons*, que personne n'a su mener paître comme elle.

M. DE LESCURE.

MARIE LECKZINSKA.

Lorsque M. le duc de Bourbon, régent de France après la mort du duc d'Orléans, voulut marier son royal pupille Louis XV, il ne fut pas médiocrement embarrassé. Ce n'est pas que les partis manquassent. On n'avait pas encore gâté le métier de roi. C'est au contraire l'abondance des candidatures qui rendait le choix difficile. Et vraiment on comprend cet embarras, même chez un prince qui, comme M. le Duc, n'avait pas de scrupules. Il fallait marier le roi selon ses goûts, selon son humeur, selon son tempérament, selon les intérêts de la maison de Condé, selon les intérêts de la France, si on le pouvait, mais surtout contre les intérêts de la maison d'Orléans dont M. le Duc, plus jaloux qu'ambitieux, redoutait l'élévation, si habilement préparée par le premier régent.

On conviendra que tout cela était difficile à concilier, et on comprendra les perplexités d'un homme assez incertain d'ailleurs par caractère, quand il parcourait et froissait entre ses mains cette liste ironique de quatre-vingt-dix-neuf reines de France *possibles*, parmi lesquelles il cherchait à deviner la meilleure.

Quatre-vingt-dix-neuf prétendantes pour une seule place. Vingt-cinq catholiques, trois anglicanes, treize calvinistes, cinquante-cinq luthériennes et trois grecques. M. de Morville avait annoté soigneusement le document, et, à côté du nom de la fille du czar, par exemple, on lisait : « La princesse Anne de Moscovie est née d'une mère de basse extraction, et elle est élevée au milieu d'un peuple encore barbare. » A côté du nom de l'infante de Portugal, le commentateur faisait remarquer que « la princesse est d'une nation peu féconde, et d'un sang dont on croit la communication périlleuse. » On ne disait trop rien, ni en bien ni en mal, dans cette liste, de Stanislas Leckzinski et de sa fille : leur exil et leur pauvreté semblaient dispenser de toute appréciation.

Ce qui ajoutait aux perplexités de M. le Duc, c'est que, par la prévoyance impatiente de son prédécesseur, le jeune roi Louis XV était déjà pourvu, depuis plusieurs années, d'une future épouse, dans la personne de l'infante d'Espagne, et que l'ennui de lui trouver une remplaçante, immédiatement nubile, se compliquait du danger de froisser trop vivement la fierté castillane, et d'attirer une guerre à la France par le congé donné à cette enfantine fiancée, gracieux otage de la paix de 1721.

Nous n'insisterons pas davantage sur les circonstances qui ont fait de ce mariage de Louis XV une sorte de comédie, comme une sorte de roman du choix de Marie Leckzinska. Voltaire, peu favorable à la reine, qui ne l'estimait guère, et qui d'ailleurs avait pris de bonne heure le parti lucratif des favorites, n'a pas manqué d'ajouter l'exemple de Marie Leckzinska à la liste, chère aux Français, amis du merveilleux et de l'étrange, des grands événements produits par de petites causes. On a imaginé, d'après lui ou ses imitateurs, de faire du mariage *polonais*, comme on l'appelle, le fruit du dépit de madame de Prie, imprudemment bravée dans ses avances par la trop fière sœur de son amant, mademoiselle de Sens. On a été jusqu'à signaler complaisamment, parmi les instruments de ce miraculeux hymen, d'obscurs ou humiliants intermédiaires, une madame Texier, veuve d'un ancien huissier de M. Berthelot de Pléneuf, père de madame de Prie, et maîtresse d'un certain de Vauchoux. Il est certain que ce chevalier de Vauchoux, lieutenant-colonel, figure parmi les négociateurs subalternes du mariage. Mais il était inutile de lui adjoindre une madame Texier. Quant à une visite de madame de Prie, qui serait revenue enthousiasmée de ce qu'elle avait vu à Weissembourg, cette visite est invraisemblable et était inutile, puisqu'on connaissait déjà, à la cour de France, les malheurs, les besoins et les mérites de cette famille royale fugitive, et que la grâce, la piété et l'instruction de la fille de Stanislas avaient, malgré sa modestie, répandu au loin leur parfum, d'autant plus remarquable que la corruption des mœurs était plus avancée.

Quoi qu'il en soit, il est certain, à l'honneur de la sagacité, instinctive sans doute, du régent, et à l'honneur de la générosité du roi, qui ratifia ce choix si hardi, que parmi toutes ces princesses, belles, riches, fières de l'éclat d'un trône respecté, ce fut la fille d'un roi détrôné et fugitif, sans beauté, sans fortune, et n'ayant à mettre dans la balance que des malheurs et des vertus, qui fut solennellement désignée. Ce qui devait l'éloigner du trône l'en rapprocha, et ce qui devait la faire écarter, en toute autre circonstance, fut ce qui la fit préférer. Rarement, il faut le dire, le hasard (qui n'est, comme on l'a dit, et comme cette histoire le prouve, que l'incognito de la Providence) eut la main plus heureuse, et s'il ne fit jamais une reine plus étonnée, il n'en fit jamais aussi de plus digne du trône.

Sans doute, le choix du duc de Bourbon n'était pas sans arrière-pensée. Il lui fallait une reine douce, sage, modeste, pieuse, sans ambition, mais non sans reconnaissance, une reine féconde, empressée à donner des héritiers au trône, et à multiplier ainsi les vivants obstacles à l'ambition de la maison d'Orléans et à cette élévation qui était le cauchemar de ses nuits. Toutes ces conditions, Marie Leckzinska les réalisait par sa pauvreté, sa modestie et sa santé pleine de promesses. D'un autre côté, si elle était la seule princesse qui pût, dans son avénement, tout devoir à un ministre, elle était aussi la seule dont le choix ne fût pas une injure pour l'Espagne, dont la fierté ne pouvait descendre à jalouser une si humble rivale.

Par tous ces motifs on ne peut plus spécieux, la femme qui convenait le mieux au duc de Bourbon était aussi celle qui convenait le mieux à Louis XV. Non pas que ce prince, encore sauvage et farouche comme Hippolyte, annonçât des passions d'heureux augure pour les courtisans qui en profitent. Mais M. le Duc, qui avait besoin d'indulgence pour madame de Prie, était plus sûr de cette indulgence, soit que le roi comme lui eût un jour des maîtresses, soit qu'il demeurât fidèle à sa femme, qui, dans un cas comme dans l'autre, n'était point, en admettant le choix de Marie Leckzinska, d'un sang à se plaindre trop haut, ni d'un caractère à trop s'indigner de mauvais exemples que toute sa vie, en effet, elle se borna à combattre en en donnant de bons.

Marie Leckzinska, fille de Stanislas Leckzinski et de Catherine Opalinska, naquit à Posen le 23 juin 1703. « Son père était ce palatin de Posnanie qu'un caprice de Charles XII assit un moment sur le trône de Pologne, et que la fortune entraîna dans la déroute de ses protecteurs. » La mort du roi de Suède le força de quitter le duché de Deux-Ponts où il s'était réfugié. Enfin, grâce à la reine de Suède, qui, ne pouvant lui payer le subside promis, lui offrit au moins ses bons offices auprès de la France, cette odyssée aventureuse du roi fugitif, poussé tour à tour en Turquie, en Suède, dans le duché de Deux-Ponts, par les vicissitudes de son adversité, se fixa enfin en Alsace, dans les murs de la vieille commanderie de Weissembourg. C'est là qu'il vivait péniblement avec les restes de sa famille et de sa cour, d'une pension de quatre mille livres par mois, qui ne fut doublée qu'en 1724.

C'est là que le chevalier de Mèrè, nom romanesque de l'intrigant chargé de prendre des renseignements sur les princesses allemandes et de rapporter leurs portraits et leur signalement moral, vit pour la première fois Marie Leckzinska, et se sentit pénétré d'étonnement et d'admiration à la vue de cet intérieur patriarcal que Lemontey a si bien défini.

« Ces mœurs naïves et pures, ce mélange d'études graves et de gaieté innocente, ces devoirs pieux et domestiques, cette princesse, qui, aussi simple que la fille d'Alcinoüs, ne connaît de fard que l'eau et la neige, et qui, entre sa mère et son aïeule, brode des ornements pour les autels; tout retraçait dans la commanderie de Weissembourg l'ingénuité des temps héroïques. » Le courtisan se sentit ému et n'en revenait pas de son admiration pour des vertus si rares, surtout dans le rang suprême, qu'elles lui semblaient nouvelles, et qu'elles lui inspiraient encore plus de surprise que d'estime.

La première demande fut faite par le cardinal de Rohan, archevêque de Strasbourg, chargé officieusement de sonder les intentions de Stanislas. Un matin, l'heureux père entra dans la chambre où sa fille se tenait avec sa femme, et leur dit :

« Mettons-nous à genoux, et remercions Dieu.

— Mon père, vous êtes rappelé au trône de Pologne? s'écria Marie.

— Ah, ma fille! le ciel nous est bien plus favorable, vous êtes reine de France! »

C'est à genoux, modestement et pieusement, heureuse seulement de la joie de ses parents, que Marie apprit le choix qui mettait avec tant de prévoyance sur le trône de France une femme instruite de bonne heure à prier et à souffrir.

MARIE LECKZINSKA.

Puis arrivèrent les ambassades, les présents. Le duc d'Orléans vint épouser pour le roi à Strasbourg le 14 août 1725. Et le mariage fut célébré à Fontainebleau le 5 septembre de la même année.

Pendant que le bon roi Stanislas, peu fait aux surprises de la prospérité, s'abandonnait à sa joie et l'exprimait avec une sorte d'ivresse naïve, sa fille s'avançait vers le trône nuptial, au milieu des honneurs et des fêtes qui firent de sa route une marche triomphale, sans orgueil ni sans étonnement. Il existe une lettre d'elle à son père, où elle se moque agréablement des compliments emphatiques auxquels elle était exposée, et où percent déjà cette belle humeur native et cette douce malice qu'elle conserva jusqu'en ses plus grandes épreuves. Et elle signe cette lettre de ce nom familier, de ce nom *de caresse* que ses parents lui donnaient autrefois : *Maruchna* (petite Marie). Toute sa vie pour son père, la reine de France se plut à n'être que cette *Maruchna*, cette petite Marie de l'enfance et du foyer.

Ce mariage imprévu, que Stanislas appelait avec raison « le miracle de la Providence, » débuta sous les plus heureux auspices. La beauté de la jeune reine, faite surtout de douceur, de fraîcheur et de grâce, sa complaisance ingénue, sa reconnaissance insinuante, son admiration naïve pour ce beau roi de quinze ans et demi, triomphèrent de la farouche timidité de Louis XV, et fondirent, comme une douce chaleur, la glace de ce cœur à la fois plein de désirs et de craintes. Il existe un document dont la cynique liberté indique bien qu'il n'est pas de mystères pour les courtisans, et que les plus légitimes pudeurs ne peuvent rien contre une curiosité intéressée. Les indiscrétions d'un valet de chambre, promulguées par la joie libertine du satyre de Chantilly, apprenaient dès le matin à la cour et à la ville qu'il n'était pas à craindre que la couronne manquât d'héritiers. Et ce Condé dégénéré, plus riche des actions de la Banque que d'*actions* à la façon de son illustre aïeul, put enfin retomber dans sa quiétude et se rendormir.... dans les bras de madame de Prie.

Pendant douze ans, c'est à peine si de légers nuages troublèrent le ciel de cette heureuse union, garantie, par sa tiédeur même, de tout orage. Contrairement aux calomnies intéressées qui avaient un moment failli faire manquer son mariage, cet hymen fut aussi fécond qu'heureux, et dix enfants, deux princes et huit princesses, vinrent successivement rassurer et charmer la France.

C'est vers 1732 (on a pu noter avec précision, grâce aux Mémoires, la date de la première infidélité de Louis XV) que le roi commença à s'éloigner de la reine, dont l'amour naïf et chaste avait ce qui attire sans avoir ce qui retient. Le roi, dont l'estime, d'ailleurs, avait survécu à ses répugnances, et qui eut toujours le bon goût de rendre en respect à sa femme ce qu'il lui enlevait d'un autre côté, ne manquait pas de conseillers empressés à le *déniaiser*, et à seconder la révolte d'un tempérament auquel ne suffisaient plus les légitimes et trop paisibles délices du mariage.

Mais nous n'avons pas à raconter le règne irrégulier de toutes ces belles usurpatrices, les Mailly, les Vintimille, les Châteauroux, les Pompadour; mais ce règne calme, pieux, résigné, de la *bonne reine*, comme l'appelait déjà la sympathie populaire, qui fut celui de Marie Leckzinska. Cette admirable femme, tout entière à ses devoirs d'épouse et de mère, se retira de plus en plus, quoique sans affectation, de la lumière insolente de cette cour scandaleuse. La dévotion, la charité, le commerce de quelques courtisans vertueux, rares représentants des anciennes mœurs, et de quelques gens de lettres dévoués, la consolèrent de ces sacrifices d'amour et d'amour-propre que les inconstances du roi renouvelaient si fréquemment.

Le président Hénault, dans ses *Mémoires*, et le duc de Luynes, dans son *Journal*, nous donnent une idée de cette petite cour, obscure, modeste, presque bourgeoise, qui cachait dans un coin de l'autre, étincelante et bruyante, sa lampe discrète, ses tables de jeu ou d'ouvrage, sa bibliothèque, et son petit cercle de courtisans ou plutôt d'amis familiers, le duc et le cardinal de Luynes, le président Hénault, Moncrif, et ceux enfin que la bonne reine appelait « ses bonnes gens. » En toute occasion, à la maladie de Metz, après l'attentat de Damiens, après la bataille de Fontenoy, la reine se montra toujours la première au poste du dévouement ou du patriotisme. Le peuple lorrain, qui chassa avec indignation de Metz madame de Châteauroux et sa sœur, accourut sur le passage de la reine vertueuse et sacrifiée, et, par l'hommage de son enthousiasme, chercha à la récompenser d'un injuste isolement.

Hors ces rares et solennelles occasions de se montrer, la reine se cachait dans le secret de ses petits plaisirs et de ses grandes vertus de piété et de charité. Elle avait l'esprit cultivé, parlait cinq ou six langues, et assaisonnait, d'un grain d'innocente malice, ces petites observations qui étaient toute sa vengeance. Et encore avait-elle grand'peur d'aller trop loin et de paraître plus maligne que spirituelle. Elle n'avait pas l'orgueil de son esprit, mais elle avait celui de son cœur. « N'avons-nous dit de mal de personne? » demandait-elle parfois avec une naïve inquiétude, qui peint bien cette reine qui, comme Titus, eût regardé, dans le cas de la plus inoffensive médisance, sa journée comme perdue. On cite d'elle des mots charmants, auxquels il ne manque, pour avoir réussi, que la méchanceté.

De politique elle s'en mêlait peu ou point. Toute l'opposition de cette reine vertueuse et dévote (et le roi en souriait) se bornait à faire dire des prières, à faire brûler des cierges, pour obtenir de Dieu la grâce des péchés du temps, à demander humblement à son époux le retour de l'archevêque de Paris exilé, à faire accepter des habits au charitable et original évêque d'Orléans, qui se dépouillait de tout pour les pauvres, ou à broder un devant d'autel pour la première messe de retour du P. Griffet, exilé comme ses confrères.

Vis-à-vis des maîtresses, même réserve et même digne attitude, plutôt empreinte de compassion que de mépris. Elle plaignit la mort prématurée de madame de Châteauroux. Elle traita avec bonté madame de Pompadour triomphante, et poussa l'abnégation jusqu'à ce sublime excès de faire demander des nouvelles de madame de Pompadour malade. La mort du Dauphin qu'elle adorait, et de la Dauphine, fille de cet électeur de Saxe qui avait détrôné son père et qu'elle n'en aimait que plus, déjouant ainsi l'ironique défi de la raison d'État; la mort surtout de Stanislas, la poussèrent lentement au tombeau, où elle le rejoignit le 24 juin 1765, laissant presque une odeur de sainteté. Les dernières années de sa vie avaient été d'une piété, d'une abnégation, d'une mortification vraiment monastiques. Elle était l'exemple de ces carmélites de Compiègne qu'elle aimait tant à voir, chez lesquelles elle avait sa cellule, et où elle enviait, tant elle s'y plaisait, jusqu'au poste de la vieille Toinon, la sœur tourière. On trouva, parmi ses hardes, des disciplines et des cilices.

Comme si le rôle que son royal époux lui avait fait n'était pas une suffisante pénitence!

Louis XV la pleura.... et prit madame Du Barry.

M. DE LESCURE.

NATALIE DOLGOROUKY.

Le jour même de la mort du jeune tzar Pierre II, petit-fils de Pierre le Grand, arrivée le 30 janvier 1730, la Russie fut tout à coup plongée dans un abîme d'intrigues et de hasards.

Au moment où l'enfant couronné succombait à une attaque de petite vérole, à peine âgé de quinze ans, il venait d'être fiancé à Catherine Dolgorouky, issue d'une famille qui descendait en ligne directe de Rurik, fondateur de la monarchie russe.

Les Dolgorouky gouvernaient sous le nom de Pierre II. Les principes de liberté et les idées d'émancipation, qui semblent héréditaires dans cette noble maison, les avaient rendus odieux à la noblesse russe; aussi quand ils réclamèrent pour Catherine la couronne que le tzar venait de s'engager à placer sur sa tête, leurs prétentions furent-elles vivement repoussées, malgré le vœu populaire.

Le parti allemand, dévoué à l'oligarchie, fit accueillir la duchesse de Courlande, Anne Ivanova, nièce de Pierre le Grand. Tout ce que la prévoyance démocratique des Dolgorouky put obtenir fut l'adoption par le Sénat d'une sorte de charte qui soumettait l'autocratie impériale au contrôle d'un suprême conseil d'État et d'une assemblée de petite noblesse, composée de gentilshommes, de négociants chargés de veiller aux intérêts du peuple.

Conseillée par des hommes qu'un serment ne pouvait enchaîner, la nouvelle tzarine accepta ces conditions; et d'ailleurs, dans un pays où, à cette époque, le peuple n'était rien, où les grands se faisaient les complices enthousiastes de toutes les tyrannies qui ne menaçaient pas de les atteindre, les articles conditionnels rédigés par les Dolgorouky n'étaient pas de nature à beaucoup effrayer l'ambition d'Anne Ivanova. Un coup d'État, favorisé par la noblesse, lui rendit en effet en quelques jours le pouvoir absolu et, avec lui, la liberté d'abandonner les rênes de l'État à d'indignes favoris : un Ostermann, un Yagousinski, et un certain Biren, un imposteur, ancien palefrenier des écuries du feu duc de Courlande, qui, pour mettre en rapport sa fortune avec sa naissance, n'avait pas craint d'usurper le nom et les armes des Biron de France.

La tzarine Anne aurait volontiers oublié que les Dolgorouky s'étaient posés comme les promoteurs des fameux articles conditionnels dont elle s'était promis de faire si bon marché; mais elle ne put leur pardonner d'avoir exigé d'elle le renvoi des intrigants qu'elle aimait, et l'on croira facilement que ceux-ci n'étaient pas d'humeur à combattre ses projets de vengeance.

Biren, le plus compromis et aussi le plus éhonté des favoris de la tzarine, n'eut pas même la patience d'attendre l'occasion de frapper ses ennemis; il la fit naître avec une perfidie bien digne de la bassesse de ses mœurs.

Le 20 avril 1730, six des plus notables personnages de la famille Dolgorouky furent expulsés de la cour. Quatre jours après, on avait trouvé le moyen d'échafauder contre eux une honteuse accusation. Sous le prétexte qu'ils avaient enlevé les joyaux de la couronne et pillé les coffres de l'État au moment de la mort de Pierre II, on leur signifia un décret d'exil. Le prince Alexis fut enfermé à Yakoutsk; ses fils, Ivann et Serge, à Beriozof, et Vassily dans le cloître d'Arkangel; enfin le feld-maréchal Dolgorouky, le compagnon d'armes de Pierre le Grand, le propre parrain de sa fille Élisabeth, qui régna depuis, fut emprisonné dans la citadelle de Schlusselbourg.

Ici commence l'histoire de la sainte créature dont le nom est inscrit en tête de ces pages, de celle dont le souvenir est devenu l'exemple vénéré des filles de l'illustre maison des Dolgorouky, et que la Russie honore comme une martyre.

Pour la première fois cette triste et véridique légende, conservée religieusement au plus profond des cœurs d'une noble famille, éprouvée par un siècle de persécutions et toujours ferme dans sa foi politique, est enfin rendue publique, du moins en ce qui touche aux faits généraux. Car les pieux descendants de la princesse Natalie, dans la pureté de leur culte filial, se seraient fait un scrupule de mettre au grand jour certains détails privés de cette douloureuse existence. En effet, ne serait-ce pas profaner le seuil de la cellule où vécut la princesse Natalie, ensevelie vivante dans son suaire de larmes et de tortures, que d'y pénétrer, même pour l'admirer?

Nous préférons imiter la réserve de madame Antonine Novikof, née princesse Dolgorouky, arrière-petite-fille de la princesse Natalie, qui nous écrivait, il y a peu de jours, en nous envoyant les éléments de ce récit : « J'ai déjà déclaré n'avoir rien à réclamer de l'admiration du monde pour ces illustres infortunés. Eux-mêmes ne l'ayant pas briguée, je serais mal inspirée de la revendiquer pour leurs cendres. Le monde chrétien a peut-être besoin qu'on lui fasse connaître une existence si pure en Dieu que l'a été celle de Natalie Dolgorouky. Offrez à nos contemporains le touchant récit de son immolation volontaire, et, cette justice accomplie, remettons notre sainte martyre à la suprême rémunération de son divin Créateur. »

Tandis que Pierre II régnait encore et que sa bonté naturelle et la vertu des conseillers dont il était entouré promettait à la Russie un sort heureux, le prince Ivann Dolgorouky recherchait la main de la jeune et belle Natalie Chérémétef, fille cadette du feld-maréchal comte de ce nom. Il était alors au faîte des honneurs et de la fortune. Il avait vingt et un ans, une grande charge à la cour ; il était l'ami de son souverain, qui venait lui-même d'être fiancé publiquement à la sœur d'Ivann. Quelle destinée fastueuse semblait attendre la jeune comtesse Natalie ! quel sort heureux surtout, car cette union, fondée sur les convenances du monde, était en outre consacrée par une affection profonde et réciproque. Les fiançailles de l'heureuse jeune fille furent célébrées en même temps que celles du tzar, avec une pompe sans égale. Le double mariage allait être conclu, lorsqu'une maladie terrible enleva l'empereur en trois jours.

Nous avons esquissé la situation qui suivit cette catastrophe : le premier acte d'absolutisme de la tzarine Anne fut l'exil des Dolgorouky et le séquestre de leurs domaines.

En apprenant cette révolution qui précipitait les Dolgorouky des sommets les plus élevés du pouvoir dans les horreurs de la proscription, le comte Pierre Chérémétef, frère aîné de Natalie et le chef de la famille depuis la mort du maréchal, voulut rompre les projets arrêtés. Lui et ses proches mirent tout en œuvre pour détourner la comtesse Natalie d'un mariage qui allait appeler sur sa tête les malheurs dont le prince Ivann venait d'être frappé. Mais, fidèle à la foi jurée, la jeune fiancée répondit avec fermeté :

« Ivann a ma parole : je l'aimais riche et puissant; pauvre et persécuté, je le suivrai partout. »

Le comte Pierre n'insista pas plus longtemps, et le mariage se célébra à seize verstes de Moscou dans un des domaines de l'illustre famille. Deux jours après, les sbires de Biren enlevaient les deux époux et les transportaient avec les autres princes de leur famille au fond du désert le plus reculé de la Sibérie.

Ici commença pour la princesse Natalie, alors âgée de seize ans, un martyre qui devait durer autant que sa vie. Pendant neuf années que la haine de Biren les oublia dans cet horrible exil, pour les frapper ensuite plus cruellement encore, la féroce surveillance de leurs gardiens ne permit à ceux qui les aimaient aucun renseignement sur leur sort. Seul, le journal de la princesse Natalie, douloureux patrimoine de ses enfants, apporta depuis chez les siens un écho navrant des souffrances endurées.

Déjà soumise à ce sentiment sublime de résignation qui jette sur sa vie comme un reflet du ciel, Natalie Dolgorouky porta la réserve jusqu'à s'abstenir, dans cet écrit dicté par les tortures quotidiennes, de toute plainte personnelle. Pourtant la pauvre enfant dut subir cruellement le contre-coup de tous ces caractères aigris par le malheur.

« Je suis la plus jeune de la famille, écrivait-elle dans son journal, je dois servir, consoler chacun de ses membres; mettre tous mes soins à rendre leur position moins cruelle; mais si pénible que fût cette tâche, je me sentais si parfaitement heureuse avec le bien-aimé de mon cœur que j'en vins à craindre *que Dieu ne m'eût oubliée dans mon bonheur!* » Sainte femme! Elle avait honte de ne pas assez souffrir. Mais Biren était là, féroce, implacable!

La Russie gémissait sous le joug odieux de ce misérable, élevé au titre de duc de Courlande et au rang de premier ministre. Associé au juif Lippemann, banquier de Pétersbourg, il soumettait la noblesse et la bourgeoisie à des extorsions tellement ruineuses que l'empire en fléchissait sur ses bases : finances, crédit, commerce, industrie, ces deux hommes avaient tout anéanti. La cour gaspillait la fortune publique en orgies et en dissipations de tout genre. La flotte même, créée par Pierre le Grand, était ruinée; la population décimée par des guerres insensées : les mur-

NATALIE DOLGOROUKY.

mures éclataient de toutes parts et devenaient menaçants. Pour les étouffer, Biren résolut de frapper les esprits de terreur; il prétexta des conspirations qu'il était de son devoir de punir, et, décidé à verser le sang des Dolgorouky, depuis neuf ans ensevelis cependant dans les déserts de la Sibérie, il les comprit au nombre des prétendus conspirateurs.

Saisis dans leur prison, garrottés comme de vils scélérats, les Dolgorouky furent amenés à Novogorod et livrés au bourreau.

Une dame russe, née en 1700 et qui, par un prodige de la nature, vivait encore en 1836, nous a fait le récit de cette horrible exécution, dont elle avait été témoin le 12 novembre 1739.

« La matinée était froide, le ciel clair, le soleil glacé. Le tambour frappait l'air de ses roulements sinistres. Le bourdon de la cathédrale sonnait lentement un glas funèbre. Des troupes entouraient l'échafaud, sur lequel se morfondaient les bourreaux tout habillés de rouge et les manches retroussées jusqu'aux coudes.

« Dix heures sonnèrent; les portes du palais de justice s'ouvrirent, et les condamnés furent conduits à l'église où ils communièrent. Une heure après, au milieu d'une foule immense et silencieuse, le cortége reparut. Le prince Ivann tenait le bras de son frère Vassily. Leur démarche était calme et majestueuse, seulement une larme tremblait à la paupière d'Ivann. Ce beau jeune homme, à peine âgé de trente ans, si bon, si grand, si noble, enflammé comme aux jours de sa jeunesse du saint amour de la patrie, allait expier sur l'échafaud l'amitié d'un autre jeune homme, autocrate d'un jour, et à l'heure suprême il pensait à son adorable femme, à la belle et divine Natalie, qu'il laissait seule au monde au fond de la Sibérie, avec un enfant en bas âge, et un autre qu'elle portait dans son sein. Derrière eux marchait le prince Serge, puis les deux vénérables héros du siècle de Pierre le Grand, courbés sous le poids de l'âge et de l'exil, se traînant avec peine, appuyés sur leurs cannes et revêtus de leur grand uniforme. Trois autres Dolgorouky, leurs cousins, fermaient la marche. Sur leur passage, les têtes découvertes s'inclinaient et des sanglots entrecoupés portaient aux oreilles de ces martyrs des franchises russes le dernier et sincère adieu du peuple.

« Le prince Ivann, l'époux de Natalie, franchit le premier les degrés de l'échafaud. Le bourreau lui arracha ses ordres, ses broderies, ses boutons armoriés et les jeta sur un bûcher ardent. Puis, faisant mettre le patient à genoux, il brisa son épée sur sa tête, le souffleta, lui cracha au visage; ensuite, avec l'aide de ses valets, il garrotta le supplicié sur un chevalet et lui abattit à coups de hache les deux jambes et puis les deux bras, et enfin la tête. Par un raffinement de barbarie, ce corps ainsi mutilé fut attaché à une roue posée sur un poteau.... Non, jamais les Caraïbes, dans leurs monstrueux carnages, n'ont rien inventé de pareil.

« Le prince Vassily subit le même supplice ; le prince Serge et un autre furent tirés à quatre chevaux ; les deux derniers eurent simplement la tête tranchée. Quant aux deux vieillards, après avoir enduré ce spectacle monstrueux, ils furent dégradés, souffletés.... et conduits dans un fort pour le restant de leurs jours. »

Après cet épouvantable événement, deux années s'écoulèrent pendant lesquelles la princesse Natalie, livrée à toutes les tortures du désespoir, — car les bourreaux de son mari s'étaient donné la joie cruelle de l'informer des moindres détails de l'exécution, — ne se rattacha à la vie que pour se consacrer aux soins de ses deux fils.

Enfin la tête de Biren tomba.

L'impératrice Élisabeth appelée au trône rappela tous les exilés. Natalie Dolgorouky revit sa patrie. Elle avait vingt-huit ans, elle était fort belle encore. L'intérêt qui s'attache aux grandes infortunes entourait son front d'une auréole d'admiration. Elle vit à son arrivée à Pétersbourg la cour à ses pieds. Charges considérables, partis brillants, tout lui fut offert par la nouvelle tzarine et tout fut rejeté par ce cœur mortellement ulcéré.

Natalie Dolgorouky se retira chez son frère avec ses deux enfants. Un nouveau chagrin l'y attendait. Elle avait droit à une part dans l'immense héritage de son père ; le comte Pierre Chérémétef ferma l'oreille à ses justes réclamations. Sauf le pain de charité qu'il lui laissa, il la voua à toutes les humiliations d'un dénûment absolu. Bien plus, il osa tenter un jour de lui faire signer un acquit de sa légitime qu'elle n'avait pas reçue. « Vous ne me ferez jamais faire un faux ! » répondit-elle. Mais elle exigea de son fils aîné le serment de ne jamais intenter un procès à son oncle à ce sujet, préférant la misère pour ses enfants au déshonneur du nom illustré par son père.

Elle avait rapporté de l'exil les diamants qu'au beau jour des fiançailles le prince Ivann lui avait offerts. A son retour de Sibérie, inspirée par la plus pieuse des pensées, la princesse Natalie les avait convertis en argent pour faire, de leur prix, élever une église sur la sépulture des martyrs de Novogorod.

Il vint un jour où le jeune prince Dolgorouky, formé par sa noble mère à toutes les vertus de l'homme et du héros, fut en âge de servir son pays, — son frère, voué à une mort prématurée, luttait sans espoir contre un mal incurable. — La princesse Natalie mit alors à exécution un projet caressé dès l'instant de son veuvage. Elle se fit conduire, accompagnée de son second fils, au couvent de Kief, pour y passer le reste de ses jours dans la prière et la contemplation. La veille de la prise de voile, Natalie se rendit seule au bord du Dniéper, et, tirant de son doigt l'anneau nuptial, dernier souvenir matériel de sa triste union, elle le lança dans le fleuve : « Va, dit-elle, je t'ai porté tant qu'un devoir m'a retenue dans le monde, symbole de mon éternelle union avec l'idole de mon cœur; aujourd'hui, je me livre à Dieu seul et je te jette, comme le dernier lien terrestre, dans ma foi ardente de retrouver au ciel, pour l'éternité, le bien-aimé de ma jeunesse. »

Hélas! le cloître ne devait pas être pour elle un refuge contre les chagrins de la vie. Son jeune fils, atteint d'épilepsie, — elle le portait dans son sein quand on lui enleva son mari pour le conduire à la mort, — était en proie chaque jour à des accès de fureur durant lesquels il s'attaquait à sa mère, le seul être qui pût l'approcher et le soigner dans ces cruels moments. Pourtant, à l'heure de la mort, Dieu permit qu'il recouvrât un instant la raison, et le pauvre enfant demanda pardon à sa mère du mal qu'il lui avait fait involontairement endurer.

« Ne sais-tu pas, lui dit la sainte femme, que tu étais ma dernière épuration sur la terre! »

Natalie Dolgorouky ne survécut pas longtemps à ce fils infortuné. Elle mourut le 15 juillet 1771. Elle était âgée de cinquante-six ans et avait souffert pendant quarante ans comme épouse, comme mère et comme sœur, sans qu'aucune plainte fût sortie de son cœur.

Le voyageur qui visite la cathédrale de la Laure de Kief lit sous la voûte d'une chapelle une inscription ainsi conçue :

CI-GÎT LA RELIGIEUSE NEKTARIA.

C'est la tombe de la princesse Natalie Dolgorouky.

COMTE DE LA FITE (PIOTRE ARTAMOF).

MADAME GEOFFRIN.

Un mot de l'abbé de Saint-Pierre peint admirablement le genre d'esprit, le caractère de madame Geoffrin et le rôle qu'elle a joué dans le monde lettré du dix-huitième siècle. Cet homme excellent et d'un savoir si profond n'avait pas le don de converser, et parfois il se rendait ennuyeux parce qu'il suivait avec trop de complaisance le cours de ses idées, sans tenir compte du milieu dans lequel il les exprimait. Un jour madame Geoffrin le voyant s'établir à la cheminée et prévoyant qu'il parlerait longtemps, le mit sans affectation sur des choses dont il parlait fort bien. Il intéressa tout le monde; quand il partit elle lui dit : « Monsieur l'abbé, vous avez été d'une excellente conversation. — Madame, répliqua-t-il, je ne suis qu'un instrument dont vous avez bien joué. »

Savoir diriger la conversation, tel est, en effet, le talent suprême d'une femme qui, comme madame Geoffrin, s'était donné la mission, qu'elle réalisa pendant plus de cinquante ans, de réunir autour d'elle par l'empire de son influence et d'y retenir par un charme infaillible tout ce que Paris comptait de beaux esprits et de personnages considérables.

On parlait de tout chez elle, et devant tout le monde, dans la plus complète liberté. Le ton général du salon, conciliant dans les questions personnelles, neutre en matière politique, contenait tous les discours dans les limites d'une affectueuse causerie. Parfois un conteur entraîné par sa verve allait-il dépasser les bornes, madame Geoffrin, d'un ton enjoué, lâchait son fameux « Voilà qui est bien, » et l'on passait à un autre sujet.

C'était miracle de voir comme l'esprit net et vif de cette aimable femme, sobre dans la plaisanterie et comme il faut jusques en raillant, faisait école dans cette société polie du dix-huitième siècle. Chez elle la finesse des saillies suffisait à l'attaque comme à la défense. La méchanceté n'aurait pas été tolérée dans un cercle où la malice sans préméditation était seule admise.

Un jour, à dîner, M. Poultier, intendant de Lyon, se servit d'une riche tabatière qu'on ne lui connaissait pas. Chacun la voulut voir, et, répondant d'une manière évasive à une admiration qui devenait indiscrète, M. Poultier avoua qu'il la tenait d'une main bien chère.

« Madame, est-ce la vôtre ou celle de ma mère? dit à madame Poultier le jeune de Cury, dont la mère entretenait avec l'intendant une liaison des plus intimes.

— C'est un vers de *Rodogune*, s'écria un convive, pensant détourner ainsi le coup de cette remarque inconsidérée.

— Vous vous trompez, reprit en souriant M. Poultier, ce vers est de *l'Étourdi*. »

Voilà comme avec de l'esprit, chez ces honnêtes gens rompus au bel usage, il n'y avait pas de situation si délicate, qu'elle ne tournât encore à l'avantage de celui qui, partout ailleurs, n'en serait pas sorti sans confusion.

Une seule fois les ébats toujours si mesurés de cette aimable société faillirent avoir des suites fâcheuses. On avait parlé d'une parodie de *Cinna* qui courait les ruelles et les foyers de spectacle. Marmontel la savait; excité par la curiosité des auditeurs, il se laissa entraîner à la réciter. Le bruit en transpira par une nouvelle espièglerie de cet étourdi de Cury qui justement était l'auteur de cette satire;

et comme M. le duc d'Aumont y était fort maltraité, Marmontel fut envoyé à la Bastille.

Madame Geoffrin en demeura malade de chagrin, jusqu'à ce que Marmontel, promptement rentré en grâce, fût revenu reprendre l'appartement qu'il occupait chez elle, et qu'il l'eût consolée de cette disgrâce inattendue.

Je laisse à penser si elle redoubla depuis de prudence et si elle reprit de plus belle son refrain favori : « Voilà qui est bien. »

Madame Geoffrin n'était pas de noblesse, et pourtant elle s'était mise, simplement, sans prétentions, sans pédantisme, avec une amabilité de caractère incomparable, sur le pied d'avoir un salon où les grands seigneurs aussi bien que les gens d'esprit se faisaient une sorte de point d'honneur d'être admis.

Par une exception singulière, et qu'on ne peut signaler à la louange de la maison de Bourbon, la cour lui tint toujours rigueur, quoique le roi de Pologne, qui appelait madame Geoffrin sa petite *maman*, l'eût en effet traitée comme une mère. L'impératrice Catherine, de son côté, fit toutes les démarches possibles pour l'attirer à Pétersbourg ; et l'empereur d'Autriche lui-même la reçut à Vienne, à son retour de Varsovie, et vint depuis la visiter à Paris, ainsi que le roi de Suède.

Son mari, directeur de la manufacture des glaces, dont il avait le privilége exclusif, était un homme assez nul, du moins dans les choses de l'esprit ; mais il était d'une aptitude remarquable pour les affaires, et eut l'adresse de gagner beaucoup d'argent.

Il faisait donc triste figure aux réunions de madame Geoffrin, et bon nombre des invités accidentels ignoraient jusqu'à son nom.

« Qu'est devenu, lui demandait un jour un étranger, ce pauvre bonhomme que je voyais ici autrefois et qui ne disait jamais rien ?

— C'était mon mari : il est mort, » répondit tranquillement madame Geoffrin.

On le lui avait donné, sans qu'elle l'eût choisi, lorsqu'elle avait quatorze ans ; mais elle vécut toujours avec lui comme si elle l'avait épousé par inclination. Cette réserve dans sa conduite ne fit qu'ajouter à la considération dont elle a joui, en donnant un grand relief d'honnêteté à toutes ses démarches.

On pourrait croire, en voyant le succès de madame Geoffrin dès les premiers moments qu'elle ouvrit sa maison aux gens d'esprit, que cette femme éminente par les qualités dont elle était parée et dont elle usait avec un tact si parfait, s'était préparée à sa destinée brillante par une forte éducation. Ce serait une erreur. La façon simple, mais ingénieuse, dont elle fut élevée par une grand'mère d'un sens parfait, est trop significative pour qu'il ne soit pas à propos d'en rapporter les traits principaux. Ils ont été transcrits par madame Geoffrin elle-même, pour l'impératrice de Russie, qui, la sachant si haut placée dans l'estime des savants, lui avait demandé des détails sur sa première éducation.

« J'ai perdu, dit-elle, mon père et ma mère au berceau. J'ai été élevée par une vieille grand'mère qui avait beaucoup d'esprit et une tête bien faite. Elle avait très-peu d'instruction ; mais son esprit était si éclairé, si adroit, si actif, qu'il était toujours à la place du savoir. Elle parlait si agréablement des choses qu'elle ne savait pas que personne ne désirait qu'elle les sût mieux, et quand son ignorance était trop visible, elle s'en tirait par des propos qui déconcertaient les pédants. Elle était si contente de son lot, qu'elle regardait le savoir comme une chose très-inutile pour une femme. Elle disait : « Si ma petite-fille est une bête, le savoir la rendrait « confiante et insupportable ; si elle a de l'esprit et de la sensibilité, elle suppléera « par adresse et avec du sentiment à ce qu'elle ne saura pas ; et quand elle sera « plus raisonnable, elle apprendra ce à quoi elle aura plus d'aptitude, et elle « l'apprendra vite. » Elle ne m'a donc fait apprendre, dans mon enfance, simplement qu'à lire ; mais elle me faisait beaucoup lire. Elle m'apprenait à penser en me faisant raisonner et en me faisant dire ce que je pensais sur tout ce que je voyais. Elle m'obligeait à lui rendre compte de tous mes mouvements et de tous mes sentiments, et elle les rectifiait avec tant de douceur et de grâce que je ne lui ai jamais rien caché de ce que je pensais et sentais. Elle disait que des maîtres m'auraient fait perdre mon temps ; elle ne m'en a jamais donné aucun. »

Il est résulté de cette éducation, ainsi mise à l'abri du verbiage stérile des pédants, que madame Geoffrin, avec son esprit émancipé par un continuel exercice de la pensée, ne sut pas imperturbablement l'orthographe — comme elle l'avouait elle-même en riant — mais qu'à l'aide d'un jugement sain, d'une mémoire cultivée et de l'habitude de réfléchir, elle put donner la réplique aux plus experts dans tous les genres de conversation. Elle eut toute sa vie à s'applaudir du lot dont sa grand'mère se trouvait si contente et qui fut aussi le sien.

D'ailleurs, dans ce travail incessant par lequel elle s'appropriait la raison de toute chose, son âme s'était épurée en même temps que son esprit s'aiguisait jusqu'à la plus subtile acuité de l'expression. Madame Geoffrin avait formulé à son usage un certain nombre de maximes qui, à l'encontre du travers de certains moralistes spéculatifs toujours prêts à dire : « Faites ce que je dis et non pas ce que je fais, » étaient la règle absolue de sa conduite.

« L'économie, disait-elle, est la source de l'indépendance et de la liberté. » Aussi était-elle simple dans ses goûts, dans ses vêtements, dans ses meubles, mais recherchée dans sa simplicité, ayant jusqu'au raffinement les délicatesses du luxe, mais rien de son éclat ni de ses vanités. Elle employait, selon l'expression de Thomas, au luxe des bienfaits tout ce qu'elle retranchait au luxe de l'ostentation.

MADAME GEOFFRIN.

« Il ne faut pas laisser croître l'herbe dans le chemin de l'amitié, » avait-elle fait graver sur les jetons de sa boîte à boston; mais aussi, qui sut mieux qu'elle veiller sans cesse sur le sort de ceux qu'elle aimait, et leur venir en aide au besoin ! Un jour l'abbé Morellet, invité par un ministre à lui présenter un mémoire sur l'industrie, attaqua les priviléges avec une éloquence qui aurait peut-être été plus réfléchie s'il se fût souvenu que la fortune de madame Geoffrin, son amie, reposait sur le privilége des glaces.

Le mémoire livré et reçu, le ministre oublia de remettre à l'abbé la juste rémunération qu'il en attendait. L'abbé était pauvre, il souffrait; madame Geoffrin accourut chez lui. Elle le gronda bien d'avoir écrit ce méchant mémoire. « C'est bien fait, ajouta-t-elle, on ne vous a pas payé : allons, donnez-moi votre extrait de baptême et passez demain chez mon notaire. Il vous remettra un contrat : j'ai placé quinze mille livres sur votre tête. »

Il faut citer parmi ses maximes habituelles celle-ci : « Parler de ceux qu'on aime fait à l'amitié ce que la culture fait aux plantes. » Et ces quelques autres :

« Il ne faut solliciter les personnes en place que si l'on est sûr d'obtenir.

« De toutes les manières d'obliger les malheureux, la plus commode est de leur faire soi-même le bien qu'ils vous demandent d'obtenir des autres pour eux.

« Il ne faut pas défendre ses amis attaqués en les justifiant sur le point sur lequel on les accuse, mais en les louant des bonnes qualités qu'on ne leur conteste pas. »

Excellente méthode, en effet, qu'on peut appeler l'habileté d'un bon cœur, et qui lui réussit souvent, notamment quand elle réconcilia Moncrif et le président Hénault avec Marmontel.

On peut juger madame Geoffrin sur la devise qu'elle s'était appropriée; elle était ainsi conçue : *Donner et pardonner*.

La mit-elle en pratique? Les mémoires pleins d'effusion laissés sur elle par l'abbé Morellet, Thomas, d'Alembert et Marmontel répondent affirmativement : ces quatre écrivains et d'autres qu'ils nomment ont reçu d'elle des pensions, des présents, des secours quand ils étaient malades.

Elle passait rarement un jour sans faire quelque bien; que dis-je? elle faisait du bien plusieurs fois par jour, ainsi que le disait dans une pièce à sa louange un de ses obligés :

« Titus comptait les jours, vous comptez les moments. »

Mais laissons là ses bienfaits, ils sont innombrables, et revenons à sa société.

Lorsque madame de Tencin vieillissait, madame Geoffrin, qui était alors dans tout l'éclat de sa jeunesse et de son charme, se fit présenter chez cette femme célèbre. La tournure de son esprit, le goût qu'elle témoignait pour les hommes de lettres et l'accueil que ceux-ci s'empressaient déjà de faire à ses premières avances, éclairèrent sa vieille et grondeuse rivale et excitèrent sa jalousie.

« Savez-vous ce que la Geoffrin vient faire ici? dit-elle. Elle vient voir ce qu'elle pourra recueillir de mon inventaire. »

Elle ne se trompait guère : madame Geoffrin en recueillit tout ce qu'il y avait d'honorable. En première ligne, M. de Fontenelle, M. de Montesquieu, l'abbé de Saint-Pierre, M. de Mairan et toutes ces belles individualités qui placent si haut, dans la mémoire des lettrés, cet intelligent et brillant dix-huitième siècle qui engendra des prodiges. Ajoutez à la liste M. Hume, M. Algarotti, Helvétius, M. de Maupertuis, et Voltaire et M. de Caraccioli ; puis M. Thomas, l'abbé Morellet, le président Hénault, M. de Moncrif, M. Grimm ; puis aussi les encyclopédistes Diderot, d'Alembert et leurs savants acolytes : elle leur donna trois cent mille livres pour les aider à ériger leur monument philosophique.

Parmi les artistes on voyait chez elle M. le comte de Caylus, M. Mariette, qui n'y venait jamais sans apporter un ample portefeuille de dessins et d'estampes, et Bouchardon, Vanloo, Vien, Vernet, Robert, Cochin, à qui elle s'empressait de servir d'intermédiaire auprès des seigneurs et des étrangers pour leur faire vendre leurs ouvrages.

Madame Geoffrin recevait tous les soirs ceux que son salon attirait à la fois comme spectacle et comme fête intime. Elle avait en outre fondé deux dîners, le lundi pour les artistes et le mercredi pour les gens de lettres. Les étrangers et les courtisans étaient admis indistinctement à l'un comme à l'autre. Quand elle attendait des personnages de distinction, elle disait à ses amis d'habitude : « Soyons aimables ce soir. » Avec les grands sa politesse prenait une nuance particulière et qui ne pouvait convenir qu'à elle. Respectueuse sans abdiquer ni son aisance aimable ni la liberté, elle n'éprouvait aucune gêne de leur présence ni n'en imposait à ses autres convives. Elle conservait avec eux une sorte de familiarité à laquelle son goût infaillible posait des limites que ceux-ci ne franchissaient pas plus qu'elle. Elle assaisonnait pour eux sa franchise d'une dose si bien calculée de propos flatteurs, que dans sa bouche la vérité prenait un arrière-goût de compliment. C'est là le charme suprême de la conversation affable et polie dont madame Geoffrin est restée la plus éminent modèle.

« A ces formes de politesse aimable et piquante, dit quelque part l'abbé Morellet, à cette sagesse tolérante et douce, qu'on ajoute ce fond de bonté et de bienfaisance que sentent ceux même qui n'en éprouvent pas les effets, et on reconnaîtra les moyens qui ont conduit madame Geoffrin à la considération et à la célébrité dont elle a joui. »

Je ne rapporterai plus qu'un trait du caractère de madame Geoffrin; mais j'avoue que celui-là suffit amplement à l'éloge d'une femme qui se piquait de bel esprit, et qu'une situation tout exceptionnelle avait fait assister, en s'y mêlant intimement, à tous les événements littéraires de son siècle. Elle écrivait à ravir, ses lettres charmantes en font foi, et pourtant madame Geoffrin ne voulut jamais publier de mémoires. On peut le regretter, car venant d'elle ils seraient précieux pour nous ; mais quel sens admirable, quelle modestie touchante ne dénote pas une telle détermination !

Tous ses amis avaient longtemps insisté pour la décider à entreprendre ce travail. Elle leur promit de le faire, et un jour elle les réunit pour en entendre la lecture ; elle sortit un cahier de sa poche et lut ce qui suit :

MÉMOIRES DE MADAME GEOFFRIN, EN SIX VOLUMES IN-DOUZE.

« La vérité de mon caractère, le naturel de mon esprit, la simplicité et la variété de mes goûts m'ont rendue heureuse dans toutes les situations de ma vie ; je sens de la douceur à m'en rappeler les événements, et un plaisir piquant à penser que je vais me développer moi-même à moi-même.

« Cet ouvrage sera pour moi ce que sont ordinairement, pour nous autres femmes, de grands projets de broderie ou de tapisserie : le choix du dessin nous amuse, l'exécution nous occupe quelque temps, nous y travaillons peu, nous nous en ennuyons, et nous ne le finissons pas. »

C'était là tout l'ouvrage.

Madame Geoffrin était née en 1699, elle mourut en 1777.

ALBERT DE LA FIZELIERE.

MADAME ÉLISABETH.

La vie de Madame Élisabeth, où tout est si pur et si touchant, porte un caractère particulier de grandeur devant lequel il semble qu'on doive s'incliner en silence; on craint que les mots ne diminuent cette sainte auréole de la vertu et du malheur : quand le modèle est du ciel, les couleurs de la terre ne peuvent rien pour le portrait. Il faut pourtant que le monde connaisse, ne fût-ce qu'imparfaitement, ces destinées qui touchent à de mystérieuses lois de la Providence ; il lui est religieusement profitable de se trouver en face de l'innocence qui souffre pour la justice.

Élisabeth-Marie-Philippine-Hélène de France, dernier enfant de Louis, dauphin de France, et de Marie-Joséphine de Saxe, naquit, délicate et frêle, à Versailles, le 23 mai 1764. On s'empressait autour de ses premiers ans comme si on eût craint de ne pouvoir l'aimer longtemps ; mais Dieu voulait qu'elle vécût pour être l'exemple de la vertu la plus haute et l'ange de la consolation. De bonne heure orpheline, Madame Élisabeth trouva dans les soins de madame de Marsan et de madame de Makau une direction très-intelligente et très-dévouée ; elle grandissait à côté de sa sœur, Madame Clotilde, qui devait entrer, peu de temps après, dans cette maison de Savoie, aujourd'hui si peu fidèle à tant de nobles souvenirs. Les plus belles natures ont besoin de la puissance de l'éducation : elles laissent toujours voir quelque chose qu'il faut corriger. Il y eut dans Madame Élisabeth enfant des imperfections de caractère qui tenaient précisément aux grandes qualités d'âme qu'elle devait déployer plus tard ; ces imperfections s'effacèrent bien vite, et l'enfant ne fut plus qu'un diamant dans le palais des rois. Rien de frivole et de vulgaire n'avait le pouvoir de l'intéresser ; parmi les études qui s'offraient à son esprit naissant, l'étude de la religion garda le privilége de l'occuper fortement : la royale enfant semblait pressentir que là était la source du vrai courage en même temps que la règle la plus certaine du devoir.

Les voyages de Fontainebleau et de Compiègne, mêlés de divertissements toujours utiles et de leçons d'histoire naturelle, variaient l'éducation de Madame Élisabeth. Les visites à la maison de Saint-Cyr furent une des plus douces habitudes de son enfance ; sa présence était une fête ; les élèves ne connaissaient pas de plus belle récompense que l'honneur d'être admises auprès de la jeune princesse. Un autre lieu d'un plus grave caractère attirait Madame Élisabeth : le carmel de Saint-Denis. Elle allait y chercher le recueillement profond et les religieuses pensées auprès de sa tante, Madame Louise, qui avait quitté les pompes de Versailles pour les obscures sévérités du cloître. « Je vous permets d'y aller, avait dit le vieux roi Louis XV à Madame Élisabeth au moment de sa première visite à Saint-Denis, mais je ne vous permets pas d'y rester. »

La précoce maturité de son esprit abrégea pour Madame Élisabeth la durée de ce premier temps d'éducation et de dépendance ; à quatorze ans elle eut sa maison. Déjà son nom avait été mêlé à des projets de mariage formés et abandonnés par la politique, et lorsque, pour la première fois, la jeune princesse s'était montrée aux fêtes de Versailles, à l'occasion du mariage du dauphin son frère, la cour ravie de sa beauté n'avait pas compris ces mariages rompus : le secret de ces ruptures était dans la bonté de Dieu, qui voulait qu'une sainte femme s'attachât à tous les pas d'un royal martyr pour l'aider à porter sa croix, en attendant d'être immolée elle-même.

Dans la seconde moitié du dix-huitième siècle, au milieu des corruptions du temps et des folies coupables du philosophisme, le monde aurait vu trois princesses de la maison de France s'ensevelir dans la vie religieuse, si toutes les trois avaient pu suivre librement leurs penchants les plus vrais; il fut donné à une seule de ces princesses, Madame Louise, d'obéir à ses goûts; la politique disposa de la main de Madame Clotilde; Madame Élisabeth ne fut éloignée du cloître que pour monter au calvaire. Son secret désir de retraite au pied des autels n'ayant pu s'accomplir, il lui était resté un profond amour de la solitude. Le roi Louis XVI, son frère, acheta pour elle, à Montreuil, une maison où s'écoulèrent les heures les plus douces de sa vie. Du mois de mai au mois d'octobre, Madame Élisabeth partait le matin pour Montreuil, y passait la journée, et retournait le soir à Versailles. Séparée des magnificences royales dans sa maison des champs, elle y jouissait de ses recueillements et de l'amitié; elle y jouissait du bonheur répandu par ses soins, car tous les visages étaient rayonnants et consolés quand Madame Élisabeth arrivait à Montreuil. Adorée des paysans, qu'elle connaissait tous par leur nom, elle apparaissait au milieu d'eux comme leur providence. La plus grande part du lait de sa basse-cour était réservée aux petits orphelins. Sa pension était le trésor où puisait sa charité. Elle était compatissante en toute simplicité. Un homme qui travaillait dans le jardin de la princesse se trouvant tout à coup gravement atteint, Madame Élisabeth le fit transporter chez lui, et se rendit elle-même dans l'humble cabane après avoir donné des ordres pour que le prêtre accourût le plus promptement possible; pendant que le mourant recevait les derniers sacrements, Madame Élisabeth priait à genoux au pied de son lit. Lorsque la cérémonie fut achevée : « Madame donne ici un grand exemple, dit le curé. — Monsieur, répondit la princesse, j'en reçois un bien plus grand, et que je n'oublierai jamais. »

Un évêque qui, plus tard, devait peindre le plus beau génie de l'Église de France, peignit Madame Élisabeth dans un discours prononcé à la tête des états de Languedoc en 1786; c'était le portrait de la vertu descendue du ciel sur la terre, et la France entière reconnut Madame Élisabeth.

Les épreuves que la Révolution réservait à la princesse commencèrent par un chagrin : le départ du comte d'Artois. Une grande intimité de cœur l'unissait à ce frère si brillant et si loyal. Les menaces du 5 octobre firent partir de Montreuil la sœur du roi; le poste du péril l'appelait à Versailles; elle prit place, le 6 octobre, dans le carrosse de la famille royale, au milieu d'un cortége d'assassins.

La vigueur dans l'attitude, la lutte intrépide, voilà ce qu'elle aurait voulu.

Se soustraire au joug des factieux, en se retirant dans une place de guerre, tel était son vœu de tous les jours. Mais les semaines et les mois se passaient en vaines espérances et en hésitations; pendant que la Révolution se montrait prête à tout, la monarchie n'était décidée sur rien. Le roi demeurait confiant, parce qu'il se sentait irréprochable dans ses intentions et ses pensées, et cette confiance qui paralysait la résistance faisait son malheur.

La constitution civile du clergé blessa les croyances catholiques de Madame Élisabeth. Elle appréhendait des maux pour l'Église. La condamnation de la constitution civile par le pape lui fit dire ces mots : « Quand Dieu parle, un catholique ne connaît que sa voix. » Le refus du serment, de la part de l'immense majorité du clergé de France, fut pour elle une consolation. Son cœur s'épanouissait à tous les exemples de fidélité et de courage. Ce cœur avait choisi sa part dans le sombre drame de la Révolution : c'était le dévouement fraternel jusqu'à la mort. Lorsque Mesdames Victoire et Adélaïde s'en allèrent de France, le roi voulait que Madame Élisabeth partît aussi; elle résista aux instances du roi.

Le 18 avril 1791, quand Louis XVI, voulant se rendre à Saint-Cloud, et déjà monté en voiture avec sa famille, dut céder à des injonctions outrageantes, Madame Élisabeth était avec le roi; elle n'avait pas besoin de cette preuve nouvelle pour comprendre que le roi n'était plus libre, mais elle sentit vivement cette offense à la majesté de Louis XVI.

Le retour de Varennes avait été l'humiliation de la royauté. La journée du 20 juin fut la menace directe et sauvage. Au bruit de l'invasion des Tuileries, la princesse se précipite; les premiers cris qu'elle entend sont des cris de mort contre la reine; elle court au-devant des assassins, qui d'abord la prennent pour « l'Autrichienne; » un écuyer les avertit de leur erreur : « Ah! s'écrie Madame Élisabeth, laissez-leur croire que je suis la reine, afin qu'elle ait le temps de se sauver. » Pendant les scènes du 20 juin, un scélérat s'approche de Louis XVI en le menaçant de sa pique : « Monsieur, dit Madame Élisabeth à l'horrible sans-culotte, vous pourriez blesser quelqu'un, et vous en seriez fâché. » Cette douce parole en un tel moment est une des plus merveilleuses choses de l'histoire.

J'ai raconté ailleurs [1] la chute de Louis XVI avant le combat, le beau et inutile trépas des Suisses, le massacre de serviteurs sans armes et le saccagement de la royale demeure.

La loge du *logographe* et de pauvres chambres au cloître des Feuillants, dans les journées des 10, 11, 12 et 13 août, commencèrent une étroite captivité qui vint s'achever dans la petite tour du Temple. Madame Élisabeth avait entendu prononcer

---

1. *Histoire de la Révolution française*, chapitre XII.

MADAME ÉLISABETH.

l'arrêt de déchéance avec plus d'émotion que le roi ; ne comptant pour rien ce qui n'atteignait qu'elle-même, elle ne souffrait que des épreuves imposées à son frère. Prisonnière au Temple, elle semblait ignorer sa propre destinée, et toutes les puissances de son âme tendaient à l'adoucissement de la destinée du roi.

Madame Élisabeth était logée dans une pièce obscure du deuxième étage de la petite tour avec Madame Royale. Aux heures où l'on se réunit, elle écarte de ses traits, autant qu'elle le peut, les ombres qui couvrent son cœur. Elle fait souvent la lecture tout haut ; les travaux d'aiguille l'aident à passer les longues journées de la prison. Les vêtements du roi sont déchirés ; elle attend qu'il soit couché pour les recoudre. Quand les commissaires eurent enlevé aux princesses les petits meubles qui servaient à leurs travaux, le poids des heures devint plus lourd. Un jour que Madame Élisabeth cousait les habits de Louis XVI, elle rompait le fil avec ses dents, faute de ciseaux, et le roi, attachant sur elle des regards attristés, lui disait : « Il ne vous manquait rien dans votre jolie maison de Montreuil. — Ah ! mon frère, lui répondait-elle, puis-je avoir des regrets quand je partage vos malheurs ? » Madame Élisabeth soigne Cléry malade, Cléry le serviteur d'une fidélité immortelle ; c'est par lui qu'elle apprend quelque chose du dehors. Parfois, hélas ! les événements montaient en quelque sorte aux fenêtres des augustes prisonniers, comme au jour où leur fut portée, au bout d'une pique, la tête de la princesse de Lamballe ; mais l'ignorance des nouvelles, en de telles situations, était un des supplices de leur captivité. Que d'insultes et de raffinements odieux ! Quelle suite d'intentions grossières et d'actes blessants ! « Marie-Antoinette faisait la fière, disait un porte-clefs de la tour, mais je l'ai forcée de s'humaniser ; sa fille et Élisabeth me font, malgré elles, la révérence ; le guichet est si bas que, pour passer, il faut bien qu'elles se baissent devant moi. Chaque soir, je flanque à cette Élisabeth une bouffée de ma pipe. »

Lorsque les geôliers de Louis XVI, préludant à un dénoûment sanglant, eurent donné l'ordre de le transférer dans la grande tour, ce fut Madame Élisabeth qui lui annonça cette décision cruelle. Oh ! l'amère séparation ! Madame Élisabeth, trompant, à l'aide de Cléry, une horrible vigilance, écrivait au roi et en recevait des réponses.

Il est rare qu'une âme soit vouée à toutes les douleurs : ce fut la part de Madame Élisabeth ; elle sentit toutes les agonies. Dans les adieux du 20 janvier, auxquels rien n'est comparable, Louis XVI avait recommandé à sa sœur la reine et ses enfants ; Madame Élisabeth, ne pouvant plus vivre pour son frère, vécut pour ceux qu'il lui avait légués dans cette tour. Elle souffrit comme une mère, lorsque, aux premiers jours de juillet 1793, on vint arracher des bras de la reine l'enfant que l'échafaud du 21 janvier avait fait roi, et auquel l'affreux Simon réservait des traitements sataniques. Elle souffrit au plus profond du cœur lorsque, un mois plus tard, elle embrassa pour la dernière fois la reine qu'on allait transporter à la Conciergerie, vestibule de l'échafaud : elle ne reçut point la touchante lettre que lui écrivit, le 15 octobre, Marie-Antoinette condamnée à mort : la destinée de la reine lui resta inconnue.

Quelle vie que la sienne jusqu'au printemps de 1794, où elle devait finir! Seule avec la royale orpheline, elle descendait de plus en plus dans l'abîme des douleurs, ou plutôt elle remontait de plus en plus vers les hauteurs divines par la résignation, le courage et la prière. Madame Élisabeth avait dit autrefois que le crucifix était « le livre des livres; » elle s'adressait à ce livre dont la page ne se tourne pas et qui renferme tous les secrets de la vie et de la mort. Plus la sévérité de ses geôliers devenait impitoyable, plus sa piété devenait vive et profonde. Ce calvaire si prolongé et si doucement accepté n'avait rien laissé de terrestre dans Madame Élisabeth; elle ne pensait pas être immolée, parce qu'elle ne voyait aucune raison politique pour sa mort; mais une extrémité de cette nature ne l'effrayait pas : son âme plongeait d'avance dans la lumière et la paix de l'éternité. Deux orphelins restaient, pour lesquels elle aurait voulu se dévouer plus longtemps. Toutefois la volonté de Dieu demeurait la règle de ses pensées.

La décision la plus inutilement barbare prévalut dans les conseils de la Révolution. Le soir du 9 mai 1794, Madame Élisabeth, au moment de se mettre au lit, fut arrachée à ce réduit qui était tout son univers. Les bras et les larmes de l'orpheline ne purent la défendre. Elle fut conduite en fiacre à la Conciergerie, après avoir eu à peine le temps de s'habiller, et subit aussitôt un interrogatoire. Elle passa la nuit dans un cachot de la Conciergerie et comparut le lendemain devant le tribunal. L'acte d'accusation, rédigé par Fouquier-Tinville, présentait Madame Élisabeth comme complice « des crimes de tous genres et des forfaits amoncelés » de Louis XVI et de Marie-Antoinette : de Louis XVI, « le plus coupable tyran qui ait déshonoré la nature humaine. » Les réponses de l'auguste accusée, réponses fermes et dignes, renversaient les affirmations menteuses de ces pourvoyeurs de la mort; sur son visage comme dans son langage se peignait la majesté calme de l'innocence. Chauveau-Lagarde, son défenseur d'office, parla de Madame Élisabeth avec une audace qui aurait pu devenir pour lui un péril.

La sœur du roi-martyr, martyre elle-même, entendit sans aucun trouble son arrêt de mort; elle ne fut émue qu'en apprenant qu'elle allait avoir vingt-trois compagnons d'échafaud. Sa foi souhaita inutilement les secours religieux d'un prêtre catholique; mais Madame Élisabeth avait passé la nuit du 9 au 10 mai à se préparer pieusement à la mort. Reconduite à son cachot, elle y commença elle-même une sorte de ministère sacerdotal au profit des condamnés dont elle voyait les tremblements et les terreurs. Madame Élisabeth leur parlait de la couronne promise à ceux qui meurent pour la justice, les invitait à se repentir de leurs fautes, à se confier à la miséricorde de Dieu. Elle rendit la foi à quelques-uns qui l'avaient perdue, elle rendit la paix à tous. Un trait qui se rattache à la funèbre toilette de la royale victime est resté comme un souvenir de sa vertu. Le bourreau, en lui liant les mains derrière le dos, releva une des pointes du devant de son fichu : « Au nom de la pudeur, couvrez-moi le sein, » lui dit-elle avec un son de voix qui semblait ne pas venir de la terre. Dans le trajet sur la charrette, la fille de saint Louis parlait encore de Dieu et des espérances immortelles. Les condamnés, parmi lesquels se trouvaient de nobles femmes, croyaient voir un ange leur ouvrant les cieux.

De grandes et touchantes scènes se passèrent à l'arrivée de la charrette au pied de l'échafaud ; les femmes qui faisaient cortége à Madame Élisabeth jusqu'à la mort obtinrent d'elle la faveur de l'embrasser : consolation suprême qui donnait ce qu'il fallait encore de courage. Puis chaque condamné, descendu de la charrette, salua respectueusement la princesse avant de monter à la guillotine. Malgré l'abolition de la royauté, la fille des rois recevait des hommages : la monarchie était encore là malgré les décrets et les bourreaux. Madame Élisabeth entendit la hache tomber vingt-trois fois. La hache tomba une fois encore : un grand crime de plus souillait notre patrie, une sainte montait vers Dieu pour le prier d'étendre sur nous son pardon. Les restes de Madame Élisabeth, portés au cimetière de la Madeleine, n'eurent pas de cercueil : sa gloire si pure est partout, et sa tombe nulle part.

POUJOULAT.

MADEMOISELLE MARS.

Quelle carrière que celle de mademoiselle Mars! Son talent ressuscita littéralement la comédie française; sa grâce et son esprit éblouirent des générations successives. Elle ne fut pourtant pas, au début, ce qu'on appelle un *petit prodige*. Son enfance fut terne, presque gênée, sans plaisirs, sans distractions. Sa beauté même se fit longtemps attendre, et l'on ne vit d'abord qu'une petite fille pâle, maigre, roide, disgracieuse de toutes façons, dans celle qui devait rester dans les mémoires comme un type rayonnant de toutes les perfections.

L'histoire a enregistré le jour où Marie-Antoinette donna à la France sa fille aînée, celle qui devait être plus tard duchesse d'Angoulême et dauphine. Ce jour-là même, à Rouen, une comédienne devint mère d'une enfant qui reçut les noms d'Anne-Françoise-Hippolyte Mars. C'était le 20 décembre 1778; et le hasard, qui mettait côte à côte le berceau de la princesse et celui de l'actrice, valut à celle-ci une rente de cinq cents francs.

L'enfant avait pour père l'acteur-auteur Jacques-Marie Boutet, plus connu sous le nom de Montvel, et pour mère Jeanne-Marie Salvetat, comédienne sans talent, mais d'une rare beauté. On l'appelait au théâtre madame Mars, nom qu'elle espérait bientôt changer en celui de madame de Montvel. Elle avait la parole de son amant, et l'acte de baptême de sa fille, en date du 9 février 1779 [1], avait été dressé en conséquence; il attribue à Marie Salvetat le titre d'épouse du sieur Boutet, *bourgeois de Paris*. Une circonstance imprévue en décida autrement. Boutet-Montvel, nommé lecteur du roi Gustave III, partit pour la Suède. Quelque temps après, on apprit qu'il s'y était marié avec la fille d'un acteur en vogue, attaché au théâtre de Stockholm.

Madame Mars continua à courir la province avec la troupe qu'avait organisée mademoiselle Montansier, à demi distraite de son malheur par l'éducation qu'elle donnait à sa fille, à demi consolée par l'amitié de l'acteur Valville, qui fut le premier maître de mademoiselle Mars. Il va de soi que l'enfant suivait la mère dans ses voyages. On l'utilisa de bonne heure, par des rôles d'Ange ou d'Amour, dans les *divertissements* qui étaient encore de mode à cette époque. C'est ainsi qu'elle représenta le Plaisir, à Versailles, dans un intermède intitulé *les Étrennes*. Un peu plus tard, on l'essaya dans la Louison du *Malade imaginaire*. Ces débuts n'éveillèrent pas, tant s'en faut, l'attention de la foule. L'enfant était de chétive apparence; sa voix était faible et tremblait : on la toléra, ce fut tout. Elle n'eut pas plus de succès à Paris, lorsque la Montansier y eut fixé sa troupe. Le rôle du petit frère de Jocrisse, dans *le Niais*, était échu à Mars *la jeune;* nul ne l'y remarqua, et Valville, découragé, disait :

« On n'en fera jamais une comédienne ! »

Elle persista néanmoins, « malgré Minerve, » comme on disait alors. En 1795, quelques-uns des comédiens de la République se séparèrent de leurs camarades et organisèrent, dans la salle Feydeau, la troupe nouvelle qui devait recevoir bientôt

---

[1]. La plupart des biographes placent la naissance de mademoiselle Mars à cette date, qui n'est que celle de son baptême, et font, par la même occasion, une Parisienne de notre Rouennaise.

le titre de Comédie-Française. Mademoiselle Mars, alors âgée de dix-sept ans, faisait partie de cette émigration. Elle joua dans la nouvelle salle la tragédie et la comédie, et parut également insuffisante de part et d'autre. Elle se tenait gauchement, les bras repliés, les coudes en arrière ; sa voix était comme étranglée par une insurmontable timidité ; c'est à peine si on l'entendait. On la jugea niaise, froide, et tout ce que la critique trouva de plus aimable à son adresse fut de la comparer à une *petite demoiselle de boutique allant à la messe le dimanche.*

Enfin l'année 1798 amena le changement le plus inespéré. On vit éclore soudainement la fleur de cette jeunesse tardive ; en même temps, les encouragements de Dugazon réussirent à briser la glace de cette incurable timidité. La beauté, le talent, tout vint à la fois à la débutante. Cette transfiguration eut lieu dans *le Couvent*, de Laujon. A dater de cette pièce, les yeux se fixèrent sur mademoiselle Mars ; toutefois ce ne fut qu'en 1800 qu'elle s'empara vraiment du premier rang, et, chose singulière ! ce triomphe décisif, elle le remporta dans un rôle muet. Elle jouait dans le drame de Bouilly, *l'Abbé de l'Épée*, le personnage du jeune sourd-muet ; la pièce dut à sa grâce, à son naturel, à son exquise sensibilité, un succès qui n'était pas en rapport avec son mérite littéraire.

Dès lors s'ouvrit pour mademoiselle Mars une carrière où elle ne devait plus rencontrer que des victoires. Aux conseils de la Dugazon s'étaient jointes les leçons de mademoiselle Contat, qui s'était prise d'une vive amitié pour la débutante. Ce fut elle qui lui apprit *l'art de faire sortir au dehors ce que la timidité étouffait au dedans*. Ce fut alors qu'on put admirer dans leur complet épanouissement toutes les qualités de mademoiselle Mars, à commencer par cette merveilleuse beauté qui avait été si lente à fleurir et qui devait pourtant l'accompagner jusqu'aux portes de la vieillesse.

L'enthousiasme qui salua ce soleil levant ne se peut dépeindre. On n'avait jamais vu réunir tant d'ingénuité à tant de grâce, tant de naturel à tant de finesse. On ne se lassait pas de vanter les séductions de son regard, l'esprit de son sourire. Et cette voix au timbre d'or qui charmait une salle dès le premier mot, dès la première note ! et cette gaieté franche ! et ce rire communicatif ! Les vieillards, ces éternels censeurs du présent, furent les premiers conquis et devinrent d'emblée ses plus ardents prôneurs.

Mademoiselle Mars comptait déjà huit années de succès non interrompus, quand un nuage fit mine de poindre à cet horizon rayonnant. En 1808 parut sur la scène une demoiselle Émilie Leverd. La popularité n'est pas moins inconstante pour les artistes que pour les rois ; elle change volontiers d'objet pour affirmer son indépendance. Certes, mademoiselle Leverd n'était pas une actrice ordinaire ; elle avait de la beauté, de l'intelligence, de la chaleur ; mais son mérite suprême était de débuter.

On en fit une merveille . mademoiselle Mars pensa tomber de son ciel pour faire place à ce nouvel astre. Mais mademoiselle Leverd n'eut qu'un jour. Elle passa malgré les ovations des coteries, malgré les feuilletons de l'abbé Geoffroy. La petite vérole s'en mêla; un embonpoint exagéré, qui survint à la suite de ce premier accident, acheva la malheureuse rivale de mademoiselle Mars et l'obligea de renoncer au théâtre.

Demeurée maîtresse du champ de bataille, mademoiselle Mars voulut prouver à tous qu'elle était digne de sa victoire.

Elle entreprit une chose neuve et hardie : ce fut d'étudier le théâtre de Molière. Nous avons l'air de faire du paradoxe, nous ne disons pourtant que la vérité vraie. A cette époque, les grands acteurs abandonnaient Molière aux doublures. Il n'y avait pas là pour eux, pensaient-ils, de rôles à effet. La tradition n'avait-elle pas réglé les gestes, les intonations, les nuances? Que restait-il à créer? Rien! Mademoiselle Mars les détrompa. Ses rôles de Célimène, de Dorine, d'Henriette (des *Femmes savantes*) furent autant de créations, et lui valurent des triomphes qu'elle n'avait pas trouvés dans le répertoire moderne. Son exemple entraîna les comédiens; Molière fut rendu au public lettré, et depuis pas un grand acteur n'a abordé la scène française sans essayer ses forces dans les pièces de Molière.

Est-ce à dire que mademoiselle Mars eût compris Molière mieux qu'aucun des artistes qui l'avaient précédée? Nous n'allons pas si loin. C'est même une question de savoir si elle ne l'a pas un peu travesti. Mademoiselle Mars, dans Molière, était la distinction et la finesse mêmes. Sont-ce bien là précisément les qualités que réclame le grand poëte, avec ses allures si franches et si hardies, avec sa verve puissante si prompte aux brutalités de langage, avec sa bonne humeur gauloise que n'effraye aucune crudité? Certains critiques jugeaient avec raison que Molière n'était pas d'aussi bonne compagnie que mademoiselle Mars le faisait. Ce n'était pas l'auteur du *Misanthrope* qu'elle ressuscitait là, c'était un de ses marquis.

Après Molière, ce fut Marivaux qu'elle remit en vogue. Elle n'y réussit pas moins, et ses qualités naturelles y furent beaucoup mieux à l'aise.

Son activité se portait indifféremment sur toutes les œuvres qui lui paraissaient dignes de voir le feu de la rampe. Il lui arrivait de se méprendre; il suffisait souvent que le rôle lui convînt pour qu'elle trouvât la pièce excellente. Il est vrai d'ajouter que dès qu'elle l'interprétait, le public était de son avis.

Combien d'auteurs justement oubliés lui ont dû une vogue que nous ne comprenons plus! Lorsqu'elle prêtait son adorable candeur à Belty (*Jeunesse de Henri V*) ou son exquise sensibilité à lady Athos (*Édouard en Écosse*), on acclamait Alexandre Duval, on lui trouvait presque du génie! On trouvait de l'esprit à Creuzé de Lessert, lorsqu'elle faisait la jolie et babillarde madame d'Orbeuil du *Second Ménage;* on

MADEMOISELLE MARS

trouvait de la grâce, de la finesse, de la délicatesse à Lanoue, lorsqu'elle jouait la *Coquette corrigée*. *L'Amant bourru*, de son père, Montvel, lui dut aussi un succès qu'il n'a plus retrouvé depuis. Elle ornait tout ce qu'elle disait; elle émerveillait les auteurs par les mille sens nouveaux qu'elle donnait à leurs œuvres. Toutefois, tout n'était pas bénéfice pour le théâtre dans ce rare talent. Cette diversité même de ses aptitudes, qui, sa beauté aidant, permit si longtemps à mademoiselle Mars de jouer à la fois les ingénues, les amoureuses et les grandes coquettes, était devenue peu à peu un obstacle réel pour toutes les comédiennes de talent. Mademoiselle Mars les empêchait d'arriver. Jamais on n'obtint d'elle qu'elle se dessaisît d'un de ses rôles en faveur d'une débutante. Était-elle aigrie par le souvenir des injustices que lui avaient values les débuts de mademoiselle Leverd? ou bien sa bonté, inépuisable en tout le reste, était-elle une vertu qu'elle ne portait point au théâtre? Quoi qu'il en soit, le succès était devenu pour elle une sorte d'excitant indispensable; sa gloire était son premier besoin, et la prier de céder un de ses rôles, c'était solliciter d'elle une sorte d'immolation au-dessus de ses forces.

En 1824, elle entra dans une phase nouvelle en abordant le théâtre contemporain. Elle éteignit ses beaux yeux pour jouer la *Valérie* de Scribe; elle accepta le rôle d'Élisabeth dans *les Enfants d'Édouard*, de Casimir Delavigne. Mais de toutes ses épreuves, celle qui lui demanda le plus d'efforts et de travail fut le théâtre de Victor Hugo. Elle créa la Doña Sol d'*Hernani* devant un parterre bouillant; elle fut la Tisbé d'*Angelo*, et, lorsque apparut Alexandre Dumas, ce fut elle qui présenta mademoiselle de Belle-Isle au public. « On la tue! » disaient les classiques, désespérés de lui voir prêter le secours de son talent à l'école nouvelle. Le fait est qu'elle y puisait une nouvelle vie, et que ses rôles romantiques jetèrent un dernier éclat sur sa vie d'artiste, désormais terminée.

Ce fut au milieu de ces luttes littéraires, où elle prenait involontairement parti pour les modérés contre les novateurs, qu'elle finit sa carrière dramatique. Le 31 mars 1841, elle fut couronnée sur la scène par un public enthousiaste. Cette ovation fut renouvelée le 7 avril de la même année : elle jouait Célimène du *Misanthrope* et Araminthe des *Fausses Confidences*. Ce fut sa dernière soirée. Il était temps! Déjà l'on commençait à railler l'éternité de sa jeunesse. Un critique, qui est pourtant un charmant poëte et une nature foncièrement indulgente, — nous avons nommé Théophile Gautier, — écrivait, en sortant d'une de ces dernières représentations, ces lignes cruellement spirituelles :

« .... Bien des gens se montraient surpris de l'aisance et de la légèreté avec lesquelles mademoiselle Mars marchait encore. Mademoiselle Mars est capable, comme Galeria Cappiola, de tenir le théâtre jusqu'à cent ans. Cependant, quoique la jeunesse de mademoiselle Mars soit un fait incontesté, nous trouvons que c'est un singulier éloge pour une actrice qui a l'emploi des *boutons de rose* que de dire : « Comme elle va encore bien sans canne ! »

Maintenant, si l'on désire un portrait complet et vivant de mademoiselle Mars, c'est à l'éloquente et curieuse *Histoire de la littérature dramatique*, de Jules Janin, qu'il faut le demander.

En quittant le théâtre, la célèbre comédienne se retira dans sa maison de Versailles. Elle venait passer les hivers à Paris, dans son hôtel de la rue de Lavoisier. Ce fut là qu'elle mourut, le 20 janvier 1847.

Mademoiselle Mars était aussi séduisante dans la vie privée qu'au théâtre. Elle était reçue dans les maisons les plus inaccessibles du faubourg Saint-Germain; à peine entrée dans un salon, elle savait y prendre son rang. C'est elle qui a dit :

« Une femme, avec son éventail, est plus redoutable qu'un homme l'épée à la main. »

Et quand c'était elle qui tenait cet éventail, le mot semblait vraiment d'une justesse charmante et terrible !

Chez elle, elle était toute grâce, toute bienveillance. Les fêtes qu'elle donnait se distinguaient par un goût exquis, et plusieurs sont restées célèbres. Ses soirées intimes réunissaient un petit nombre d'amis, presque toujours les mêmes, tels que feu Arnault le tragique; M. Villemain, l'illustre académicien; Alexandre Dumas, qui ne quittait plus mademoiselle Mars depuis le succès de *Henri III*, et Plantade, l'auteur de tant de romances restées populaires.

On n'a connu à cette femme charmante qu'un fort petit nombre de liaisons. Aucune n'a donné lieu au moindre scandale. Ajoutons que les élus étaient sincèrement aimés, et pour eux-mêmes. On cite, entre autres, un des plus aimables diplomates de ce temps-ci. On l'envoyait en Danemark; il ne pouvait se résoudre à quitter mademoiselle Mars. Elle sut que son avancement dépendait de ce voyage, et elle l'obligea à partir, quelque chagrin qu'elle éprouvât elle-même d'une séparation. Ce ne fut pas tout. A quelque temps de là il fut question d'un mariage pour le jeune attaché ou secrétaire d'ambassade. L'amie se sacrifia encore. Il résistait aux conseils de sa famille, il dut céder aux ordres de la généreuse comédienne. Ce fut elle qui fit ce mariage qui la désespérait, et elle alla jusqu'à donner en secret dix mille francs aux créanciers du jeune homme pour qu'ils ne missent aucun obstacle à sa fortune.

Elle se montra toujours pleine de reconnaissance pour quiconque l'avait obligée. Valville, qui vécut assez longtemps pour assister au démenti de ses prédictions, passa sa vieillesse dans l'hôtel de la grande actrice et mourut auprès d'elle.

Sur la fin de sa vie, mademoiselle Mars commit l'imprudence de se livrer aux jeux de Bourse. Elle y perdit des sommes assez fortes, que l'on a cependant exagérées. Sa vie intérieure, en effet, n'en fut pas atteinte; elle ne retrancha rien à son train de maison, qui était princier, ni à ses aumônes, qui furent toujours considérables. Du reste, la fortune qu'elle s'était faite n'était pas de celles qui cèdent au premier choc. Pour ne parler que de ses revenus ordinaires, sa part comme sociétaire du Théâtre-Français s'élevait à trente ou quarante mille francs; de plus, Louis XVIII lui avait fait assigner, comme à Talma, une pension de trente mille francs sur les fonds du ministère de l'intérieur. Parmi ses malheurs d'argent, il ne faut pas oublier le vol de ses diamants, qui donna lieu à un des procès célèbres de l'époque, et dont l'auteur fut un certain Moulon, qui avait été son valet de chambre.

Il résulte du témoignage de M. Camille Pierron, médecin de mademoiselle Mars, qu'elle mourut d'une maladie du foie. Une version plus répandue veut qu'elle ait succombé à l'abus des cosmétiques. Elle avait pris l'habitude de se teindre les cheveux tous les jours, et elle usait de moyens si violents qu'ils finirent, à en croire les légendes de coulisses, par agir sur le cerveau et par déterminer une congestion.

JEAN ROUSSEAU.

ANNE DE CLÈVES.

Si vous cherchez *Anne de Clèves* dans la Biographie universelle, elle vous renvoie à la biographie de Henri VIII, et c'est justice. Il absorbe, en effet, ce misérable tyran, tout ce qui l'entoure. A toute objection, il répond par un coup de hache. Il se plaît également dans le meurtre et dans l'amour. Toutes les passions lui conviennent, pourvu qu'elles soient violentes. Henri VIII est la

Barbe-Bleue de l'histoire. Il ressemble à l'homme au grand couteau, qui coupe inévitablement la tête à toutes ses femmes et les enferme en ce cabinet noir dont seul il a la clef tachée de sang. Anne de Clèves, vous la retrouverez parmi toutes ces épouses divorcées ou décapitées, selon le caprice du pape-roi.

Ce roi Henri VIII entrait à peine dans la jeunesse, quand il se fiançait à Catherine d'Aragon, la femme de son frère aîné, restée veuve après quelques mois de mariage. Catherine était une fille d'Espagne, hautaine et chrétienne, et faite pour la majesté. Elle avait une de ces âmes superbes que rien ne peut corrompre et dompter. Veuve, elle était restée innocente, et quand elle se trouva en présence de ce prince impétueux, tout rempli des ardeurs de la jeunesse, intelligent et savant comme un docteur, prodigue et furieux, habile également à la réplique, à l'attaque, amoureux des dames les plus belles, l'émule éloquent des théologiens les plus retors, Catherine d'Aragon fut inquiète; et déjà elle se demandait comment elle pourrait dompter cette âme en plein tumulte, et toute semblable aux flots de l'Océan. Mais le prince était beau; la princesse n'avait pas d'autre destin que de porter la couronne. Elle accepta la main de son beau-frère, et les premiers instants de ce grand mariage furent signalés par toutes les fêtes de la royauté, de la politique et du bel esprit. A cette cour d'Angleterre, on parlait volontiers de Virgile et de Platon, d'Horace et de saint Thomas, de Machiavel et de Luther.

Ainsi vivait parmi les savants, les courtisans, les théologiens, les chasseurs, les musiciens, les grands peintres et les grands politiques de son siècle, Henri VIII, entouré déjà d'une terreur toujours croissante. Il avait des sourires qui faisaient trembler et des gaietés épouvantables. Tant pis déjà pour ceux qu'il aimait; ils étaient bien près de la ruine et de l'échafaud. Témoin le cardinal Wolsey, ce rendez-vous de toutes les grandeurs et de toutes les fortunes, ce favori dont les maisons, les palais, les jardins, les dignités, les abbayes, la galerie, un des plus précieux ornements de ces temps de la renaissance, étonnaient l'Angleterre et le monde. On eût dit que le roi son maître avait plaisir à le voir grandir, pour mieux l'abattre, à ces sommets fabuleux. Ce fut pourtant le cardinal Wolsey qui introduisit à la cour de la reine imprudente Catherine d'Aragon, la rivale triomphante qui devait abattre d'un sourire et d'un regard la reine et le cardinal.

En 1524, celle qui sera bientôt la reine, Anne de Boleyn, avait seize ans. Elle revenait de la cour de Louis XII et de la duchesse d'Alençon, la digne sœur de François Ier. Elle était encore une enfant sans ambition et toute disposée aux honnêtes amours. Le premier qui tenta de lui plaire était le propre fils du comte de Northumberland, lord Percy, enivré de toutes les grâces de la vie et du printemps.

L'un et l'autre, Anne de Boleyn et Percy, s'aimaient en dépit des gronderies de Catherine d'Aragon, qui était une tante de Charles-Quint et la digne fille de

Ferdinand le Catholique. Et tout austère qu'elle était, la reine à la fin s'amusait des grâces, des gaietés et des reparties de sa fille d'honneur. Elle aimait ce doux visage encadré de ces cheveux blonds. Malheureusement le roi était là, qui se prit d'amour pour cette belle, et tout de suite il fallut marier lord Percy à Marie Talbot. Déjà le tyran perçait sous le roi Henri VIII. Puis, comme il était grand théologien, grand lecteur de la Bible, et comme Anne de Boleyn était fille à ne pas céder au caprice, il advint que le roi-théologien découvrit des textes qui lui défendaient d'épouser la veuve de son frère. « Ah! malheureux que je suis, disait-il, j'ai commis un inceste et me voilà hors de l'Église catholique! » et tout de suite il envoie à Rome, au souverain pontife Clément VII, le cardinal Wolsey, pour solliciter le divorce du roi d'Angleterre avec Catherine d'Aragon.

C'était beaucoup demander à Rome en ce moment : au divorce exigé par Henri VIII, l'empereur Charles-Quint résistait, le roi de France aussi, pendant que la reine Catherine, audacieuse à force de douleur et d'orgueil, déclarait à l'Europe entière qu'elle ne voulait pas déshonorer sa fille, et qu'elle maintenait tous les droits de sa couronne. Or cet appel que faisait la reine à tous les peuples catholiques, elle l'adressait au roi son maître : « Ayez pitié de moi, sire, et ne déshonorez pas notre enfant. » Elle était si touchante au fond de ces abîmes! Mais Anne de Boleyn était là près du roi, charmante et pleine de mille grâces qui la faisaient adorer. Elle parlait au nom de sa jeunesse, appelant à son aide les nouvelles doctrines que Luther proclamait à la face du ciel.

« Plus de pontife! Arrachons sa toute-puissance au Vatican! Que Henri VIII soit le pape et le roi tout ensemble! A la Tour le cardinal Wolsey! Rendons au pape injure pour injure, et que son autorité soit brisée à jamais dans l'Angleterre protestante! »

Telle était la tâche accomplie par Anne de Boleyn, la téméraire et l'imprudente. Injuste envers sa reine et sa bonne maîtresse, ingrate pour le cardinal Wolsey. Le roi ne jurait que par elle; il vivait de sa vie et de sa grâce; il déchirait sans pitié, pour lui plaire, le contrat de son mariage et la croyance de ses peuples. Il s'enivrait de joie et d'orgueil aux pamphlets, aux chansons, aux déclamations des réformateurs, qui lui servaient de cortège et d'excuse. Il convoitait toutes les richesses de ce clergé catholique condamné pour ses dépouilles par tous les ambitieux de la cour.

Henri VIII, cependant, plus il songeait à sa révolte contre la cour de Rome, et plus il était convaincu, sinon de la justice, au moins du profit de cette révolution qui fera couler tant de sang.... Quel rêve, en effet, dans un si grand royaume : être à la fois le pape et le roi, commander à toutes ces volontés, défier la sombre Espagne et découronner la fille de tant de princes espagnols! Et sans cesse et sans fin des voyages, des fêtes, des plaisirs.... Ainsi il devint peu à peu un abominable tyran. Comme il n'avait plus de frein ici-bas, il appela le supplice à son aide; il en remontra pour sa férocité aux plus féroces inquisiteurs; il ne respectait dans sa démence ni la jeunesse ni le vieillard. « J'ai quatre-vingts ans, disait le bonhomme Fischer condamné à mort, je remercie mes juges d'abréger mon dur pèlerinage. » Il mit ses habits de fête et monta sur l'échafaud en chantant le *Te Deum laudamus*. Ainsi mourut le grand chancelier Thomas Morus : « Je crains le roi, disait-il, mais je crains Dieu davantage. » O martyrs l'un et l'autre ! et quand de pareils crimes sont accomplis dans un royaume, il faut désespérer du prince : il est en pleine démence.

En même temps (la conscience a beau s'endormir, son réveil est terrible) apparaissent au chevet du tyran ces grandes victimes; il entend les plaintes, les gémissements de l'heure présente et les malédictions de l'avenir; tout l'opprime à son tour, les voix d'en haut, les voix d'en bas; le mépris des rois alliés, l'indignation de tous les autres; l'horreur pendant sa vie et la damnation après sa mort.

A la fin, Catherine d'Aragon mourut sans haine et sans peur, sans plainte aussi, le diadème à la tête, le crucifix à la main....

Et maintenant c'est à votre tour à trembler, Anne de Boleyn; vous avez fait du roi d'Angleterre un pape, or ce pape ne veut plus avoir que des maîtresses légitimes. Le premier accès de jalousie, pour un rien, pour un jeune homme, pour son mouchoir ramassé, Anne de Boleyn est perdue : « Madame, vous êtes accusée d'avoir profané le lit du roi; » et voici qu'on l'enferme inexorablement dans cette Tour de Londres, pleine de tragédies. L'écho est une plainte; la muraille suinte le sang. Anne était perdue. A peine accusée, elle était condamnée. En vain elle écrivait à ce bourreau couronné la lettre la plus touchante qu'une femme au désespoir ait jamais écrite. Elle fut condamnée sans que les juges aient entendu son défenseur. Elle se défendit elle-même avec tant d'autorité, d'éloquence et de génie !... Ses juges votèrent la hache ou le bûcher, au choix du roi. Sous cette horrible sentence, elle resta muette un instant; puis relevant la tête, elle en ôta la couronne. A la même heure et le même jour, fut condamné son frère, aussi brave et non moins innocent que sa sœur.

Mais qu'importe une tête de plus dans ces hécatombes! Henri VIII en ce moment appartenait à Jeanne Seymour. A peine il se rappelait le triste nom d'Anne de Boleyn.... Il n'entendit pas une seule des plaintes de cette jeune femme qu'il avait tant aimée, et dont il faisait une martyre après en avoir fait une reine. Expiation. Anne de Boleyn paya sa peine à Catherine d'Aragon, et le lendemain, le 20 mai 1536, Henri VIII épousait Jeanne Seymour dans l'église de Tottingham.

Celle-là aussi, courageuse au degré suprême, était belle et charmante; sa fraîcheur étonnait même les Anglais. Celle-là aussi accepta cette main terrible et

ANNE DE CLÈVES.

sanglante, et sans pitié pour elle-même, elle s'abandonna à ce pontife-roi, couvert de sang et de parjures. Au moins Jeanne Seymour domina quelque temps ces monstrueuses volontés. Ce roi vieillissant et déjà en proie aux ulcères qui devaient le dévorer, promenait çà et là sa nouvelle conquête. Il était encore dans l'enivrement de ces injustes noces, quand Jeanne mourut en lui laissant un fils.

Le roi pleura. Il pleura! Mais après six semaines de deuil, il demandait en mariage la duchesse douairière de Longueville, cette Marie de Lorraine qui mit au monde la reine Marie Stuart. Voyez cependant l'injure et le mépris! La duchesse de Lorraine refusa ce vieux roi taché de sang, pour épouser un jeune homme, un chevalier beau comme le jour, Jacques V, roi d'Écosse.

Le roi dédaigné se consola en redoublant de spoliations. Il vendait les abbayes, il vendait les églises, il vendait les pieuses images; il arrachait aux saintes Vierges les émeraudes, les rubis et les saphirs de leurs couronnes. Et plus il emplissait son trésor, plus il était implacable contre les papistes, contre les hérétiques, contre les croyances. Malheur aux têtes qui ne se courbaient pas devant son abominable majesté!

Voilà dans quelle vie immonde et sanglante étaient appelées les femmes de Henri VIII. A chaque jour son supplice, à chaque instant son crime, ajoutez sa passion....

C'est alors que se montre un instant, rien qu'un instant, Dieu soit loué, la douce princesse que nous cherchons à travers toutes ces violences et tous ces crimes, comme s'il nous était permis de l'avertir et de lui dire : « Infortunée, où donc allez-vous? dans quel antre? et quel tigre vous attend! »

Le plus grand peintre du seizième siècle, Hans Holbein, dont les portraits s'élèvent à la majesté de l'histoire, fut envoyé par le roi d'Angleterre à cette nouvelle fiancée, et le peintre ingénu voyant ce doux visage allemand, éclairé doucement par ce chaste regard, oublia qu'il était le peintre ordinaire du roi Henri VIII, et que la beauté ingénue et modeste qu'il allait peindre n'était pas faite pour ce roi vieilli, avant l'heure, par toutes les voluptés et souillé de tous les crimes. Vous l'avez vue au Louvre, elle est un de ses plus rares ornements, cette image innocente d'Anne de Clèves, par le grand peintre Hans Holbein. Tout est calme, apaisement, repos, croyance, ingénuité. La princesse a vingt ans, l'air grave et sérieux, les mains jointes, la bouche à demi close. Elle prie, elle songe. Henri VIII en voyant ce beau portrait s'écria qu'il était le plus heureux des hommes et qu'il n'aurait pas d'autre épouse. Il la demande; on la lui donne. A peine elle est sa fiancée, il appelle de tous ses vœux la nouvelle reine. Enfin sitôt qu'il apprit que la princesse était débarquée à Douvres, il vint l'atteindre, impatient de saluer ses nouvelles amours. Jugez de sa surprise! Il ne vit qu'une fillette étrange et maussade, aux regards étonnés, et vêtue à la mode vulgaire de son pays allemand.

Juste ciel! quelle différence entre la copie et le modèle! Autant l'image faite par le grand peintre était excellente en grâces, en charme, en beauté, autant la dame ici présente était triste et sérieuse! Évidemment elle avait peur! Elle s'était rappelée en chemin toutes ces têtes de mort si touchantes; ces beautés sous la hache, et les crimes de ce brigand couronné! Voilà d'où lui venait sa contrainte. A l'aspect de cette attristante apparition, le roi s'arrête. Il ne reconnaît pas cette reine impatiemment attendue. A peine il daigna lui jeter un coup d'œil, et s'en revint comme il était venu, disant qu'il ferait pendre Hans Holbein comme un traître. Il disait aussi que jamais il ne serait le mari de cette femme; et s'il l'épousa (6 janvier 1544), ce fut, disait-il, pour éviter une guerre avec l'Allemagne. Il n'y eut jamais plus triste noce. Au moins la princesse décapitée et la princesse répudiée avaient été l'enchantement de la cour, Anne de Clèves n'en fut que l'ennui, la solitude et la pitié. Elle était seule, abandonnée à ses ouvrages de tapisserie, et les yeux pleins de larmes, le cœur plein de soupirs, cherchant, mais en vain, de quel côté lui viendrait l'assistance?

Et pas un sourire autour d'elle, et pas une parole consolante à son oreille! Un roi terrible, menaçant.... Un peu plus loin, la Tour de Londres qui racontait des meurtres sans nombre. Que de terreurs! Quels ennuis! Comment donc se soustraire aux regards menaçants de cet homme effaré, qui cherche une façon moins sanglante de dénouer ce mariage, et d'épouser Catherine Howard? Quiconque était de la cour se tournait naturellement contre Anne de Clèves. Elle était devenue un obstacle aux passions du maître, et les courtisans s'inquiétaient tout haut des peines de leur prince. Ou la hache ou le divorce, il n'y avait pas d'autre moyen de se tirer de cette affaire.... Heureusement le divorce prévalut; une plus belle proie était réservée au bourreau. Le Parlement ne trouva pas que la simple Anne de Clèves fût assez une reine pour la condamner à mort, et il s'en remit à la décision de deux cents évêques ou docteurs, qui suppliaient leur doux maître Henri VIII de briser ces liens funestes, disant que *la justice et la religion du roi* avaient été trompées. Une fausse image avait abusé les yeux du monarque. En même temps ils se jetaient à ses genoux, le priant et le suppliant de leur donner une reine au gré de son cœur, et le bon prince attendri : « J'aviserai! » disait-il.

Voilà comment il se fit que, peu de temps après cette honnête consultation des évêques et des parlementaires, la reine Anne de Clèves étant dans sa chambre, à Richmond, le chancelier Audley et Gardiner entrèrent et lui dirent, non pas sans respect et sans pitié, qu'elle n'était plus reine d'Angleterre, et que son contrat de mariage était déchiré. D'abord elle parut ne rien comprendre au discours de ces deux ambassadeurs! Et lorsque enfin ce nouvel attentat à la justice, à l'honneur, au droit des gens se fit jour dans son esprit, calme et patiente elle écouta jusqu'à la fin ce que ces hommes avaient à lui dire. A cette déclaration qu'elle n'était plus reine, ils ajoutèrent qu'elle resterait la maîtresse au château de Richmond, avec un grand douaire et que le roi la traiterait désormais comme une sœur. C'était beaucoup plus qu'elle ne pouvait attendre; elle se résigna; elle rendit l'anneau nuptial, et bientôt consolée elle s'arrangea de façon à vivre à l'allemande. Elle lisait, elle travaillait; elle oubliait, résignée et paisible, ses grandeurs passagères; elle aimait les beaux livres; la lecture était une de ses consolations; elle aimait les belles peintures; elle aimait les beaux ombrages; elle écrivait à son frère, à ses amis du bord du Rhin. Elle adressait au ciel de ferventes actions de grâces pour le péril qu'elle avait évité! Hélas! Dieu sait la profonde pitié d'Anne de Clèves pour Catherine Howard, l'infortunée à qui elle avait remis son sceptre et sa couronne. Oh! quelle épouvante, et quel retour sur elle-même au bruit de cet échafaud que l'on redresse, aux clameurs de ces juges et de ces bourreaux que ce misérable Henri VIII appelle encore une fois en aide à ses passions! Que de pitié dans ce noble cœur pour cette infortunée et pour ces malheureuses victimes, qui marchaient à l'échafaud comme elles marchaient à l'autel. Que de fois la douce Allemande s'est félicitée d'être oubliée et perdue, au milieu de ce royaume à feu et à sang, d'avoir échappé au spectacle affreux de ce roi mourant dans l'exécration des hommes, également implacable dans sa haine et dans ses amours!

J. JANIN.

AGNÈS SOREL.

Ce goût des arts qu'il prit pour une des règles de son règne, et auquel la France est redevable d'une gloire si pure, François Ier le devait lui-même au sire de Boisy, son gouverneur.

Cet homme illustre estimait que le savoir est ce qu'il y a de plus noble chez un gentilhomme, et tous ceux qui l'entouraient se trouvaient heureux de se conformer à ce principe. Sa jeune femme, la gracieuse châtelaine de Boisy, a laissé un nom dans les arts et s'était plu à dessiner le portrait des femmes célèbres de l'histoire de France. Un jour qu'elle étalait ses portefeuilles devant le jeune comte d'Angoulême, celui-ci contempla quelque temps l'image de la plus belle d'entre ces belles, et madame de Boisy ayant insisté pour connaître le motif de cette rêverie, il écrivit au-dessous du dessin :

> Gentille Agnès, plus d'honneur tu mérite,
> La cause étant de France recouvrer,
> Que ce que peut dedans un cloître ouvrer
> Close nonnain ou bien dévot ermite.

L'aimable prince, qui devint plus tard François Ier, mieux que personne de son temps était expert en questions d'honneur, en prouesses de chevalerie, et l'état qu'il faisait de l'incomparable Agnès est, sans autre preuve de ses vertus, un motif suffisant de la compter parmi les héroïnes de la patrie. D'ailleurs, en fait de gloire, l'opinion publique ne se trompe guère, et si, comme le fait remarquer un illustre historien, la dame de Beauté fut mal accueillie du peuple, tant qu'elle vécut, elle n'en est pas moins restée un de ses plus doux souvenirs.

Le titre de maîtresse du roi emporte presque toujours une idée défavorable et de nature à blesser l'esprit des honnêtes gens. Il a fallu, la plupart du temps, le prestige du rang suprême pour imposer, sinon pour faire accepter dans les cours, ces femmes, parfois supérieures, mais qui, si désintéressées qu'elles pussent être, prenaient dans leur situation même un relief d'intrigue et d'ambition plus condamnable encore que leurs faiblesses.

Agnès Sorel, favorite, n'eut pas besoin d'être protégée par l'omnipotence de son royal amant. Outre qu'elle vivait dans un temps où régnait le culte chevaleresque du courage et de la beauté — car au moyen âge on plaçait volontiers l'honneur dans la force d'âme et l'élévation du caractère — elle sut voiler avec tant de tact le mystère de ses amours sous les influences bienfaisantes d'une sollicitude clairvoyante et patriotique, que c'est encore honorer la vertu que de la louer dans une telle femme et sous une forme si fragile en apparence.

L'histoire de l'amie du roi Charles VII est restée longtemps à l'état légendaire. Nous n'aurions aujourd'hui pour la juger que trois ou quatre pages des Chroniques de Jean Chartier et quelques jolis vers de Baïf, si un jeune historien de la vigoureuse école d'Augustin Thierry, M. Vallet de Viriville, n'avait reconstruit à force d'érudition les plus belles pages de cette touchante et trop courte existence.

Agnès Soreau ou Sorel — selon qu'on suit l'orthographe tourangine ou française — est née vers l'an 1410, à quelques mois près, au château de Fromenteau, paroisse de Villiers-en-Brenne. Elle était d'une bonne famille de noblesse. Jean Soreau, son père, écuyer, gentilhomme de la maison de Charles de Bourbon, comte de Clermont en Beauvoisis, et conseiller ordinaire de ce prince, tenait de lui la seigneurie de Coudun, près Compiègne, dont il prit et porta depuis le titre. Sans atteindre à la gloire des grands capitaines de cette époque belliqueuse, Jean Soreau ne laissa pas que d'acquérir un certain renom dans les guerres contre les Anglais, et il dut à cette renommée qui, dans l'esprit du siècle, valait un blason, d'épouser l'héritière d'une des meilleures maisons de Picardie, Catherine de Maignelay, demoiselle d'un mérite au moins égal au rang qu'elle occupait dans la noblesse. Elle mourut jeune, avant d'avoir souri aux grâces naissantes de cette adorable fille qui devait glorifier dans la mémoire des peuples le doux surnom de *Belle des belles*. Mais à son dernier soupir, et par une prévoyance toute maternelle, Catherine Soreau légua le soin de la former, ainsi que son autre enfant, nommé Jean, à sa belle-sœur, Marguerite de Maignelay, l'une des femmes les plus recommandables de France par la culture presque virile et la distinction de son esprit. Agnès grandit sous ses yeux en belles grâces, en intelligence, en savoir, aussi bien qu'en beauté. Guidée par les leçons de sa tante et, ce qui vaut mieux, excitée par son exemple, elle avait appris, à peine adolescente, tout ce qui pouvait rendre une femme souveraine en ces temps de chevalerie, et même avec une pointe de fierté qui ajoutait à la majesté victorieuse de ses quinze ans.

Au quinzième siècle, il était d'usage, dans les maisons nobles, d'envoyer les jeunes demoiselles à la cour. Elles y apprenaient les grandes traditions du savoir-vivre et de la galanterie, qui faisaient alors, plus qu'en aucun autre temps, la suprématie de la société française. Madame de Maignelay donna sa nièce à Isabelle de Lorraine, reine de Sicile. La jeune Agnès, avec son éclatante beauté, le charme de son esprit et ses manières aimables autant qu'aisées, devint bientôt la merveille de cette cour merveilleuse, qui n'était autre que celle du jeune et brillant René d'Anjou, du *bon roi René*.

Isabelle était du même âge qu'Agnès. Cette similitude, jointe à l'attraction de deux caractères également bien doués, de deux natures généreuses, rapprocha la princesse et la fille d'honneur : dès lors une affectueuse amitié les unit pour la vie.

C'est à Bourges que, pour la première fois, Charles VII vit Agnès Sorel. Il n'était plus déjà que l'ombre d'un monarque. Il n'avait conservé des priviléges de la royauté que le tumulte des plaisirs, et il dissipait au hasard de toutes les frivolités le rare et stérile argent qu'un miracle de dévouement faisait encore suer au pauvre petit peuple resté fidèle.

L'aspect d'Agnès émerveilla le roi. Le spectacle charmant de cette grâce décente, de cette beauté radieuse ; les saillies de cet esprit façonné au style ardent de la poésie, éclairé sur le présent par les récits du passé, ouvert à toutes les illusions de la jeunesse et de l'enthousiasme, le réveillaient par l'éclat d'une si lumineuse réalité de la torpeur de son rêve stupide, qu'il fut ébloui et transfiguré.

L'apparition d'une belle et aimable fille suffit, tant cette enfant avait le charme pénétrant et invincible, pour faire jaillir une étincelle d'intelligence et de volonté du cerveau de cet homme que ni les douleurs de son peuple, ni le sort de sa lignée, ni la vertu de sa femme, ni la chute imminente de son trône n'avaient pu tirer de la fange de voluptés, où une sorte de malédiction du ciel semblait l'entraîner.

Agnès prit grandement en pitié ce pauvre roi. Soit que son cœur battît en secret à son approche, soit — ce qui est assez probable et assez féminin — que, devinant son ascendant sur cette nature spécialement muable et malléable, elle conçût le dessein de l'exercer pour le salut de son pays et la gloire de son roi, toujours est-il que, dès son premier pas dans la faveur de Charles VII, elle entreprit résolûment sa conversion. A quelques mots d'amour qu'il laissa échapper, Agnès Sorel, au risque d'éteindre cette flamme naissante, rembarra courageusement le roi. Du Haillan, dans le style incisif du seizième siècle, rapporte ainsi cette anecdote :

« Un jour la belle Agnès luy respondit que lorsqu'elle estoit bien jeune fille, un astrologue luy avoit dit qu'elle seroit aimée de l'un des plus courageux et valeureux rois de la chrestienté. Que quand le roy luy fist cet honneur de l'aymer, elle cuidoit que ce fust ce roy valeureux et courageux qui lui avoit esté prédit. Mais que le voyant si mol et avecques si peu de soing de ses affaires et de résister aux Anglois et à leur roi Henri, qui, à sa barbe, luy prenoit tant de villes et des meilleures, elle voyoit bien qu'elle estoit trompée, et que ce roy si valeureux et courageux estoit le roy d'Angleterre et qu'elle le vouloit aller trouver.... Ces paroles esmeurent et piquèrent tellement le cœur du roy qu'il se mit à plorer et de là en avant s'esvertuant, print le frein aux dents, si bien que par son bonheur et la vaillance de ses bons serviteurs, il chassa les Anglois de France, hormis Calais. »

A ce moment encore, Agnès n'avait pas franchi le pas qui, de bonne amie et conseillère du roi, la devait jeter dans ses bras; car elle disait alors à Xaintrailles : « Je révère et j'honore mon roi ; mais je ne crois pas que j'aye rien à démêler avec la reine à son sujet. »

Elle n'eut, en effet, jamais rien à démêler avec la reine, parce que cette noble et digne femme ayant plus à cœur de voir son mari marcher librement dans la voie glorieuse des grands rois que de le retenir, honteux et mal en point, à son devoir conjugal, accepta d'une âme résignée et satisfaite les conséquences d'une liaison qui enflammait Charles VII du feu de l'héroïsme. Marie d'Anjou combla sa

AGNÈS SOREL.

rivale de bienfaits et la soutint même contre le dauphin, qui maintes fois conspira sa chute et s'oublia, dit-on, jusqu'à lui donner un jour un soufflet.

Cette heureuse influence de la jeune favorite assure à tout jamais sa gloire, et la France chantera toujours ces charmants couplets :

>Je vais combattre, Agnès l'ordonne.
>. . . . .
>J'oubliais l'honneur auprès d'elle,
>Agnès me rend tout à l'honneur ;

que Béranger écrivait naguère inspiré par les jolis vers de Baïf :

>Si l'honneur ne vous peut de l'amour divertir,
>Vous puisse au moins l'amour de l'honneur avertir

Il est difficile de préciser le moment où l'Égérie de Chinon, déchirant le voile qui la séparait encore des joies de la terre, s'humanisa dans les bras de son royal amant. Cette chute — puisqu'il faut bien se résoudre à faire descendre l'ange inspirateur à son rôle purement terrestre et sensuel — doit dater du départ d'Isabelle de Lorraine pour Londres, en 1435. Mais sa position de favorite en titre resta un mystère jusqu'à ce que le roi lui-même crut devoir révéler une liaison que les bienséances dont elle était entourée, autant que le désintéressement et la modération d'Agnès, ont toujours préservée de scandale et de fâcheuses interprétations.

Un jour, après ses grandes batailles, Charles VII grava, de la pointe de son épée victorieuse, sur les dalles de la chambre d'Agnès Sorel :

>Gente Agnès qui tant bien m'avance,
>Dans le mien cœur demourera
>Plus que l'Anglois en nostre France.

Le secret de la quiétude et de l'innocuité de ces longues et pacifiques amours, c'est qu'Agnès Sorel inspira les plus belles actions du roi, mais ne gouverna jamais. L'intrigue n'a rien à renverser là où l'intrigue n'a rien élevé, et à l'exception d'un goût prononcé pour la parure, qui n'était chez la demoiselle de Fromenteau qu'une des formes de son amour éclairé des arts, les chroniqueurs les plus sévères de ce siècle de chroniques scandaleuses n'ont rien trouvé à lui reprocher.

Les coquettes de notre temps, qui seraient tentées de condamner les faiblesses de l'amante de Charles VII, lui pardonneront sans doute quand elles sauront qu'elles lui doivent l'introduction des diamants et des perles dans la toilette des dames. C'est même l'éclat de ses parures qui provoqua dans le peuple de Paris quelques cris malsonnants, qui l'accueillirent lors de son entrée solennelle dans cette capitale, à la droite de la reine, et la désolèrent si fort. Pour la consoler, le roi lui fit don du joli château de Beauté-sur-Marne, près de Vincennes; ce qui a fait dire, par un tour charmant et ingénieux, à l'un de ses historiens, M. Vallet de Viriville, « que le roi dont elle fut aimée voulut, en la voyant si belle, imiter la nature et la fit après Dieu dame de Beauté. »

C'est là, en effet, le nom qu'elle porta depuis et qui semble encore ajouter par son charme au charme victorieux de ses grâces. Les portraits d'Agnès Sorel, qui sont venus jusqu'à nous, donnent une idée bien imparfaite de celle que d'un commun accord les hommes de son temps surnommèrent la *Belle des belles*. On sait, d'après les chroniques, qu'elle avait les cheveux châtains et les yeux bleus; un sourire enchanteur étincelant sur des lèvres plus rouges que corail et sur des dents plus blanches que perles fines; un sein parfait et une taille pleine de majesté. Quant à son esprit, il brillait tel qu'on pouvait le souhaiter pour ne pas être en reste avec ses autres attraits. Cinq lettres écrites de sa main — il est au monde un trop heureux collectionneur qui les possède — font plus encore que tous les discours des historiens l'éloge de son savoir et surtout de sa bonté. Peut-on, parlant de cette femme tant louée, ne pas en citer au moins une qui justifie toutes les louanges et saurait, au besoin, y suppléer. Elle est adressée à M. le prévôt de la Chesnaye, qui était un de ses fiefs :

« Monsieur le Prevost, j'ay entendu que quelques uns de la parroisse de la Chesnaye ont esté par vous adjournez, sur le soupçon d'avoir prins certain boys de la forest dudit lieu et à eulx ont esté une journée sur ce assignée pour entendre une information faicte sur leur inocence. Sur quoy ayant sceu qu'aucuns desdictes gens sont povres misérables personnes et que ilz aient grant misère à gaigner leur vie et gouvernement d'eulz, leurs femmes et enfants, ne veuz en riens qu'il soit suivy oultre à ladicte informacion et journée, et que lesdictes gens soient empeschiez aulcunement en corps ne en leurs biens; mais pour eulx, au contraire, soit mise ladicte afère à nient; et en ce faisant sans délay me ferez service agréable. Priant Dieu, monsieur le Prevost, qu'il vous doint bonne vie et vous tienne en sa garde.

« Du Plessis, ce VIIIᵉ jour de juing.

« Vostre bonne mestresse,

« AGNÈS. »

Agnès Sorel eut trois filles : Charlotte de France, mariée au comte de Brézé; Marie, qui épousa le comte de Taillebourg; et Jeanne de Valois, que Louis XI donna à Antoine de Bueil, son favori. Elle mourut des suites d'une quatrième couche, qui fut infructueuse, dans une villa près de Jumiéges, nommée Mesnil, et qui conserva depuis le nom de Mesnil-la-Belle.

Jean Chartier, en sa Chronique, rapporte comme il suit cette mort funeste : « Madame Agnès dit à toutes ses damoiselles que c'étoit chose odieuse et fétide que nostre fragilité et dit ses regrets à maistre Denis, son confesseur, qui la voulut absoudre; puis, après qu'elle eust fait très haults cris, invoquant la benoiste Vierge Marie, se sépara l'âme du corps, le lundi onzième jour de février 1449, sur les six heures après midi; son cœur fut porté en l'abbaye de Jumiéges. Pour ce qui est du corps, il fut conduit en sépulture à Loches, fort honorablement en l'église collégiale de Notre-Dame, où elle avoit fait plusieurs donations. »

Quand Louis XI monta sur le trône, les moines de Notre-Dame, se rappelant qu'il avait poursuivi de sa haine Agnès Sorel, lui offrirent de renverser sa sépulture; mais ce monarque, revenu à de meilleurs sentiments, leur répondit : « J'y consens, mais vous rendrez l'argent qu'elle vous a donné.... » Et les moines retirèrent leur proposition.

Hommage tardif, mais significatif, et bien fait pour honorer la mémoire d'Agnès Sorel : Louis XI, devenu roi, appelait publiquement ses filles du nom de sœurs et il les établit dans les meilleures maisons de France.

ALBERT DE LA FIZELIÈRE.

MADAME DE POMPADOUR.

Un des derniers jours du mois d'avril 1764, un cercueil assez modeste sortait en toute hâte d'un grand hôtel qui naguère était le centre éclatant de la toute-puissance d'une femme élégante et superbe : une grâce, une muse, une reine. A cette heure de midi, grondait au loin un de ces orages légers du printemps, mêlé de pluie et de grêle, et le roi Louis XV, à la fenêtre d'un petit boudoir enfoui sous le trône où s'était assis Louis XIV : « Ah! dit-il en tendant la main aux premières gouttes de pluie, la marquise s'en va par un bien mauvais temps! » Ce fut toute l'oraison funèbre, et pas d'autres regrets, pas d'autre pitié, pas une larme! Or la femme emportée en ces obsèques sans honneur, au couvent des Capucines, n'était rien moins que madame la marquise de Pompadour!

Vanité! tout n'est que vanité!

Pourtant cette femme, oubliée en si peu d'heures, avait été l'adoration de ce maître ennuyé de toutes choses, le roi Louis XV. Le roi l'avait choisie, au grand scandale des dames et des seigneurs de la cour, en pleine bourgeoisie, et la noblesse était encore à se demander pourquoi donc cette mésalliance, et cette injustice que lui faisait Sa Majesté d'aller chercher si loin ses *amours?* Avouons cependant que le choix du roi n'était pas tout à fait volontaire; il avait obéi aux séductions les plus puissantes de la beauté, de la jeunesse, du vice ingénieux, de la corruption la plus charmante. Elle n'avait pas quinze ans, cette future marquise.... et reine des petits appartements, que déjà elle rêvait ces royales amours; déjà elle était habile à la danse, aux chansons, à l'art de bien dire, au sourire, au bon mot, à la grâce, au charme enfin. D'une main savante et légère, elle tenait le crayon et l'éventail, en attendant qu'elle tînt le sceptre. Et si jolie elle était, avec des yeux pleins de feu, de ce feu voilé irrésistible, qu'une sorcière, qui ne l'était guère, lui dit un jour : « Vous serez reine! » Elle avait épousé, pour s'appeler *madame*, un neveu de fermier général, qui l'habitua de bonne heure au luxe, à la dépense, à tous les excès de la grande fortune.

En son château d'Étioles, elle avait déjà deviné et pressenti le palais de Versailles. Qu'elle était vive, active et décidée à vingt ans! Au premier bruit de la chasse, elle accourait dans son phaéton bleu de ciel, semblable à la nymphe des bois. Elle était Diane, elle était Daphné, elle était l'Aurore, elle était un sylphe, et sa lèvre agaçante et son front plein d'étoiles, au bruit des fanfares, aux cris de la meute, aux abois du cerf, donnaient le frisson à ce roi, jeune encore. Elle allait, elle venait, elle disparaissait : ombre, écho, chanson lointaine. M. d'Argenson, qui l'a bien vue et qui ne l'aimait guère, vous dira « qu'elle était belle et blanche, et de belle taille, ornée et parée à ravir; un goût rare, une suprême élégance, l'*art de plaire!* » A l'Hôtel de ville, un soir de bal masqué, le roi se promenait languissant et rêveur; tout à coup un lutin, un farfadet plein de joie et d'un beau rire à travers son masque, arrive au roi et lui raconte une suite de folies. La voix était d'un beau timbre et la parole était piquante, et quand le roi voulut toucher au masque, le lutin s'enfuit au plus vite, en laissant tomber son mouchoir, que le roi ramasse et lui jette. « Ah! disaient les courtisans, c'en est fait, le mouchoir est jeté! »

C'était vrai. La nymphe errante allait bientôt s'emparer du palais de Versailles;

avant peu elle sera la maîtresse à son tour, une maîtresse hautaine, insolente, absolue et *présentée*. Elle ignorait encore toutes les rouëries de la cour, ses doux mensonges, ses gracieuses perfidies, son impertinence adorable, ses piéges câlins, son parler gras.... Elle les apprit bien vite. Avec un tact incroyable, elle apprit aussi comme il fallait se conduire avec ce roi maussade, ennuyé et que rien n'amuse. Elle étudiait son silence, elle étudiait ses discours; elle voulait plaire, elle voulait séduire, et, par sa grâce étudiée aussi, elle enlevait çà et là les admirations, les suffrages, les sourires de ce prince anéanti, dont toute la peine était d'avoir assouvi même l'impossible. A chaque instant c'était une fête nouvelle : un jardin qu'on dessine, un palais qu'on bâtit, un opéra que l'on chante, un ministre que l'on protége, un ministre que l'on renvoie. Au bout du monde, au fond des abîmes, la maîtresse régnante eût fait chercher l'heureux mortel qui devait plaire une heure, et mériter un sourire. A peine elle eut bâti ce fanfreluché château de Crécy, elle choisit Gentil-Bernard pour son bibliothécaire. Or, le bibliothécaire avait l'âge du roi, et comme on voyait sur ce front vide et charmant resplendir une jeunesse obstinée, il arriva que le roi voyant le *contemporain* de ses belles années, alerte et souriant, se trouva très-charmé de se sentir si jeune encore. O rêve ingénieux de la dame et souveraine de Crécy!

En le voyant protégé de madame de Pompadour, Voltaire adopta Gentil-Bernard. Il cria, lui aussi, que *l'Art d'aimer* était un chef-d'œuvre; il se fit l'introducteur et le parrain du léger poëte; il lui conseilla d'introduire à Crécy, dans cette bibliothèque où le roi n'allait jamais, tous les poëtes de l'amour : M. de la Fare et M. de Chaulieu, Ovide, Anacréon, Properce et Tibulle, et tous les autres! Lui-même, il expliquait à la marquise la toute-puissance de ces faciles amours, et comment il arrive assez souvent que les petits poëtes sont l'exemple et la leçon des plus grands amoureux. Il célébrait, en même temps, les élégies, chansons, brunettes, sérénades, ballets, féeries galantes. C'était l'heure où Dorat commençait, où le jeune abbé de Bernis, mollement étendu sous les hêtres de Trianon, soupirait après *sa Bergère*.... et le chapeau de cardinal! C'étaient là les fêtes littéraires de madame de Pompadour. Arrivaient en même temps les peintres, les musiciens, les comédiens, les maréchaux de France, et Jean-Jacques Rousseau, un jour que la dame, en falbalas de bergère.... et le lendemain en habit de berger, Colette et Colin tout ensemble, essayait de chanter *le Devin du village*.

Elle était rare, exquise et toujours nouvelle; affable assez souvent, insolente au besoin, très-rapace, entassant dans son giron soyeux les maisons sur les châteaux, les diamants sur les perles, les folies sur les caprices. Elle possédait la Celle-Saint-Cloud, Montretout, Crécy, Aulnay, Brimborion, Saint-Remy, châteaux, fermes et forêts de l'apanage amoureux; que dis-je? un hôtel à Compiègne, un hôtel à Fontainebleau, un ermitage à Versailles, un château à Bellevue, et ce grand hôtel d'Évreux qu'on appelle aujourd'hui l'Élysée, et sa belle terre de Menars. Somme toute, une quarantaine de millions de beaux biens au soleil! Des parcs pour l'été, des serres pour l'hiver, un choix merveilleux de statues, tableaux, argenterie, chevaux, carrosses. Oudry, Vanloo, Latour, Vien étaient ses peintres ordinaires; Coustou, Pigalle étaient ses sculpteurs. Et Boucher, cet élève de Watteau, comme lui habitant de Cythère (il en savait les moindres sentiers), entourait cette dame de beauté de toutes les grâces imaginables. On eût dit qu'il avait inventé pour elle, à son usage, à sa taille, à la couleur de ses cheveux, à la pointe des vents, le *négligé Pompadour*. Pompadour et Boucher : l'un valait l'autre. Et puis, dans les journées où le roi devait s'occuper d'affaires, la favorite entrait au conseil. A peine on entendait le froufrou de sa robe et le craquement de son soulier de soie; elle approuvait d'un sourire, elle disait *Non!* d'un signe de sa tête bouclée. Et sitôt que le roi avait dit : « Je le veux! » elle reprenait le roi son maître et, toute affaire cessante, elle le ramenait à ses fêtes, à ses discours, à ses chansons.

Vous cependant, qui croyez cette femme heureuse à ce comble inouï de fortune et de grandeur, ne regardez pas de trop près les mystères de cette fortune; cette fortune vous ferait peur, tant elle a coûté cher. Toujours trembler, toujours douter; deviner le sourire qui vous insulte et la pensée qui vous maudit; toujours l'envie et le mépris qui vous suivent! Chaque matin, à son réveil, contempler, dans une glace impitoyable, sa beauté déclinante, et se saigner aux quatre veines pour atteindre à la pâleur des bergères de Lancret! Quelle vie! Et pour témoins de ces prospérités passagères, des femmes sans vertu, des courtisans sans foi, des peuples sans pain, des nuits sans sommeil, un roi sans honneur, une fièvre, une torture, une haine, un combat, toutes les douleurs de l'orgueil, tout le chagrin de l'amour. Comprendre, en même temps que la beauté s'en va, que déjà la jeunesse est partie; et partout des rivales, des femmes qui se cachent dans l'ombre, des fillettes qui viennent s'offrir à ce vice ennuyé; la disgrâce enfin, menaçante à toute heure et partout; la disgrâce où l'on est seule, abandonnée et misérable, où les ingrats que l'on a faits vous abandonnent : des consolations fugitives, des inquiétudes toujours nouvelles; des intrigues qu'il faut prévoir et déjouer.... Désolation de la désolation!

Ah! comme elle pleurait! comme elle s'agitait quand elle était seule au fond de ses palais de marbre et d'or, cette femme heureuse! Ah! par quelles tristesses elle expiait ses bonheurs d'un jour! Voilà pourquoi les historiens l'ont protégée et pourquoi les artistes l'ont pleurée : elle les aimait, elle était elle-même un assez habile artiste. Elle avait l'instinct et le sentiment de tous les arts. Elle jouait la comédie; elle chantait l'opéra; elle dansait dans les ballets; elle savait graver à l'eauforte. *Outil léger!* disait son maître. Il y a des curieux qui possèdent dans leur

MADAME DE POMPADOUR

cabinet l'œuvre entier de madame de Pompadour. Elle gravait avec beaucoup de goût, et ses *eaux-fortes* d'après Boucher révèlent tout à fait la grâce et la gentillesse exquise d'une femme. Elle gravait bien, elle écrivait mieux. Elle fut la première, en voyant à quel prix s'élevaient les porcelaines de Saxe, à leur faire obstacle, et ces chefs-d'œuvre du vieux Sèvres, ces élégances inimitables de la pâte tendre, une des passions de notre siècle, on les doit à madame de Pompadour.

Elle se connaissait en belles tapisseries, en architecture, en musique, en comédie, en maisons, en camées, en livres, en diamants. Elle avait appris la grâce et l'accent du bien-dire à l'école même de Voltaire, de Marmontel, du petit Crébillon, de Gentil-Bernard, de madame Geoffrin, de mademoiselle Clairon. Enfant, elle causait avec Fontenelle; elle était attentive aux belles paroles de Montesquieu; le marquis de Breteuil la trouvait déjà charmante. Eh! quoi d'étonnant qu'elle ait réussi en toutes les choses qu'elle a tentées? Elle lisait Montaigne et madame de Sévigné.... Heureuse en toutes les élégances de l'esprit et de la forme, elle fut moins heureuse en politique; elle a touché à trop de choses, elle a trop voulu faire et défaire les ministres; elle a tenu tête à M. d'Argenson, elle l'a brisé. Elle s'était fait du maréchal de Richelieu un ennemi, le maréchal de Richelieu lui fut implacable : il se moqua de sa toute-puissance; en dépit d'elle, il gagna de grandes batailles, et, plein de gloire, il berna le cardinal de Bernis, le favori de la favorite. Au dehors, elle eut un ennemi qui s'appelait le grand Frédéric; c'était un de ces grands rois tout-puissants et mal élevés qui appellent toutes choses par leur nom. Ce dédaigneux des petits poëtes, des grandes dames et des belles amours de la vie humaine, éclatait de rire aussitôt qu'on lui parlait de la *majesté* de Cotillon Ier, en attendant qu'il se moquât de Cotillon II et de Cotillon III. Voilà ce que c'est que d'approcher trop près du trône, et de n'y pas monter !

La guerre de Sept ans fut cruelle à la favorite; elle porta le contre-coup de cette guerre sans dignité et sans honneur. Heureusement que le duc de Choiseul, bien élevé, et qui voulait plaire au maître, écoutait volontiers madame la marquise! Il acceptait les conseils de sa prudence! Il reconnaissait sa toute-puissance, il s'inclinait, en riant tout bas, sous cette volonté si souvent changeante. Elle eut ensuite affaire avec le Parlement, et ce Parlement si menacé, si maltraité, si volontaire, ne fut pas un des moindres chagrins de sa vie. Ainsi, tour à tour chancelante et triomphante; aujourd'hui au pinacle de l'importance, et le lendemain dans les abîmes; tour à tour dévouée aux jésuites, à Voltaire, chassant les uns, appelant l'autre, incertaine, hésitante et troublée, elle en vint, ô misère! à servir bassement les infidélités du roi son maître et, que disons-nous? ses plus lâches corruptions!

A la fin, la délivrance arriva pour cette femme heureuse!... Elle se sentait mourir. Une fatigue immense avait miné cette santé si ferme. Incessamment elle était en proie à la fièvre, et de la fraîcheur d'Hébé, du sourire de Vénus elle-même, de tant de beautés, son triomphe, elle n'avait guère sauvé que ses deux grands yeux pleins de langueur, son sourire (il faut sourire à la cour des rois jusqu'à la mort) et ses belles mains, pâlies par la souffrance. Une image oubliée en un coin des petits appartements la représente épuisée et mourante, et belle encore. A cette image un poëte inconnu, mais fidèle, ajoutait ces vers prophétiques, ces vers faisant allusion à la couronne de cyprès et de roses, ornement suprême de cette éphémère beauté :

> Une beauté !... non loin un noir cyprès,
> Et ce flambeau, qu'hélas ! on vit s'éteindre ;
> D'aimables fleurs, se flétrissant auprès,
> Diraient assez qui l'on a voulu peindre.

C'était bien la peine, ô Vénus! pour arriver à la solitude, à l'abandon, pires que la mort, d'avoir si mal usé de la vie et de la fortune ! A quoi donc ont servi ces grâces intelligentes, ce bel esprit toujours éveillé, et ces grands enchantements ? Quoi ! tant de rêves, d'autorité, de courtoisie, et de fêtes si chèrement payées ! Rien n'en reste ! Au bout de ces quelques printemps à peine, une couronne fanée, une âme flétrie, une tasse en débris ! Chansons oubliées ! Folles amours ! Parfums que la brise emporte ! O ciel ! est-ce possible ? est-ce vrai ? Si peu de temps ont duré ces belles années ! « Nous apportons, disait-elle, un joli visage, il se ride en moins de trente années.... et nous ne sommes plus bonnes à rien. » Encore une fois, il faut la plaindre. Elles ne sont pas dignes de vivre, les femmes qui ne savent pas vieillir. Toute leur vie est un long badinage ; aux heures sérieuses tout s'en va, s'efface et disparaît ! Ainsi s'évanouit dans l'ombre et dans l'écho, dans un tas de roses fanées, la célèbre et *divine* marquise ! A l'heure de sa mort, elle chantait si tristement la complainte dont elle avait composé les paroles et la musique :

> Nous n'irons plus au bois,
> Les lauriers sont coupés....

Nos enfants chantent encore cette chanson d'une mourante.... Elle disait, quelques jours avant le dernier jour : « Quel bonheur ! le roi s'amuse.... et la France est heureuse ! » Et pourtant sa beauté perdue en avait fait une femme irritée, et d'une approche difficile à tout le monde, hormis pour l'ingrat qu'elle avait tant aimé.

Après une longue résistance à la mort qui s'avance, elle finit par s'avouer la moins forte et s'arrangea enfin pour bien mourir ! — Seuls, quelques artistes l'ont pleurée en souvenir de sa grâce à tenir l'ébauchoir, le sceptre et l'éventail. Dans la Bastille abominable, où cette femme les oubliait, oublieuse elle-même de la tombe, et de l'enfer réservé aux femmes sans clémence, il y eut des prisonniers qui la maudirent! Ces malédictions étaient justes : cette femme, au milieu de tant de regrets, n'eut pas un remords, pas une larme qui vînt du cœur, pas une pitié, pas un pardon, pas un oubli des injures, pas un prisonnier délivré, de tant de malheureux qu'elle avait jetés dans les bastilles. C'est un météore, une flamme, un ravage, un néant. Mais ses portraits l'ont sauvée. Elle doit une seconde vie à Vanloo, à Latour, à Drouais, à ces peintres charmants des roses, des dentelles, des fleurettes, des frais corsages, des jupons courts, des cheveux poudrés, des beaux meubles, des fantaisies, des élégances, de tous les enchantements de ce dix-huitième siècle auquel madame de Pompadour aurait donné son nom, peut-être, si elle eût vécu plus heureuse et plus longtemps.

Prévoyante au delà de la vie, elle avait acheté le tombeau même des princes de la Trémouille aux Capucines de la place Vendôme, où elle fut emportée (en 1764) à côté de sa mère; et comme son frère, M. de Martigny, exigeait pour sa sœur, *la marquise*, une oraison funèbre, un bon religieux qui ne voulait pas mentir à la vérité, et qui se voyait forcé d'obéir : « Je reçois, dit-il, le corps de très-haute et puissante dame, madame la marquise de Pompadour, dame du palais de la reine. Ainsi, par sa pieuse et sainte maîtresse, elle a vécu à l'école de toutes les vertus. »

J. JANIN.

MARIE STUART.

La première fois que je visitai Abbotsford, ce poëme en pierre, ainsi que l'appelait sir Walter Scott qui en avait été l'architecte et l'avait meublé comme un musée de poëte, je m'arrêtai devant un des tableaux de la salle à manger, représentant une tête, retranchée récemment du tronc par la hache, et dont la beauté mélancolique fascina longtemps mes regards. « C'est la tête de Marie Stuart, attribuée à Amyas Cawood, artiste contemporain de la reine, qui avait assisté à son supplice, » me dit sir Walter. On croirait par moments que cette tête sanglante va vous sourire « de ce sourire qui, selon Catherine de Médicis, faisait tourner toutes les têtes françaises; » de ce sourire qui a réellement survécu à la mort dans les imaginations : car les historiens, même les plus sévères pour les fautes de Marie, parlent encore d'elle aujourd'hui avec un reste d'amour, et il en est dont la plume se transformerait volontiers en épée pour la défendre.

Hélas! ce sourire, aussi fatal que charmant, suscita à Marie vivante plus d'amants ambitieux que de chevaliers sincères : il entretint la jalousie d'une rivale implacable; il fut l'occasion de ses propres faiblesses et le prétexte des plus atroces calomnies, la vraie cause de sa mort cruelle enfin, car Élisabeth, plus jalouse encore comme femme que comme reine, n'eût pas livré au bourreau la tête de sa rivale, si la reine d'Écosse n'avait conservé sa fascination de sirène, malgré l'outrage des ans et l'amertume de ses larmes.

Marie Stuart vint au monde le 11 décembre 1542, dans le château de Linlithgow. Elle naquit dans le deuil : son père, Jacques V, mourant à l'âge de trente ans, trahi et délaissé, n'apprit qu'avec le plus douloureux pressentiment qu'il laissait après lui une fille pour porter sa couronne. Marie de Lorraine, sa mère, eut à protéger son berceau d'orpheline contre des conspirations, contre des empoisonneurs régicides, contre des projets d'enlèvement, et contre ces propositions de mariage précoce qui faisaient, en ce temps-là, d'une héritière royale, le gage d'une usurpation étrangère. Henri VIII eût voulu la marier à son fils Édouard, pour réunir sur le front d'un Tudor les deux couronnes d'Angleterre et d'Écosse, qui étaient justement destinées à être réunies un jour sur le front d'un Stuart. Marie de Lorraine, qui était restée toujours Française et fidèle aux traditions de l'alliance politique des deux nations, réservait déjà sa fille à un prince de la cour de France. Pour la soustraire à toutes les trahisons, elle la fit élever dans une île avec quatre jeunes compagnes de son âge et ayant le même nom (les quatre Marie). Cet asile, à l'ombre d'un monastère, offrait d'ailleurs à la princesse tous les plaisirs innocents de son âge avec les ressources d'une éducation savante. Lorsque son mariage avec le Dauphin fut arrêté, la jeune fiancée pouvait débiter une harangue en latin, mais elle faisait aussi des vers français : elle avait l'esprit orné par une instruction solide; mais elle était musicienne et dansait avec une grâce parfaite. Elle montait à cheval comme une amazone, mais elle dessinait et excellait dans les travaux de l'aiguille : des tapisseries, œuvre de ses doigts de fée, sont encore montrées comme des reliques dans divers châteaux d'Écosse.

Quand elle arriva à Saint-Germain, après avoir heureusement évité une croisière anglaise, elle ravit la cour de France par ses perfections. Le mariage de

Marie Stuart et du Dauphin fut célébré avec pompe. L'enthousiasme populaire fut poétiquement exprimé par Ronsard. Un épithalame latin fut l'hommage des érudits : il était de Buchanan, qui devait un jour oublier ses prophétiques bénédictions et tremper sa plume vénale dans le fiel pour les rétracter : bénédictions, hélas!... trop tôt démenties, car le Dauphin, devenu roi sous le nom de François II, laissa Marie veuve à l'âge de dix-huit ans.

Il ne restait plus à Marie Stuart que son trône d'Écosse. Une députation de ses sujets l'invita à venir s'y asseoir. Elle se rendit à leurs sollicitations, non sans verser des larmes; et quand elle prit la mer à Calais, elle ne pouvait détacher ses yeux des côtes « de cette France, sa patrie la plus chérie, » qui lui inspira le célèbre chant de ses adieux.

De sinistres augures réveillèrent en elle le souvenir des pressentiments de son père mourant, et Brantôme, qui faisait partie des gentilshommes chargés de l'accompagner en Écosse, en trouva un jusque dans le brouillard qui dérobait la nef royale aux navires anglais, mais trop juste emblème de *son royaume, brouillé, brouillant et mal plaisant.*

L'Écosse, en effet, était alors livrée aux passions les plus anarchiques. Marie, reçue triomphalement par le peuple, ne tarda pas longtemps à apprendre que cet enthousiasme n'était nullement partagé par son propre frère (un des fils naturels de Jacques V), ni par une bande de seigneurs factieux vendus à l'Angleterre, ni par John Knox, le prédicateur de la secte protestante, qui dans une reine catholique ne voyait qu'une Hérodiade ou une Jézabel. C'étaient les surnoms bibliques que Knox donnait à Marie, en déclarant que comme sujet il se croyait tenu à rester fidèle à sa souveraine, mais *comme saint Paul l'avait été à Néron.*

Pour échapper à la cabale qui cherchait à la dominer, Marie Stuart comprit que la raison d'État exigeait qu'elle prît un second époux : les prétendants à sa main étaient nombreux. Elle eut le malheur de faire son choix en femme romanesque, en épousant son cousin Darnley, qui était autrefois allé mystérieusement et déguisé lui faire une visite à la cour de France, après la mort de François II. Darnley avait pour lui la jeunesse et la beauté; il avait paru aimable, il s'était dit amoureux : il l'était sans doute, mais, cœur inconstant et tête légère, il se laissa circonvenir par les ennemis de Marie, qui lui accorda trop facilement le titre de roi. Il voulut en exercer l'autorité, et se fit complice des conspirateurs jaloux de l'influence qu'un vieux musicien piémontais, Rizzio, croyait-on, exerçait sur la reine.

Rizzio fut assassiné, coupable uniquement d'amuser sa royale maîtresse. Marie a raconté elle-même dans une lettre cette scène horrible, qui eut lieu sous ses yeux et dont l'effroi se communiqua jusqu'à l'enfant qu'elle portait alors dans son sein. Il dut lui en coûter sans doute de pardonner à Darnley. Mais si elle lui eu garda rancune, si de nouveaux outrages et des débauches répétées finirent par lui rendre cet indigne époux indifférent, odieux même, si quelques paroles de colère lui échappèrent, la calomnie seule a pu supposer qu'elle avait prononcé son arrêt de mort, ou approuvé d'avance Bothwell et les autres bandits féodaux qui, après avoir étranglé Darnley convalescent, pendant son sommeil, firent sauter le pavillon où il dormait pour faire croire qu'il avait péri dans un incendie ou une explosion. Marie crut n'avoir échappé elle-même que par miracle à la catastrophe; mais elle eut le tort de ne pas résister jusqu'à la mort à lord Bothwell, qui, après avoir répandu le bruit perfide de sa connivence et obtenu l'assentiment écrit des seigneurs complices de l'assassinat de Darnley, se mit à la tête de huit cents cavaliers, enleva la reine et lui déclara qu'il ne lui rendrait la liberté qu'après l'avoir épousée de gré ou de force. Il déclara plus tard lui avoir fait prendre un philtre : mais quoique Bothwell se mêlait de nécromancie, il est plus probable que le philtre qui eût été si nécessaire pour faire aimer un homme de son âge (il avait près de soixante ans) fut tout simplement quelque narcotique au moyen duquel il consomma son attentat. Évidemment Marie ne consentit à sanctionner cette violence par le mariage qu'en se voyant tellement abandonnée, que son brutal ravisseur restait le dernier protecteur de son fils. Mais il aurait fallu un philtre magique en effet pour expliquer, soit une préméditation adultère du meurtre de Darnley, soit cette tendresse conjugale pour Bothwell exprimée dans des lettres, dont on ne produisit jamais que des copies falsifiées.

A peine reconnu pour l'époux de la reine, Bothwell est désavoué par ses confédérés qui n'avaient prêté leur concours à cette funeste union que pour compromettre et perdre en même temps la reine et Bothwell. Nouvelles intrigues, nouvelles conjurations, nouvelles révoltes. Quel triste retour Marie fit sur le passé, lorsque enfin le charme fatal n'existait plus et que son farouche protecteur, vaincu et poursuivi par ses complices, se réfugia en Norvége pour y exercer la piraterie.

Devenu la prisonnière de son frère, Marie fut enfermée au château de Lochleven, sous la garde de la comtesse de Murray, la mère du régent, qui arracha d'elle un acte d'abdication. Son évasion, favorisée par le dévouement qu'elle inspirait à tous ceux qui l'approchaient, la mit de nouveau à la tête de quelques sujets fidèles, mais la fortune trahit encore sa cause à Langside : vaincue et fugitive quand elle mit le pied sur le sol anglais, elle fut reconnue, sous son costume peu royal, et saluée avec une respectueuse admiration, qui l'encouragea à implorer par écrit l'hospitalité de la reine Élisabeth, dans des termes qui auraient dû toucher celle qu'elle appelait sa *bonne sœur*, dénomination constamment échangée entre les deux reines.

Sa *bonne sœur* tressaillit de joie en recevant cette lettre, ordonna qu'elle

MARIE STUART.

serait conduite au château fort de Carlisle.... comme prisonnière et refusa de la voir, « parce qu'elle était accusée du meurtre de son époux, » elle connaissait cependant la vérité sur cette accusation par la correspondance des espions diplomatiques, entretenus par elle jusque dans la cour d'Holyrood.

Élisabeth avait peut-être le droit de suspecter l'innocence de Marie, mais non celui de la juger, de la condamner, de la punir. Si elle l'avait crue réellement coupable, aurait-elle eu besoin de se concerter avec son frère pour réunir contre elle des témoins intéressés à la trouver telle? Aurait-elle ourdi des complots jusque dans l'enceinte de sa prison pour l'induire à mal, ou pensionné des pamphlétaires, entre autres l'ingrat Buchanan, pour publier contre sa *bonne sœur* d'infâmes libelles?

Avant d'être la captive d'Élisabeth, Marie Stuart n'avait été irréprochable, ni comme reine, ni comme femme. A partir de la prison de Carlisle jusqu'à la tour de Fotheringay, la longue expiation qu'elle subit atténue ses torts les plus graves et l'élève peu à peu à la sainteté d'une martyre. Ce titre de martyre doit surtout lui être décerné au nom de la religion catholique, car rien ne put ébranler sa foi aux dogmes de cette religion.

Entre Élisabeth et Marie jusqu'ici avait toujours existé une guerre plus ou moins déclarée, la guerre de deux rivales dans laquelle Marie, forcément réduite à la défensive, n'avait d'autres avantages que ces attraits de femme qui, nous l'avons dit, étaient justement ce qui surexcitait la haine d'Élisabeth contre elle. Reine de l'*Angleterre*, reine protestante et vivant en vieille fille dans le célibat et la stérilité, coquette jusqu'à faire trancher le poignet à un peintre assez maladroit pour n'avoir pas flatté son royal modèle, Élisabeth haïssait dans Marie Stuart la reine d'Écosse, la reine catholique, la mère de son héritier légitime et celle qui, dans sa prison, était encore proclamée la plus belle des reines.

La grande histoire a raconté tous les incidents des dix-huit années de la captivité de Marie Stuart, et entre autres l'incroyable attrait qui fit plus d'une fois rechercher sa main, non-seulement par des courtisans d'Élisabeth, mais encore par des princes plus ou moins rapprochés d'un trône.

Cette recherche tantôt inspirée par l'amour, tantôt par la politique, ne séduisait la captive que par la perspective de liberté qu'elle lui ouvrait. Élisabeth y voyait un incessant complot contre sa couronne et sa vie, lorsque enfin son inquisition saisit un de ces prétextes plus plausibles que les autres, pour revêtir d'une apparence de justice la sentence de mort prononcée depuis longtemps dans son âme. Cette sentence, elle la signa gaiement et la fit signifier à la victime, qui se prépara avec la résignation d'une sainte à aller en appeler au souverain juge des rois.

Ce dernier acte d'un martyre de dix-huit ans fait encore couler des larmes au bout de trois siècles. La victime aurait-elle pu y apporter tant de sérénité, si sa conscience eût démenti ses dix-huit ans de protestation contre le seul crime qui devrait presque effacer l'intérêt qu'elle inspire, l'assassinat de Darnley avec toutes les horribles circonstances de préméditation adultère et de lâche trahison qu'on lui impute? Marie Stuart en était innocente, et Dieu lui fit la grâce de savoir qu'elle mourait lavée de cette calomnie auprès des deux personnes qui devaient en éprouver le plus d'horreur, la mère de son époux et son propre fils.

Entre la sentence de mort rendue contre Marie Stuart et son exécution, deux mois s'écoulèrent, deux mois d'incertitude pour Élisabeth, qui eût voulu qu'un empoisonnement secret la délivrât des importunes sollicitations adressées à sa fausse clémence. Enfin Élisabeth se décida, et ses commissaires arrivèrent à Fotheringay, et annoncèrent à Marie qu'elle n'avait plus que vingt-quatre heures pour se préparer. Marie les écouta avec sa douceur habituelle.

Elle se retira pendant deux heures dans son oratoire, et la prière ayant achevé de la réconcilier avec la pensée de la mort, elle se jeta sur son lit et dormit paisiblement. A son réveil, elle rassembla tous ses serviteurs et leur fit lire son testament, pour qu'ils connussent les legs et les gages de bon souvenir qui leur étaient destinés.

Quand elle aperçut le billot et la hache : « Je regrette, dit-elle, que je ne puisse avoir la tête tranchée avec une épée à la française. »

Elle aurait voulu que ses filles d'honneur l'assistassent jusqu'à son dernier moment. Le comte de Kent s'y étant refusé : « Milord, lui dit-elle, avec une royale indignation, je suis la cousine de votre reine, issue du sang royal de Henri VIII, reine de France par mariage et reine couronnée d'Écosse. » On lui accorda alors de choisir deux de ses suivantes seulement et quatre de ses serviteurs. Le cortége funèbre se mit en route, et Marie rencontra sur l'escalier son fidèle Melvil qui pleurait amèrement. « Ne pleure pas, mon bon serviteur, dit-elle, réjouis-toi plutôt de me voir quitter un monde rempli de douleurs et de vanités. Je suis catholique, tu es protestant; mais il n'y a qu'un Christ et je te prie en son nom de me rendre ce témoignage, que je meurs ferme dans ma foi, fidèle à l'Écosse et fidèle à la France. Recommande ma mémoire à mon cher et bien-aimé fils. Qu'il sache que je n'ai rien fait pour lui nuire dans son royaume, ni contre sa dignité, que quoique je regrette qu'il ne soit pas de ma religion, cependant, s'il vit dans la crainte de Dieu, je ne doute pas qu'il n'agisse bien. Que mon exemple lui apprenne à ne pas trop compter sur le secours des hommes, mais plutôt à s'adresser là-haut. S'il suit mon avis, il sera béni par Dieu dans le ciel, comme je le bénis, moi, sur la terre. » A ces mots, ses yeux se mouillèrent de larmes, de ces larmes dont la source est dans le cœur des mères.

Les deux bourreaux (ils étaient deux) implorèrent à genoux le pardon de Marie. Elle adressa encore un adieu à ses deux suivantes, et, quand ses yeux furent bandés, pencha le cou sur le billot en disant : *in manus tuas, Domine*.... Tel était le trouble de l'exécuteur, que la tête ne fut séparée du tronc qu'au second coup.

« Ainsi périssent tous les ennemis d'Élisabeth, dit tout haut le doyen de Péterboroug. — *Amen*, » répondit une seule voix, celle du comte de Kent, les autres commissaires fondaient en larmes ainsi que tous les spectateurs.

Les exécuteurs se jetèrent sur le corps pour enlever ce qui pouvait avoir quelque prix sur sa toilette de mort, malgré les suivantes et un dernier défenseur de la malheureuse reine, son petit chien, qui l'avait escortée sans qu'on le vît et qu'on retira ensanglanté des plis de sa robe, poussant des cris lamentables. Un fanatique voulant réaliser la comparaison favorite de J. Knox, essaya de forcer le pauvre animal à lécher le sang de sa maîtresse, comme les chiens avaient léché le sang de Jézabel; mais il trompa cette barbarie sacrilége : quelques jours après il se laissa mourir de faim.

On recouvrit dédaigneusement d'un vieux drap arraché au billard le corps dépouillé, et deux chirurgiens l'embaumèrent. C'est en 1612 que Jacques érigea à sa mère un monument funèbre dans l'abbaye de Westminster.

AMÉDÉE PICHOT.

ÉLISABETH DE FRANCE.

Ce ne sont pas les lecteurs des *Reines du monde*, galerie de portraits si caractéristiques, si choisis, si parfaits, qui nieront que dans une figure exprimée par le burin d'un maître, il ne puisse tenir toute une histoire, tout un drame, tout un poëme de gloire, de passion ou de douleur. Ceux-là donc nous comprendront à merveille quand nous leur avouerons qu'avant d'écrire l'étude qu'ils vont lire, nous avons regardé comme un pieux devoir d'aller passer en revue, au riche répertoire du cabinet des estampes, toutes les images qui nous sont demeurées de la fille de Henri IV, femme de Philippe IV. Ces images sont peu nombreuses. L'effigie typique, unique peut-on dire, qui a servi de thème aux variations laborieuses des imitateurs, c'est le magnifique portrait de Rubens. Ce portrait magistral, heureusement reproduit pour cette notice, eût suffi à nous révéler Isabelle de France, en dehors de tout témoignage historique. On y lit tout de suite, en traits saisissants ou mystérieux, son génie, son caractère, ses luttes, ses espérances et les douleurs de ce triste veuvage, qui du vivant de son mari l'éloigna également de l'amour et du pouvoir, et éteignit brusquement ce soleil d'illusion, qui avait rendu si brillants et si doux les premiers jours de son séjour en Espagne.

Espagne, pays charmant et trompeur, c'est le moment de te demander compte de tant de promesses trahies, de tant d'espérances déçues et de la tristesse incurable de ces pauvres jeunes reines, que la France t'a envoyées souriantes et épanouies, et que ton brûlant soleil ou tes ombres monacales, que les caprices et les rudesses de ton cérémonial puéril, que le manque de liberté, de tendresse et de plaisir ont toutes rendues à la tombe, souvent avant l'heure, fatiguées, pâlies, voûtées, désespérées, comme des carmélites qui n'ont pas vécu et non comme des souveraines qui ont régné.

C'est une chose triste et douloureusement remarquable que la destinée fatalement semblable des reines d'Espagne nées Françaises.

C'est Isabelle, fille de Henri II et de Catherine de Médicis, qui tombe, au sortir des fêtes voluptueuses et des mœurs raffinées de la cour des Valois, dans les bras glacés du sombre Philippe II, et qui meurt triste et muette à vingt-trois ans, emportant dans la tombe le secret de douleurs inavouables et inavouées.

Puis c'est cette autre Élisabeth, fille de Henri IV, douée de l'éloquence, de la vivacité, de la grâce, du génie paternels, qui passe sa vie dans l'isolement et dans l'abandon.

Après elle faut-il raconter le martyre de cette reine d'Espagne, première fille de Monsieur, empoisonnée, comme Henriette d'Orléans, par la perfide et jalouse comtesse de Soissons, digne mère de ce prince Eugène, dont la gloire s'est faite aux dépens de la France?

Après la tragédie, nous tombons dans la comédie avec la fille maussade et fantasque du régent, cette demoiselle de Montpensier, devenue aussi reine d'Espagne, et qui semble avoir pris à tâche de venger les griefs de ses devancières par des frasques d'enfant terrible, dont frémissent et rougissent, en pleine régence, la gravité et la pudeur espagnoles.

Contemplez maintenant ce portrait austère, où pour demeurer en harmonie avec le modèle, la grasse et rubiconde couleur du peintre des galanteries olympiennes, des noces royales et des liesses flamandes, se morfond, s'éteint, s'étouffe, s'ascétise en quelque sorte, et par ce contraste à sa manière habituelle, nous étonne d'un tableau sombre, roide, sévère, précis, qu'eût signé Vélasquez. Voyez le visage, comme il trahit par les lèvres épaisses, par le nez large et dilaté, par les paupières, où s'épanouit en quelque sorte un œil noir et vif, l'ardeur encore rebelle d'un sang généreux. Que d'énergie dans ce regard, que de bonté dans ce sourire, que de belle humeur contenue et comme frémissante, que de grâce effarouchée dans cette physionomie expressive, qui, partagée entre l'inquiétude et la joie, la déception et l'espoir, la réalité et le rêve, semble symboliser les vicissitudes de la vie humaine elle-même, et en tout cas, résume si bien la double existence, brillante et obscure, minutieuse et vide, dévote et galante de ces reines exilées, victimes prédestinées de l'ennui et du regret, de la raison d'État et de l'étiquette!

Et maintenant voyez l'habit, continuant par des signes irrécusables les tristes révélations de ce visage étonné, effrayé, inquiet, pâle de la pâleur que donnent les abstinences de l'esprit et les jeûnes du cœur. Quelle mode et quel costume bien faits pour des reines auxquelles il n'est pas permis d'être femmes! L'habit est d'une étoffe lourde et roide comme du brocart, zébrée d'épais galons et diaprée de pierreries massives. Pas d'ouverture, pas de contour, pas de rubans, pas de dentelles, rien de ce qui constitue la grâce, la poésie, la gaieté du costume féminin. Cet habit crénelé est une forteresse. Ce corsage cuirassé est une prison. Quelle gaieté peut conserver le visage, quelle grâce peut conserver le geste, quand le corps étouffe sous ces plastrons, ces plis, ces boutons et ces joyaux! Mais nous n'avons pas décrit tout le supplice de cette incommode et brutale magnificence. Le col est serré dans une double fraise à bouillons losangés qui remonte jusqu'à la nuque et y soulève un chignon empanaché.

Dans chacune des épreuves, signées de graveurs différents, de ce portrait si caractéristique, on peut suivre, exagérée, accusée jusqu'à la sauvagerie, cette expression uniforme de tristesse, d'inquiétude et de rêverie. Chaque artiste a ajouté au cadre, n'osant pas trop toucher au modèle. Et tous se sont comme entendus pour multiplier, dans ces ornements de fantaisie, les symboles de l'ennui, du regret, de la mélancolie. Celui-ci fait supporter le médaillon par des cariatides et des chimères. Celui-là, à côté de l'écusson mi-parti de France et d'Espagne, place une couronne de palmes, emblème du royal martyre. Cet autre enfin donne pour fond au portrait une chasse au sanglier, dans un site abrupt avec de rares amazones, et un chasseur royal et furieux, galopant sur la bête l'épée à la main.

Si nous nous sommes étendu avec une complaisance attendrie sur le portrait d'Isabelle de France, c'est qu'elle est de ces reines dépaysées, isolées, malheureuses, dont l'histoire, bornée dans les rares événements d'un gynécée monacal, se compose plus de ce qu'on devine que de ce qu'on apprend. Ce n'est pas cependant que la vie de la mère de Marie-Thérèse de France, malheureuse comme elle, et malheureuse en France, soit absolument dépourvue de gloire. A deux ou trois moments de sa vie, elle dut à une sublime révolte de dévouement, de prévoyance, de courage, la confiance tardive de son époux et l'admiration des Espagnols. Comme toutes les bonnes reines, elle fut surtout appréciée après sa mort, et son absence la loua plus que la plus belle oraison funèbre. Mais la fille de Henri IV ne pouvait se résigner toute sa vie à l'oisiveté, à l'isolement, à la stérilité d'un rôle égoïstement réduit à l'accomplissement des devoirs conjugaux. C'est de ces deux ou trois magnifiques explosions du sang et du génie paternels que nous devons nous occuper maintenant afin de compléter la physionomie originale de cette femme de Philippe IV, qui trouva, en deux ou trois occasions décisives, le moyen et l'honneur de se montrer héroïquement et patriotiquement reine d'Espagne.

Élisabeth, ou plutôt Isabelle de France, fille de Henri IV et de Marie de Médicis, naquit à Fontainebleau, le 22 novembre 1602. La reine, qui aurait désiré un fils, regarda sa venue comme une déception. Mais Henri IV « prit gaiement son parti de ce mécompte, disant qu'il n'avait point faute de moyens, Dieu merci, de pourvoir sa fille, et que beaucoup d'autres demeureraient là, si sa fille y demeurait. »

Par le traité conclu avec Charles-Emmanuel, duc de Savoie, Élisabeth fut promise, encore enfant, au prince de Piémont. Mais les projets de Henri IV moururent avec lui; et sans respect pour sa mémoire, Marie de Médicis, devenue régente, rompit ses engagements, et les sacrifia à ce double mariage français-espagnol, qui blessait à la fois notre politique séculaire et les susceptibilités de la nation. Sully protesta en vain contre cette dérogation aux intentions de son maître. Le traité fut signé dans les derniers jours de 1611 et rendu public le 25 mars de l'an suivant. Des fêtes magnifiques solennisèrent en France et en Espagne la réconciliation des deux anciennes rivales, dans la personne de deux enfants royaux, unis par un hymen tellement précoce qu'il fallut, par respect pour leur âge, en retarder de plusieurs années la consommation.

Enfin Élisabeth, devenue nubile, put être envoyée à son jeune époux. Le 18 octobre 1615 le cardinal de Sourdis bénit, à la cathédrale de Bordeaux, le mariage contracté par procuration, au nom de l'infant, par le duc de Guise, et elle fut échangée, à la frontière, contre Anne d'Autriche, qui devenait la femme de Louis XIII.

La fille de Henri IV, malgré sa beauté, son esprit, sa grâce et le ferme bon sens dont elle avait hérité de son père, ne captiva pas longtemps le cœur volage

ELISABETH DE FRANCE.

d'un époux d'imagination mobile et d'impétueux tempérament. Devenu roi, en 1621, sous le nom de Philippe IV, l'infant abandonna à son ministre Olivarès les rênes du gouvernement et s'adonna tout entier au culte de la poésie, au goût des beaux-arts, et surtout aux caresses de nombreuses favorites.

Le ministre, de son côté, constamment absorbé par les intrigues qui forment la vie des cours espagnoles, songea plus à conserver le pouvoir qu'à le mériter. Sous ce gouvernement de courtisans, l'Espagne descend peu à peu la pente de décadence et d'épuisement qui devait conduire si bas la grande monarchie de Charles-Quint et de Philippe II.

La lutte contre l'empire, sur son théâtre habituel, l'Italie; des querelles avec le pape et les princes transalpins; la perte définitive de la Hollande, les hostilités reprises avec les provinces unies, la lutte dans laquelle ce monarque imprévoyant s'engagea avec la maison d'Autriche contre Richelieu, la Catalogne soulevée; enfin la guerre contre la France elle-même, occupent d'agitations mesquines et stériles le règne de ce prince voluptueux et mélancolique, qui n'eut jamais la force de son ambition, et dont les épigrammes du temps comparent malignement la puissance et le génie à un fossé, « qui s'agrandit de tout ce qu'on lui ôte. »

Lorsque, en 1640, l'Espagne, attaquée par la France, perdait le Portugal et pouvait craindre que la révolte de la Catalogne ne commençât la dissolution de son précaire empire, la reine, sortant de la solitude où la reléguait la méfiance coalisée du roi et du ministre, fit à la fidélité castillane un appel décisif. La nation se rallia autour de cette noble femme, qui savait si bien oublier ses propres injures pour ne se souvenir que de son devoir, et qui savait si bien immoler ses sympathies de Française au salut de l'Espagne qui l'avait adoptée.

En quelques semaines, une armée de cinquante mille hommes, sortie pour ainsi dire de terre à la voix de la royale amazone, la suivait au combat et rétablissait l'équilibre de la monarchie si profondément ébranlée. Élisabeth avait désormais gagné le droit de régner. Son mari reconnaissant l'admirait comme son peuple. Le premier usage qu'elle fit d'une faveur si légitime fut de renverser le ministre impopulaire qui l'avait forcée de paraître sur la scène.

Un jour, elle entra dans l'appartement de Philippe, les yeux baignés de larmes et tenant par la main son fils don Carlos. « Voilà, seigneur, lui dit-elle, notre seul fils. Il est menacé de devenir le plus pauvre gentilhomme de l'Europe, si vous n'éloignez le ministre qui a mis la monarchie espagnole à deux doigts de sa perte. »

Cet argument *ad hominem*, bien digne de la fille de Henri IV, alla droit au cœur de Philippe IV, et le père inspirant le roi, Olivarès fut renvoyé.

Depuis ce jour, la femme de Philippe IV fut réellement reine d'Espagne. Mais elle ne profita pas longtemps de cette justice tardivement rendue à ses qualités et à ses vertus; elle mourut le 6 octobre 1644, emportée par cet ennui incurable et ce mystérieux regret, qui ne permet pas aux reines d'Espagne nées Françaises de mourir vieilles.

A défaut d'oraison funèbre, nous avons à citer sur Isabelle une page de madame de Motteville, qui, avec sa finesse féminine, dévoile toutes les misères de ce royal intérieur, que nous n'avons pu qu'indiquer, et qui est pour la physionomie morale de la reine d'Espagne, ce que le portrait de Rubens est pour sa figure physique, un chef-d'œuvre de pénétration et de profondeur.

« Isabelle de France, reine d'Espagne, dit l'inimitable chroniqueuse de cour, mourut vers le commencement de l'hiver, digne fille de Henri le Grand et très-digne de l'estime que l'Europe avait pour elle. Elle fut regrettée dans toute son étendue, et ses peuples, qui avaient une grande vénération pour elle, en furent affligés. Le roi, son mari, ne l'avait pas toujours aimée comme elle le méritait, parce qu'il était trop galant, pour ne pas dire pis. Mais quand elle mourut, il commençait à connaître ses belles qualités et sa capacité. Il la laissa alors gouverner son royaume. Ce qu'elle fit avec beaucoup de gloire, si bien qu'il la regretta infiniment.

« J'ai ouï dire à feu ma mère, qui avait eu l'honneur d'être connue d'elle, à son retour d'Espagne, peu de temps avant que cette princesse partît de France, qu'elle était belle et agréable, et qu'elle s'en alla bien contente, se voyant reine d'un si grand royaume. Elle y vécut quelques années agréablement. *Le prince d'Espagne était beau et bien fait, et ils s'aimèrent.*

« On a même cru que le roi son beau-père, la trouvant belle, différa de les mettre ensemble, prétendant la prendre pour lui-même. On m'a dit, depuis, que cela n'était véritable qu'en ce qu'il l'aima comme sa fille et fort tendrement. Mais le prince son mari, étant devenu roi, eut tant de maîtresses, de toutes conditions, que par la jalousie, qu'elle eut raison d'avoir, toute sa vie fut pour elle un tourment aussi sensible qu'il fut long et douloureux.

« Elle eut sujet de s'en plaindre, mais ses plaintes furent toujours inutiles, et quoiqu'elle fût aussi chaste qu'il était voluptueux, *les coutumes d'Espagne furent d'abord rigoureuses pour elle.*

« La reine d'Angleterre, longtemps après la mort de cette princesse, m'a conté que le roi d'Angleterre, son mari, alors prince de Galles, fit un voyage en Espagne pour demander l'infante, sœur cadette de la reine, notre maîtresse, qui depuis a été impératrice; qu'ayant trouvé la reine d'Espagne à son gré, il avait quelquefois cherché l'occasion de lui parler sans trucheman; car, quoique Française, elle n'osait lui parler français, et que lui ayant dit quelques mots dans cette langue, elle lui avait répondu tout bas : *Je n'oserais vous parler dans ce langage sans permission, mais je la demanderai;* que l'ayant obtenue, elle lui avait parlé seulement une fois, où elle lui dit qu'elle aurait souhaité qu'il eût épousé sa sœur, qu'il épousa en effet, parce que le mariage avec l'infante se rompit; que depuis cette conversation, et quelques marques qu'il donna peut-être d'aimer à la voir à la comédie, *on* lui fit dire doucement de ne plus penser à elle, *que c'était la mode, en Espagne, d'empoisonner les galants des reines.* Depuis ce charitable avis, il ne lui parla plus, et ne put la voir à découvert, car elle n'alla plus à la comédie que dans une loge toute fermée. »

Ce roi volage et jaloux, cette reine si française, qui adore la comédie, et qui marie sa sœur à celui qu'elle ne peut aimer impunément, cette langue natale si impitoyablement défendue, ce *charitable avis* donné à un royal galant, toutes ces contraintes, toutes ces terreurs, tous ces regrets, ne vous apparaissent-ils pas maintenant clairement, et ces révélations de madame de Motteville ne sont-elles pas comme un flambeau posé devant ce mystérieux portrait, où le pinceau de Rubens a figuré, pour l'attendrissement de la postérité, le martyre de la Joconde espagnole?

M. DE LESCURE.

MADAME DU BARRY.

C'était pendant la Terreur, Paris étant plein de meurtre et de sang, un Paris sans reine et sans roi, dans la maison d'arrêt de Sainte-Pélagie, une femme attendait sa condamnation suprême. Il n'y avait rien de plus triste et de plus abattu que cette infortunée, et cependant sous ses habits, sombres comme sa fortune, à la clarté funeste qui se prolongeait dans cette prison, on voyait encore que cette femme avait été belle. A coup sûr, elle n'appartenait pas à la race, en ce moment souffrante et décimée, des duchesses et des vraies grandes dames d'autrefois, martyres résignées et chrétiennes, qui montaient sur l'échafaud, comme si l'échafaud eût été le droit de leur naissance et de leur orgueil. On devinait cependant, à son attitude, à son geste, à son port de tête, à sa façon de commander, que cette femme avait fréquenté, tout au moins, les petits appartements de Versailles.

Toute misérable qu'elle était, son costume révélait l'opulence, et parfois son sourire annonçait les beaux jours. C'était une âme faible, un esprit débile, un cœur inerte, une créature sans courage, une fleur fanée, un pastel dont la poussière s'était envolée au soleil. C'était madame la comtesse Du Barry, pour tout dire, un dernier caprice de ce malheureux roi qui traînait la France à l'abîme, en ses tristes sentiers de doutes, de voluptés et d'adultères. Que venait-elle faire en ces lieux des fureurs populaires, au milieu de cette ville ameutée, au fond du gouffre, et de quel droit cette esclave du vieux sérail sera-t-elle mêlée aux dangers de la reine de France et de Madame Élisabeth? Elle était à l'abri; elle vivait paisible en Angleterre, où elle avait trouvé déjà d'autres amoureux. L'insensée et l'avare! Elle était revenue, attirée à ces dangers par le désir de retrouver des diamants perdus, des vaisselles cachées, des diadèmes et des colliers de ses anciennes splendeurs.

A peine arrivée, elle fut dénoncée aux tyrans de 93, et celui qui la dénonça, ce fut un nègre appelé Zamore, un des jouets de cette femme. En riant, elle en avait fait le gouverneur de son château de Luciennes; ce Zamore, aux jours solennels, portait le manteau de cette reine des petits appartements. C'était un peu moins qu'un homme.... Un misérable, un sapajou; on lui eût demandé pourquoi donc il livrait au bourreau sa bonne maîtresse? il eût répondu par un éclat de rire.... il n'en savait rien!

A peine elle eut franchi le seuil de Sainte-Pélagie, elle comprit toute sa faute; et pourtant elle était loin de s'avouer à elle-même qu'elle avait joué sa tête à ce jeu terrible. « On ne me tuera pas, se disait-elle, on ne me tuera pas; je suis une enfant du peuple comme madame de Pompadour était une bourgeoise, et comme madame de Châteauroux était une duchesse. On ne me tuera pas! Je n'ai fait de mal à personne, au bout du compte, et j'ai chassé M. de Choiseul. J'ai mieux fait : je suis une des causes les plus actives de la révolution qui s'agite en ce moment parmi le peuple de France; et si le trône a croulé, si le sceptre est brisé, si la monarchie entière a disparu dans ces tempêtes, c'est que j'étais son mauvais génie. Et d'ailleurs, est-ce que l'on traîne à l'échafaud une créature indigne de ces colères? »

Ainsi se rassurait cette infortunée; elle comptait sur ses licences passées et sur sa propre indignité pour s'arracher elle-même à l'abîme qui menaçait de l'engloutir.... Cependant, chaque heure et chaque jour amoncelaient le nuage autour de sa tête; un frisson la saisit, quand le geôlier vint lui dire que sa cellule était prête à la Conciergerie.... une antichambre de l'échafaud.

A la Conciergerie ... (O misère! ô présage! ô châtiments!) Elle fut enfermée au fond du même cachot funèbre que la reine de France avait occupé; elle se coucha sur le même lit où Marie-Antoinette avait veillé, avait pleuré, avait tant souffert. Pour peu que la nouvelle prisonnière eût été attentive aux douleurs que cette tombe anticipée avait contenues, elle eût retrouvé toutes les traces, récentes encore, de l'auguste captive. Hélas! la reine, avant de monter sur la *charrette*, où l'attendaient les vociférations des tricoteuses, la reine, *à jeun*, avait fait son lit, de ses mains royales! Elle s'était agenouillée à cette place humide, où ses genoux avaient laissé leur empreinte. Madame Du Barry respirait encore en ce cachot de la Conciergerie une odeur de reine et de martyre; on eût dit que ces murailles avaient gardé le souvenir de la majesté et du malheur! C'était donc une dernière profanation d'enfermer dans le cachot de la reine une comtesse Du Barry. Son procès fut informé avec l'activité impitoyable de ces temps de meurtre. On lui demanda son âge; elle répondit en soupirant qu'elle avait quarante-deux ans. Aussitôt Fouquier-Tinville, l'accusateur général, couvrit d'infamies et d'opprobres cette femme haletante d'effroi. Il en fit une Vendéenne, une complice de Pitt, une quasi-reine, une gardienne de trésors cachés, une amie des princes, des exilés, des Coigny, des Durfort, des Breteuil, des Brancas, des Narbonne et des Mortemart.

Il la traita avec la plus furieuse ironie, ajoutant qu'elle avait porté à Londres même le deuil du roi, le deuil de la reine. Il en fallait beaucoup moins pour que la comtesse Du Barry fût condamnée : un geste, un mot suffisait à la peine de mort. Et puis, quel titre aux vengeances publiques d'avoir été la maîtresse du roi Louis XV! Donc « Jeanne Vaubernier, femme Du Barry, demeurant à Luciennes, ci-devant courtisane, est condamnée à la peine de mort; déclare ses biens acquis à la République; ordonne qu'à la diligence de l'accusateur public le présent jugement sera exécuté dans les vingt-quatre heures sur la place de la Révolution. »

Elle écoutait sans rien entendre! Elle voyait tout sans rien voir! Elle se demandait si elle n'était pas le jouet d'un songe? — Eh quoi! c'est vrai? C'est donc tout de suite, aujourd'hui même, ou demain! pas plus tard, qu'il faut mourir? Mourir à quarante ans, après tant de délices! riche, aimée et si belle encore! Ah! Dieu du ciel! par quelle force inattendue, donner à cette femme, à cette désespérée un moment de courage? Elle tremble, elle a peur; elle s'écrie, elle dit qu'elle ne veut pas mourir! Elle se demande, en ce moment, si c'est bien vrai que le bourreau va venir? En vain elle pleure; en vain elle appelle à son aide avec des cris, avec des larmes, dénonçant ses amis, révélant ses cachettes, distribuant les diamants et les perles à ses juges!... L'implacable nécessité la tient dans son réseau de fer!

Le peuple hurle.... il faut partir! Il faut porter au bourreau cette tête charmante! Elle hésite! elle tremble! elle veut, mais en vain, marcher.... le bourreau l'a prise en ses bras et l'a portée sur la charrette, autour de laquelle une foule immense, avec toutes les injures que contenaient les halles, les clubs, les conventions, les mauvais lieux, les boucheries.

La voilà, c'est elle! On l'insulte, on la dévisage, on la désigne à la foule ardente. Un grand cri l'accompagne, un cri de malédiction, un cri d'épouvante aussi. Car pour la première fois, depuis que la révolution égorgeait des victimes, depuis que le roi et la reine étaient morts en héros, en chrétiens; depuis que les plus jeunes femmes, le printemps de l'année et de la royauté française, avaient marché à l'échafaud, comme on marche à la gloire, madame Du Barry était la première victime qui avait eu peur de la mort. La première elle avait crié : « A l'aide! au secours! au meurtre! » La première, entre les mains du bourreau, elle s'était débattue en criant: « Grâce! pitié! pardon! monsieur le bourreau, ne me tuez pas! »

Sous le couteau, elle criait encore; et si grande était sa plainte, et si profonde était sa prière, et si touchante elle était dans ses larmes, que cette fois enfin ce peuple horrible, implacable et féroce, hideux témoin de tant de meurtres, sentit au fond de son âme un peu moins que de la pitié, un peu moins que l'horreur du meurtre, mais la satiété du crime, et le dégoût de ce fleuve de sang qui tombait chaque jour de l'échafaud. Chose étrange! à dater de la mort de madame Du Barry les politiques, ou si vous aimez mieux les bourreaux de ce temps-là, comprirent que désormais ces supplices devenaient impossibles, et que le peuple en détournait ses regards. « Trop de sang!... plus de sang! » Si Robespierre et Fouquier-Tinville avaient pu prévoir que madame Du Barry mourante aurait tant d'autorité sur les âmes d'alentour, Fouquier-Tinville et Robespierre auraient épargné cette tête légère et frivole.

Ainsi la mort a ses caprices, tout comme les courtisanes. Mettez au cœur de madame Du Barry, ce qu'à Dieu ne plaise! le courage et la résignation de la reine de France, et la *terreur* va durer.... deux ans de plus, peut-être. O larmes fécondes! frayeurs salutaires! cris pitoyables! *Grâce! pitié! pardon!* Trois mots que la foule attendait pour s'apaiser.... La comtesse Du Barry fut la première à les prononcer sur la place de la Révolution, au-dessous du couteau qui s'ébrèche. Elle a donc bien payé ses folles années, cette maîtresse d'un roi, que le hasard avait apportée aux alcôves de Versailles. Elle n'avait jamais rêvé cette haute fortune; elle était une enfant de l'amour et du hasard, élevée par la charité d'une courtisane et vouée au métier de sa bienfaitrice. A quinze ans, cette enfant de la pauvreté, très-jolie, allait librement dans la rue, appelant je ne sais quoi, attirant tous les regards.

MADAME DU BARRY.

Déjà coquette et galante, et chiffonnant, pour sa contenance, une dentelle, un ruban. Elle avait nom mademoiselle Lange, et son visage était aussi joli que son nom. Sans qu'on le lui eût dit, elle savait bien où elle allait..., elle allait au vice, elle allait à Versailles! On lui présenta chez Lebel, le fameux valet de chambre, un homme encore assez beau, mais déjà dévasté par toutes les passions facilement assouvies; elle regarda cet homme avec ces grands yeux d'une jeune enamourée que rien n'étonne. On lui dit: « C'est le roi!... c'est Dieu lui-même! » Elle répondit : « Ce n'est qu'un homme! » Et tout de suite, avec peu de sans-gêne elle traita ce nouvel amoureux de sa beauté. Ce roi de France était pour elle un amoureux de passage; elle ne songea guère à lui plaire : elle se contenta d'être gaie et folâtre avec ce prince accablé d'un ennui sans nom! Comme elle eût ri au premier venu, elle montra son beau rire à ce blasé.... Ce fut justement ce mépris du titre et du sceptre qui la fit trouver charmante.

A peine elle l'avait regardé, il ne l'oublia pas; il voulut la revoir et la voir mariée. Aussitôt, tant c'était une lâcheté facile en ces temps de décadence, la petite Lange rencontra le mari que demandait le roi de France, un mari très-bien né, d'antique race, un mari comte et marquis.... Ce comte Du Barry avait pour frère un vrai drôle, joueur, débauché, bel esprit, et ce beau-frère apprit à sa belle-sœur à bien user de la vie. Elle avait apporté en naissant le grand art des beaux habits, des riches parures, des grands et petits ajustements. Couronne et sceptre, à quoi bon? Elle avait les plus beaux cheveux du monde; elle avait son éventail! Elle était fée, et rien ne l'étonna dans cette fortune. Elle commandait, naturellement au roi d'abord, et puis à tout le reste; elle commandait par le sans-gêne et les belles grâces, par tout ce que la femme a de coquinerie ingénieuse. Et des mots grivois, des gestes imprévus, des mutineries, des bouderies, des gaietés irrésistibles. Elle était mieux qu'une femme..., un jouet! mieux qu'une maîtresse..., une grâce!

Non-seulement elle étonna cette cour frivole, elle l'éblouit, elle l'amusa; elle réveilla ces endormis, ces sceptiques, ces dédaigneux. Elle était belle, d'une beauté qui ne s'était jamais vue en tout Versailles, à commencer par madame de Montespan, à finir par madame de Pompadour : des cheveux blonds, des sourcils bruns, des yeux bleus pleins de feu mouillé, le nez grec, la bouche parisienne, un parfait ovale, le bras de Minerve et la main de Cypris. Un grand air de jeunesse, une forme, un enchantement, une belle humeur, tout cela plein de vie, animé, frais, galant, gentil, mignon, et parfois avec le don des larmes; tout cela varié, nouveau, murmurant des chansons inconnues, sautant d'un pied léger sur toutes les convenances et méprisant l'étiquette.

Ah! que le roi était heureux rien qu'à la voir, à l'entendre! Elle plaisait, elle amusait, elle était espiègle et toujours éveillée; elle parlait une langue à part, moitié Versailles, moitié magasin de modes; puis volontaire, active, changeante et dépensière, et tant de reparties heureuses. Bien peu la méprisaient, tant la corruption était grande, et pas un seul ne la haïssait. D'un coup de son éventail, elle avait renversé la fortune de M. de Choiseul.... M. de Choiseul chassé par elle, et la reconnaissant à sa fenêtre, lui fit un beau salut, en lui envoyant un baiser.

Elle a donc bien joué son rôle; elle n'était faite que pour cela; de peu de chose elle s'est mêlée, et à son corps défendant. Elle a créé Luciennes; Luciennes est son Louvre. Elle y porta tout son petit génie et tout son petit goût; on dirait d'un pavillon des *Mille et une Nuits*, servi par des génies comme on en voit dans les compositions d'Eisen, de Moreau et de Baudouin. Mais quoi, si le pavillon était enchanté, il n'était pas éternel : un souffle pouvait le renverser; il fut brisé par un tremblement de terre, et quand le vieux roi mourut enfin, sous un tas de voluptés, d'ennuis, de fatigues, de remords, ce qu'il regretta le plus ce ne fut pas sa couronne, sa gloire, son nom perdu, son royaume détruit, cette révolution qui s'avance et ces grandes misères dont il a l'intime pressentiment; ce qu'il regretta le plus, ce fut le sourire et le regard de madame Du Barry.

On les rencontre à la fin de toutes les monarchies, ces hasards de l'amour. Un valet de chambre, une fillette errante, un souper.... vous étiez reine! Et voilà comme elle l'était devenue! En moins de temps qu'on n'en met à le dire, elle eut pour ses chevaliers d'honneur le duc de Richelieu, le duc de Choiseul; la duchesse de Grammont devint son *amie* après avoir été sa *rivale*.... Elle rencontra des poëtes qui l'accablèrent d'ironie :

> La Bourbonnaise
> Arrivant à Paris,
> A gagné des louis.
> La Bourbonnaise
> A gagné des louis
> Chez un marquis.

Cela se chantait dans la rue au jeu des vielles, avec accompagnement de flûte et de tambour! Le colporteur colportait ces couplets dans les bonnes maisons de la ville.... On lui disait encore une foule d'injures bien trouvées : « Elle n'a fait qu'un saut, disait-on, du pont Neuf au Louvre! » Elle riait de la prose et de la chanson; si l'air était joli, elle le chantait au roi lui-même, et si le malheureux poëte était pris, elle demandait grâce, et le tirait de la Bastille.

Chaque matin, dans cette antichambre de la faveur, arrivaient M. de Saint-Florentin, M. le duc d'Aiguillon, le duc de la Vauguyon, le duc de Villeroy. Elle habitait tour à tour avec le roi, la maréchale de Mirepoix, la marquise de

Flavacourt, la duchesse de Valentinois, ces maisons royales : Fontainebleau, Marly, Choisy, Bellevue, et les princesses du sang royal cédaient leur appartement à la Favorite! Elle fut.... *présentée* aux honneurs de la cour.... le jour de cette présentation, à l'heure entre toutes solennelle, le roi attendit la dame et son *bon plaisir!*

On lui fit bien vite une *généalogie*.... eh! comme elle riait au nez du généalogiste! Il y eut de très-grands seigneurs qui la voulurent reconnaître pour leur cousine.... elle se moqua de ces beaux cousins! Elle était franchement.... ce qu'elle était. Pas de vanité, pas d'orgueil, pas d'autre ambition que d'accaparer tout ce qui brille, et tout ce qui fait briller les belles personnes! Elle avait Voltaire à son petit couvert, et se contentait des vers de Voltaire. Une fois Monseigneur le duc de Fresnes écrivit chez le suisse de madame Du Barry : *Le sapajou de madame la Comtesse est venu pour lui rendre ses hommages!* Une autre fois, M. le chancelier, M. de Maupeou, découvrit dans les papiers de sa famille qu'il était le parent des *Du Barris*, et il s'en félicitait! Le prince de Condé l'invitait à Chantilly ; elle présidait aux chasses de Compiègne ; une dame de Montmorency proposa son fils, un duc de Boutteville, pour en faire le mari d'une petite Du Barry, et la comtesse hésita.... Elle était si haut, le reste était si bas!

Que vous dirai-je? Elle faisait des évêques, des pairs de France et des chevaliers du Saint-Esprit!

Elle a bâti sa gloire d'un jour sur les ruines de Versailles renversé! « Et maintenant instruisez-vous, arbitres du monde! » C'est un cri de Bossuet jetant sa lamentation sur des ruines, moins complètes que celles-là!

J. JANIN.

MADEMOISELLE DE LA VALLIÈRE.

Mademoiselle de la Vallière est toute la passion d'un demi-siècle. Son amour commence en Louis XIV et finit en Dieu. Dieu et le roi ont toujours pris et repris ce cœur débordant : quand mademoiselle de la Vallière n'aimait que le roi, elle aimait toujours Dieu ; quand elle n'aimait plus que Dieu, elle aimait encore le roi.

C'est au beau pays de Touraine, dans la patrie d'Agnès Sorel, non loin de ce

Chambord où François Ier créait des duchesses par la grâce de l'Amour, que naquit, en 1644, Louise de la Vallière. Était-elle ou n'était-elle pas d'origine noble? les uns disant que M. le duc de Montbazon avait en vain sollicité des lettres de noblesse pour le père de cette future souveraine du roi, les autres affirmant qu'elle était la propre nièce de M. de Vauléard, trésorier de France.

Mais qu'importent ces détails, bons à peine pour occuper un instant quelque douairière à tabouret? Louise de la Vallière aima le roi, et souhaita, tout en l'aimant, qu'il ne fût qu'un simple gentilhomme afin d'oser aspirer à lui plaire. Voilà la vraie, la grande noblesse de cette âme à la fois passionnée et pure, de cette pécheresse innocente que ses compagnes, spectatrices intéressées des combats de son cœur, avaient surnommée *la belle à scrupules*.

M. le duc de Roquelaure, un imperturbable railleur, qui ne croyait à rien d'honnête, s'en fut conter, en riant, à Louis XIV les secrètes et timides aspirations de ce pauvre cœur blessé; et cela avec des mines à faire mourir de rire et en imitant la démarche inégale et chancelante de cette adorable enamourée. Tandis que tous les courtisans riaient, Louis seul demeurait sérieux et rêveur; et quand M. de Roquelaure, poursuivant la plaisanterie en présence de Louise de la Vallière qui venait d'entrer, lui dit : «Approchez, la belle aux yeux mourants qui n'en voulez qu'à des monarques,» la majesté du roi s'inclina devant la sérénité de cette vertu touchante, et, dans le fond de son cœur, il sentit l'ineffable volupté de l'amour partagé.

J'ai fait un pèlerinage aux Carmélites pour mieux évoquer sœur Louise de la Miséricorde.... — sainte Louise de la Miséricorde! — J'ai vu son portrait, qu'une religieuse m'a montré à travers les grilles du parloir.

Ce portrait, qui rappelle la palette de Mignard, représente mademoiselle de la Vallière toute jeune encore. L'œil est doux et brûlant, la lèvre est rouge, l'expression est toute profane. C'est une femme de cour qui ne s'inquiète pas si l'horizon est chargé de nuages. Dieu ne l'a pas abandonnée, mais elle a quitté Dieu.

Or, cette adorable figure, qui sans doute était peinte dans la robe des fêtes, montrant sans y penser son bras et son cou, son sein peut-être, comme aux bals de la cour, a été revêtue longtemps après, par un autre peintre, du sévère habit des carmélites. Le peintre a été impitoyable comme sœur Louise de la Miséricorde elle-même : il a sacrifié cette belle chevelure, coupable des baisers de Louis XIV; il a jeté le voile pudique et jaloux tout autour de cette tête si vivante jusque dans la mort du cloître.

Les deux femmes sont là : la Diane des chasses de Fontainebleau et la religieuse qui brûle son voile de ses larmes, la rivale de madame de Montespan amoureuse et la rivale de madame de Longueville pénitente, la duchesse de la Vallière et sœur Louise de la Miséricorde!

Ce portrait est d'un grand enseignement. Pendant que je l'étudiais, la carmélite, qui, voilée des pieds à la tête, daignait le soutenir sur un escabeau, faisait sans doute cette réflexion, qu'on a beau monter les degrés du trône, on ne retrouve son cœur que sur les degrés de l'autel ; qu'on a beau dorer et pavoiser la barque royale qui prend la mer un jour de soleil, on regrette bien vite de s'être embarqué pour n'étreindre que la tempête, le vent et les flots, quand on retourne la tête vers la paix du rivage.

Mademoiselle de la Vallière fut la poésie du dix-septième siècle ; ce n'est pas une héroïne de roman : c'est la dixième Muse. Nulle figure ne représente plus fidèlement la mélancolie amoureuse, les combats du cœur, les aspirations de l'âme, la passion couronnée d'idéal, que cette romanesque la Vallière, qui resta fille d'honneur en devenant maîtresse du roi. Il est impossible de lui trouver une sœur dans l'antiquité, non plus que dans les siècles modernes. C'est une nouvelle figure pour l'art, belle comme les plus belles, nées de l'imagination des poëtes ou tombées de la palette des peintres. Racine et Quinault, ses contemporains, la voyaient ainsi. Ils savaient qu'elle appartenait par sa figure et par sa passion à l'immortelle galerie où se confondent les créations de Dieu et celles des poëtes. Les peintres et les sculpteurs du temps, Lebrun, Mignard, Girardon, Coysevox, l'ont peinte et sculptée bien moins pour Louis XIV que pour eux-mêmes, comme si cette adorable vision, prédestinée à traverser les siècles, devait leur donner une part d'immortalité. Mais ni les sculpteurs, ni les peintres, ni les poëtes n'ont compris le caractère de cette nouvelle Muse. Ils l'ont représentée en Diane chasseresse et en Madeleine repentie, en Hébé et en Aurore ; il la fallait peindre et sculpter en la Vallière, avec sa belle chevelure en cascades ombrageant à demi son œil rêveur, avec sa bouche si chaste et si voluptueuse à la fois, avec ce profil sévère adouci par les airs sympathiques, ce sein un peu fuyant peut-être, mais d'un dessin irréprochable, ce cou mollement incliné qui rappelle les cygnes fuyant l'orage, cette main si éloquente pour ceux qui cherchent l'âme jusque dans la main.

A vingt ans, mademoiselle de la Vallière était une âme plutôt qu'un corps. Elle ployait comme un roseau au moindre choc de sa passion. Ses grands yeux semblaient s'ouvrir dans le ciel ; elle était belle, non pas de la beauté opulente et épanouie : elle était belle comme une vision qui ne touche pas à la terre, belle de la beauté des anges et des madones.

Le lendemain de sa chute, cette chute qui eût été un triomphe pour toute autre, mademoiselle de la Vallière ne se réveilla pas sur les marches du trône, jetant la France à ses genoux et les courtisans à ses pieds, fière comme Junon, souveraine comme Diane de Poitiers. Elle se cacha la figure dans ses mains et jura de vivre plus que jamais dans le demi-jour.

Elle fut toujours effrayée du rayonnement du roi-soleil ; elle cherchait les nues, elle cherchait les ramées. Elle aimait la rencontre du roi, mais s'il n'était pas seul, elle aimait mieux poursuivre son souvenir que de voir son image.

Mademoiselle de la Vallière, en ces belles années de la passion du roi, pouvait gouverner le monde ; mais elle ne voulait qu'aimer. Elle s'élevait sur son trépied d'or pur au-dessus de toutes les diplomaties de la cour. Elle ne voulait pas toucher aux choses de ce monde. Toute son ambition était dans son cœur. Elle ne voulait pas jouer le rôle d'Agnès Sorel ; elle ne voulait jouer que son rôle, sans souci de sa souveraineté. Le roi disait : « L'État, c'est moi ; » et elle disait : « L'État, c'est mon amour. » Le roi, pour elle, était un homme jeune et beau qu'elle dépouillait de toute auréole de gloire. « Il s'appelle Louis et je m'appelle Louise, » disait-elle avec joie.

Elle s'abandonnait indolemment à toutes les ardentes rêveries. Elle était si occupée de penser à son amant, qu'elle oubliait l'heure du rendez-vous. « Pourquoi ne veniez-vous pas ? — Parce que j'avais peur de vous quitter. » Elle était dominée par son imagination ; le paradis retrouvé lui cachait le parc de Versailles ; son âme s'envolait au delà des mers sans s'inquiéter de ce beau corps, plus doux à voir et à toucher que la pêche mûrissante. Plus d'une fois le roi surprit mademoiselle de la Vallière toute décoiffée, son peigne à la main, comme si elle sortait du lit, quoiqu'il fût l'heure du déjeuner. Louis ne lui faisait pas un crime de ce déshabillé charmant qui lui offrait un spectacle imprévu. La coquetterie de la beauté et de la jeunesse, c'est de proscrire toute coquetterie. Mademoiselle de la Vallière était, ces jours-là, coquette sans le savoir. Louis avait le sentiment de l'ordre ; il aimait que tout fût bien ; mais il était trop amoureux pour ne pas pardonner à sa maîtresse de lui montrer du même coup un pied chaussé et une jambe nue. Et ces jolis mouvements de la candeur qui s'effarouche ou de la frileuse qui s'irrite de ne pas trouver assez d'étoffe ! Et ce charmant embarras de la femme chaste qui ne sait où se cacher !

Le roi était assez artiste pour aimer cette chevelure qui ruisselait sur le cou, cette gerbe opulente que les agitations nocturnes avaient tout emmêlée et toute tordue. Les Giorgion et les Véronèse de sa galerie lui avaient appris que les chevelures désordonnées encadraient avec bonheur les plus belles figures.

Avant d'être jalouse de la marquise de Montespan, mademoiselle de la Vallière était jalouse d'elle-même, mais dans le sens inverse. Il y avait en elle deux femmes : l'une toute de vertu, l'autre toute d'amour. La première était jalouse de la seconde quand elle la sentait qui courait au roi. Aussi disait-elle à Louis : « Que je vous donne de peine de m'aimer, absente et jalouse ! »

L'amour du roi s'irritait de ces luttes toujours imprévues, parce qu'il croyait

MADEMOISELLE DE LA VALLIÈRE.

toujours avoir vaincu sans merci. Le roman était toujours à la même page, parce qu'on déchirait toujours la page. Le bonheur du roi était durable, parce qu'il menaçait de ne pas durer. Mademoiselle de la Vallière parlait de son malheur, mais comme elle aimait son malheur!

Dans les heures de sa première chute, elle eut peur de Dieu; elle courut, front baissé, s'agenouiller en la chapelle de Fontainebleau. Elle y trouva Jésus pardonnant à Madeleine, une belle Madeleine du Primatice, toute pécheresse encore; — elle se compara pour la première fois à la grande repentie. « Mais moi, dit-elle toute désespérée, je n'aurai pas la gloire de laver sous mes larmes le sang de Notre-Seigneur. »

Plus que jamais elle demeura fidèle à ses devoirs religieux, aimant la prière et le jeûne. Le roi aurait bien voulu supprimer les heures de prière et les jours de jeûne, car il n'avait d'audience qu'après Dieu. Un matin, il arrêta la jeune fille au sortir de la messe où il était allé lui-même, mais où il était demeuré moins longtemps. Il la saisit dans ses bras et l'appuya avec force sur son cœur. Elle ne se défendit pas, selon sa coutume, ce qui surprit presque le roi; mais voyant sa pâleur : « Pourquoi pâlissez-vous? lui demanda-t-il. — Pourquoi je pâlis? c'est que mon cilice m'empêche de me sentir si près de vous! »

Quand mademoiselle de la Vallière entra aux Carmélites, elle avait fait pénitence. On a beaucoup parlé des sombres années que mademoiselle de la Vallière a passées à l'ombre du cloître, mais on n'a pas peint les siècles qu'elle a passés à l'ombre de madame de Montespan.

Qu'était-ce, en effet, que les cilices, les jeûnes et les solitudes, au milieu de ces saintes filles qui subissaient les mêmes douleurs dans l'espoir du ciel, pour celle qui, pendant sept années, — sept siècles de larmes et de désespoir, — avait assisté à toute heure au spectacle de l'amour de Louis XIV et de madame de Montespan, qui avait lu page par page cet autre roman de la passion du roi? Son front avait mille fois saigné sous les couronnes d'épines; son cœur avait mille fois défailli dans les embrassements du roi et de sa maîtresse. Toutes les pâleurs de la jalousie avaient frappé sa beauté d'une tristesse ineffaçable. Déjà elle souffrait en Dieu quand elle était adorée de Louis XIV; mais Dieu ne la consola pas quand elle fut délaissée. En vain elle levait les bras au ciel; elle s'agenouillait devant Celui qui avait pardonné à Madeleine; elle demandait pour ses lèvres brûlantes encore, plus brûlantes que jamais, l'eau du divin amour qui désaltéra la Samaritaine. L'âme était esclave du cœur; l'air manquait pour les ailes de l'ange. Dieu, c'était le roi. Vainement elle voulait sortir de la forêt des flammes vives et respirer dans le ciel bleu : les branches l'envahissaient et la dévoraient. Tout en rêvant le paradis, elle demeurait enchaînée dans l'enfer de la passion. Elle aurait pu briser sa chaîne et s'enfuir par la porte toujours entr'ouverte aux pécheresses repentantes; mais elle adorait le bruit de ses chaînes, mais elle cherchait la volupté des supplices. Ne disait-elle pas : « Je garde toutes les passions de mon péché; je ne me flatte pas d'être morte à mes passions pendant que je les sens revivre plus fortement que jamais dans ce que j'aime plus que moi-même? » Oui, son enfer, ce fut la cour de Louis XIV, qui avait été son paradis; — toutes les douleurs là où elle avait eu toutes les joies ; tous les hivers là où elle avait eu tous les printemps; toutes les larmes là où elle avait eu tous les sourires; — elle avait beau vouloir s'arracher à cette « confuse Babylone, » le pays « de cette convoitise perpétuelle; » elle avait beau se rappeler, pour se guérir de ses retours au péché, que dans son meilleur temps « l'accomplissement de ses désirs même la rendait plus misérable que ses plus misérables esclaves, » elle faisait un pas vers le passé, elle étreignait les chimères envolées, elle revêtait, comme dit le poëte, la robe étoilée du souvenir. Elle parle à Dieu, mais si le roi l'écoutait il ne s'y méprendrait pas. Elle se dit servante de Dieu. Pauvre femme blessée! si elle était la servante de Dieu, consentirait-elle à être la servante de madame de Montespan pour voir le roi de plus près? C'est pour Dieu qu'elle souffre, dit-elle; mais ne la croyez pas : c'est pour elle-même. Tout dans l'amour est une volupté, la peine comme le plaisir, la douleur comme la joie. Souffrir, c'est aimer encore; prier Dieu, c'est prendre le ciel à témoin des immensités et des déchirements de sa passion.

Ce fut le 20 avril 1674 que mademoiselle de la Vallière se jeta aux pieds de la reine, lui demanda pardon de l'avoir offensée, lui baisa respectueusement les mains, et courut se jeter dans le carrosse qui allait la conduire aux Carmélites. Ce carrosse, c'était le char funèbre qui menait sa jeunesse au tombeau.

Mademoiselle de la Vallière demeura trente-six années aux Carmélites, la plus humble de toutes, la plus inquiète et pourtant la plus près de Dieu. Trente-six ans ! Elle mourut donc vieille. Et pourtant elle est restée jeune toujours dans le souvenir des siècles. Le désert où se réfugia Madeleine ne fut pas plus inondé de larmes pénitentes que la cellule de mademoiselle de la Vallière. Je ne parlerai pas de tous les cilices qu'elle imposa à son esprit comme à son corps. C'était la plus faible, mais l'amour de Dieu lui donna tous les courages. « Pauvre femme, lui dit un jour madame d'Armagnac en la voyant filer de l'étoupe, voilà donc ce que vous faites de ces mains qui ont joué avec le sceptre? — Pourquoi vous étonner? dit la carmélite. N'ai-je pas été à la cour servante de madame de Montespan? Ici, je ne suis que la servante des pauvres. »

Elle avait beau s'attacher violemment à la mort, elle se survivait malgré elle. Elle avait beau se rouler sur les épines de la mortification, elle retrouvait toujours des roses sur ce lit douloureux. Elle avait beau, selon l'expression de Jésus-Christ,

« creuser bien avant dans la terre, » ses yeux mortels ne voulaient pas encore se fermer à la lumière. Elle avait beau s'enfermer dans le tombeau de Notre-Seigneur, les anges rebelles venaient à toute heure soulever le couvercle et lui chanter les hymnes du passé.

Quand on apprit à Louis XIV, déjà penché vers la tombe, que celle qu'il avait le plus aimée avait enfin gagné le ciel, il dit à madame de Maintenon, sans être attendri, que tout cela lui semblait si loin qu'il n'y croyait plus.

Le roi, qui n'avait pas revu sa maîtresse depuis trente-six ans, qui avait assisté trois fois au renouvellement de sa cour, qui s'étonnait de vivre à travers tant de métamorphoses, qui ne s'étonnait plus ni des victoires ni des revers, vit partir sans un regret et sans une larme celle qui avait été l'âme de sa jeunesse. Que de siècles orageux sur son front depuis ces belles folies! Lui-même, d'ailleurs, allait mourir en Dieu, détaché du néant des grandeurs humaines.

Et pourtant, le cœur le moins romanesque s'indigne. Louis XIV ne pensa-t-il donc pas alors, avec un souvenir pieux, à la fidélité de celle qui, à Chambord, avait voulu qu'il brisât le vitrail où François Ier avait inscrit avec la pointe d'un diamant : *Souvent femme varie!...*

Mademoiselle de la Vallière n'avait varié que pour Dieu. Et encore, dans ses aspirations vers le paradis, ne voyait-elle pas se dessiner Versailles?

ARSÈNE HOUSSAYE.

HÉLÈNE FOURMENT.

Il manquerait quelque chose à la vie de l'artiste, même du plus glorieux et du plus acclamé, si au lendemain de son triomphe, et à la veille de recommencer la lutte avec le grand ennemi, l'idéal, il ne lui était pas permis de s'asseoir une heure à son foyer paisible, et, la main dans la main d'une compagne tendrement aimée, d'oublier dans les sérénités de l'amour les fiévreuses lassitudes de la gloire. Ni la conscience d'avoir bien fait, ni les applaudissements de la foule ne sauraient suffire à ces maîtres puissants qui nous charment par les créations de leur génie; il leur faut des joies moins bruyantes, et, dans cette constante surexcitation d'esprit où les tient leur œuvre commencée, ils ont besoin des paroles consolantes, des caresses d'une femme. La Muse n'est pas aussi jalouse qu'on le dit, et bien des fois elle a vécu avec la maîtresse du poëte ou du peintre comme une sœur avec sa sœur.

C'est du moins ainsi que les choses se passaient autrefois, surtout chez ces honnêtes artistes qui, après avoir été l'honneur de la Flandre, sont aujourd'hui notre joie. Il y a quelque temps à peine, alors que leur biographie était mal connue, les romanciers et les faiseurs d'anecdotes ne tarissaient pas sur le compte de ces pauvres peintres, qu'ils traitaient volontiers de piliers de tavernes de bohémiens passant leur vie au cabaret entre un pot de bière et un jeu de cartes. Mensonge et fantaisie que tout cela!... A mesure que l'histoire pénètre dans la vie ignorée de ces maîtres, on les voit travaillant du matin au soir dans leur maison laborieuse, naïvement amoureux de leur femme (ils se mariaient plutôt deux fois qu'une) et jouant au coin du feu avec un groupe d'enfants dont le nombre étonnerait parfois la pauvreté ou la prudence de nos ménages d'aujourd'hui. Ainsi la vie de l'artiste flamand est avant tout une vie de famille, une existence qui semble faite de sérénité et de travail. Les peintures qu'ils nous ont laissées en portent assurément la trace; n'est-ce pas une œuvre tranquille que celle de ces bons ouvriers?

Le plus puissant d'entre eux, Rubens, n'échappe point à la loi commune. A ceux qui jugent des choses à la surface, le grand peintre d'Anvers apparaît d'abord comme le maître souverain, éclatant, inépuisable, qui étonna le monde par les prestiges de son génie; il mène la vie opulente d'un gentilhomme, presque d'un prince; les rois le comblent d'honneurs et le compromettent dans leurs intrigues secrètes; il est mêlé à la politique de son temps, comme il est mêlé à sa littérature : car Rubens est un savant, il parle et il écrit plusieurs langues, il est en correspondance avec tous les érudits de l'époque, il réunit dans sa somptueuse demeure une splendide collection de marbres antiques, de médailles, de tableaux; enfin c'est l'homme universel, qui remplit des témoignages éclatants de son génie la première moitié du dix-septième siècle.... Oui, Rubens fut ce que nous venons de dire; mais il fut autre chose encore : à côté ou au-dessous de cette existence brillante et faite pour le dehors, le grand artiste eut une vie intérieure et discrète; si affairé qu'il fût, il trouva le temps d'aimer, et, pour peu qu'on l'étudie de près, on reconnaît dans ce peintre, qui fut une des souverainetés du temps, dans cet ambassadeur aux attitudes triomphantes, les qualités prosaïques, si l'on veut, mais éternellement charmantes, d'un fils, d'un père, d'un mari. C'est ainsi, je le sais, que parlent les épitaphes banales; mais n'est-ce pas aussi ce que dit la sérieuse histoire?

Rubens avait trente et un ans; il voyageait en Italie, heureux de la protection du duc de Mantoue qui l'avait attaché à sa cour, plus heureux encore de voir son talent s'épanouir au milieu des spectacles augustes que lui offrait cette terre sacrée. Tout à coup sa joie est troublée par une fatale nouvelle : sa vieille mère, qu'il a laissée à Anvers, est atteinte d'un mal qui ne pardonne pas. Aussitôt, abandonnant l'œuvre ébauchée, il prend en toute hâte le chemin des Flandres. On sait qu'il arriva trop tard. Marie Pypelinck était morte lorsqu'il rentra dans sa maison silencieuse. La douleur de Rubens fut très-vive; il songea d'abord à repasser les Alpes; il resta quelques mois sans travailler, incertain de ce qu'il ferait désormais de sa vie. Or, cet état flottant de l'âme, ces vagues tristesses sont singulièrement propices à l'amour : un jour vint, où Rubens se sentit pris au cœur. Ses irrésolutions furent dès lors fixées : le 13 octobre 1609, il épousa Isabelle Brandt, la fille du secrétaire de la ville, et, renonçant dès lors à l'Italie, il demeura à Anvers, où il devint bientôt le chef glorieux de la plus vaillante des écoles.

Il n'est pas dans notre sujet de raconter l'histoire de ce mariage et des événements qui le suivirent. Isabelle, qui paraît avoir été attachée à ses devoirs, donna deux fils à Rubens et fut, pendant près de dix-sept ans, la joie et la poésie de sa maison. Quant à l'artiste, d'immenses travaux, de fréquents et de lointains voyages, enfin le développement rapide d'une gloire de jour en jour grandissante, remplirent cette période de sa vie. Mais les meilleures choses en ce monde ont une fin. Isabelle Brandt mourut au mois de juin 1626, laissant au cœur de l'artiste une blessure qui saigna longtemps, toujours peut-être.

Que restait-il à Rubens dans cette douloureuse épreuve?... le travail et ses joies consolantes. Il se remit courageusement à l'œuvre, et multiplia d'une main facile les tableaux que se disputaient les amateurs de l'Europe. En même temps, il voyagea : la Hollande, l'Espagne, la France, l'Angleterre le virent successivement porter à la cour des princes son faste et sa splendeur; il semble que, sans oublier sa peine, il ait eu toutes les ambitions; il se fait recevoir docteur à l'université de Cambridge, Charles Ier le décore du titre de chevalier; enfin, au commencement de 1630, il rentre chez lui, et bien qu'il fût entouré de toutes les jouissances du luxe, il se trouve seul dans sa maison déserte. C'est alors que cette perspective de solitude lui paraissant insupportable, il songea à se remarier.

Il rencontra dans sa propre famille, ou pour mieux dire dans celle de sa femme, la compagne qu'il cherchait. Isabelle Brandt, l'épouse regrettée, avait eu une sœur qui avait épousé Daniel Fourment, un honnête négociant, qui, par sa richesse et son travail, s'était fait une place enviée dans le commerce d'Anvers. Une fille, nommée Hélène, était issue de ce mariage; elle était donc la nièce de Rubens, qui, l'ayant vue grandir près de lui, avait assisté à cette transformation charmante qui fait d'une frêle enfant une jeune fille éclatante ; il crut trouver en elle les trésors qu'il cherchait, et, aussi décidé dans les choses de la vie qu'il l'était dans celles de son art, il l'épousa.

Ce mariage — quelques amis le remarquèrent sans doute — n'était pas tout à fait conforme aux règles de la prudence vulgaire. Hélène Fourment, née en 1614, était dans la fleur de ses seize ans ; Rubens en avait cinquante-trois. Son talent rayonnait dans toute sa force, mais sa santé était loin d'être parfaite, car déjà — l'histoire a le droit de noter ce détail — il avait subi quelques atteintes de goutte, et il souffrait de ce mal qui devait abréger sa vie. En outre, il avait deux fils qu'il aimait de tout son cœur, son cher Albert surtout, et qui n'étaient plus des enfants. Enfin — à ceux qui ont aimé une fois, tout est possible, excepté l'oubli — il paraissait mal consolé de la mort de sa première femme ; et ne devait-on pas craindre qu'il n'apportât dans une union nouvelle les incurables mélancolies d'un cœur plein de souvenirs ?

Ces raisons et d'autres encore auraient pu faire réfléchir une jeune fille timorée, un homme informé des mauvaises chances du mariage ; mais l'enfant aux blonds cheveux n'hésita pas plus que l'artiste à la barbe déjà grisonnante. Tous deux restèrent pleins de confiance et de sérénité, et sachant mutuellement ce que valait leur parole loyale, ils prononcèrent sans trembler le serment qui les liait l'un à l'autre. Le mariage se fit dans l'église Saint-Jacques, le 6 décembre 1630, et il fut célébré, comme le disent les registres de la paroisse, « avec dispense des bans et du temps clos, » c'est-à-dire pendant l'avent, époque où les mariages n'avaient pas lieu d'ordinaire. Cette exception prouve, ainsi qu'on l'a remarqué, que Rubens avait quelque impatience d'obtenir Hélène Fourment. Est-il besoin d'ajouter que cette cérémonie fut une fête pour les amis du peintre, pour ses élèves, pour la ville entière qui l'admirait et qui l'aimait ?

Et si quelque rieur s'inquiéta de voir une aussi jeune femme aux mains de Rubens, l'événement donna tort à ses appréhensions malicieuses ; car en cette aventure, ce fut l'imprudence qui eut raison. Le bonheur fit à l'artiste comme une seconde jeunesse. Il adorait Hélène. Et comment ne l'aurait-il point aimée ? Elle réalisait son idéal. C'était une vraie fleur des Flandres. Sa haute taille était robuste dans son élégance ; une grâce enjouée brillait dans ses yeux et sur ses lèvres ; le printemps chantait dans son cœur. Blonde de ce blond doré où tout est rayonnement et lumière, elle avait, avec la simplicité curieuse de l'enfant, le charme de la femme qui veut être aimée. Et sur son front pur, sur ses joues où riait une double fossette, sur ses épaules puissamment modelées, c'étaient des fraîcheurs rosées, de transparentes limpidités, des splendeurs lumineuses qui, on pouvait le croire, devaient défier le pinceau du peintre le plus habile. Mais Hélène trouva dans son mari le plus

HÉLÈNE FOURMENT.

savant comme le plus amoureux des portraitistes. Ah! si vous doutiez jamais des vives tendresses que cette jeune fille éveilla au cœur de Rubens, il me suffirait de vous conduire dans les musées, dans les collections particulières, dans les églises même et de vous montrer quelques-uns des portraits où il a éternisé pour son honneur et pour notre admiration le souvenir de celle qu'il aimait. Voyez! elle est partout, et partout elle est charmante, soit que l'artiste l'ait représentée chez elle, dans le laisser aller de son costume familier, soit qu'il nous l'ait montrée dans la gloire de ses toilettes triomphantes, et vêtue comme il convenait à une femme qui était après tout l'épouse d'un gentilhomme et d'un ambassadeur. Et combien ces portraits, où Rubens a mis tout son talent et tout son cœur, sont pour la plupart des œuvres merveilleuses! A Florence, au musée des Offices, Hélène Fourment est représentée en buste; elle porte un vêtement d'une sobre élégance, et sa main distraite joue avec un rang de perles. A la Haye, son costume est plus riche : une toque noire à plumes blanches ombrage sa tête amoureuse; une grande chaîne de pierres précieuses retombe sur sa gorge à demi nue et sur son corsage bleu dont les manches sont ornées de crevés blancs. Le musée de Munich, encore mieux partagé, nous la montre trois fois dans des attitudes diverses; et combien elle est jolie dans ce tableau, où on la voit assise sous un portique ouvert tenant sur ses genoux un de ses jeunes enfants! A l'Ermitage — dans le portrait que nous avons fait reproduire — Hélène est seule : debout au milieu d'un vaste paysage, elle est amplement vêtue d'une robe de satin noir, dont le corsage, largement ouvert, est orné de scintillantes orfèvreries; souriante et tranquille, elle tient un éventail de plume, et elle s'avance vers le spectateur comme une apparition radieuse de beauté et de jeunesse. Parfois, en des heures plus intimes, la fantaisie de Rubens a vêtu à moins de frais la belle Hélène. Au musée de Vienne, elle est habillée — est-ce le mot? — d'un simple manteau de fourrure, qu'elle retient chastement avec les deux mains, mais qui cache bien mal les splendeurs secrètes de son beau corps.... Que dirai-je de plus? Hélène est au Louvre avec ses enfants, elle est à Bleinheim avec son mari, elle est dans tous les musées de l'Europe, dans les églises de Belgique, en vierge, en sainte, en martyre, car, du jour de son mariage, elle devint pour Rubens un modèle complaisant et la muse de ses meilleures inspirations. Ne semble-t-il pas qu'en multipliant ainsi, sous toutes les formes et sous tous les costumes, l'effigie de sa jeune femme, l'artiste ait voulu prendre le monde à témoin de ses amours? rien n'est indiscret comme le bonheur.

La joie et la paix régnaient en effet dans cette maison bénie, où quatre enfants vinrent, de 1632 à 1637, apporter leurs gaietés et leurs sourires. La naissance de l'une des filles de l'artiste fut même marquée par un détail touchant : au jour de son baptême, Rubens, qui n'avait rien oublié, la nomma Élisabeth-Hélène, du nom de ses deux femmes, associant ainsi à une frêle espérance la tendresse d'un souvenir persistant et les félicités de l'heure présente. Il obéit au même sentiment lorsque, peignant le tableau qu'il destinait à orner son tombeau, et qu'on peut voir encore à Anvers, dans l'église Saint-Jacques, il groupa dans cette page les portraits des membres les plus chers de sa famille : car, il n'en faut pas douter, le saint Georges c'est lui-même; voici son père en saint Jérôme, et voilà, l'une à côté de l'autre, ses deux compagnes chéries, Isabelle sous la figure de Marthe, Hélène sous celle de Madeleine. Ainsi, même au milieu de ses joies, sa tendresse demeura fidèle au souvenir qu'il ne voulait pas oublier.

Hélène ne fut pas jalouse du passé. Elle était heureuse d'ailleurs, elle menait dans la somptueuse maison de Rubens une vie à laquelle ne manquait aucune joie. Le grand artiste, moins ardent qu'aux heures de sa jeunesse, restait plus volontiers au foyer; à la prière de l'infante Isabelle, il fit encore, en 1633, un voyage en Hollande, mais cette excursion fut la dernière. Il se sentait si bien chez lui, auprès de sa femme et de ses enfants! Les amis de Rubens — est-il besoin de le dire? — étaient devenus les amis d'Hélène. Lorsque David Téniers et Anne Breughel eurent un fils, elle fit à l'un et à l'autre l'honneur d'être la marraine de leur premier-né. Ainsi s'écoulait sa vie, entre les plaisirs de la ville et ceux des champs : car Rubens avait acheté pour elle, en 1635, le château de Steen, résidence charmante située dans les environs de Malines. L'acte authentique a été récemment retrouvé, et l'on sait aujourd'hui que cette acquisition lui coûta 93 000 florins carolus, somme importante même à cette époque. Ainsi Hélène Fourment eut, comme dit la chanson, un beau château, et cette vie au grand air souriant à son heureuse nature, le vert paysage devint comme un cadre où elle parut plus belle encore. C'est à Steen sans doute que Rubens se plut un jour à la peindre en bergère, un petit chapeau de paille coquettement posé sur sa tête, la gorge amoureusement découverte, et les mains pleines de fleurs.

Mais les idylles ne sont pas éternelles : la mort de Rubens, survenue le 30 mai 1640, mit un terme aux félicités d'Hélène.

Que devint, pendant les jours qui suivirent, cette veuve de vingt-six ans? On le devine, elle fut d'abord bien douloureusement occupée : après avoir fait à son mari de glorieuses funérailles, elle songea à lui ériger un tombeau. Puis, Rubens l'ayant laissée enceinte, elle mit au monde une fille, gage suprême des tendresses de celui qui venait de mourir. De tristes soins remplirent ensuite ses heures : elle dut, selon le vœu de Rubens, faire vendre les tableaux, les curiosités, les marbres qu'il avait réunis. Et puis, il faut tout dire : les années succédant aux années, et le temps amenant, sinon l'oubli, du moins le calme, Hélène se remaria. Veuve d'un artiste, que son génie et la faveur des princes avaient mis au premier rang en Flandre et en Europe, riche d'ailleurs, et toujours belle, elle épousa un gentilhomme, Jean-Baptiste Van Brockhoven, seigneur de Bergeyck et autres lieux. C'était, assure-t-on, un mari digne d'elle : envoyé en Angleterre, il fut nommé comte par Charles II, et les enfants qu'il eut d'Hélène tinrent noblement leur rang dans l'aristocratie du pays.

Mais cette seconde période de la vie d'Hélène Fourment n'appartient plus à l'histoire. Nous ne savons même pas, dans nos informations incomplètes, à quelle époque elle mourut. Qu'importe d'ailleurs? Si la femme de Rubens est pour nous une figure charmante et douce, la comtesse de Bergeyck ne saurait nous inspirer le même intérêt. C'est le glorieux maître qui faisait la lumière autour d'elle; après sa mort, elle rentra dans l'ombre. Aujourd'hui la tombe a son secret. Mais on aime à penser que, même aux bras d'un autre époux, Hélène conserva un pieux souvenir à l'honnête homme, au grand artiste dont elle avait été pendant dix ans la consolatrice et l'amie. Elle gardera d'ailleurs dans l'histoire sa part d'illustration et de poésie. Les admirables portraits que Rubens a faits d'elle sont là, qui, pour jamais, la racontent et la célèbrent. Il reste au front d'Hélène Fourment un rayonnement de gloire, mais on y voit briller aussi un reflet de tendresse, et c'est là son vrai triomphe : être belle, c'est beaucoup; être aimée, c'est plus encore.

PAUL MANTZ.

HENRIETTE DE FRANCE.

Un soir au Louvre, deux étrangers, deux Anglais, l'un se faisant appeler Jean, l'autre Thomas Smith, sont introduits par l'évêque de Luçon, avec une distinction qui eût pu compromettre leur *incognito*, à la répétition d'un ballet de Boisrobert, *les Festes de Junon la nopcière*, dansé à la cour, le 5 de mars 1623. Anne d'Autriche, alors dans toute la splendeur de sa beauté, représentait l'épouse de

Jupiter. Sa jeune belle-sœur Henriette-Marie, la seule des trois filles de Henri IV et de Marie de Médicis qui demeurât à pourvoir, disait ces vers, métamorphosée en Iris :

> Qu'on ne s'esmerueille pas
> De voir en moy tant d'apas ;
> Si l'on y veut prendre garde,
> J'ai comme Iris emprunté
> Mes couleurs et ma beauté
> Du Soleil qui me regarde.

Jean, qui d'ailleurs, comme son compagnon, n'avait eu d'yeux que pour Junon, ne fut pas tenté de s'attribuer la flatterie du dernier vers, fait en somme à l'adresse de la reine mère. Leurs visées à tous deux étaient autres, et, dès le lendemain, ils avaient quitté Paris : c'était à Madrid qu'ils allaient. Il ne s'agissait de rien moins pour le premier que de conquérir le cœur et la main de l'infante doña Maria. Bien des raisons, toutefois, concouraient à faire échouer ces plans romanesques auxquels le duc d'Olivarès se montra médiocrement favorable. Les deux *chevaliers errants*, comme les appelait Jacques Ier, durent repartir, profondément humiliés de leur échec ; et ce fut alors que l'on songea à cette petite princesse de quatorze ans, qu'on n'avait pas même regardée. Est-il besoin de dire que Jean Smith était le prince de Galles, et Thomas ce brillant et frivole Buckingham qui, un instant, troubla si terriblement la cour de France et le cœur de sa jeune reine ? Le comte Holland eut mission de faire agréer une alliance également avantageuse, en apparence, pour les deux familles. La mort du roi anglais n'apporta aucun retard à la négociation et ne fit que hâter des noces dont la pompe, à Paris, devait contraster étrangement déjà avec l'entrée désolée d'Henriette-Marie dans sa capitale.

Dicter des conditions onéreuses, c'est s'exposer à ne les voir pas observer. La cour avait exigé que la maison de la nouvelle reine fût exclusivement composée de Français et de catholiques. Henriette n'eût pu épouser un prince protestant sans dispense. On s'était demandé même s'il était bien licite « d'exposer au péril du naufrage l'âme de celle qui devoit être mise en un tel vaisseau, » et Richelieu avait décidé pour l'affirmative. Le pape donna son acquiescement, à la condition que, devenue reine d'un pays hérétique, elle serait l'ange gardien et le défenseur de ses coreligionnaires. La veille de ses fiançailles, la pauvre enfant, prêchée, endoctrinée par Marie de Médicis, par son frère Louis XIII, par tout le monde, s'engageait solennellement à employer tout son pouvoir sur l'esprit de son époux pour le faire changer de religion. On pressent dès lors quels écueils allaient se dresser sur sa route. Mais c'était là le caractère, c'était là l'esprit de cette époque d'une foi aveugle; et, plus tard, les rudes leçons de l'expérience auront eu si peu d'effet sur Henriette, qu'à la cour de son fils Charles II, où elle séjourna trois ans, on vit, à sa seule chapelle, plus de trois cents convertis abjurer entre les mains de ses aumôniers. C'est Bossuet qui nous le dit.

Circonvenue par l'évêque de Mende et par Bérulle, son confesseur, par cette poignée de Français qui formaient « comme une petite république particulière, » elle ne commit que trop d'imprudences, grossies, exagérées d'ailleurs par le favori. A force de manéges et de calomnies, Buckingham en arriva à faire prendre au faible Charles sa femme en exécration. Il lui persuada si bien que, tant que ses domestiques français ne seraient pas vomis sur le continent, la reine ne lui appartiendrait point, que ce dernier n'eut de cesse que lorsqu'il les sut partis. « Employez la force pour me débarrasser de ces bêtes féroces, » écrit-il à Villiers. Henriette tente vainement de prendre leur défense; elle s'élance vers la fenêtre, en brise les vitres avec sa tête pour se montrer à eux une dernière fois; Charles Ier l'en arrache avec une brutalité telle qu'il lui ensanglante les mains. Il faut lire, mais avec réserve, cette phase de la vie de la princesse écrite par le comte de Tillières, son grand chambellan. La cour de France indignée dépêcha le maréchal de Bassompierre pour réclamer contre cette flagrante violation des conventions. Après de longs débats, celui-ci crut avoir obtenu les réparations qu'on exigeait. Mais, au fond, la situation n'avait pas changé, et il fallut le coup de poignard de John Felton pour sortir la reine de cette longue disgrâce.

La mort de Buckingham (23 août 1628) changea, comme par enchantement, du jour au lendemain, les sentiments et les procédés du roi. De grossier, de brutal qu'il avait été jusque-là, Charles Ier devint l'esclave des volontés de sa femme, qui exerça dès lors sur ses déterminations un empire absolu. « Elle avoit les yeux beaux, nous dit madame de Motteville, qui ne la connut qu'après ses malheurs, le teint admirable, et le nez bien fait. Il y avoit dans son visage quelque chose de si agréable qu'elle se faisoit aimer de tout le monde; mais elle étoit maigre et petite : elle avoit même la taille gâtée; et sa bouche, qui naturellement n'étoit pas belle, par la maigreur de son visage étoit devenue grande. J'ai vu de ses portraits, qui étoient faits du temps de sa beauté, qui montroient qu'elle avoit été fort aimable : et comme sa beauté n'avoit duré que l'espace du matin et l'avoit quittée avec son midi, elle avoit accoutumé de maintenir que les femmes ne peuvent plus être belles passé vingt-deux ans. » Cela est plaisant, à un moment où les héroïnes de la Fronde semblaient défier les années, et en reculer le déclin bien au delà de la limite commune.

La bonne entente, les égards, une tendresse aveugle succédèrent à cette froideur, à cette aversion des premières années, et la princesse, si peu autorisée jusque là, finit par conquérir, pour leur malheur, une influence à laquelle ou ramena toutes les décisions du roi. Le prosélytisme, les pratiques catholiques à la face d'une nation qui les abhorrait, préparent, amoncellent l'orage qui n'éclatera que trop tôt. La conduite d'Henriette, ses amitiés imprudentes, la faveur équivoque qu'elle accordait à Montaigu, à Percy et à Jermyn (on a prétendu qu'elle épousa dans la suite ce dernier), sont à la haine autant de prétextes, sinon de raisons fondées, pour aliéner le pays contre l'épouse de Charles Ier. Nous n'avons pas à entreprendre ici le récit de ce long et acharné combat entre la monarchie et une révolution qui, parfois vaincue, n'en gagnait pas moins du terrain chaque jour. La guerre est déclarée, Strafford a payé de sa tête son dévouement. Le roi, sentant l'impopularité de sa femme et tremblant pour elle, l'envoie en Hollande conduire sa fille à son fiancé le prince d'Orange. L'intrépide Henriette ne s'y endort pas. Elle met ses pierreries en gage, lève une armée avec laquelle elle vole au secours de son mari. Mais elle est assaillie par une tempête, qui ne dure pas moins d'une mortelle semaine et qui la rejette, en fin de compte, sur les côtes de Hollande. « Onze jours après, ô résolution étonnante! s'écrie Bossuet, la reine à peine sortie d'une tourmente si épouvantable, pressée du désir de revoir le roi, et de le secourir, ose encore se commettre à la furie de l'Océan, et à la rigueur de l'hiver! » La voilà luttant contre des obstacles de tous genres, guerroyant, traitée par ses sujets en ennemie, tenant bon toujours et sans que la mauvaise fortune la lasse. Mais la destinée devait être plus forte qu'elle. Poursuivie, traquée, elle se trouve dans un tel dénûment qu'elle n'eût su comment mettre au monde l'enfant dont elle allait être mère, si Anne d'Autriche ne lui eût envoyé madame Peronne, sa sage-femme, « et jusqu'aux moindres choses qui lui étoient nécessaires. » Il fallait céder, il fallait fuir. Elle ne voulait pas tomber vivante dans les mains de ses ennemis et elle avait commandé au pilote de mettre le feu aux poudres et de faire sauter le vaisseau s'ils ne pouvaient échapper. C'était un cœur vaillant, incapable de peur, bien plus capable d'irréflexion et de folie. Antérieurement, canonnée par l'amiral Batten dans le port de Burlington, obligée de se sauver à peine vêtue de la maison où elle s'était réfugiée sur le quai, elle s'aperçoit que sa chienne Mitte « une laide chienne » n'était pas avec elle; elle s'en émeut, retourne sur ses pas, va, malgré ceux qui la suivaient, reprendre cette bête, et ne cherche qu'après un abri contre les boulets qu'on faisait pleuvoir sur elle.

La France, qui l'avait poussée vers cet abîme, ne pouvait refuser l'hospitalité à la fille de ses rois; on lui ouvrit le Louvre, et il lui fut alloué une pension de douze cents francs par jour, à ce que nous apprend Olivier d'Ormesson. Mais le vent de la révolte soufflait en France comme en Angleterre; la reine Anne s'était vue forcée d'abandonner Paris. La pauvre Henriette-Marie, au milieu de ces gens en

HENRIETTE DE FRANCE

rumeur, de cette populace fermentante, se trouva dans le dénûment le plus complet. « Cinq ou six jours devant que le roi sortist de Paris, raconte le cardinal de Retz, j'allai chez la reine d'Angleterre, que je trouvai dans la chambre de madame sa fille, qui a esté depuis Madame d'Orléans. Elle me dit d'abord : « Vous voyez, « je viens tenir compagnie à Henriette. La pauvre enfant n'a peu se lever aujour- « d'hui faulte de feu. » Le vrai estoit qu'il y avoit six mois que le cardinal n'avoit fait payer la reine de sa pension ; que les marchands ne vouloient plus fournir, et qu'il n'y avoit pas un morceau de bois à la maison. Vous me faites bien la justice d'être persuadée que Madame d'Angleterre ne demeura pas le lendemain au lit faulte d'un fagot.... » Le parlement, en effet, envoyait aussitôt quarante mille livres à cette reine à l'aumône. Madame de Motteville confirme implicitement et cette misère et ces secours accordés par le parlement, ce qui lui suggère même des réflexions d'une éloquence chez elle peu commune. « Tous les grands de la terre qui croient être destinés à une puissance permanente et qui s'imaginent que leur grandeur, leurs plaisirs et leur apparente gloire ne sauroient finir, devroient méditer ceci, pour apprendre à se détromper de leurs fausses opinions. » Ces événements se passaient en 1649. Six ans après, « faute d'une chaise honnête, » la veuve de Charles Ier ne pouvait assister d'une façon décente aux processions du jubilé de 1655. « Je pensai lui en faire faire une, » dit une bourgeoise vaniteuse, dont Tallemant a consigné le propos dans ses *Historiettes*.

La tête de Charles Ier venait de tomber sous la hache du bourreau. Cette royauté détrônée fut-elle sans torts et sans fautes ? C'est ce que l'histoire a jugé depuis longtemps. Cette reine si à plaindre n'attira que trop la foudre, elle aussi, par les démarches inconsidérées, un zèle agressif qui devait inquiéter la conscience d'un peuple non moins ardent, non moins convaincu qu'elle. Il ne semble pas, toutefois, qu'elle se le soit jamais dit, et, au moment où ses yeux se dessillent sur la politique funeste qu'on a suivie, rien qui indique qu'elle se soit fait son lot à elle-même. « Elle me commanda, raconte encore madame de Motteville, d'apprendre à la reine l'état où elle étoit, et de lui dire de sa part que le roi son seigneur, dont la mort alloit la rendre la plus malheureuse femme du monde, ne s'étoit perdu que pour n'avoir jamais su la vérité ; qu'elle lui conseilloit de ne point irriter ses peuples, à moins d'avoir la puissance de les dompter tout à fait ; que le peuple étoit une bête féroce qui ne s'apprivoisoit jamais ; que le roi son seigneur l'avoit éprouvé, et qu'elle prioit Dieu qu'elle eût plus de bonheur en France qu'ils n'en avoient eu en Angleterre.... » Le conseil, à l'heure où il était donné et de la part d'où il venait, avait son poids et dut, s'il fut reporté, impressionner étrangement Anne d'Autriche, qui ne savait trop alors où la mènerait cette agitation de ses peuples.

Lorsque Henriette posa le pied en France, la cour alla au-devant d'elle. « Elle parut durant quelques mois en équipage de reine, nous dit mademoiselle de Montpensier; elle avoit avec elle beaucoup de dames de qualité, des filles d'honneur, des carrosses, des gardes, des valets de pied. Cela diminua petit à petit, et peu de temps après rien ne fut plus éloigné de sa dignité que son train et son ordinaire. » Quand son fils aîné, après l'attentat qui le rendait orphelin, vint la rejoindre, on ne fit pas de difficulté de le reconnaître : ce fut le roi Charles. Mais on sent ce qu'est un roi sans royaume. Il s'en fallait que les vains simulacres compensassent les dégoûts et les humiliations. Quelle princesse eût voulu de ce souverain dépouillé? Ce n'est pas la grande Mademoiselle, si romanesque, pourtant. La pauvre mère, malgré des ouvertures froidement accueillies, ne se rebutait pas; Mademoiselle de la renvoyer à son père dont elle connaissait l'éloignement pour un pareil mariage. Gaston s'en tire, selon son habitude, par des faux-fuyants. « Je lui témoignai, nous dit sa glorieuse fille à ce propos, être bien aise qu'il eût fait une réponse qui ne concluoit rien, parce qu'en l'état où étoit l'Angleterre, je n'aurois pas été heureuse d'en être reine. » Le duc d'York, plus tard Jacques II, amoureux de mademoiselle de Longueville, ne fut pas plus heureux auprès de M. de Longueville, qui ne voulut rien entendre, « parce qu'il auroit fallu le nourrir. » Et quand il songea à servir comme volontaire sous Turenne, il fut obligé, à ce qu'il nous apprend lui-même, d'accepter trois cents pistoles d'un gentilhomme gascon. Par un caprice étrange, dont la jeune fille vengea l'enfant, Louis XIV ne pouvait souffrir sa petite cousine, et Anne d'Autriche se vit forcée, un jour, d'user d'autorité pour obtenir qu'il dansât avec elle. Ce ne sont là que des coups d'épingle. Mais que dut-il se passer dans l'âme de la fille de Henri IV, en voyant un ministre de France, un cardinal, faire alliance avec le plus cruel ennemi de sa famille et de sa religion! Mazarin, loin d'entrer dans ces intérêts, se préoccupe peu du sort de ces réfugiés mourant de faim; une *mazarinade* va jusqu'à l'accuser de voler les bagues de la désolée princesse. Si cela n'est pas sérieux, ce qui n'est que trop réel, ce sont les caresses, les bassesses de celui-ci à l'égard de Cromwell auquel il envoyait Mancini son neveu avec une brillante ambassade.

Après les efforts impuissants du jeune roi pour reconquérir son royaume, qu'espérer de Dieu et des hommes? Ce secours imprévu, providentiel, miraculeux, arriva certes d'où on ne l'attendait pas, et Charles II se trouva rétabli sur le trône d'Angleterre comme par la baguette d'une fée. Ce fut le premier instant de joie de la pauvre mère. Elle voulut être témoin de cette réparation, elle alla le rejoindre avec sa fille. Sa fille, Anne d'Autriche l'eût donnée volontiers à Louis XIV, mais celui-ci ne s'y fût pas prêté. La Restauration changea, il est vrai, les choses de face : on fit les démarches les plus pressantes pour marier la jeune Henriette avec Monsieur, frère du roi ; et, pour son malheur, l'infortunée ne périt ni durant la tempête qui l'assaillit sur les côtes de France, ni de la rougeole qui mit ses jours un instant en danger. On connaît les tiraillements, les phases douloureuses, la fin tragique de cette fatale union. Au moins, si la reine d'Angleterre vécut assez pour se convaincre que sa fille ne pouvait guère être heureuse avec le triste mari qu'on lui avait donné, le ciel ne permit point qu'elle assistât à l'effroyable agonie de Madame : elle expirait un peu plus d'un an auparavant (10 septembre 1669) presque subitement, dans sa maison de Colombes, à l'âge de soixante ans.

Telle fut la vie, si pleine d'angoisses, d'Henriette-Marie. Française et catholique, elle ne sut pas assez oublier sa double origine. Sa foi était étroite, nous n'en disconvenons pas ; mais, répétons-le, c'était la foi envahissante, absolue, peu traitable de son temps. Ses ennemis ne furent ni moins fanatiques, ni moins intolérants. Ce qui lui appartient en propre, c'est sa fermeté inébranlable, son caractère intrépide, en même temps que sa parfaite simplicité, sa facilité, sa douceur, son humeur enjouée qui ne lui fit pas défaut dans ses plus grands naufrages, sa générosité enfin qu'on a calomniée et qui, en se répandant avec excès sur Jermyn, prêta à de malheureux bruits transformés par la haine en certitudes. C'est sur cela qu'il faut juger cette reine infortunée dans les veines de laquelle, on ne le peut nier, coulait, avec le sang, la vaillance et l'héroïsme du grand Henri.

GUSTAVE DESNOIRESTERRES.

CHRISTINE DE SUÈDE.

Qui voudrait contempler une femme, une reine, aux sommets fabuleux de la majesté la plus digne d'envie, au fond des plus terribles abîmes, toute couverte de la gloire paternelle et du reflet sanglant des plus terribles passions, celui-là irait tout droit à la reine errante, Christine de Suède, également célèbre par son esprit, par sa beauté, par son abandon, par ses malheurs.

Son père était un héros, Gustave-Adolphe, le héros protestant, tué à Lutzen d'une balle d'argent. En mourant, Gustave-Adolphe recommanda sa fille et la Suède au comte d'Oxenstiern, son conseiller le plus intime et son ami. Ministre et tuteur de la jeune reine, Oxenstiern rencontrait un esprit turbulent, volontaire, déjà tout rempli de fantaisies, mélange inquiétant d'aspirations toutes viriles et de caprices mal faits pour une tête destinée à porter la couronne! En vain les conseils, en vain les remontrances! Cette enfant-reine avait déjà des flatteurs et des adorateurs de sa fortune. Elle aimait la dépense et le paradoxe! Elle en voulait, non pas à l'admiration de la foule, mais encore à ses étonnements. Elle obéissait à des aspirations violentes d'indépendance et de liberté! Elle était philosophe à la façon des déclamateurs qui vont sans cesse et sans fin disant que la couronne est une parure, que le sceptre est un jouet, que le pouvoir est une peine, et mille autres déclamations que cette reine frivole avait prises au sérieux!

Hélas! la triste Suède! abandonnée à ces folies, elle y perdait le courage et l'espérance! Elle appelait au fond de son tombeau son maître et son père Gustave-Adolphe! Elle ne respira librement que le jour où la reine Christine, ignorante des malheurs qui frappent les têtes découronnées, remit le sceptre honoré de son père aux mains de son habile et patient cousin, Charles-Gustave. Elle exigea du roi qui la remplaçait des garanties de fortune et de majesté difficiles à tenir; puis, rassurée, elle partit, et Stockholm ne la revit plus. Ces événements se passaient en 1654, environ trois ans après la majorité de Louis XIV, au moment où la cour de France éblouissait l'Europe de ses premières splendeurs.

C'en est donc fait, la jeune reine, hors de tutelle, hors du trône, obéit à toutes les volontés de sa tête légère. Objet de pitié pour les rois, objet de curiosité pour les peuples, elle allait cherchant déjà des émotions nouvelles, assez semblable à quelque comédienne en voyage, lorsqu'on apprit au vieux Louvre, où se tenait le jeune roi, que la reine Christine allait venir. A cette nouvelle, une immense curiosité s'emparait de toute la cour. Le spectacle était si nouveau d'une jeune reine acceptant l'aventure, et renonçant de gaieté de cœur à sa couronne! Or voici comment se présenta la voyageuse à la cour d'Anne d'Autriche.... et de son fils:

« Eh! eh! mon cousin, s'écria-t-elle en donnant au jeune roi un gros baiser sur chaque joue, on m'avait dit que vous n'étiez pas bel homme.... *Sacrebleu!* si je tenais celui qui a fait ce mensonge, je lui couperais les oreilles! »

Il est bon de dire que *sacrebleu!* ne fut pas le juron dont elle se servit: elle en savait un qui valait celui-là, pour le moins. Oyant ces énormités, le roi-enfant, qui était déjà *le grand roi*, se mordit les lèvres; mais Anne d'Autriche et Mazarin, moins maîtres d'eux-mêmes, partirent d'un bruyant éclat de rire, et

Dieu sait si ce grand rire eut un écho dans les salons du Louvre.... et Sa Majesté suédoise de crier :

« Morbleu ! qu'avez-vous donc ? suis-je contrefaite, ou trouvez-vous quelque chose à redire aux jambes que voici ? »

Et les rires et les gaietés de redoubler.... On rirait encore si le roi, tout jeune qu'il était, n'eût pas froncé son sourcil de Jupiter Olympien.

« Oh ! ma foi, mon cousin, dit l'étrangère, ils sont bien mal élevés à votre cour !

— Ma cousine, répondit Louis XIV avec gravité, vos habitudes sont un peu différentes des nôtres; mais je veux que la fille de Gustave-Adolphe soit honorée au Louvre comme je le suis moi-même.

— *Sacrebleu!* voilà parler en roi ! » fit Christine.... Et se tournant vers les rieurs : « Tenez-le-vous pour dit, vous autres, et n'y revenez plus ! »

Le maître ne plaisantait guère, et ce fut à qui s'inclinerait devant la *majesté* de la reine de Suède. Son costume était incroyable. Elle se coiffait d'une perruque hardiment relevée sur le front, avec des mèches en désordre de chaque côté des tempes. Son habit (un pourpoint d'homme, une hongreline de femme) laissait échapper une épaule tout entière. Au lieu de porter la robe traînante, comme c'était la mode alors, Christine avait une simple jupe, si courte, qu'on lui voyait, bel et bien, du talon à la cheville, tout ce que montre une fille du Tyrol. Une chemise d'homme, et des souliers d'homme, et le geste d'un cavalier complétaient ce costume étrange!

Au sortir de la salle du Trône, Christine avisant une des dames d'honneur d'Anne d'Autriche, la comtesse de Choisy, lui demanda où demeurait la fameuse Ninon de Lenclos, dont elle avait entendu beaucoup parler en Suède, et qu'elle désirait voir et connaître à l'instant.

« Mademoiselle de Lenclos est une de mes amies, répondit la comtesse, et, si le veut Votre Majesté, j'aurai l'honneur de la lui présenter.

— Eh bien ! tout de suite, allons y, » dit Christine. Et comme on lui fit observer que Ninon la belle avait des heures où elle n'était pas visible :

« C'est pourtant vrai, *sacrebleu!* c'est juste!... Où donc avais-je la tête?... Alors prévenez-la que nous irons demain. »

Le jour suivant, à la belle heure de la place Royale, à l'heure où les Bassompierre et les Lauzun remplissaient de leur esprit les belles ruelles, les équipages de la reine de Suède traversaient la rue des Tournelles et s'arrêtaient devant la maison de mademoiselle de Lenclos, qui descendit sous le premier vestibule pour recevoir cette reine!... Une autre reine, madame de Maintenon, avait souvent visité, en ces mêmes lieux, mademoiselle de Lenclos ; Turenne et le grand Condé, Molière y étaient venus bien souvent. C'est pourquoi mademoiselle de Lenclos ne sembla pas trop surprise de l'honneur qu'elle recevait.

La reine s'arrêta, posa les mains, sans proférer une parole, sur les épaules de la belle, et la regardant plus d'une minute :

« Ma foi, ma chère, à présent je comprends toutes les folies que les hommes ont faites ou feront pour vous.... Embrassez-moi! »

Et, sans lui dire gare, elle lui donna, comme à Louis XIV, deux énormes et retentissants baisers. Sur quoi mademoiselle de Lenclos pria la reine d'entrer au salon. Deux hommes à longue barbe les accompagnèrent jusqu'à la porte, où Christine les renvoya d'un geste en disant :

« Qu'on m'attende! »

C'étaient le comte de Monaldeschi, son grand écuyer, et le chevalier Sentinelli, son capitaine des gardes. La reine de Suède était vêtue un peu moins à la barbare que le jour précédent; elle avait déjà reçu quelques conseils pour réformer sa toilette. Elle portait une jupe grise assez longue, avec de la dentelle d'or et d'argent, un justaucorps de camelot, couleur de feu, un mouchoir de point de Gênes, une perruque blonde. A la main elle tenait un chapeau de feutre garni de plumes noires. Elle avait alors vingt-huit ans! A tout prendre, elle était belle. Un regard très-vif, une tête intelligente, un sourire où tout commande, un front où la couronne a laissé son empreinte! Elle prit place au fauteuil que Ninon lui présentait et entama l'entretien par des compliments à tout rompre, affirmant que mademoiselle de Lenclos était bien au-dessus des éloges que le monde entier faisait de son mérite et de ses grâces.

Elle parlait en femme peu habituée aux contradictions! Elle disait à son aise et tout haut ce qu'elle avait appris, ce qu'elle devinait, mêlant et confondant les hommes les plus opposés et les plus divers, les idées les plus contraires : Louis XIV, la reine mère, le cardinal, la comédie italienne où Mazarin l'avait menée la veille; la Suède, sur son abdication en faveur de son cousin Charles-Gustave; le philosophe Descartes, mort à sa cour; Monaldeschi, son amant, tout y passa. Dans cette confiance, il y avait beaucoup de mépris de l'opinion du monde. Au reste, elle ne s'inquiétait guère d'être approuvée. Elle trouvait que toute espèce de complaisance était au-dessous d'elle, et que plaire était une tâche indigne d'une reine.

« Un soir (ceci est écrit dans les Mémoires de la grande Mademoiselle) nous l'emmenâmes avec nous au théâtre. On donnait une comédie, et, pendant toute la pièce, elle poussa des éclats de rire convulsifs, tantôt se tordant et jurant Dieu, tantôt se renversant sur nous, tantôt jetant les jambes par-dessus les bras de sa chaise, deçà, delà, montrant ce que les autres cachent avec soin. »

Toutes les semaines, plutôt deux fois qu'une, elle honorait de sa visite Ninon

CHRISTINE DE SUÈDE.

et madame de Choisy, les déclarant ses amies les plus chères. Mademoiselle de Lenclos, peu sensible à ces démonstrations, ne se gênait pas pour dire à qui voulait l'entendre qu'elle en avait de cette reine des Goths par-dessus la tête; mais la dame d'honneur, craignant de déplaire au roi, était vraiment obsédée par Christine; et quand elle apprit que le roi avait donné pour habitation à sa cousine le palais de Fontainebleau, la dame d'honneur se sentit bien délivrée. Un jour cependant, de fort grand matin, le chevalier Sentinelli vint lui dire que Sa Majesté Suédoise la demandait au plus vite, ajoutant qu'elle était revenue à Paris et qu'elle l'attendait au Palais-Royal, dont le cardinal de Mazarin avait mis les appartements à sa disposition. Madame de Choisy survint chez Christine; à sa grande surprise, elle la trouva tout en larmes, couchée sur un méchant lit, une chandelle éteinte à côté d'elle. Pour bonnet de nuit, la reine de Suède avait une serviette enroulée autour de la nuque, et pas un cheveu : elle s'était fait raser le soir précédent. Elle pleurait, elle sanglotait! Dans sa douleur, elle avait des silences effrayants! Elle était à faire pitié.... à faire peur!

A la fin, la malheureuse dit à madame de Choisy :

« Je vous crois mon amie, et vous me voyez affligée au dernier point.

— Que vous est-il arrivé, madame?

— Vous le saurez plus tard. Il faut que je sois encouragée, soutenue. Restez avec moi, je vous en conjure! »

Sentinelli, entrant, s'approcha sans façon du lit de Christine et parla quelque temps à voix basse.

« M'empêcher! s'écria-t-elle, on oserait m'empêcher! Ne suis-je pas reine? »

Et, se penchant pour écouter de nouveau son mystérieux capitaine des gardes :

« Soit! Dans une heure je retourne à Fontainebleau. Là, du moins, nous serons nos maîtres! »

Sentinelli fit un signe d'approbation et quitta la chambre.

« Allez me chercher un confesseur, dit Christine, le premier venu, pourvu que ce soit un évêque. »

Les femmes s'éloignèrent, et la reine pria madame de Choisy de l'aider dans sa toilette, qui ne fut pas longue. Elle passa un justaucorps pelé, une petite vilaine jupe de couleur tannée et mit sur sa tête pelée une coiffe. Ainsi fagotée et les yeux rougis par les larmes, elle était affreuse; au travers de son chagrin, on lisait je ne sais quoi de féroce. En vain madame de Choisy l'interrogeait; elle répondit :

« Plus tard, plus tard! Je vous emmène à Fontainebleau. Pour Dieu, ne m'interrogez pas, et ne me quittez pas! »

Le confesseur fut introduit. C'était M. l'évêque d'Amiens, qu'on était allé quérir aux Feuillants, où il avait fait sa retraite. Il entra en bonnet carré et en rochet. Madame de Choisy voulut s'éloigner; la reine lui fit signe de se tenir au fond de la pièce. Alors elle se mit à genoux devant le prélat qui venait de s'asseoir. La confession dura cinq minutes. Tout en parlant à l'évêque, Christine le regardait. Ce regard, tout rempli de menaces, troubla l'évêque; il ne pouvait rien comprendre à ce pêle-mêle affreux des passions les plus diverses; on eût dit qu'il avait peur de cette horrible pénitente. Il se hâta de lui donner l'absolution et partit. La reine ainsi réconciliée commanda son carrosse pour la messe aux Feuillants. Alors madame de Choisy songea qu'une femme qui se comportait de cette façon ne pouvait avoir aucun dessein sinistre et renonça, malheureusement, à l'idée qui lui était venue de prévenir Anne d'Autriche et le ministre. Après la messe, elle consentit à accompagner Christine au palais de Fontainebleau. Les équipages allèrent grand train. Monaldeschi et Sentinelli étaient dans le carrosse de la reine, avec la comtesse. Sa Majesté n'adressa pas un mot au premier pendant tout le voyage. On arriva à cinq heures du soir. La nuit commençait à tomber. Christine soupa en compagnie de tous ceux qui venaient de cheminer avec elle. En se levant de table, elle dit au grand écuyer :

« Monsieur le comte, vous allez vous rendre dans la galerie des Cerfs, où je vous rejoindrai tout à l'heure. »

Se tournant ensuite vers Sentinelli, elle ajouta :

« Qu'on exécute mes ordres. »

A la porte, attendaient vingt suisses, vêtus de noir comme la reine. Ils portaient des hallebardes garnies de crêpes. Dix d'entre eux marchèrent devant la reine; les dix autres suivirent, et le cortége silencieux se dirigea vers la galerie des Cerfs. On arriva dans la galerie éclairée par huit torches, dans les mains de huit pages. Au fond se trouvait Monaldeschi, agenouillé devant un moine, et les mains liées derrière le dos. Sentinelli, recouvert d'une jaque de mailles, tenait son épée haute et nue. A cette vue, les lèvres de Christine se contractèrent. Elle avait la figure pâle, son œil étincelait de colère et de haine. Cependant Monaldeschi, à son approche, se redressa, bondit, et se roula suppliant à ses genoux.

« Grâce! grâce! cria-t-il d'une voix désespérée.

— Est-il vrai, lui demanda la reine, que, pendant le dernier voyage de Sentinelli à Rome, tu as ouvert les lettres qu'il m'adressait, et celles que je lui envoyai en réponse?

— Oui.... c'est vrai.... je suis coupable.... Mais, grâce.... grâce de la vie!

— Lâche et traître!... »

Elle tira de sa poche une espèce de brochure, qu'elle lui mit sous les yeux.

« Réponds, est-ce toi qui as payé l'auteur de ce libelle infâme, où l'on m'accuse d'avoir eu trente amants, et d'en avoir empoisonné vingt?

— Pitié! pitié! s'écria le malheureux, dont le visage livide et chargé d'angoisse était horrible à voir.

— Est-ce toi? réponds!

— Que Votre Majesté me pardonne.... La jalousie me dévorait le cœur. Au nom de mon dévouement passé, madame, au nom de vos aïeux, laissez-moi vivre!

— Es-tu confessé? » demanda-t-elle avec un calme effrayant.

Monaldeschi s'affaissa sur lui-même en poussant un cri sourd. Christine fit un signe aux gardes. Ceux-ci relevèrent le comte et le conduisirent à la place qu'il avait quittée. Elle étendit la main. L'épée de Sentinelli brilla comme un éclair à la lueur des torches. Ce fut en ce moment suprême une lutte effroyable entre le bourreau qui frappait et la victime qui cherchait à repousser l'arme fatale. Oh! quel spectacle en cette galerie élégante où François Ier et les princes de la maison de Valois marchaient, entourés des plus vaillants capitaines, des plus excellents artistes! Quels gémissements sous ces voûtes où la danse, la poésie et la musique accomplissaient leurs fêtes les plus charmantes! Le sang inonda la galerie et coula jusqu'aux pieds de la reine.

La renommée et la main de Christine sont restées tachées du sang de ce malheureux!

Et désormais, sujet d'horreur et de mépris, renonçant à la religion de son père, comme elle avait renoncé à sa couronne, elle se plongea, cette reine aux abois, dans les ténèbres que Rome alors tenait en réserve à l'usage des crimes sans nom, et des rois sans couronne!

OSCAR DE PRÉCY.

MADAME DE SÉVIGNÉ.

Cette femme illustre, un des plus rares ornements du grand siècle, éternel objet de louange et d'admiration, se passerait volontiers d'une biographie. Son histoire est partout comme sa louange; on la sait par cœur. Pas un galant homme et pas une femme bien élevée qui ne vous disent que madame de Sévigné comptait des héros et des saintes dans sa maison.

Elle naquit à Bourbilly, aux premières clartés du grand siècle, dans le château de ses ancêtres : « Mes belles prairies, mes bois magnifiques et mon beau moulin ! » disait-elle. Elle était la fille du baron de Chantal, qui fut tué en s'opposant à la descente des Anglais dans l'île de Ré. Sa mère était Marie de Coulanges, fille d'un conseiller d'État. Orpheline, encore enfant en 1636, elle apprit de bonne heure, avec Ménage et Chapelain, les beaux esprits de l'hôtel de Rambouillet, le latin, l'espagnol, l'italien.... Elle devina la langue française, ou plutôt elle devait créer la langue nouvelle, une langue à part, élégante, exquise et naturelle à la fois, et tout à fait digne de la société polie. A dix-huit ans, il n'y avait pas de fille à marier qui fût plus charmante : un beau sourire et des yeux pleins de feu, des cheveux blonds, « une taille de nymphe au-dessus des nues, » une grande fortune.

Elle épousa, le 1ᵉʳ août 1644, le marquis de Sévigné, maréchal de camp, gouverneur de Fougères. Il était riche et grand frondeur; il tenait aux du Guesclin, aux Rohan, aux Montmorency, à toute la noblesse de Bretagne. Autant que son beau-père, le baron de Chantal, qui se battit en duel un jour de Pâques, au sortir de la sainte table, Henri de Sévigné, malgré les édits, était *friand de la lame* (un mot de ce temps-là); il fut tué en duel à l'âge de vingt-sept ans, non pas sans regretter la vie, et sa jeune femme, et ses jeunes enfants. Voilà tout ce qu'on sait du marquis de Sévigné. C'était un esprit frivole, un cœur volage, un époux infidèle, un de ces hommes charmants dans le monde et moroses chez eux. La marquise de Sévigné n'en parle guère, elle ne l'a pas pleuré longtemps; elle a fait mieux peut-être : elle ne s'est pas remariée; elle a résisté à toutes les prières, à tant d'amours, à tant d'ambitions :

Se lassant aussi peu d'être belle que sage!

Elle a lassé la patience de son terrible cousin, Bussy de Rabutin, soldat manqué, bel esprit manqué, et tout entière à ses devoirs, elle a marié sa fille à M. de Grignan, lieutenant général, et gouverneur de la Provence au nom du duc de Vendôme. Ah! qu'elle fut cruelle et qu'elle fut heureuse aussi, cette séparation de la mère et de la fille! Elle est le point de départ des *Lettres* de madame de Sévigné; elle est le commencement de cette éloquente passion maternelle. Elle aimait son fils, elle adorait sa fille : ils étaient beaux tous les deux; la fille un peu fière et le fils un peu volage, et l'un et l'autre ils avaient un égal besoin de cette prévoyance et de cette grande sagesse en toute chose. Otez au baron de Sévigné, ôtez à madame de Grignan cette surveillance active et de toutes les heures, cette prudence humaine, *cette bonne petite prudence humaine* qui fait que madame la marquise de Sévigné est habile à défendre, agrandir, protéger son propre bien, voilà deux maisons tout à fait perdues, tout à fait ruinées.

Or, cette activité domestique, elle est répandue en chaque ligne de cette correspondance au milieu d'une joie abondante et d'une tristesse heureusement tempérée par une foi sincère. Et tant de grâce, et tant de bel esprit! un si charmant badinage, une élégance, un bon sens, une ironie, un goût parfait! En même temps, quelles amitiés plus sérieuses et mieux choisies dans ce que la ville et la cour avaient de plus rare et de plus exquis; de plus *trié*, eût dit M. le duc de Saint-Simon.

Sur cette liste où le talent, la beauté, la gloire et l'honneur du grand siècle sont inscrits à chaque page, nous lisons par-dessus tous les autres ces noms rares et charmants : M. de la Rochefoucauld, madame de Lafayette, Corbinelli, le marquis de Vardes, le cardinal de Retz, M. de Coulanges, le duc et la duchesse de Chaulnes, M. d'Héricourt, le duc de Villars. Et comme elle voyait bien le monde, elle en faisait des portraits inimitables, donnant à tous et à chacun son esprit, son visage et ses mœurs, avec tout ce qu'on peut désirer de vif, d'enjoué, de juste, de facile, de solide et d'imprévu. Rien qui sentit le vulgaire, odieux aux esprits délicats, aux âmes choisies; au contraire, une grande culture de l'esprit, une activité vertueuse, un profond sentiment du juste et de l'injuste.

Ajoutons une constance à toute épreuve; on le vit bien quand, seule avec la Fontaine et Pellisson, madame de Sévigné prit en main la défense du surintendant Fouquet : *Oronte est malheureux!*

En même temps rappelez-vous parmi ces chefs-d'œuvre d'une plume habile à tout dire, la mort de M. de Turenne, la mort de M. de Longueville, et tant de maximes dignes de la Bruyère. Elle était la première, elle était seule en ce grand progrès de la langue française; elle fermait les sentiers de Voiture et de Balzac, elle ouvrait le chemin à Voltaire, et pas d'orgueil, pas de vanité, tout de la femme et rien de l'écrivain de profession : « C'est proprement un charme! » eût dit Jean de la Fontaine. Elle lisait, elle priait; pas un seul jour sans un instant de solitude et de conversation avec elle-même. Enfin, si nous voulons la bien voir telle qu'elle était, économe avec bon sens, libérale avec sagesse, honorable, honorée, allons avec elle au fond de la Bretagne, en son château des Rochers; là nous la contemplerons et l'étudierons tout à notre aise. Elle aimait les Rochers, comme si elle eût été une enfant de la Bretagne. Le vieux manoir était déjà, au dix-septième siècle, une des vieilles maisons de l'antique province. Il y avait un vrai château flanqué de deux tours, et certes la maison était un peu sombre pour cette habituée du palais de Versailles, des beaux salons du Louvre et du Luxembourg. C'est là qu'elle se retirait quand elle voulait s'appartenir tout entière. Elle quittait Paris avec joie et en bel équipage : deux calèches, sept chevaux de carrosse, un cheval de bât qui porte son lit, sept chevaux de main, trois ou quatre écuyers. Elle emmène avec elle son fils, *dont les maîtresses ne seront pas inconsolables*.

La veille de son départ, elle a dîné chez M. de Coulanges; le lendemain, elle part pour Vitré; à Palaiseau déjà, son meilleur cheval, le *plus beau de France*, est boiteux. On s'arrête où l'on peut, chez M. de Lavardin, au château de Malicorne; on part à deux heures du matin, pour éviter l'extrême chaleur; on relit en chemin les bonnes pièces de Corneille, le livre nouveau de Nicole, que l'on prend pour *l'étoffe* de Pascal. Enfin, après un voyage de douze jours, on approche du but lointain. Quelle fête alors pour cette dame précieuse, en prenant le mot *précieux* dans l'acception même de l'hôtel de Rambouillet!

En ces Rochers de sa prédilection, la voilà seule, et sa propre souveraine, oublieuse de Versailles, oublieuse de Paris! Tout à son aise, elle reverra son parc, ses belles allées, son cabinet de travail, ses livres choisis! Quand les gens des Rochers apprennent l'arrivée de leur dame et maîtresse, ils accourent au-devant d'elle; c'est fête tout le long de la route qui conduit de Vitré au château. Vaillant, le concierge, a mis plus de quinze cents hommes sous les armes, le ruban neuf à la cravate, pour mieux recevoir leur maîtresse. A la tête de ces honnêtes vassaux s'avance maître Pilois le jardinier; Pilois *qui a planté jusqu'aux nues*, avec une probité admirable, ces beaux arbres que la dame aimait de sa meilleure tendresse maternelle! A l'intérieur, tout est prêt pour la recevoir; Larmechin, le second valet de chambre, a décoré la table des livres favoris de sa maîtresse: *les Provinciales* de Pascal, les tragédies de Corneille, les premières comédies de Molière et Nicole et Guichardin, et le dernier roman de mademoiselle de Scudéry, dont elle aimait les grands coups d'épée. Elle arrive, elle est contente, elle est à l'aise; elle va faire à son loisir une grande économie de son temps, de son âme, de sa santé, de sa fortune. Ici tout le repose, ici tout lui plaît; c'est aux Rochers surtout que le rossignol et la fauvette célèbrent le *triomphe du mois de mai*. Le printemps des Rochers est l'automne en ces beaux jours de cristal, *qui ne sont plus chauds, qui ne sont pas froids.* Jamais la belle maîtresse d'Endymion ne jeta sur la fraîche campagne des rayons plus doux!

Encore aujourd'hui, dans ces lieux de son adoption, vous retrouverez madame de Sévigné tout entière. Le mail existe encore, et cette longue avenue où la lune était si belle à voir, dessinant sur le tronc des arbres toutes sortes de douces et caressantes images. Quel plaisir! en même temps être seule et causer de si loin avec sa fille adorée; quelle fête à se promener dans ces bois pleins d'ombre et de soleil, la canne à la main, en rêvant à Descartes, à Pascal!

Aux Rochers, la dame faisait ses comptes avec ses fermiers; qui payait exactement était le bienvenu. Dans les années mauvaises, on le tenait quitte de son fermage. On avait bien par-ci par-là ses petites colères et ses petites injustices: témoin cette jolie basse Brette en robe de drap de Hollande, la jupe de tamis, les manches

MADAME DE SÉVIGNÉ.

tailladées; elle avait vingt ans, les yeux les plus brillants du monde; elle nous devait huit mille francs! « O Seigneur Dieu! avons-nous dit tout bas, cette femme est trop belle pour payer ses dettes!... » Elle les a payées, rubis sur l'ongle.

Une autre fois, M. le fermier a dépensé en réparations plus de mille pistoles; les revenus sont pris pour deux ans. « Ah! que c'est une grande illusion de se dire qu'on a du bien, quand on n'a que des terres! » Mais quoi, aux Rochers tout est beau, même la ronce, et tout est charmant, même la pluie. Entre deux nuages, on fait planter un petit labyrinthe au bout de l'*allée infinie,* où l'on pourra se mettre à couvert de l'ondée et causer, et lire, ou prêter l'oreille aux projets de Pilois : « Je préfère sa conversation à celle de plusieurs chevaliers au parlement de Rennes. »

Mais, dites-vous, et l'hiver?... Ah! l'hiver, madame a la ressource du fagot; on puise à la pyramide de fougère odorante; on relit Descartes, saint Augustin et saint Hilaire; voire, on relit les *Contes* de Perrault : « Ah! si j'avais dans ces bois la feuille qui chante! » Et tout d'un coup, se reprenant : « Je suis une ingrate, mes oiseaux chantent si bien! » Telle est cette vie heureuse et câline de la maison des champs; pas de si mauvais temps qu'on ne s'y plaise, et loin de nous les imposteurs.

Lire et rêver, voilà la vie heureuse, au compte de madame de Sévigné! Pourtant lorsque, attirée par la grâce de la belle châtelaine et par cet esprit sans égal, des Rochers à Versailles, arrivent les visiteurs, on leur fait comprendre que *le bel air de la cour c'est la liberté*, et du même pas madame de Sévigné va se promener pour se consoler de n'être pas seule. Au fait, elle a le grand art de ne pas écouter ceux qui l'ennuient, et tant pis pour mademoiselle Duplessis, *qui parle toujours;* pour madame de la Hamelinière, une de ces femmes qu'il faudrait *assommer à frais communs;* tant pis pour mademoiselle Bonnefoi de Croqueoison, qui ressemble au second tome d'un méchant roman. Bref, tant pis pour qui la gêne. Au contraire, une belle gelée, un grand silence ont tant de charmes! Ou bien c'est un grand plaisir de donner en passant à la princesse de Tarente une belle collation qui ne coûte guère : « Car, disait la dame avec son bon sens de tous les jours, ceux qui se ruinent me font pitié; c'est la seule affliction dans la vie qui se fasse toujours sentir également, et que le temps augmente, au lieu de la diminuer. »

Cependant, il faut bien parfois se montrer au peuple de Bretagne, à l'heure où la province est en fête, à l'ouverture des états. Ce ne sont que bals, festins, réceptions magnifiques : « Quant à moi, je n'en suis guère contente; hors de Paris je ne veux que la campagne. Ah mon Dieu! quand pourrai-je mourir de faim et me taire? » Oui-da! la dame au beau rire et de franc jeu se moque un peu de ses Bretons *grands buveurs*. « Il faut croire qu'il passe autant de vin dans le gosier de nos Bretons, que de l'eau sous les ponts, puisque c'est là-dessus que se prend l'argent qui se donne à tous les états. » Notez ceci : quand elle était à Vitré, elle habitait un bel hôtel qui lui appartenait et qui s'appelait : *la Tour de Sévigné*. « Hier 12 août 1671, j'ai fait danser toute la Bretagne à ma Tour de Sévigné. »

Puis, toutes ses politesses étant accomplies, elle revient en toute hâte à sa chère campagne. « Et Dieu sait à quoi je ne pense point! Ne craignez point pour moi l'ennui que peut me donner la solitude et les maux qui viennent de mon cœur, je ne suis à plaindre en rien; mon humeur est heureuse, elle s'accommode et s'amuse de tout.... Si vous me demandez comment je me trouve après tout ce bruit, je vous dirai que je suis transportée de joie; j'éprouve un besoin de repos qui ne peut se dire; j'ai besoin de dormir, j'ai besoin de manger, car je meurs de faim à ces festins; j'ai besoin de me taire; tout le monde m'attaquait, et mon poumon était usé. Grâce à Dieu, j'ai trouvé mon abbé, ma Mousse, ma chienne, Philis, mon mail et mes maçons. »

Tels sont les vrais plaisirs de madame de Sévigné : « J'ai fait planter la plus jolie place du monde; je me plante moi-même au milieu de la place, où personne ne me tient compagnie, et je suis fichée là avec ma casaque, à penser à vous, ma fille, dont la pensée ne me quitte jamais. » Elle disait cela sur un air qu'elle savait si bien en pensant à sa fille : *Hélas! quand viendra-t-il ce temps, bergère?*

A la fin cependant, Paris commande, il la rappelle; elle a son gendre à défendre et son fils à surveiller. Le roi lui-même a dit : Quand viendra madame de Sévigné? « Adieu mes pauvres Rochers, adieu mes livres, mes rêves, mes châteaux en Espagne, et surtout en Provence, tantôt gais, tantôt tristes! Adieu mes belles allées sablées et parées, adieu ma chapelle, adieu ma maison! »

Ainsi elle a vécu dans la tendresse et dans l'admiration de ses amis. Puis, à l'heure où sa tâche entière était accomplie, après avoir assisté au mariage de son petit-fils, au mariage de mademoiselle de Grignan, sa charmante Pauline, « dont l'esprit dérobait tout, » elle mourut calme et paisible, le 18 avril 1696, à soixante-neuf ans, un mois et vingt-deux jours, laissant un nom célèbre, une gloire sans tache. Elle écrivait, peu de jours avant sa mort, ces touchantes paroles : « Je mourrai sans dettes et sans argent comptant; c'est tout ce que peut désirer une chrétienne. »

Vérité, sincérité, charité, prudence!... la voilà toute! Et justement parce qu'elle était une honnête femme, elle était un honnête écrivain, attentive à la justice, à la modération, au bien-dire, à bien voir. Gaie et contente au premier rayon qui se montre; au premier nuage, aussitôt la voilà qui rentre en soi-même! Elle étudie, elle hésite! Avant d'aller, comme on dit, *la bride sur le cou*, elle s'est rendu un compte fidèle de sa parole! Elle sait qu'elle est écoutée! Elle ne saurait empêcher qu'une lettre intime de madame de Sévigné soit un événement à la ville, à la cour! On veut la lire autant que l'entendre, et la voir! De là cette réserve, mêlée à ce pétillement; cette réserve et ces à-propos de chaque instant, ce mélange exquis de l'impromptu et de la méditation! Son livre est un miroir où tout se montre, en beau, peut-être. Eh! le miroir est si fidèle et si transparent.

Autant elle est vive, animée et contente au spectacle intéressant de cette société qui n'avait pas eu d'exemple et qui n'a pas sa pareille, autant elle était heureuse à contempler les belles œuvres de la création divine; elle admirait Corneille.... elle adorait, en vrai poëte, un coucher de soleil!... Autant que son complice et son ami la Fontaine, elle aimait les beaux jours riants et clairs, les frais paysages, les nuits sereines, le verger plein de fruits, le jardin plein de fleurs, le livre plein de chansons.

Nous autres Français, nous l'aimons tout ensemble et comme un poëte et comme une fée! Elle est le véritable et souverain créateur de la prose française! une prose abondante, ample et sonore, à mi-chemin du seizième et du dix-septième siècle, à côté de Balzac et bien loin de Ménage! Un style où tout charme, où tout plaît, raconte et conseille : « Il était dans sa nature vive et prompte de se mettre à l'unisson de ceux qui l'entretenaient. Elle est naturelle avec Coulanges; elle eût été assez gaillarde avec Ninon, austère avec Pascal, sublime avec Bossuet! » Qui parle ainsi? M. Cousin.

Un dernier mot, pour compléter cette louange, il est de M. de Grignan : « Cette personne, si tendre et si faible pour tout ce qu'elle aimait, le jour où il fallut qu'elle pensât à elle-même, n'a trouvé que du courage et de la religion! »

J. JANIN.

LADY NUNEHAM.

Le règne de Georges III est un des plus grands règnes de l'Angleterre. Grand d'abord par la durée, il s'étend de 1761 à 1820, commence sous Louis XV, finit sous la seconde Restauration. Si on l'envisage au point de vue des résultats, il n'est pas moins important. C'est sous Georges III que s'accomplissent les mémorables évolutions, intérieures ou extérieures, qui fondent l'unité politique de l'Angleterre, et lui assurent une longue prépondérance dans le concert européen. C'est sous Georges III, premier roi de la maison de Hanovre né sur le sol anglais, que s'accusent, sous des formes caractéristiques, les tendances d'une nation et les traditions d'une famille qui, sincèrement unies dans un même but d'ambition et de patriotisme, opposeront un si instructif contraste de sage puissance et de gloire féconde aux bruyants excès de la Révolution et aux gloires stériles de l'Empire.

Si l'on considère ce long règne de soixante ans comme une action dramatique, quelle harmonieuse variété, quelle grandiose succession d'événements, quelles émouvantes péripéties, quelles solennelles vicissitudes! Et d'abord, la fin de la guerre avec la France (10 février 1763), et comme prix de la lutte, l'accession définitive du Canada, de la Floride et de Minorque. Puis, la séparation de l'Amérique, une guerre de marchands qui finit par une guerre de héros. Puis, aux Indes orientales, le grand duel avec Hyder-Ali et Tippoo-Saïb, derniers et sublimes efforts de la résistance brahmique. Puis la Révolution française et ses contre-coups universels. Enfin, l'Empire et ses combats épiques. Tel est le splendide tableau qui déroule successivement aux yeux éblouis de l'observateur ses grands épisodes politiques, maritimes ou militaires.

Si l'on compare enfin le règne de Georges III à une galerie de portraits, jamais une plus riche série de figures illustres ne commanda et ne retint l'admiration. Tour à tour, nous saluons les noms de Wilkers, de Pitt, de Washington, de Franklin, de Burke, de Fox, de Sheridan, d'Erskine, de Wilberforce, de Cook, de Wellington, de Nelson, de Castlereagh, de Canning, de Reynolds, du mystérieux Junius, de Dryden, de Byron, de Walter Scott, de Moore.

Telle fut la noble, la féconde, la magnifique représentation où le rôle royal, le principal rôle est occupé par un homme grand, bien fait, aux cheveux blonds et drus, à l'œil glauque, dont le lymphatique visage s'anime du reflet d'événements héroïques, et, pendant les vingt dernières années de sa vie, se poétise et se pathétise des teintes tragiques de la folie. Georges III, simple, accessible, sobre, avare, dogmatique, est pour l'Angleterre, dans la première moitié de son règne, une sorte de souverain typique, comme Frédéric en Prusse, Joseph II en Autriche ou Henri IV en France. Il est, depuis Guillaume, le roi caractéristique, exagérant parfois jusqu'au grotesque les instincts britanniques et les manies allemandes. Il y a, de l'autre côté de la Manche, tout un *Georgiana* sans cesse augmenté, mine inépuisable d'anecdotes et de mots chers à la malignité aristocratique ou à l'imagination populaire, qui a fini par se créer un Georges III légendaire, étrange, fantastique, tour à tour patriarcal ou tragique, souriant ou farouche, bon homme ou despote, portant, au premier acte, la couronne d'or de Henri VIII, et au dernier, la couronne de paille du roi Lear.

Curieuses figures que ces premiers rois de la maison de Hanovre, famille fantasque de princes triviaux et de princesses romanesques, sur laquelle plane une sorte de fatalité domestique. Georges Ier est le mari de cette Sophie de Zell, dont on connaît l'aventure avec Kœnigsmark. Il la retint pendant trente-deux ans au château d'Alden, ne pardonna jamais à son fils le crime de sa mère, et mourut d'une apoplexie causée par une indigestion de melon. Son successeur fut gouverné par sa femme, Caroline d'Anspach, et se consola de cette obéissance par l'infidélité. Ménage malheureux en somme, par la maîtresse, mistress Howard, et par le fils, qui ne se réconcilia avec son père qu'au lit de mort. Celui-là, Georges II, était roux, le nez retroussé, l'œil à fleur de tête. Il était emporté, avare, minutieux. Georges III, lui, fut le modèle des époux; mais s'il eut toutes les vertus de la famille, il n'en eut pas tous les bonheurs; et les scandaleuses dissipations de son fils, le prince de Galles, mirent plus d'une fois à l'épreuve son esprit méthodique et son caractère parcimonieux.

Son règne, envisagé par ses côtés intimes, est un règne honnête, moral, bourgeois, un règne sans maîtresses, sans favoris, sans chroniqueurs, sans fêtes, sans parasites. Georges III est le roi honnête homme de l'Angleterre. Il a eu, avec plus d'énergie et plus de bonheur, la plupart des qualités et des défauts de Louis XVI. Il aimait comme lui la vie de famille, la chasse, le travail manuel, les repas abondants et simples, les sermons en petit comité, les jeux tranquilles et économiques. Il *pratiquait* avec ferveur, était aussi bon protestant que Louis XVI fut bon catholique, comme lui peu cultivé, brusque, tenace, mais indulgent, charitable, cordial, adoré des petites gens.

On cite de lui une foule de traits de bonhomie et de simplicité. Un jour, par exemple, il ne dédaigna pas, se promenant incognito avec le prince de Galles, de mettre l'habit bas et d'aider un brave charretier, tout suant et jurant, à dégager sa roue embourbée. L'histoire ajoute même, à la grande satisfaction du cockney, qu'il ne recula pas plus devant le salaire que devant le service, et accepta, sans façon, le verre d'ale, dont la reconnaissance de son compère tint à le régaler. Une autre fois, il s'arrêtait dans une pauvre ferme, partageait le repas du paysan hospitalier, et, avec une bonté malicieuse, il se vengeait de l'oie mal cuite qu'on lui avait servie, en laissant sur la cheminée un rouleau de guinées, avec un petit billet contenant la recommandation d'acheter un tournebroche. Le peuple se moquait de son avarice par une grêle de quolibets et de caricatures dont il riait volontiers tout le premier. Il adorait la musique de Hændel, et, au théâtre, il lui arrivait parfois de se lever, de battre la mesure, ou, s'il était satisfait, de faire bisser le morceau. Il eût fait un excellent agriculteur, et publia lui-même un petit traité sur l'exploitation des métairies.

Une lettre de mistress Delanys nous peint, en quelques traits curieux, l'intérieur du ménage royal : « J'ai souvent passé, dit-elle, des soirées dans le Queens-Lodge, où l'on n'admettait que de rares visiteurs. La famille y est assise autour d'une table ronde, couverte de livres, d'ouvrages de femme, de crayons, de plumes. La reine est assez bonne pour me placer à côté d'elle et m'accorder un de ces entretiens instructifs, spirituels, qui sont dans son caractère. Le reste de la famille dessine, tricote, joue. Le plus jeune des enfants, la princesse Amélie, prend sa part de la joie intérieure; parfois, elle s'assied sur une de ses sœurs aînées, ou bien elle joue sur le tapis avec le roi son père, tandis que, dans une pièce voisine, se tient l'orchestre particulier, lequel, de huit à dix heures, joue des pièces désignées à l'avance par le roi; d'ordinaire, ce sont des morceaux de Hændel. »

Tel fut le roi Georges, et telle fut sa cour, si l'on peut parler de cour à propos d'un prince qui fut si peu roi. On comprend qu'il ne faut point chercher sous ce Louis XVI britannique, aussi simple, aussi honnête, mais plus heureux que le nôtre, les fastueuses représentations, les superbes carrossées, les promenades sur l'eau, les chasses triomphales, les fêtes, les galas, les ballets mythologiques, les galants décamérons de la cour d'un Charles II. Tout ce pompeux et ruineux cortége de la royauté prodigue s'est évanoui. Les habits sombres, les cheveux à peine poudrés, bientôt sans poudre, bientôt le pantalon et le paletot ont remplacé la soie, le brocart, le velours, les aiguillettes et les dentelles. Plus de Buckingham, plus de Rochester, plus de poulets, plus de sonnets, plus de favoris, de courtisanes, de joueurs de luth, plus de créanciers nargués, plus de guet rossé, plus d'apothéoses et de scandales, mais aussi plus d'échafaud!

Sous Georges III, il est de bon ton d'aller au prêche et de payer ses dettes; seul, le prince de Galles y manque. Il triche au jeu, a des maîtresses, des chevaux, se laisse tutoyer par Brummel, et, sur la liste de son déficit, porte effrontément trois cent mille francs de parfumerie et de poudre à la maréchale. Mais ce prince de Galles ressemble si peu à tout le monde, qu'en Angleterre, roué, dépaysé en plein puritanisme, il ne semble ni prince ni Anglais, et qu'il est à la fois comme étranger à son père et à la nation.

On devine que sous le règne d'un Georges III, calme, prosaïque, bourgeois, la vie d'un grand seigneur ou d'une grande dame bien en cour ne doit pas être bien accidentée. Il n'y faut chercher ni les brillants héroïsmes, ni les élégantes folies, ni les capricieuses aventures. Toutes ces existences aristocratiques, taillées pour ainsi dire sur le modèle royal, sont méthodiques, réglées, monotones, purement domestiques en quelque sorte. Lady Nuncham ne fait pas exception à cette universelle austérité, quoiqu'il soit permis de dire d'une femme louée par Walpole

LADY NUNEHAM.

pour son esprit, et peinte par Reynolds pour sa beauté, qu'il ne lui a rien manqué, et que ces deux titres suffisent à une histoire.

Élisabeth, seconde fille de Georges Venable, lord Vernon, épousa en 1765 Georges Simon, comte d'Harcourt, vicomte Nuneham. Le père de son mari était lord-vice-roi d'Irlande. Il fut en assez grande faveur sous Georges III. Quand le jeune roi, dès la première année de son pouvoir, songea à se marier, parce que cela était bien, et renonça à son amour platonique et flegmatique pour la belle Sarah Lennox, c'est lord Harcourt qui fut l'ambassadeur nuptial chargé d'aller querir la femme de son choix, la princesse Charlotte-Sophie de Mecklembourg-Strelitz, simple comme lui, bizarre comme lui, qui s'en allait avec sa mère, en simple bourgeoise, aux eaux d'Allemagne, et dansait, jouait, lunchait, mêlée à la foule des baigneurs, jetant joyeusement l'étiquette allemande par-dessus les moulins. Honnête et excellente personne d'ailleurs, reine mère de famille et portant fièrement tous les deux ans un nouvel enfant au sein nourricier. — Volontiers, comme Cornélie, elle eût montré ces splendides *babys* royaux, blancs comme le lait et frais comme la rose, avec des yeux de bluet, et elle eût dit : « Voilà mes bijoux. » Car elle n'en portait guère d'autres.

C'est en 1765 que le fils de l'ambassadeur matrimonial imita l'exemple de son maître. Jusqu'en 1777, époque de la mort de son père, à qui il succéda dans son titre et dans ses charges, nous ne trouvons rien à dire de lui. Il fut le mari de sa femme, et, si cela ne suffit point à sa gloire, cela suffit du moins à son bonheur.

Le vicomte Nuneham était d'ailleurs un homme lettré, cultivé, comme la plupart des grands seigneurs anglais, d'une tournure d'esprit originale. Il adorait les fleurs, et les jardins embaumés de Leicester-House, près de Nuneham-Park, dans le comté d'Oxford, sont demeurés célèbres. Ses maîtresses à lui, c'étaient ses tulipes. Il en avait une collection digne de Harlem. Il se piquait de poésie, et on le voyait parfois se promener, d'un air inspiré, dans son parc, ou secouer d'une main fiévreuse, en déclamant, le tabac d'Espagne qui maculait son jabot. Au demeurant, plus versificateur que poëte, et dont les vers pacifiques ne l'empêchaient point de voir la terre et de surveiller ses pieds quand il marchait parmi ses chères tulipes.

La comtesse d'Harcourt fut en tout très-supérieure à son lymphatique et humoristique époux. Il y avait en elle je ne sais quoi de pensif, de languissant, de contraint, qui trahit le ressort comprimé, l'énergie latente de la vie, l'aspiration à des cieux plus hauts, le mal de l'idéal. Mais ces belles dames anglaises savent souffrir. La résignation est pour elles une vertu d'honneur. Elles meurent presque toutes avec leur roman au cœur, roman compagnon, roman gardien qui les entoure et qui les berce de rêves charmants, inoffensifs, préservateurs. Tout cela ne les empêche pas d'être des épouses très-supportables, d'excellentes mères de famille.

Tout cela ne les empêche pas de vivre longtemps. On en cite que leur idéal, goutte de poison lent et doux, n'a dévorées qu'au bout de soixante ans. On en cite qui ne seraient jamais mortes, s'il n'avait fallu faire comme tout le monde.

Lady Nuneham appartenait à cette classe de femmes honnêtes, sentimentales, rêveuses, affectant volontiers le doux mystère. Elle adora la nature comme il était de mode depuis Rousseau. Les deux portraits que nous avons d'elle, celui de Falconnet et celui de Reynolds, la montrent tous les deux dans la campagne, l'un debout, l'autre assise, tous les deux rêvant, et tenant d'un bras languissant, au pur et mat albâtre, la couronne de fleurs, symbole de ce culte renaissant et charmant des grands horizons, des beaux arbres, de l'immensité bleue du ciel, de l'immensité verte des prairies, de la brise parfumée aux bruyères, de cet attrait mystérieux enfin, qui vous fait battre le cœur et vous remplit les yeux de larmes quand on voit et qu'on sent la nature de près.

Notre héroïne, elle aussi, fit des vers. La Muse des lacs et des clairières l'avait visitée, et il semble, tout en faisant la part de la galanterie dans les éloges hyperboliques de Walpole, que ce ne fut pas une personne sans talent. Il y avait dans cette belle et éclatante poitrine, ondulant sous les gazes, un souffle de Dieu. Ce qui le prouve, c'est qu'elle ne voulut jamais publier ses vers. Elle eut la pudeur de son amour des vers, comme elle l'eût eue d'un autre. C'est en vain qu'Horace Walpole multiplie les avances et les cajoleries, pour obtenir la faveur de mettre ce gracieux inédit sous les presses de Strawberry-Hils, il ne put jamais obtenir de la belle inhumaine que des lettres qui lui semblent dignes de cette madame de Sévigné, pour laquelle le lourd génie anglais s'éprend alors subitement d'une sorte de passion, admirablement exprimée par Walpole.

Il est donc certain que lady Nuneham fut une femme d'esprit, qu'elle composa des vers, et qu'elle fit bien peut-être de ne les pas montrer, car ce diable de Walpole avait deux visages : l'un onctueux, flatteur, caressant; l'autre sarcastique et mordant. C'est de ce dernier visage, un peu adouci cependant, que, par dépit, sans doute, il parlait, en termes assez irrévérents, de la poétique manie de lady Nuneham. Sa lettre est du 9 août 1773 et adressée à la comtesse d'Ossory.

« J'ai fait une découverte plus amusante; lady Nuneham est une femme poëte. Elle écrit avec facilité, avec bon sens, et fait des vers. Mais elle en est toute honteuse, comme si c'était un péché que d'être poëte. »

Il est souvent question des Nuneham dans les lettres de Walpole, leur voisin, leur ami familier, leur hôte fréquent, dans le double sens du mot. Nous avons parcouru toutes les lettres de la grande édition Cummingham, la seule complète, sans pouvoir y glaner d'autres traits caractéristiques parmi les nouvelles, les vœux, les condoléances, les invitations, qui font le fond de cette correspondance.

Lord Harcourt, vicomte Nuneham, mourut sans enfants le 20 avril 1809. Il était favorable aux idées françaises, charitable et grand amateur de fleurs et de tableaux. Sous la Terreur, il avait donné asile aux d'Harcourt français, avec lesquels il se disait parent. Aucun recueil généalogique ne donne la date de la mort de sa femme, lady Nuneham. Tout, jusqu'au bout, demeurera mystérieux dans l'histoire et la destinée de cette blonde et blanche lady, coiffée en *flamme*, la tête enguirlandée de torsades de perles. Une double image, l'une signée Falconnet (1769), l'autre signée Reynolds, sans date; l'une accoudée en négligé vaporeux sous un grand arbre, les cheveux noués en fuseau sur le haut de la tête et retombant sur les épaules en tresses dorées, le front rond et mat, le nez long et moelleux, la bouche fine, l'œil fixe et pensif et retenant son étincelle, beauté nonchalante, amollie, désarmée, surprise en pleine volupté du rêve solitaire; l'autre, celui que nous donnons, plus en cérémonie, plus en fête, quoique avec les mêmes signes de langueur et de douce mélancolie; voilà tout ce qui nous reste d'une femme aimable, charmante ombre attristée, errant, avec sa grâce inutile et ses talents cachés, parmi les déceptions d'un règne sans gloire, d'un temps sans poésie, et d'un mariage sans amour.

M. DE LESCURE.

MADAME DE MAINTENON.

S'il fut jamais une existence étrange, féconde en ces contrastes, en ces oppositions inouïes qui étonnent le monde et transforment pour la postérité l'histoire en roman, c'est, à coup sûr, celle de madame de Maintenon. Que d'événements, que de vicissitudes avant de toucher à cette fortune dont son incontestable bon sens sut dérober l'éclat dans un clair-obscur prudent et discret! Elle naît dans une prison;

puis il faut fuir, s'expatrier, traverser les mers. Après un séjour de six ans à la Martinique, d'Aubigné mourait et laissait sa veuve et ses enfants sans ressources. L'on revient en France, et la petite Françoise, d'abord élevée dans le protestantisme, se voit bientôt arrachée à sa première croyance et confiée au zèle des Ursulines de Niort et de la rue Saint-Jacques qu'elle tint en échec pendant deux ans, « la Bible à la main. » Elle sortit de son couvent à quatorze ans. Sa mère chercha alors à la produire, et la traîna chez ses connaissances, en dépit de l'humilité de leur toilette, malgré une robe trop courte qui arrachait à la jeune fille des larmes de honte et de désespoir. Elle fit sensation. On ne parla plus que de la jeune *Indienne*, dont l'indigence égalait presque la beauté. Il fallait, en effet, que cette gêne fût bien manifeste pour qu'un pauvre diable comme Scarron pût paraître généreux en offrant à cette créature ravissante de souder leurs deux misères. Françoise accepta vaillamment, et sut par la suite se montrer digne de la confiance qu'on avait en elle. Elle apportait à son mari « deux grands yeux fort mutins, un très-beau corsage, de belles mains et beaucoup d'esprit. » Scarron se déclara satisfait de la dot. C'était trop, et de beaucoup, pour cet infirme qui ne fut que le père et quelque chose comme l'enfant de cette jeune fille sensée, honnête, réservée, devant laquelle la société habituelle du cul-de-jatte dut changer de façons et de langage.

Scarron, si enraciné dans sa grossièreté bouffonne, ne sut pas résister à cette douce influence : « Je l'avois corrigé de ses licences, » écrivait-elle à mademoiselle de Lenclos. Le plus difficile était fait. Elle sut commander le respect autour d'elle, écarter toutes velléités de séduction. « S'il falloit prendre des libertés avec la reine ou avec madame Scarron, disait quelqu'un, je ne balancerois pas, j'en prendrois plutôt avec la reine. » L'intendant Basville en disait autant : « Je l'ai cent fois ramenée dans mon carrosse des hôtels d'Albret et de Richelieu dans la rue Saint-Jacques, où elle demeuroit. J'étois pénétré pour elle du même respect que j'aurois eu pour la reine ; son regard seul en inspiroit, et nous étions tous surpris qu'on pût allier tant de vertus, de pauvreté et de charmes. » Qu'alléguer en faveur de la parfaite honnêteté de la jeune femme qui vaille ces témoignages ? On a pourtant essayé d'entacher son passé. On l'a voulue galante comme toutes les femmes de son temps. Mais, malgré cette lettre controuvée à Fouquet, malgré le propos de Ninon et le prétendu prêt de la chambre jaune, malgré l'assertion haineuse de Saint-Simon, nous ne croyons pas à des faiblesses. Madame de Maintenon, elle en convient volontiers, n'était pas faite pour aimer : elle n'était pas la seule, après tout, à laquelle il manquât ce sens de l'amour, et la marquise de Sévigné, ce foyer pourtant si ardent, n'eut pas plus qu'elle à se défendre de la tentation. Elle écrivait encore, dans la lettre à Lenclos que nous venons de citer, à une époque où sa position précaire l'exposait davantage à ces sortes de dangers auxquels n'est que trop en butte une jeune femme isolée et pauvre; époque où ses amis, pour la tirer de peine, voulaient lui faire épouser un homme de condition, riche, mais vicieux et libertin : « Assurez ceux qui attribuent mon refus à un engagement, que mon cœur est parfaitement libre, veut toujours l'être, et le sera toujours; je l'ai trop éprouvé, que le mariage ne sauroit être délicieux, et je trouve que la liberté l'est. » Avec la beauté d'une reine, madame de Maintenon n'avait nulle coquetterie. Nous nous trompons, elle en avait, mais d'un genre tout à elle et qui s'adressait aux cœurs, sans la moindre prétention de les troubler. Cette coquetterie allait à tous, aux femmes comme aux hommes, infiniment plus même à celles-ci qu'à nous. Sa constante préoccupation fut d'être aimée, honorée, estimée, et elle le confesse comme un péché d'orgueil, celui qui lui coûta le plus à déraciner. « Je ne voulois point être aimée en particulier de qui que ce fût; je voulois l'être de tout le monde, faire prononcer mon nom avec admiration et respect, jouer un beau personnage, et surtout être approuvée par des gens de bien. » Si c'est là une faiblesse, elle est rare et plus qu'excusable, quand on songe qu'elle est le meilleur préservatif contre les imprudences et les fautes.

Mais le pauvre poëte vient à mourir (1660). Il laisse sa femme sans autre patrimoine que la pitié, que l'intérêt qu'elle mérite et qu'elle saura inspirer. Dans cette situation délicate, le pied ne glisse pas à cette veuve de vingt-cinq ans. Que d'épreuves, pourtant, de dégoûts, de mécomptes cruels! On la protége, mais à quel prix souvent! Et les promesses sont si rarement suivies d'effet. Pour ne pas mourir de découragement et de désespoir, la jeune femme eût eu bon besoin de compter sur son étoile. Ce n'est pas que des avertissements répétés ne lui fassent entrevoir d'autres destinées. A l'hôtel d'Albret, un maçon lui annonça tout ce qui devait lui arriver dans la suite. Il choisissait mal son moment, et la veuve nécessiteuse, rebutée par tout le monde, écrivait à une de ses amies : « Me voilà, madame, bien éloignée de la grandeur prédite. » Cette prophétie, qu'on pourrait considérer comme une fable, si, plus tard, la marquise, interrogée par mademoiselle d'Aumale, n'en avait pas consacré l'authenticité, n'est pas l'unique. Bien auparavant, un gentilhomme, à l'inspection de la main de la petite Francine, s'était écrié : « Voilà des signes d'une grande fortune, je n'ose dire qu'elle approchera de la couronne. » A Bordeaux, durant le voyage qu'elle fit avec le jeune duc du Maine, elle rencontra chez une amie un abbé qui, à sa vue, fut pris comme de vertige. Pressé de s'expliquer après le départ de la gouvernante, l'abbé, dont la réputation divinatoire était d'ailleurs bien établie, céda à la fin, malgré l'envie qu'il avait de garder pour lui sa découverte : « Vous me forcez, mais tout mon art est faux, ou cette femme sera reine, et il y a si loin entre ce qu'elle est et la couronne, que c'est ce qui m'a mis et me met encore hors de moi-même. » Saint-Simon cite un dernier oracle qui, à l'entendre, eût été fatal à la faveur du duc de Créqui, oracle équivoque dont la réalisation, en tout cas, ne devait être que partielle. Mais c'est assez de prédictions.

La vraie passion, la fibre sensible de cette femme, ce fut la maternité. Elle aima le duc du Maine comme ne l'aima pas sa mère. Il faut voir comme elle pleure, comme elle se désole devant le lit du petit prince, se reprochant de le chérir au delà de toute raison, sans pouvoir modérer cette affection passionnée. « Rien n'est si sot, écrivait-elle à l'abbé Gobelin, que d'aimer avec excès qui n'est point à moi, dont je ne disposerai jamais; et qui ne me donnera dans la suite que des soins qui déplairont à ceux à qui il appartient, ou des soucis qui me tueront. » On sait ce que ces craintes avaient de fondé; mais l'avenir, tel qu'il fut, était-il bien à prévoir? Plus tard, et quand madame de Maintenon sera au faîte des grandeurs, ces instincts et ces élans de maternité se multiplieront dans une création qui honorera éternellement son cœur. Nous voulons parler de ce vaste abri de Saint-Cyr, où deux cent cinquante demoiselles pauvres trouveront ce qu'elle ne trouva pas, aux temps de sa détresse et de son abandon, une éducation, une instruction dignes de leur naissance et au-dessus de leur fortune.

Madame Scarron avait tout l'esprit du monde, un esprit mélangé de bon sens, de raison, de rectitude, mais plein de finesse, d'une forme exquise, qui savait se défendre, s'il se refusait le plaisir de briller aux dépens de plus faibles, bien différent en cela de l'esprit de madame de Montespan, esprit incisif, acéré, presque féroce, auquel il ne coûtait guère plus d'immoler les amis que les ennemis. On le sait, ce fut madame de Montespan qui l'introduisit à la cour, qui l'imposa à Louis XIV dont l'antipathie était flagrante. « Je déplaisois fort au roi dans les commencemens, il me regardoit comme un bel esprit, à qui il falloit des choses sublimes, et qui étoit très-difficile à tous égards. » La favorite s'était prise d'une belle passion pour cette intelligence d'une incontestable valeur; et, quand la haine et les mauvais procédés firent place à l'engouement des premiers temps, il lui fallut user de violence sur elle-même pour s'arracher à une fascination partagée à un égal degré par madame Scarron. Un jour, se trouvant dans le même carrosse qu'elle et ayant toutes les raisons de garder le silence, mais n'y tenant plus, elle disait à sa rivale : « Causons comme si nous n'avions rien à démêler : bien entendu que nous reprendrons nos démêlés au retour. »

Madame de Maintenon avait des principes, et elle était conséquente avec eux en cherchant à ramener le roi. Mais fut-elle complétement désintéressée? Elle osa ce que n'osa pas le P. de la Chaise, elle eut le courage de dire en face à Louis XIV : « Que feriez-vous, Sire, si on vous disoit qu'un de ces jeunes gens vit publiquement avec la femme d'un autre, comme si elle étoit la sienne? » La conversion de Louis XIV lui allait si fort à cœur qu'elle en voulut longtemps à Bossuet par la

MADAME DE MAINTENON.

seule raison qu'il s'était laissé vaincre. La charité n'a ni de ces impatiences, ni de ces ressentiments. Ne pas admettre la moindre arrière-pensée chez madame de Maintenon, ce serait n'être ni dans la vraisemblance ni dans la vérité. Elle voyait le penchant grandissant du roi pour elle, elle fut séduite par la perspective éblouissante d'un rôle qu'elle se sentait la volonté et la force de remplir. Elle fut femme en cela, tout autant qu'une autre. Elle débuta bien. Elle ramena Louis XIV à la reine, si longtemps et si constamment outragée, et se fit bénir par la pauvre Marie-Thérèse : « Dieu a suscité madame de Maintenon pour me rendre le cœur du roi ! » Cette mort allait transformer souverainement sa situation; ce fut là l'endroit scabreux de cette vie si formaliste, d'une pruderie un peu sèche. « Pendant le voyage de Fontainebleau, qui suivit la mort de la reine, raconte madame de Caylus, je vis tant d'agitation dans l'esprit de madame de Maintenon que j'ai jugé depuis, en la rappelant à ma mémoire, qu'elle étoit causée par une incertitude violente de son état, de ses pensées, de ses craintes et de ses espérances; en un mot, son cœur n'étoit pas libre, et son esprit fort agité. Pour cacher ses divers mouvemens, et pour justifier les larmes que son domestique et moi lui voyions quelquefois répandre, elle se plaignoit de vapeurs et alloit, disoit-elle, chercher à respirer dans la forêt de Fontainebleau avec la seule madame de Montchevreuil; elle y alloit même quelquefois à des heures indues. Enfin, les vapeurs passèrent; le calme succéda à l'agitation, et ce fut à la fin de ce même voyage. »

Madame de Maintenon, la reine morte, ne pouvait rester décemment à la cour sur le pied où elle y était. Son habileté, s'il y eut habileté, fut de démontrer cette impossibilité et d'effrayer sur une retraite qu'elle était déterminée à effectuer et qu'on n'était pas disposé à laisser accomplir. A quarante-neuf ans, son œil doux et majestueux avait conservé son charme, sa bouche était demeurée fraîche et jolie; même son double menton ne messeyait pas à cette figure grave et reposée; il était en rapport avec l'embonpoint harmonieux des épaules et des bras que les draperies et les dentelles, il est vrai, voilaient discrètement. Tout cela ne devait pas être sans action sur une nature emportée comme l'était celle de Louis XIV. Ce fut là, en effet, la force de la veuve Scarron. Louis XIV, converti, revenu à tout jamais de ses égarements passés, ne pouvait songer qu'au mariage; le mariage se fit, cela est désormais démontré. Se fit-il tout à fait comme le voulait madame de Maintenon ? C'est ce qui n'est pas à penser. Disons, toutefois, qu'elle se conduisit dans la suite comme si c'eût été elle qui eût exigé le mystère par respect pour la dignité royale. Quoique personne ne doutât de ses droits sur le cœur du roi, et de son influence sur son esprit, quoique les flatteries, les soumissions, les bassesses ne fissent pas défaut, elle ne se démentit pas un instant. Elle n'avait point de rang officiel, elle s'effaça toujours avec une bienséance qui n'est pas un de ses moindres mérites,

« cédant absolument sa place (c'est un ennemi, c'est Saint-Simon qui parle), et se reculant partout pour les femmes titrées, même pour des femmes de qualité distinguées, ne se laissant jamais forcer par les titrées, mais par celles de qualité ordinaire, avec un air de peine et de civilité, et par tous ses endroits polie, affable, parlante, comme une personne qui ne prétend à rien et qui ne montre rien, mais qui imposoit fort, à ne considérer que ce qui étoit autour d'elle. » Si elle rêva au delà, convenons qu'on ne sauroit prendre son parti de meilleur grâce et avec plus de modestie et même d'humilité.

Quel fut le rôle de cette reine occulte, dont on a exagéré, et de beaucoup, l'influence? Elle n'entendait rien en politique; elle le savait, et n'y mêlait son mot que quand une question du roi l'y forçait. La religion seule l'occupa; et, si madame de Maintenon exerça une action quelconque, ce fut sur la conscience du roi. Sans doute, sa dévotion était étroite, mais ce fut là le vice de son temps, et de plus éclairés qu'elle n'eurent ni son indulgence, ni son horreur de toute violence, à commencer par le doux Fléchier. Elle eût donné sa vie pour qu'il n'y eût, en France, que des catholiques, mais elle ne prêcha ni n'encouragea les dragonnades. « L'on est bien injuste, dit-elle avec amertume, de m'attribuer tous ces malheurs; s'il étoit vrai que je me mêlasse de tout, on devroit bien m'attribuer quelques bons conseils. » Et elle écrivait à son frère, qui ne lui ressemblait guère sous tous rapports : « On m'a porté sur votre compte des plaintes qui ne vous font pas honneur. Vous maltraitez les huguenots; vous en cherchez les moyens; vous en faites naître les occasions; cela n'est pas d'un homme de qualité. Ayez pitié de gens plus malheureux que coupables. Ils sont dans des erreurs où nous avons été nous-mêmes, et dont la violence ne nous auroit jamais tirés. » Est-il quelque chose qui ressemble moins à un zèle farouche qu'on lui suppose et qui n'était ni dans ses inclinations ni dans ses convictions?

Si elle travailla souterrainement à se conquérir une faveur dont ne jouit jamais à ce degré madame de Montespan, dans tout le fort de sa puissance, elle sentit cruellement les épines de sa couronne invisible. Louis XIV, vieux, blasé, égoïste, ennuyeux et ennuyé lui faisait expier chèrement cette élévation inespérée. La mort du roi fut, en réalité, une délivrance pour cette âme lassée qui disait parfois qu'elle en avait « jusqu'à la gorge, » et qui, se comparant aux poissons des bassins de Marly, s'écriait douloureusement : « Ils sont comme moi, ils regrettent leur bourbe. » Ce fut avec un profond sentiment de bien-être qu'elle se réfugia à Saint-Cyr avec ses filles chéries. Elle ne voulut plus rien savoir du monde. Qu'eût-on pu lui apprendre, d'ailleurs, qui ne l'eût désolée? Elle n'avait qu'un intérêt, qu'une affection en dehors de ces murailles, le duc du Maine, cet objet d'élection, qui était la tendresse de son cœur, pour parler comme elle; elle avait préparé, jour par jour, avec un art prodigieux, une opiniâtreté et une importunité sans égales, cette grandeur qui ne devait pas survivre à Louis XIV. Elle assista, l'âme navrée, à une déchéance dont le dernier acte fut pour elle le coup de mort : elle expirait, en effet, quatre mois après l'arrestation du prince et son incarcération à Doullens.

Telle fut cette femme, cette souveraine sans diadème, pour laquelle l'histoire n'a fait preuve jusqu'ici ni de bienveillance, ni d'équité. Il faut pourtant convenir qu'elle fut aussi modeste, aussi sensée, aussi contenue que d'autres furent hautaines, frivoles, emportées. A part cette dose de personnalité inhérente à chacun de nous, elle se montra désintéressée, dévouée, généreuse, amoureuse du bien, sans besoins, nullement entachée de népotisme, moins femme, nous en sommes d'accord, et, par cela, moins attrayante aux yeux de bien des gens que les pécheresses qui l'avaient précédée dans l'affection du prince. Au comble des honneurs, elle se rappela son premier état sans embarras, avec un certain charme de souvenir, et ne rougit pas, comme on l'a voulu faire croire, du pauvre cul-de-jatte qui fut le soutien et le porte-respect de sa jeunesse. Ne sont-ce pas là des titres à l'estime, aux égards de la postérité, qui saura dégager le vrai des calomnies haineuses des contemporains, et rendre à cette belle et sérieuse figure la justice qui lui est due et qu'on lui a trop longtemps fait attendre?

GUSTAVE DESNOIRESTERRES.

LA BELLE FÉRONNIÈRE.

Vous passez lentement dans les galeries du Louvre, admirant et songeant parmi tant de chefs-d'œuvre, honneur de la France et la gloire impérissable de tant de nations, quand tout à coup vous êtes arrêté par une apparition merveilleuse. Une femme élégante et superbe en sa jouvence, au rire ingénu, vous regarde, et vous interroge en tournant la tête. — Ah! la beauté charmante, et l'éloquente apparition! Son regard est un ordre, son sourire est un charme. On la regarde, on l'admire; on résiste, on est vaincu. La fière image! Elle est royalement vêtue; une robe de pourpre à la façon romaine, ornée de broderies et de bandelettes d'or, est sa parure éclatante de tous les jours. Elle est née, on le voit, dans la pourpre; son front charmant brille d'un vif éclat sous ses cheveux en bandeaux très-lisses; ses beaux cheveux sont retenus par une ganse noire, ornée d'un diamant qu'on dirait emprunté au char du Soleil. Ce diamant est arrêté sur le front intelligent de cette reine.... Une reine, à coup sûr, par l'orgueil, par la grâce et la beauté.

Vous restez là immobile et muet, sous ce regard impérieux, attendant l'ordre qui va sortir de cette bouche éloquente. « Que me veux-tu, beauté? — Majesté, commandez, j'obéis! »

Et pourtant interrogez le vulgaire, et demandez à l'homme insensé qui passe en frappant du talon le parquet du Louvre, l'état et la profession de cette inconnue, une des reines de l'idéal? Cet homme hardiment vous répondra : « Comment donc, vous ne savez pas ce nom-là? Mais c'est la belle Féronnière. » Insistez, demandez à cet idiot la profession de cette femme? Il va vous répondre hardiment : « Cette femme est une aventurière, une bourgeoise infime et d'assez mauvaises mœurs. François Ier, dans un jour de caprice.... un de ces jours où *le roi s'amuse*, avait fait de cette étrange beauté son jouet d'une heure, au grand scandale de la cour.... On l'appelait : « la belle Féronnière, » tout simplement parce qu'elle appartenait à un mari jaloux nommé Féron. » Puis notre homme, en baissant la voix, vous raconte une histoire obscène, une monstruosité des carrefours dans laquelle on fait jouer au roi François Ier un rôle idiot; un rôle abominable au mari. Triste anecdote! Et cependant la grande histoire, l'histoire qui *se respecte*, s'est respectée assez peu pour employer cette anecdote. En même temps, voyez la contagion! la poésie, à son tour, s'est complu à répéter ces misérables détails, et l'un des plus grands poëtes de ce monde n'a pas reculé, dans son drame intitulé *le Roi s'amuse*, devant certains détails qu'il était impossible de raconter aux honnêtes gens.

Voilà toute l'aventure; ainsi racontée, il n'est rien de plus misérable; et Léonard de Vinci doit rester très-honoré d'avoir fait un pareil chef-d'œuvre en démenti à ces *crimes* du conte, de l'histoire et de la tragédie. A de pareils récits l'esprit humain s'attriste; les lecteurs sérieux demeurent confondus que la royauté du roi-chevalier, le génie et la probité d'un artiste à la taille de Léonard, produisent de si misérables inventions dans la mémoire du peuple le plus spirituel de l'univers.... à ce qu'il dit.

Heureusement que le chef-d'œuvre est écouté quand il parle; celui-ci, pour

LA BELLE FÉRONNIÈRE.

toute réponse à la calomnie, il suffit de le montrer. En vain le poëte insiste, et prend parti pour les rumeurs du vulgaire :

> Comte, je veux mener à fin cette aventure.
> Une femme bourgeoise et de naissance obscure,
> Sans doute, mais charmante. . . . . . .

Le poëte en ceci est moins puissant que le grand peintre, et moins puissant que la vérité. Si jamais le roi François Ier a brûlé pour quelque *auguste Toinon*, elle n'a point posé pour Léonard. Non, non, la dame ici présente n'était pas madame Féron; elle n'a pas subi de son mari jaloux ce lâche outrage : elle venait de trop bon lieu pour se voir exposée à ces infamies. Le plus grand peintre du monde, Léonard de Vinci, fut son père; elle eut pour sa digne sœur la sainte Cécile de la galerie de Munich et la belle Cécilia Galerani; elle a vécu parmi les chefs-d'œuvre, elle en a gardé la forme et le respect.

La Féronnière est une enfant de la Toscane; elle est la contemporaine de Dante et de Masaccio; elle a connu tous ces grands maîtres-artistes : les Pisani, les Ghiberti, les Donatello; sous ses yeux éblouis le grand architecte Brunelleschi élevait dans les airs le dôme étincelant de Santa-Maria del Fiore. Voilà sa famille et voilà ses amis. Léonard son père était ce qui s'appelle un grand artiste; il tenait d'une main virile le compas, la brosse et l'ébauchoir; il était architecte et soldat; il bâtissait les palais, il fortifiait les cités, il sculptait des bijoux, il inventait des machines guerrières, il domptait le fleuve, il perçait la montagne. On peut voir encore aujourd'hui sur un grand livre (Musée de Milan) empreint de son génie une suite d'inventions qui n'ont pas été dépassées. Il était en même temps un grand poëte, un grand musicien; il s'était fabriqué une lyre en argent qui rendait des sons merveilleux. Milan, la grande cité, se souviendra éternellement des fêtes superbes que lui donna son grand peintre à l'heure du mariage de Jean-Galéas avec Isabelle de Naples. Il avait fait de l'Italie une féerie, un théâtre, un musée, une académie. Il était graveur, il était écrivain. Il a laissé un traité de la peinture, un traité de la perspective, un traité de l'anatomie du cheval. Il était encore le meilleur écuyer de son temps, très-habile à dompter les chevaux rebelles. Donc, osez demander à un pareil homme le portrait de la femme à M. Féron.... A peine il eut consenti à représenter dans tout l'éclat de sa beauté la belle Diane de Poitiers :

> A l'heure où ses beaux yeux, semant partout les flammes,
> Font sur tous leurs amans veiller toutes les femmes.

Léonard de Vinci avait bien d'autres loisirs que le portrait de madame Féron. Si par hasard il n'avait rien de mieux à faire, il écrivait des sonnets dignes de

Pétrarque, et laissait, sur les feuillets dont nous parlons, soixante-dix-huit dessins, où l'homme, l'animal, la plante et la machine et tout ce que l'histoire naturelle a de merveilleux sont dessinés d'une main vaillante, infatigable et prodigue. Ainsi, vous le voyez, il était vraiment le digne père et parrain de la belle Féronnière ici présente, un miracle de sa création. Il en savait tout le charme, il en avait deviné toutes les beautés. A travers le beau corps, il avait vu l'âme charmante. Encore une fois elle était bien sa fille, il était bien son père. Il en avait fait la confidente de ses peines, de ses travaux, de ses dangers, de ses combats, soit qu'il élevât jusqu'aux nuages la cathédrale de Milan dans le style éclatant de la renaissance, ou qu'il travaillât au monument gigantesque de François Sforza. Il était sculpteur à ses heures ; il faisait en marbre, en terre cuite ou dans le bois de chêne, des portraits, des images, des statuettes, des bustes. Enfant et géant tout ensemble, il faisait rire, il faisait peur. Les petits enfants venaient à lui, en même temps que les grands capitaines ; il avait des jouets pour ceux-ci, et des armes pour ceux-là.

Un des meilleurs amis du grand artiste avait nom Ludovic Sforza, surnommé Louis le More, à cause de son teint basané. Il était le petit-fils de ce Galéas-Marie Sforza duc de Milan, un des plus mauvais hommes de l'Italie au moyen âge, immolé justement le 26 décembre 1476 dans la basilique de Saint-Étienne ; il était fils de Jean-Galéas Sforza, le fils du duc assassiné, et de bonne heure il s'était emparé du gouvernement et du duché de Milan. Le *More* était un homme intrépide, ambitieux et ne connaissant pas d'obstacle, aussitôt qu'il s'agissait de l'empire. Il avait épousé Béatrix, fille d'Hercule d'Este, duc de Ferrare. Lui-même, il avait appelé le roi de France, Charles VIII, en Italie, à la tête d'une armée ; il eut bientôt à s'en repentir. Les Français étaient les maîtres ; Louis le More devint leur ennemi implacable et signa un traité d'alliance avec le pape, les Vénitiens, l'empereur Maximilien et les rois catholiques, Ferdinand et Isabelle. Et de même qu'il s'était montré bon général, il déploya les talents d'un bon diplomate. En dépit de tous ses mérites il fut chassé de Milan ; il y revint. Il eut l'honneur de combattre les meilleurs capitaines de ce siècle, à savoir : le duc de la Trémouille et le comte de Ligny. Il fut vaincu, il fut prisonnier. Pendant six ans, on le retint au château de Loches en Touraine, dans une chambre obscure loin de tous les bruits du monde, et lorsqu'il en sortit, l'Italie avait oublié le nom de Louis le More.

Heureusement il aimait les poëtes : il protégea les grands artistes ; il bâtit dans Milan son premier théâtre. Il fut un des grands admirateurs de la belle Féronnière, et près d'elle il oublia les injustes misères qu'il avait supportées, tant la muse est reconnaissante aux esprits intelligents qui l'honorent ! Otez de cette histoire

LA BELLE FÉRONNIÈRE.

de Louis le More la belle Féronnière et Léonard de Vinci, ce terrible Sforza n'est plus qu'un fantôme, un meurtrier, un brigand vulgaire. Oui, mais il eut le rare honneur de commander la *Cène* du couvent de Sainte-Marie des Grâces à son peintre ordinaire Léonard, et quand le peintre, inquiet de son œuvre, hésitait, cherchait, se consultait lui-même, arrivait le duc de Milan, qui l'encourageait à bien faire. Ainsi ce grand tableau du Christ trahi par l'apôtre au milieu de tous les siens, forma toute une école en Italie. La *Cène* fut un exemple, elle fut un miracle; elle éveilla bien des génies qui dormaient. Encore aujourd'hui dans sa ruine elle est un des ornements de cette cité de Milan abondante en chefs-d'œuvre.

Il faut aussi compter dans la famille de la belle Féronnière : *la Léda*, *la Colombina*, *la Joconde* aussi et le portrait de *la Béatrix*, femme de Louis le More, et ce jeune homme appelé Giovanni Paolo, le propre fils de la Féronnière. On reconnaît toutes ces beautés de la même famille à leur noblesse, à leur élégance, à leurs regards tendres et souriants tirant quelque peu sur le dédaigneux, à leur beauté suprême, à cette intime parenté avec *la Mona Lisa* (la Joconde), une image à laquelle Léonard de Vinci, jeune encore, a travaillé pendant quatre années. Oh! le doux modèle! Il ne l'avait jamais assez vue, il se disait chaque jour : « Elle est plus belle et plus charmante encore! » A la fin, le portrait étant achevé, plein d'harmonie et d'une beauté suprême, il l'envoya à François Ier, pour la modique somme de quatre mille écus, la valeur d'un tableau de M. Flandrin.

Voilà pourtant plus de trois siècles que la belle Féronnière et la Joconde, filles charmantes du même génie, attirent à leurs splendeurs tous les regards et toutes les âmes. Pour ces deux printemps éternels, il n'est pas de nuage, il n'est pas de vieillesse. Elles règnent l'une et l'autre, et sans partage. A leur charme invincible, à leur attrait sans égal, que de générations sont accourues des quatre parties du monde, et combien de regards tièdes et brûlants leur ont dit : « Je vous aime! » En tant de langues vivantes, en tant de langues qui sont mortes, elles ont entendu répéter cent mille déclarations d'amour. O beautés que rien n'efface, ô regards qui nous brûlent encore, esprits charmants vous avez découragé tous les amoureux, vous avez déconcerté tous les poëtes! De la Féronnière et de la Joconde, le vrai nom le voici : « Mystère! »

Le mystère, il est dans l'enchantement de leur sourire, il est dans la passion de leur regard. La volupté est ainsi faite et le bonheur n'a pas d'autre visage. Enfin, pour se guérir de ces blessures d'une flèche invisible, il fallait que Léonard de Vinci fût bien fort.

Cependant il menait tout à fait la vie et le grand train des hommes amoureux qui obéissent à leurs passions. Il jetait à pleines mains l'argent à ces brillants modèles, sans inquiétude et souci du lendemain, confiant dans sa fortune autant que dans son génie. Au demeurant, il avait trop compté sur son ami Louis le More. La dernière fois qu'il implora Monseigneur le duc de Milan, il en obtint une humble vigne de seize perches! Un regard de la belle Féronnière à peine eût payé naguère tout le duché de Milan. Mais quoi? Le duché était ravagé, la guerre avait traversé la cité superbe; il n'y avait plus d'attention, plus d'intérêt, plus de respect pour les grandes œuvres pacifiques. Ah! la guerre est impie. Elle tue, elle écrase, elle insulte. Or Charles VIII et Louis XII avaient porté la guerre à Milan, ils avaient soufflé la révolte à Florence. Léonard de Vinci, quand il vint à Florence, eut grand'peine à la reconnaître. Un moine illustre appelé Savonarole avait brûlé dans un bûcher insensé les plus belles toiles et les plus beaux livres; il avait brisé les plus beaux marbres. Un grand peintre appelé Bartoloméo s'était fait moine au couvent de Saint-Marc, et son ami Lorenzo frappait à la porte de Sainte-Marie-Nouvelle, pendant que Boticelli, devenu vieux et pauvre autant que les deux autres, pleurait sur sa gloire passée. Un seul était debout, Pérugin, le vieil ami de Léonard, le maître de Raphaël. A Florence, le souvenir de la Féronnière et de la Joconde accompagna maître Léonard. Il invoqua, non pas en vain, ces deux muses, et la Joconde et la Féronnière ouvrirent les bras à la belle Genevra de Bensi.... « C'est elle encore pourtant! »

Il avait beau faire et tenter les aventures, il revenait toujours à ces visages charmants. A Florence, à Milan, partout et toujours, se montrait le maître exquis des élégances à côté du rêveur des grandes entreprises. C'était sa vie, et désormais ce sera sa gloire. Le monde oubliera ses inventions, ses machines de guerre et ses canaux, ses remparts, toute son œuvre, il n'oubliera jamais ses vierges et ses princesses : la Féronnière, la Joconde, la Béatrix et la Genevra. Elles seules, elles ont recommandé le grand peintre aux respects de François Ier, à l'attention de Louis XII, à la bienveillance du cardinal d'Amboise. « Écrivez aux ministres de la seigneurie de Florence, disait Louis XII à l'ambassadeur Francesco Pandolfini, que je voudrais me servir de maître Léonard leur peintre, et que je désire avoir certaines choses de sa main; peut-être aussi lui commanderai-je mon portrait... » Mais cette fois Léonard était vaincu. Il trouva que la France était trop loin. D'ailleurs Rome en ce moment l'attirait : nous parlons de la Rome de Léon X. Il y fut mal reçu; on le traita comme un ami de la France; et d'ailleurs autour du souverain pontife il y avait deux artistes incomparables : Michel-Ange et Raphaël.

C'est la nécessité qui le veut ainsi : le génie et la beauté ont une heure, il s'agit de la saisir.

L'heure de Léonard était passée. Alors, quittant Léon X, il se retourna du côté de François Ier et lui dressa des arcs de triomphe. Il avait trouvé cette fois un grand protecteur. Le roi François Ier lui témoigna mille tendresses et l'amena avec lui à Fontainebleau; mais la mort arrêta en chemin le grand artiste. On le pleura vingt-quatre heures, et tout recommença, comme il est chanté dans la chanson :

> Vivent les gais dimanches
> Du peuple de Paris,
> Quand les femmes sont blanches,
> Quand les hommes sont gris.

Il n'est pas vrai de dire que Léonard de Vinci soit mort dans les bras de François Ier, il est mort sur les grands chemins. Un sien disciple a fermé ces yeux qui voyaient tant de choses, et qui devinaient l'âme à travers l'enveloppe éphémère et la beauté d'un jour.

Mais Dieu soit loué! s'il a fait de l'homme une créature mortelle, il a donné à son génie une durée éternelle. Léonard de Vinci est mort depuis trois siècles.... Jusqu'à la fin des chefs-d'œuvre et des beaux-arts, les générations à venir vont entourer de leur enthousiasme et de leur passion la belle Féronnière et la Mona Lisa.

Ainsi j'empruntais naguère ces détails peu connus au charmant livre de M. Charles Clément intitulé : *Léonard de Vinci, Michel-Ange et Raphaël*.

J. JANIN.

MARIE DE MÉDICIS.

Henri IV n'était pas trop porté pour une alliance avec les Médicis : il se souvenait de Catherine. Malgré ses répugnances, ce fut cependant sur une princesse florentine, sur la fille du grand-duc de Toscane, François Ier, que se fixa son choix; et Marie fit voile vers la France, presque en conquérante, avec une suite de sept mille Italiens. Quoique sous le charme d'une maîtresse adorée, le cœur du Béarnais, toujours jeune, n'en palpita pas moins à la pensée de cette belle princesse dont il allait être le maître et seigneur. Il part avec Sully sans prévenir personne, arrive vers les onze heures du soir, se morfond, une heure et demie durant, sur le pont de Lyon avant que les portes s'ouvrent devant lui : il venait demander, un peu en soldat, l'hospitalité à la nouvelle reine. Marie avait alors vingt-sept ans. Son front couronné de magnifiques cheveux bruns était noble et élevé; elle avait un teint éclatant, des yeux brillants, un regard imposant, l'ovale harmonieux, des mains et des bras irréprochables. Elle avait la majesté de Junon; elle eut, hélas! le caractère hautain, querelleur, emporté de l'épouse du plus changeant des dieux. Cette entrevue pouvait être fatale à la marquise de Verneuil : elle n'affaiblit d'aucune sorte l'attachement que lui portait son royal amant; et l'on vit la femme légitime et la maîtresse logées presque porte à porte, cette dernière installée à l'hôtel de la Force, à deux pas du Louvre, et plus alerte à afficher qu'à se faire pardonner sa faveur injurieuse. Mademoiselle d'Entragues s'oubliait, en effet, jusqu'à dire au roi, en parlant de sa souveraine : « votre grosse banquière. » La reine étant tombée à l'eau près du port de Neuilly, faillit y périr; bien que l'événement fût peu plaisant en soi, la marquise s'avisa de dire que, si elle eût été présente, elle eût crié : *la reine boit!* Henri s'amusa du mot. Son petit-fils Louis XIV, devant la même saillie, sut rappeler au moins à la Montespan, que celle dont elle se moquait méritait tous ses respects. Mais le roi Henri n'avait pas de ces délicatesses. En parlant de Marie, il ne disait guère « la reine; » il disait « ma femme, » comme un bon bourgeois de Paris qu'il était. Nous ne chercherons pas à pallier les torts de ce mari peu fidèle qui donna successivement pour rivales à celle-ci, outre mademoiselle d'Entragues, la comtesse de Moret, une fille de la reine, la Bourdaisière, madame de Boinville, femme d'un conseiller au parlement, et mademoiselle Clain. Il rejetait cette conduite inexcusable sur l'impossibilité de vivre avec l'intraitable princesse. « Madame de Verneuil, disait-il avec naïveté, est d'agréable compagnie, quand elle veut; elle a de plaisantes rencontres, et toujours quelque bon mot pour me faire rire; ce que je ne trouve pas chez moi, ne recevant de ma femme ni compagnie, ni réjouissance, ni consolation; ne pouvant ou ne voulant se rendre complaisante ou de douce conversation, ni s'accommoder en aucune façon à mes humeurs et complexions. Elle fait une mine si froide et si dédaigneuse lorsque, arrivant de dehors, je viens pour l'embrasser et rire avec elle, que je suis contraint de la quitter là de dépit et de m'en aller chercher quelque récréation ailleurs.... » Leurs tête-à-tête n'étaient pas, en effet, d'une excessive aménité. Rosny affirmait à Richelieu qu'il ne les avait pas vus huit jours sans se quereller. Dans ses moments d'exaspération contre les maîtresses de son mari, elle déclare qu'elle leur fera affront; elle va plus loin, en véritable Italienne, elle parle de les faire assassiner. Ou elle boudait, ou elle s'emportait jusqu'à sauter au visage de l'infidèle, qu'elle eût défiguré si on l'eût laissée faire. Dans une altercation de ce genre, Sully dut arrêter en route le bras levé de l'épouse vindicative « avec moins de respect qu'il n'eût désiré, et si rudement qu'elle disoit par après qu'il l'avoit frappée.... »

Au moins sut-elle être épouse féconde. Elle arriva grosse à Paris. Il fallait une lignée à ce roi qui commençait sa dynastie, et il pouvait craindre de n'être pas plus heureux avec la seconde qu'avec la première femme. Au travail de l'accouchement, le pauvre homme était comme fou, flottant entre la crainte et l'espérance, redoutant un malheur, appréhendant tout autant que l'enfant qui était en bon train de venir au monde ne fût point un Dauphin. Les reliques de sainte Marguerite étaient sur une table, et deux religieux de Saint-Germain des Prés ne discontinuaient pas de prier. Marie fut environ vingt-deux heures dans ce labeur. Son mari ne la quitta pas un instant. L'enfant arrivé, il mit sa bouche à l'oreille de l'accoucheuse, pour n'être pas entendu de la reine, et lui dit, tout défaillant : « Est-il vrai, sage-femme? est-ce bien un fils?... Prenez garde! ne me donnez pas courte joie, ce seroit me faire mourir! » Il alla aussitôt baiser la reine : « Ma mie, vous avez eu beaucoup de mal.... Mais Dieu nous a fait une grande grâce de nous avoir donné ce que nous lui avions demandé.... Nous avons un beau fils! » Ce fils, cet enfant si désiré devait être, dans la suite, entre les époux le sujet de plus d'une querelle. Un jour que Henri lui faisait donner le fouet, pour nous ne savons quel manquement : « Ah! lui dit-elle, vous ne traiteriez pas ainsi vos bâtards. — Pour mes bâtards, répondit-il, il les pourra fouetter, s'ils font les sots; mais lui, il n'aura personne qui le fouette. » Le roi, excellent père, l'étoit à la mode du temps, et c'était souvent lui qui administrait les corrections au jeune Dauphin. Une autre fois, le petit prince ayant écrasé la tête d'un moineau, Henri IV, indigné de cette dureté de cœur, se chargea lui-même du soin de le châtier. La reine de jeter les hauts cris. « Madame, lui dit-il, priez Dieu que je vive, car il vous maltraitera, si je n'y suis plus. » Ces paroles n'étaient que trop prophétiques. Quant à Marie, si elle aimait ses enfants, c'était, à ce qu'assure Balzac, en dedans, sans épanchement, sans nulle de ces caresses, de ces élans qui sont le triomphe de la maternité : « Croiriez-vous bien que cette bonne reine, pendant les quatre années de la régence, ne baisa pas une seule fois le roi son fils! Je l'ay appris d'un vieux courtisan de ce temps-là, qui se donna la liberté de lui dire, que ces marques extérieures d'affection étoient nécessaires pour se faire aimer, et particulièrement des enfants, parce que d'ordinaire les effets les touchent moins que les apparences. »

Mal conseillée par son entourage, Marie faisait de son côté tout ce qu'il fallait pour s'aliéner le cœur du volage Henri, qui, hors de lui, ne parlait de rien moins que de la renvoyer à Florence. Concini et sa femme, intéressés à attiser la discorde dans le ménage royal, allèrent jusqu'à persuader à leur maîtresse que le roi avait formé le dessein de l'empoisonner; et cette abominable insinuation trouva si bien créance dans son esprit qu'elle ne voulut plus rien prendre que ce que lui préparait Galigaï, et refusait outrageusement les plats que son mari lui faisait porter. Une accusation non moins monstrueuse serait celle qui la présenterait comme ayant sa part dans le crime affreux auquel elle dut d'être régente, comme dirigeant, d'une main invisible, le poignard de Ravaillac. Disons, pour être juste, que, malgré l'allégation de plus d'un historien, rien n'autorise à faire peser un tel soupçon sur sa mémoire, sur celles même du marquis d'Ancre et de Léonora, quoiqu'on ait pu dire avec trop de raison, pour ce qui est de la reine, que devant un tel désastre, elle ne parut « ni assez surprise ni assez affligée. »

. Le roi expiré, on se garda bien de poursuivre l'œuvre de reconstruction et de consolidation à laquelle il s'était consacré. Le trésor amassé à la Bastille devait être dissipé avec la plus coupable prodigalité. Un Concini allait remplacer dans les conseils le sage, l'intègre Sully. La guerre intérieure, une guerre de rivalité et d'influence, éclata dans tout le royaume; on osa prendre les armes contre le roi, et l'on connut bientôt que c'était le seul moyen d'obtenir : aussi, chacun se hâta-t-il d'en user. Plus fausse qu'habile, plus emportée qu'énergique, Marie abandonna aux mains de son favori une puissance absolue, à l'abri de laquelle il régna en despote et se gorgea de richesses. La reine demandant un jour son voile en présence du comte de Lude, celui-ci dit en riant : « Un navire qui est à l'*ancre* n'a pas autrement besoin de voiles. » Mais le scandale d'une telle fortune devait trouver sa fin dans son excès même. Sept ans après, Concini, arrêté sur le pont du Louvre, périssait tragiquement. Son cadavre, exhumé par une populace en furie et traîné au pied de la statue de Henri IV, était en proie à tous les outrages : un forcené poussa la rage jusqu'à faire griller son cœur sur des charbons et à le dévorer aux yeux de tous. Galigaï ne tardait pas à subir le même sort. On lui fit son procès; elle fut accusée de sortilége, de magie, de judaïsme, d'avoir sacrifié un coq suivant le rite de la synagogue, d'avoir ensorcelé la reine. Le vrai, c'est que Léonora croyait à la magie et se prétendait elle-même victime de maléfices. Lorsqu'on la somma d'avouer de quels charmes elle s'était servie pour circonvenir l'esprit de sa maîtresse : « Pas d'autre chose, repartit-elle, que du pouvoir qu'a une habile femme sur une *balourde.* » Il est douteux qu'elle se soit expliquée avec cette franchise. Elle n'avait pas, en tout cas, grandes mesures à garder avec la reine, qui avait répondu à Laplace fort embarrassé d'annoncer à la maréchale la triste fin de son mari : « J'ai bien autre chose à quoi penser! Si on ne peut lui apprendre cette nouvelle, qu'on la lui chante. »

MARIE DE MÉDICIS.

Cette double exécution avait, toutefois, pour Marie une signification terrible. Elle voulut encore essayer de son pouvoir sur l'esprit de son fils, mais il lui fut répondu qu'il était roi et majeur, et qu'il prétendait régner par lui-même. Avec Louis XIII, on sait ce que sont de pareilles déclarations. « Le bouchon est changé, dit spirituellement le maréchal de Bouillon, à propos de la succession de Concini que ramassait Luynes, mais c'est toujours le même vin. » Il n'était plus possible à la reine de demeurer au Louvre; elle demanda qu'on la laissât se retirer à Blois, où elle se vit l'objet d'une surveillance aussi humiliante qu'incessante. Elle y resta deux ans, après lesquels, aidée du duc d'Épernon, son allié fidèle, elle se sauva par une fenêtre et se réfugia à Angoulême. Une sorte de paix, faite entre la mère et le fils, réglementait l'existence de Marie. Mais la haine qu'on portait à Luynes, ce premier des favoris de Louis XIII, rallia des partisans à la cause de la reine; la guerre se ralluma et fut suivie, comme toujours, de promesses et de traités destinés à n'être point observés. La fortune qui poursuivait celle-ci, depuis quatre ans, sembla tout à coup se lasser de ses rigueurs. La mort du connétable lui rouvrit l'accès de la cour; elle put revoir son fils qui la laissa reprendre sa place et son premier pouvoir. Sa conduite, ses démarches, la sagesse de ses déterminations étonnèrent ceux qui avaient été témoins de la mollesse et de l'inhabileté dont elle avait fait preuve comme régente: ce n'était plus la même main qui tenait les rênes. C'est que, près d'elle, sans se laisser voir encore, il y avait là un de ces génies exceptionnels faits pour mener les rois et les empires sous un poignet et une volonté de fer. Est-il besoin de nommer cet esprit et ce cœur indomptable? Marie, reconnaissante et tout aussi imprévoyante, récompensait Richelieu en lui obtenant le chapeau de cardinal. Ce dernier n'était pas d'humeur à jouer longtemps le rôle effacé d'un obscur commis; et la reine, un beau jour, s'aperçut qu'elle était dépossédée. Sa fureur ne connut plus de bornes, elle jura la perte de l'ingrat et s'associa à tous les ennemis du ministre, qui n'en avait déjà que trop. Cependant, par une étrange inconséquence, elle offre d'oublier le passé. La nièce du cardinal, madame de Combalet, va implorer à ses pieds le retour de ses bonnes grâces; mais son aspect seul ranime la haine de Marie, qui l'entreprend et l'accable de « ces injures qui ne sont connues que des halles, » dit Saint-Simon dans un curieux récit de cette entrevue. Marie à cet égard tenait beaucoup de Catherine de Médicis, qui entendait mieux que personne le *gof* parisien, lisons-nous dans le *Scaligeriana*. Richelieu arrive bientôt après, et la scène se renouvelle. Louis XIII en sortit outré. « Tous les boutons de son pourpoint sautèrent à terre, tant il étoit gonflé de colère, » ajoute Saint-Simon, dont le père, présent à ces violences, eut ordre de dire au cardinal d'aller trouver le roi le lendemain à Versailles. Qui sait, toutefois, ce qui fût arrivé si la reine y eût suivi son fils?... Mais il fallait se lever de trop bonne heure : elle prenait tous les matins, raconte le marquis de Beauveau, un bouillon, sur lequel elle dormait, attribuant à ce régime la conservation et de sa fraîcheur et de son embonpoint; elle demeura au lit et perdit la partie. Ainsi se dénoua cette conspiration, qu'on pensait si bien ourdie, et si connue dans l'histoire de ce règne sous le nom de la *journée des Dupes*. Louis XIII écrivit aux parlements que sa mère, l'ayant mis dans la nécessité de prendre une détermination qu'exigeait l'intérêt de son État, il se séparait d'elle pour un temps, « espérant que la bonté de son naturel la ramèneroit bientôt. »

Désormais Marie de Médicis n'aura qu'une pensée, qu'un désir, qu'un but : renverser Richelieu. Elle y usera sa vie. Son existence ne sera plus qu'une interminable et déplorable odyssée, traversée par tous les projets, tous les soucis, toutes les misères. Son inconstance la fera errer de ville en ville; elle frappera à toutes les portes, constamment occupée de sa vengeance, s'humiliant par intervalles, allant jusqu'à implorer la clémence de son ennemi et entrant, le jour d'après, dans de nouvelles trames. C'est elle qui poussera Montmorency à une rébellion qu'il payera de sa tête; elle voudra atteindre Richelieu jusque dans ses affections de famille et complotera l'enlèvement de sa propre nièce. Mais elle sera forcée en toutes rencontres de constater le peu de résultat de ses soumissions et la parfaite inanité de ses intrigues. D'abord magnifiquement accueillie dans les Pays-Bas, elle les avait quittés pour se jeter dans les bras du prince d'Orange. La Hollande, par peur de se brouiller avec la France, lui fit entendre que son séjour ne pouvait être durable; et elle alla demander à Charles Ier, son gendre, une protection et des secours qu'il lui accorda. L'horreur des Anglais pour le papisme, qui devait chasser trois ans plus tard sa fille de son royaume, la contraignit, moins peut-être que les intrigues de Richelieu, de se mettre en quête d'hospitalités plus stables, et ce fut dans l'Électorat de Cologne qu'elle se résigna à enfouir et son dénûment et sa détresse. Son douaire et ses biens étaient saisis en France. Sa cour, qu'elle se voyait dans l'impossibilité d'entretenir, s'était peu à peu dissipée; et il fallut réduire sa maison, son train sur le pied le plus mesquin, sans arriver à suffire aux premiers besoins, aux plus inexorables dépenses. « J'ai lu, raconte Dreux du Radier, que dans l'hiver de 1642, qu'elle y passa (à Cologne), elle manqua de bois pour son appartement, et qu'on fut obligé de brûler les tables, les armoires, et les autres meubles qui pouvoient servir à faire du feu. » Peu d'années après, Henriette, sa petite-fille, elle aussi, grelottant de froid, devait garder le lit, faute de pouvoir alimenter la cheminée de sa chambre.

Marie touchait au terme de sa carrière tourmentée. Après un séjour à Cologne de moins d'une année, elle expirait à l'âge de soixante-neuf ans, cinq mois avant Richelieu, neuf avant son fils, offrant au monde un exemple de plus de la fragilité des splendeurs humaines, non sans inspirer, en somme, cette sorte de commisération qu'on ne saurait refuser aux grands naufrages, eussent-ils pour cause moins la violence de la tempête que l'impéritie, l'obstination et l'aveuglement du pilote. Elle fut punie de ses fautes par ses fautes mêmes, et c'est le peu de bonheur qu'elles lui attirèrent qui apitoiera plus qu'autre chose sur les misères de sa destinée royale. En définitive, elle affectionna les arts avec cette ferveur, cet instinct propres à ceux de sa race : ils trouvèrent en elle une protectrice généreuse et éclairée. Elle fut l'amie, la bienfaitrice de Philippe de Champaigne et de Rubens; elle passait des heures entières dans l'atelier de ce dernier, goûtant, assure-t-on, le même charme à l'entretenir qu'à le voir peindre. Les lettres ne furent pas moins l'objet de ses libéralités et de ses largesses : elle gratifiait de dix mille écus le cavalier Marin, pour son poëme d'*Adonis* qu'il avait dédié au roi; Malherbe était également son pensionnaire pour cinq cents écus. Le vieux Paris lui doit ce magnifique palais du Luxembourg construit sur les plans du palais Pitti et tout plein des chefs-d'œuvre de ses deux favoris; il lui doit cette belle promenade du Cours-la-Reine si longtemps sans rivale, et quatre hôpitaux qui plaident la cause de son cœur autant qu'ils témoignent de sa piété. Il faut s'arrêter sur ce côté de la vie de Marie de Médicis, le seul point de repère de cette existence tortueuse, inquiète, misérable, dure et nuisible aux autres comme elle le fut constamment à elle-même.

GUSTAVE DESNOIRESTERRES.

CATHERINE DE MÉDICIS.

On montre encore aujourd'hui, dans Florence, au deuxième étage du vieux palais, sur la place du Grand-Duc, la chambre où naquit, en l'an de grâce 1517, Catherine de Médicis, épouse du roi Henri II, et mère de trois rois de France : François II, Charles IX, Henri III. Elle était la fille unique de Laurent de Médicis, duc d'Urbin, Laurent le *Magnifique*. Elle était nièce du pape Clément VII, dont on voit le portrait en habit de cardinal, debout, sa main appuyée sur le fauteuil de Léon X, dans le célèbre tableau de Raphaël.

En cette aimable Florence, où brillaient d'un éclat rare et charmant tous les beaux arts de la Renaissance, il fut très-facile à la fille de Laurent le Magnifique, au milieu des chefs-d'œuvre antiques et des œuvres modernes, dans cette ville admirable entre toutes les grandes cités de la moderne Italie, au milieu de cette fortune et de cette autorité toute-puissante, conquise par les Médicis, d'apprendre, et de très-bonne heure, les honneurs et les respects qui sont dus aux poëtes, aux historiens, aux grands écrivains de tous les siècles. Aussi bien, à peine par la magnificence de Laurent, et par le vœu tout paternel du roi François 1er, Catherine de Médicis fut-elle entrée en ce royaume de France, où elle allait jouer un si grand rôle, on reconnut la Florentine, à sa grâce, à sa beauté, à son intelligence, à sa façon de calmer toutes les colères des rois de l'Europe : ici, le roi François, poursuivi par les souvenirs de sa prison à Madrid; à Rome, le souverain pontife, irrité de l'envahissement de ses États; à Madrid, l'empereur Charles-Quint, aux regrets de n'avoir pas assez profité de sa victoire. Au milieu de tous ces intérêts si divers et parmi tant d'obstacles de son beau-père et de son mari, entre la duchesse d'Étampes, maîtresse de François 1er et Diane de Poitiers, qui fut deux fois sa rivale, la jeune princesse employa toutes les habiletés, disons mieux, toutes les ruses, et quand elle eut perdu son père, et son mari, tué dans un tournoi, et qu'elle vit son fils aîné, François II, gouverné par les Guises et ne songeant guère à consulter sa mère, elle eut bien à faire pour ramener autour d'elle et de son autorité mal assise, les princes, les seigneurs, les officiers de la couronne, et tantôt le roi de Navarre et tantôt le prince de Condé, les Guises à leur tour, sans oublier le cardinal de Lorraine, et ces ambitieux, toujours prêts à porter la main sur la couronne, eurent à compter avec le courage, le zèle et l'intelligence de cette reine sans couronne.... Où donc est la justice en tout ceci, de reprocher à la reine, à la mère, à l'ambitieuse aussi, tant de soins, tant de peines et le génie qui la pouvait tirer de ces périls?

« Elle était, dit Brantôme, de fort belle et riche taille et de grande majesté. On la remarquait pour ses belles mains, dignes du sceptre. » Il est le champion, le défenseur de Catherine, et presque son amoureux, le sire de Brantôme. On a conservé de la reine un portrait, habillé, à la française, d'un chaperon avec ses grosses perles et d'une robe à grandes manches de toile d'argent, fourrée de loup-cervier.... Elle était de bonne compagnie et d'humeur gaie, aimant la chasse, et le cheval, et la paume, et les tragédies de M. de Saint-Gelais. Si elle appelait quelqu'un « mon ami, » c'est qu'il était un sot ou qu'elle était en colère. Elle se méfiait du roi de Navarre et du prince de Condé. Elle savait tenir une grosse cour, des plus galants seigneurs, des plus belles dames, des filles de France et héritières des plus anciennes maisons, dont elle faisait un des attraits et soutiens de son autorité.

Dieu merci, nous n'écrivons pas une histoire, un portrait tout au plus, et puisqu'il nous est permis de choisir nos preuves, nous n'irons certes pas les prendre dans les pamphlets écrits contre la reine mère, dans les discours furieux de Henri Estienne : *Discours merveilleux de la vie, actions et déportements de la reine Catherine de Médicis.*

Cherchons-la dans sa famille, au moment où vient de naître à Fontainebleau sa fille, Élisabeth de Valois, qui fut pendant quatorze ans l'enchantement de la cour de Henri II; *la belle Élisabeth du monde*, ainsi l'appelaient les poëtes. Par ordre de la reine mère, à cette aimable sœur de la reine de Navarre, Marguerite, un rare et délicat esprit à la Boccace, on donna pour émule et pour compagne une jeune reine à peu près de son âge, et mieux qu'une reine, la dauphine de France, à six ans fiancée avec le jeune prince qui sera François II. Ainsi Catherine de Médicis devint tout ensemble une mère, une institutrice pour la jeune Élisabeth de Valois, pour la jeune Marie Stuart, celle-ci qui sera reine de France, celle-là, reine d'Espagne. Un très-habile historien a retrouvé naguère une trace authentique des soins et des labeurs tout maternels de la reine mère, attachée à cette double éducation. Ce sont les thèmes latins des deux jeunes princesses, dans lesquels vous pouvez entrevoir la douce aurore de deux charmants esprits : « Ce n'est pas sans cause, ma sœur très-aimée, que la reine (Catherine de Médicis), nous commandait hier de faire ce que nous dirons nos gouvernantes; car Cicéron dit, tout au commencement du second livre des lois, que celui qui sait bien commander a autrefois obéi, et que quiconque modestement obéit, est digne de commander. »

Les charmantes œuvres! Déjà dans ces premiers essais des deux reines vous respirez comme un parfum de la Renaissance; on comprend qu'Amyot, le grand écrivain, vient de révéler à la France (inestimable présent), les *Hommes illustres* de Plutarque. On ne dira pas, du moins, que cette reine à qui l'histoire a reproché d'avoir enseigné aux rois, ses enfants, la dissimulation, la cruauté, toutes les vengeances, ait fait d'Élisabeth de Valois, sa fille, une princesse sans honneur et sans vertu. Élisabeth de Valois est le chef-d'œuvre de l'éducation maternelle; son nom, qui est resté parmi les noms les plus favorisés de l'histoire, doit compter à la gloire, sinon à la justification de la reine Catherine de Médicis. Il n'est pas d'homme un peu versé dans l'histoire du temps passé, qui ne vous raconte cette aimable Élisabeth de Valois, le juste orgueil de sa mère, et comment donc, fiancée un instant à don Carlos, le fils de Philippe II, elle épousa, à quatorze ans, Philippe II lui-même, déjà veuf de deux femmes à trente-deux ans. Nous savons aussi comment elle arriva, reine enfant, dans cette cour espagnole, où le silence et la majesté, la solitude et l'ambition, ce que la religion catholique a de plus sombre et ce que la vengeance royale a de plus terrible, avaient posé leurs tabernacles. Aux yeux d'une enfant de la maison de Valois, cette royale maison célèbre en tous lieux par l'éclat, la magnificence, la joie et la fête éternelle, au bruit des poésies, des contes, des amours, de toutes les pompes de la vie, hélas! quel changement pour une ingénue, à rencontrer Philippe II, ce roi sombre et muet de l'Espagne, de Naples et de la Sicile..., un fantôme à la main de fer, maître absolu de Milan, de la Bourgogne et des Pays-Bas; terrible empereur d'un empire si vaste, que jamais le soleil ne se couchait sur ses terres? Il tenait dans ses liens funestes l'ancien monde et le nouveau monde: Oran, Tunis, les Canaries, les Philippines, les Moluques, les îles de la Sonde, et tant d'armées, de généraux, de capitaines, d'ambassadeurs, d'inquisiteurs. Sa pensée était un abîme et son regard une menace. De tant de royaumes dont il était le maître, il n'aimait que l'Espagne. On l'appelait *le Démon du Midi;* il marchait entre l'espionnage et l'épouvante, entre le prêtre et le bourreau; et pas un sourire et pas une joie; une suite de palais sombres, entourés de bûchers et d'échafauds. Qu'il était puissant, mais qu'il était terrible, et déjà loin de son père, Charles-Quint!

Et quand éloignée de sa mère, dont les conseils et les encouragements l'avaient suivie, elle se vit toute seule, en ce palais de l'Escurial, dans la société de la princesse d'Éboali, et de ces deux âmes damnées, le duc d'Albe et Ruy-Gomez de Silva; quand elle en était réduite à chercher la sanglante énigme de cette causerie à voix basse, toute remplie de ces histoires de supplices, de prisons, d'auto-da-fé, d'inquisition, la jeune reine ouvrit des yeux pleins d'épouvante, et se mit à contempler ce fantôme: « Ah! lui dit la *Bouche d'ombre*, est-ce à savoir que vous comptez mes cheveux blancs? » Voilà de quelle parole elle fut accueillie! Il y avait de l'inquisiteur beaucoup plus que du roi, dans ce terrible homme; il comptait sur la terreur qu'il inspirait, beaucoup plus que sur sa majesté. Son analyse était inflexible autant que son âme. Il pressentait, il devinait, il savait toute chose; il lisait sur les visages les secrets les plus cachés.... Il y avait certes de quoi trembler. Mais les conseils de sa mère, son propre courage et le profond sentiment de ses devoirs, et de quelle utilité elle pouvait être ici-bas à tant de malheureux qui déjà l'invoquaient du fond des abîmes, soutinrent la reine catholique. Elle surmonta la peur que lui inspirait ce bourreau des Pays-Bas; elle s'imposa à elle-même la tâche ingrate de lui plaire et de l'apaiser.

Cependant, malgré tant d'intérêts qui pesaient sur sa tête, à travers tant de passions à conduire, au milieu des luttes ardentes entre protestants et catholiques, Catherine de Médicis veillait sur cette enfant de ses prédilections. A chaque instant,

CATHERINE DE MÉDICIS.

en toute occasion, avec une sollicitude infatigable, elle s'inquiétait de la vie et de la santé de sa fille, la jeune reine d'Espagne; elle s'inquiétait de cette vie austère et silencieuse; elle tâchait de pénétrer dans les secrets de l'Escurial, mais la sérieuse Élisabeth de Valois, sous cette implacable destinée, était résignée et sans plainte. Entre don Carlos dont elle avait été la fiancée, et Philippe II dont elle était, maintenant, la sujette.... et l'épouse, elle tenta, mais en vain, de rétablir la tendresse et la confiance. Elle assistait, silencieuse, aux violences du père, aux violences du fils; elle entendait tous ces bruits de parricide; elle savait que dans l'ombre, et présidé par l'inquisiteur, l'héritier de toutes ces dominations serait condamné à mourir. A vingt-trois ans, mal traitée par ses médecins ignorants (les médecins français que lui envoyait la reine mère étant arrivés trop tard), elle mourut contente et reposée. La mort de cette admirable princesse fut un grand deuil pour l'Espagne.... On vit pleurer le roi lui-même sur ce triste cercueil.

De la sollicitude et des bons soins de la reine Catherine de Médicis pour cette enfant de ses prédilections, nous avons retrouvé, dans une publication récente[1], des preuves irrécusables. Par exemple, une admirable lettre de Catherine de Médicis au duc d'Albe :

« Mon cousin, et par ce que le roy mon bon filz m'a escript, et par ce que le seigneur Garcillasso de la Vega m'a dit de sa part, et par la lettre que vous m'avez envoyée, j'ay de plus en plus occasion de louer et remercier Dieu de la grâce qu'il lui a pleue me faire de me donner ung tel filz qui de jour en jour me donne nouvelles occasions de contentement et satisfaction.... » Ces lettres de la reine sont écrites d'un ton ferme, et dans cette langue même que son fils Henri III appelait *la langue d'État*. En parcourant les lettres des divers ambassadeurs de France à la reine mère ou à la reine régente (sous la minorité de Charles IX), on se rendrait un compte exact de la direction et des volontés de cette femme habile. On retrouve à chaque instant qu'elle est en grand souci de la reine d'Écosse, Marie Stuart, soit qu'elle l'abandonne à son épouvantable destinée, ou que, touchée à la fois par les souvenirs de celle qui fut la dauphine et la reine de France, elle obéisse à de meilleurs instincts. Sans nul doute, nous ne voulons pas mentir à l'histoire, effacer les traces sanglantes, nier les crimes de cette politique trop voisine de Machiavel, et démontrer que cette Florentine est une Française, il nous est permis, cependant, de rechercher les bons mouvements, les honnêtes passions, voire les bonnes actions de cette majesté que la nécessité des temps, les haines religieuses, les terreurs politiques, poussaient inévitablement à la nuit funeste et déshonorante à

---

1. *Relations politiques de la France et de l'Espagne avec l'Écosse au XVIe siècle*, publiées par le baron Teulet.

jamais de la Saint-Barthélemy. A ce meurtre odieux, toute excuse s'arrête; en vain on voudrait jeter un voile sur ce meurtre abominable, il percerait tous les voiles les plus obscurs. D'ailleurs si ses deux filles, Élisabeth et Marguerite elle-même, plaident sa cause au tribunal de l'histoire, les trois rois ses enfants sont autant de condamnations sur lesquelles on ne saurait revenir. Un témoignage authentique du crime de la Saint-Barthélemy se rencontre en un livre étrange et curieux : *Les mémoires de la reine Marguerite* (1628), et cette nuit funèbre, racontée par cette aimable femme, qui avait jusqu'alors *vécu sans dessein, ne pensant qu'à la danse, à la chasse, à s'habiller, à paraître belle*, est d'un effet incroyable.

« Le roi me dit : « Vous êtes née d'un misérable temps.... » c'était au coucher de la reine ma mère; j'étais assise sur un coffre, auprès de ma sœur de Lorraine que je voyais fort triste. La reine ma mère parlant à quelques-uns me dit que je m'en allasse coucher. Comme je faisais la révérence, ma sœur me prend par le bras et m'arrête, et, se prenant fort à pleurer, me dit : « Mon Dieu, ma sœur, « n'y allez pas! » ce qui m'effraya extrêmement. La reine ma mère s'en aperçut, et appelant ma sœur, se courrouça fort contre elle, et lui défendit de me rien dire. Ma sœur lui dit qu'il n'y avait point d'apparence de m'envoyer sacrifier comme cela, et que sans doute, s'ils découvraient quelque chose, ils se vengeraient sur moi. La reine répond que, s'il plaisait à Dieu, je n'aurais point de mal; mais quoi que ce fût, il fallait que j'allasse, de peur de leur faire soupçonner quelque chose.

« Je voyais bien qu'ils se contestaient, mais je n'entendais pas leurs paroles. Elle me commanda rudement encore une fois que je m'en allasse coucher. Ma sœur, fondant en larmes, me dit bonsoir! sans m'oser dire autre chose, et moi je m'en allai toute transie et éperdue, sans me pouvoir imaginer ce que j'avais à craindre. Soudain que je fus en mon cabinet, je me mets à prier Dieu, qu'il lui plût de me prendre en sa protection et qu'il me gardât sans savoir de quoi, ni de qui.... » C'est la propre femme de celui qui sera plus tard Henri IV qui raconte ainsi l'indomptable volonté de la reine sa mère, aussitôt que le massacre est décidé. Une heure après, dans cette immense ville en proie aux plus indicibles terreurs, retentissait le glas funèbre, dans le clocher de Saint-Germain l'Auxerrois. C'était l'opprobre éternel de la maison de Valois.

De ce crime inouï, la vie et la mort de Catherine de Médicis sont restées surchargées. En vain elle a fait bâtir les Tuileries et l'hôtel de Soissons, en vain elle nous a fait l'inestimable présent des plus précieux manuscrits de la Grèce et de l'Italie, qui lui venaient de ses pères les Médicis, ces chefs-d'œuvre et ces dons précieux ne sauraient effacer une seule goutte du sang français que son fils Charles IX a versé.

A la fin, après trente années d'une autorité souveraine, au milieu de l'exécration de l'Europe et des haines les plus violentes de cette nation qu'elle avait si cruellement gouvernée, elle mourut au château de Blois, en 1589, accablée d'années et peut-être aussi de remords. « Ceux qui l'approchèrent (journal de Henri III) dans sa maladie eurent opinion que le desplaisir qu'elle avoit pris de ce que son fils avoit fait, luy avoit advancé ses jours, non pour l'amitié qu'elle portast aux deux princes occis (Henri III assassiné par Jacques Clément), lesquels elle aimoit à la florentine, c'est-à-dire pour s'en servir, mais pource que par là elle voyoit le roy de Navarre son gendre estably, qui estoit tout ce qu'elle craignoit le plus au monde. Toutefois le peuple de Paris eut opinion qu'elle avoit donné consentement et occasion à la mort des deux princes lorrains, et disoient les Guisards, que si on apportoit le corps à Paris pour l'aller enterrer à Saint-Denis au sépulcre magnifique, que de son vivant elle avoit basty à elle et au feu roi Henry son mary, qu'ils la traîneroient à la voyrie ou la jeteroient dans la rivière. Pour le regard de Blois où elle estoit adorée et révérée comme la Junon de la cour, elle n'eust plus tôt rendu le dernier soupir, qu'on n'en fit non plus d'estat que d'une chèvre morte. »

« Et tout est vanité! » disait le Psalmiste en songeant à ces fatales grandeurs écrasées sous le doigt de Dieu.

J. JANIN.

BÉATRIX CENCI.

Presque tous les étrangers qui arrivent à Rome se font conduire à la galerie Barberini. Ils y sont attirés par le souvenir d'une sanglante tragédie dont l'héroïne a conservé, grâce à la pitié populaire, quelque chose de cet intérêt qui s'attache aux victimes de la fatalité. Une des toiles de la galerie nous montre Béatrix Cenci marchant au supplice. C'est un des chefs-d'œuvre du Guide.

Le peintre a placé sur les épaules de la jeune fille un bout de toile insignifiant et l'a coiffée d'un turban; on dirait qu'il a craint de reproduire son costume de condamnée. Malgré sa terreur, plutôt indiquée qu'exprimée, la tête de Béatrix est douce et belle; ses yeux sont grands, son regard pénétrant, étonné : c'est celui d'une jeune fille surprise au milieu de ses larmes.

Voici l'histoire lugubre de cette charmante créature; nous la traduisons d'une chronique du temps.

François Cenci, le père de Béatrix, naquit à Rome en 1527. Sa maison, une des plus anciennes de l'Italie, se vantait d'avoir pour fondateur le fameux consul Crescentius, qui, dans le dixième siècle, avait disposé à son gré du pouvoir, de la liberté et de la vie des papes, jusqu'à ce que l'empereur Othon III l'eût pris et fait décapiter (996). Sous le pontificat de Grégoire VII, un Cenci encourut l'excommunication. Exaspéré de l'anathème, le condamné pénètre à Sainte-Marie Majeure pendant la messe de minuit, pousse droit à l'autel, saisit par les cheveux le terrible Hildebrand, Grégoire VII, et le traîne prisonnier dans sa maison. Cette audace était restée dans le sang de tous les Cenci.

Fils du trésorier de Paul V, le père de Béatrix hérita de son père de cent soixante mille piastres. Cette fortune faisait de François Cenci un des plus riches patriciens de Rome et lui assurait une grande influence. Il avait une taille noble et élevée, était fort bien fait, quoique maigre, et passait pour extrêmement fort. Ses yeux étaient grands et expressifs; ses lèvres minces donnaient à son sourire une grâce particulière. Mais ce sourire devenait terrible en face d'un ennemi, et la colère agitait tout son corps d'un tremblement convulsif et insurmontable. Jusqu'à un âge fort avancé, il allait à cheval de Rome à Naples et faisait ce trajet en vingt heures. Il voyageait toujours seul, sans souci des bandits. Quand son cheval était fatigué il en achetait un autre, ou le volait au besoin. En cas de contestation, il terminait le différend par un coup de poignard.

Tel était le chef de la famille des Cenci sous le pontificat de Grégoire XIII. François avait alors quarante-huit ans. Sa femme était morte en lui laissant sept enfants; il avait épousé en secondes noces Lucrèce Pétroni, dont la beauté était célèbre. Depuis 1549 sa réputation n'avait fait que grandir. Il est vrai qu'il y avait dans le bruit qui suivait son nom quelque chose de sombre et de sinistre. On ne l'avait jamais vu entrer dans une église; on disait qu'il se vantait de ne pas croire en Dieu. Il avait soif d'aventures étranges, de péripéties inattendues, et ne croyait jamais payer trop cher une volupté nouvelle. Enfin, ajoutait le bruit public, il était tellement abandonné du ciel que ses passions avaient pris un caractère infâme et que ses débordements étaient de ceux pour lesquels il n'y a pas de pardon.

Comme pour donner raison à ces rumeurs, François Cenci fut, à des époques assez rapprochées, incarcéré trois fois sous une accusation qui rappelle les plus scandaleuses aberrations de l'antiquité.

Avec des passions de cette nature, qui s'irritaient par leurs excès mêmes, ses devoirs de famille lui étaient odieux. Christophe et Roch, les plus âgés de ses fils, partirent par son ordre pour l'Université de Salerne. Là, il les abandonna, sans leur faire parvenir aucun secours d'argent. Les jeunes gens durent revenir à Rome à pied, en mendiant sur les routes. Le père redoubla de rigueur à leur égard, tant que, n'y tenant plus, ils allèrent se jeter aux pieds de Clément VIII, et implorer sa protection. Le pape, touché de leur misère, contraignit François Cenci à payer à chacun de ses fils une pension de deux mille écus. Peu de temps après, Roch Cenci fut tué par un charcutier; l'année suivante, Cristophe tomba sous le poignard de Paul Corso.

Depuis que ses fils avaient échappé à sa tyrannie, sa fureur s'était retournée contre sa femme et ses deux filles du premier lit. Il s'étudiait à les accabler de mauvais traitements; bien plus, il les faisait assister à des scènes immondes et dont la cour de Henri III, de France, avait, jusqu'alors, seule donné l'exemple. L'aînée des filles fut assez heureuse pour faire parvenir un placet au saint-père; celui-ci mit fin à ses tourments en la mariant à Charles Gabrielli, d'une riche famille de Gubbio, et en contraignant François Cenci à donner à sa fille une dot en rapport avec son rang. Mais les conséquences de cette évasion furent terribles pour Lucrèce, sa femme, et pour la jeune Béatrix. Celle-ci avait à peine alors quatorze ans. Pour éviter le retour d'un éclat semblable à celui de la sœur aînée, son père la séquestra, l'empêcha soigneusement de communiquer avec le dehors et poussa la précaution jusqu'à lui apporter lui-même sa nourriture.

Cette claustration, déjà bien cruelle pour une enfant insouciante et rieuse, fut encore aggravée par les brutalités du vieux Cenci, qui prenait tous les désirs de liberté de la jeune fille pour des symptômes de révolte. Les rumeurs populaires sont allées plus loin. On a prétendu que, sous la haine apparente du vieillard, se cachait un amour horrible, qu'il s'efforçait de faire partager à sa fille.

Béatrix supportait les rigueurs paternelles avec une résignation enfantine. Mais elle allait avoir seize ans. Tout d'un coup, une révolution s'opéra en elle. Souvent, dans le palais de son père, elle avait vu monsignor Guerra, homme de manières distinguées, fort beau d'ailleurs et d'une grâce attractive. La jeune recluse s'éprit pour lui d'un amour violent, et dès lors l'Italienne énergique se réveilla; elle ne désira plus la liberté, elle la voulut. Elle eut des conférences avec sa belle-mère, outragée dans sa dignité de femme et d'épouse, et toutes deux prirent la résolution de faire mourir l'auteur de leur misère. Elles n'eurent pas de peine à associer à leur dessein Jacques Cenci, le dernier survivant des trois fils que François avait traités avec tant de rigueur; le malheureux jeune homme était alors marié, père de six enfants et sans aucune ressource. Monsignor Guerra lui-même se laissa gagner à l'entreprise, et bientôt il ne leur resta plus qu'à régler les moyens de parvenir au but. François Cenci devait aller passer la saison d'été dans la forteresse Petrella, sur le territoire napolitain. On pensa d'abord à le faire périr en route. Deux hommes, Marzio et Olimpio, qui avaient de sérieux motifs de haine contre le vieux seigneur, devaient embusquer sur son passage une troupe de bandits qui l'auraient fait prisonnier sous condition de rançon. Ce projet trop compliqué fut abandonné. Les conjurés jugèrent plus sûr de le faire périr dans la forteresse même. Ce fut le 9 septembre 1598 que François Cenci but à son repas du soir une dose d'opium que les deux femmes avaient adroitement mêlée à son breuvage. Bientôt après, il tomba dans un sommeil profond. Marzio et Olimpio, qui s'étaient déjà glissés dans la forteresse, furent menés auprès du vieillard endormi.

Lucrèce et Béatrix attendaient dans une salle voisine. Lorsqu'elles virent revenir les deux hommes, pâles et le visage bouleversé, elles crurent que tout était consommé; mais ils venaient leur exprimer des scrupules. Ils estimaient trop lâche de poignarder un homme endormi et s'en faisaient un cas de conscience.

Béatrix, ne pouvant contenir sa fureur, s'écria :

« Donc vous autres, hommes, bien préparés pour une telle action, vous n'avez pas le courage de tuer un homme qui dort; bien moins encore oseriez-vous le regarder en face s'il était éveillé! Et c'est pour en finir ainsi, que vous osez prendre de l'argent! Eh bien! puisque votre lâcheté le veut, moi-même je tuerai mon père, et, quant à vous autres, vous ne vivrez pas longtemps. »

Ces reproches et ces menaces décidèrent Olimpio et Marzio. Ils revinrent vers le vieillard, et, à l'aide d'un marteau, lui enfoncèrent dans l'œil un long clou qui lui traversa la tête, puis un second dans la gorge. A peine si la victime se débattit. Les sicaires, abandonnant le corps encore chaud, reçurent la récompense promise et disparurent. Alors Béatrix et sa belle-mère, après avoir retiré les clous, enveloppèrent le cadavre dans un linceul et le transportèrent à l'extrémité d'un long couloir où se trouvait un grand trou, contigu à des cabinets. Elles le précipitèrent par ce trou sur des arbres situés au-dessous. Elles espéraient qu'on attribuerait la mort à une chute causée par l'obscurité de la nuit. Ce fut en effet ce qui arriva lorsque, avec le jour, on découvrit le cadavre. Il y eut grande rumeur dans la forteresse; la femme et la fille du défunt firent éclater une douleur convenable; on lui fit célébrer d'honorables funérailles. Ces devoirs accomplis, elles revinrent à Rome, pour y jouir de la paix et de la liberté qu'elles souhaitaient depuis si longtemps.

Cependant la justice napolitaine avait été mise en éveil par des rapports venus de la forteresse Petrella. Tandis que la famille Cenci se croyait en sûreté à Rome,

BÉATRIX CENCI.

on procédait, sur le théâtre du crime, à une enquête minutieuse; on visitait le corps, on interrogeait les habitants du fort. Une blanchisseuse, entre autres, parla d'un drap taché de sang qu'elle avait reçu de Béatrix. La justice romaine recueillit tous les renseignements sans procéder pour cela à l'arrestation des Cenci. Les coupables auraient pu s'enfuir; mais soit confiance aveugle, soit ignorance de ce qui se passait, ils ne bougèrent point.

Monsignor Guerra, informé de ce commencement d'instruction, mit des gens en campagne pour tuer Marzio et Olimpio. Ce dernier seul put être atteint dans Terni. Son compagnon était déjà dans les prisons de Naples, où il avait tout avoué.

Sa déposition, envoyée à Rome, provoqua l'arrestation de Jacques Cenci, fils de François, et celle de Lucrèce, sa veuve. Ils furent enfermés dans la prison de Corte Savella, tandis que Béatrix fut gardée à vue dans le palais de son père. Dès que Marzio fut amené de Naples, on le confronta avec les deux femmes qui nièrent tout, Béatrix surtout. Elle refusa de reconnaître le bandit, et parla avec tant de force et d'autorité que Marzio lui-même subit son ascendant et se rétracta. On le mit à la question; il n'avoua rien et mourut sans avoir proféré une parole qui pût compromettre la jeune fille. La mort du seul témoin important semblait terminer l'affaire; déjà même on avait transféré les accusés au château Saint-Ange, lorsqu'on arrêta le bandit qui avait tué Olimpio. Sa confession devait amener monsignor Guerra devant le tribunal; mais, averti à temps, il put quitter Rome sous le déguisement d'un marchand de charbon et sortir des États de l'Église.

Ces circonstances produisirent une impression immense. Les Cenci furent transférés de nouveau à la prison Savella : appliqués à la torture, ils avouèrent tout. Béatrix seule subit, sans démentir son courage passé, le tourment de la corde, et confondit par ses réponses agiles et prudentes les ruses du célèbre juge Ulysse Moscati. Clément VIII voulut voir lui-même les pièces du procès; après les avoir étudiées, il confia l'affaire à un juge plus sévère. Celui-ci fit appliquer la jeune fille *ad torturam capillorum*, c'est-à-dire que Béatrix fut suspendue par les cheveux.

Cette âme énergique et passionnée, que n'avaient pu vaincre ni les dépositions accablantes des témoins, ni la pusillanimité des siens, ni l'abandon de son amant, ni la douleur corporelle, céda alors à un sentiment de coquetterie féminine. Elle eut peur de perdre sa magnifique chevelure blonde; elle voulut garder jusqu'à l'échafaud cette auréole de beauté et de jeunesse.

« Détachez-moi, dit-elle aux sbires, et qu'on me lise l'interrogatoire de ma mère; j'approuverai ce qui doit être approuvé. »

Ses aveux furent d'une grande simplicité. Le saint-père les lut. Il ordonna que, sans délai, les coupables fussent attachés à la queue de chevaux indomptés et ainsi mis à mort.

Mais Rome entière s'était prise de pitié pour cette famille. Le courage de Béatrix lui avait fait un grand nombre d'admirateurs. Des cardinaux et des princes vinrent supplier Clément VIII de permettre aux condamnés de présenter leur défense. On obtint à grand'peine un sursis de vingt-cinq jours. Les principaux avocats de Rome mirent ces délais à profit pour écrire des plaidoyers en faveur des Cenci. Le pape ne consentit qu'avec peine à les écouter. Un moment, sur l'éloquent discours du célèbre Farinacci, il parut ému et l'on put espérer une sentence de grâce. Malheureusement on apprit dans ce même temps que Paul Santa-Croce venait de poignarder sa mère par cupidité. La fréquence de ces parricides épouvanta le saint-père, qui crut devoir donner un exemple terrible, et, revenant de ses idées de clémence, il fit appeler le gouverneur de Rome et lui dit : « Nous vous remettons l'affaire des Cenci, afin que justice soit faite par vos mains et sans nul délai. »

A six heures du matin, le samedi 11 septembre 1599, on vint annoncer la fatale nouvelle à ces malheureux qui dormaient tranquillement. La jeune fille, dans le premier moment, ne pouvait trouver la force de s'habiller; elle jetait des cris perçants, se livrait au désespoir. Sa belle-mère l'exhorta à la résignation et à la prière, et Béatrix, revenue à elle, reprit aussitôt toute sa constance. A huit heures, les deux femmes se confessèrent, entendirent la messe et reçurent la communion. Elles étaient vêtues de larges robes à grands plis, sans ornements, comme en portent les religieuses. Celle de Lucrèce était de coton noir; celle de Béatrix de taffetas bleu, retenue à la taille par une grosse corde.

On avait dressé sur la place du Pont-Saint-Ange un grand échafaud surmonté d'une *mannaja* (sorte de guillotine). Après la messe, la Compagnie de la Miséricorde apporta son grand crucifix à la porte de la prison. Jacques Cenci sortit le premier. Il se mit à genoux sur le seuil, récita une prière et baisa le Christ.

Sous l'escorte d'une confrérie, les accusés s'acheminèrent vers le lieu du supplice. Lucrèce et Béatrix avaient la tête couverte d'un voile. Béatrix portait en outre sur les épaules un grand voile de drap d'argent; elle était chaussée de mules de velours blanc, élégamment lacées et retenues par des cordons cramoisis. Plus ferme que sa belle-mère, la jeune fille ne versait pas de larmes; mais tournant les yeux vers chacune des églises devant lesquelles la procession passait, elle se mettait à genoux et disait d'une voix assurée : *Adoramus te, Christe!* Lorsqu'elles parvinrent dans la chapelle voisine de l'échafaud, elles trouvèrent Jacques qui déjà avait été tenaillé.

La signora Lucrèce Petroni marcha la première au supplice. Quand elle fut sur l'échafaud et qu'on lui ôta son voile, elle souffrit beaucoup de se voir exposée aux regards de la foule, les épaules et la poitrine nues. Sa pudeur fut encore offensée par la posture qu'il lui fallut prendre pour s'étendre sur la planche. Elle résista, et, avant de recevoir le coup fatal, elle se blessa profondément à la poitrine.

Ce premier acte du drame fut suivi d'un accident qui causa la mort de bon nombre de curieux : un échafaudage chargé de monde s'écroula, et bien des gens, venus là pour voir mourir Béatrix, la précédèrent dans la tombe.

Un instant après, la bannière reparut au pied de l'échafaud, et Béatrix y monta, après avoir prié pour l'âme de sa mère et s'être une dernière fois confiée dans la miséricorde divine. Elle se disposa avec promptitude sur l'instrument du supplice, évitant ainsi d'être touchée par le bourreau et de s'exposer nue aux regards de la foule. Dans cette situation, il lui fallut attendre assez longtemps le coup de la mort. Le pape, malade de douleur, avait quitté Rome la veille du supplice, et se tenait au Monte-Cavallo, attendant l'heure de l'exécution. Lorsque Béatrix eut posé la tête sur la mannaja, un coup de canon tiré du fort Saint-Ange avertit le saint-père, qui donna aussitôt à la jeune fille l'absolution majeure, *in articulo mortis*. Après ce retard, cruel dans un tel moment, tomba cette tête charmante.

L'intérêt général qu'avait excité Béatrix Cenci redoubla encore lorsqu'on connut son testament, qu'elle avait fait le matin de son exécution. Entre autres legs, il y en avait un de trois cent mille francs, destiné à doter cinquante filles pauvres. Est-il étonnant que des légendes touchantes se soient petit à petit entées sur cette histoire terrible, et que la reconnaissance et la piété aient transformé la parricide en une héroïne du devoir et de l'honneur ?

STENDAHL.

MARIE-THÉRÈSE.

La vie de Marie-Thérèse d'Espagne, reine de France et femme de Louis XIV, est une de ces vies simples, calmes, pures et droites, obscures au milieu de la lumière, silencieuses au milieu du bruit, modestes en pleine gloire, domestiques, en quelque sorte, dans la solennelle publicité du rang suprême, et qui intéressent l'historien moins par leur accord que par leur contraste avec les magnificences qui les entourent. C'est quelque chose de rare et d'exquis, en effet, que cette fleur d'humilité, éclairée par les rayons d'un trône, et que ce parfum de chaste violette, à côté des lis triomphants. La figure de cette reine, épouse et mère, qui borna, dès les premiers jours, aux joies et aux douleurs de la famille, un horizon qui pouvait n'avoir d'autres limites que celles du monde, participe de ces exceptions et de ces contrastes de son existence. C'est une de ces têtes vagues et gracieuses, que l'éclat environnant pâlit encore au lieu de les faire saillir. Dans un sujet qui prête naturellement aux métaphores à la mode espagnole, on pourrait dire que, dans ce ciel olympien du grand règne, Marie-Thérèse est l'ombre de tout ce dont Louis XIV est la lumière, et que, lune douce, tendre et mélancolique, elle rayonne timidement des reflets égarés de la gloire du roi-soleil.

Bossuet lui-même, en dépit de toutes les ressources que son génie a su ajouter à celles de l'oraison funèbre, n'a pu consacrer un de ses éloquents discours à cette mémoire, plus grande devant Dieu que devant les hommes, qu'à la condition d'y parler de tout, excepté de Marie-Thérèse, dont cet embarras pour la louer est demeuré le plus bel éloge.

Pourtant, cette pâle et fine figure eut un moment d'éclat; cet automne précoce et perpétuel eut son rayon de printemps. Cette vie, qui échappe à l'histoire même, ressembla quelques jours à un roman. Le prélude de cette royauté claustrale fut brillant et théâtral comme un Prologue de *Cyrus*. Puisque nous n'aurons rien à dire de Marie-Thérèse, épouse et reine, parlons plus longuement de l'Infante et de la fiancée, et, comme elle l'eût désiré elle-même, faisons son histoire du plus pur et du plus doux de ses souvenirs et de ses regrets.

La clause principale et comme la sanction du fameux traité des Pyrénées, chef-d'œuvre du génie politique de Mazarin, fut cette union de Louis et de Marie-Thérèse, qui consommait, en la symbolisant, la réconciliation de la France et de l'Espagne, et faisait du baiser d'un royal hymen le baiser de paix de deux peuples. C'est une des gloires de Mazarin, la plus pure et la plus durable, d'avoir senti ce qu'il y avait à la fois de noble, de prévoyant, de touchant, dans cette idée vraiment espagnole et vraiment française, de cimenter une alliance par un mariage, et de corriger par l'amour les fautes de l'ambition.

Le 17 octobre 1659, le duc de Grammont, ambassadeur nuptial, fit son entrée à Madrid, escorté de quarante gentilshommes à cheval. Son discours au roi d'Espagne mérite d'être rapporté. Il est vraiment français, c'est-à-dire bref, galant et fier. « Sire, dit-il, le roi, mon maître, vous accorde la paix, et à vous, madame, ajouta-t-il en s'inclinant devant l'Infante, Sa Majesté vous offre son cœur et sa couronne. »

Fille de Philippe IV et d'Élisabeth de France, sœur de Louis XIII, nièce d'Anne d'Autriche, Marie-Thérèse était née à l'Escurial, le 10 septembre 1638. Elle avait (à cinq jours près) le même âge que Louis XIV.

C'est le moment de faire son portrait, d'après la fine mouche de cour, qui se nomme madame de Motteville.

« L'Infante-reine était petite, mais bien faite; elle nous fit admirer en elle la plus éclatante blancheur que l'on puisse avoir, et toute sa personne de même. Ses yeux bleus nous parurent beaux; ils nous charmèrent par leur douceur et leur brillant. Nous célébrâmes la beauté de sa bouche et de ses lèvres un peu grosses et vermeilles. Le tour de son visage était long; mais, étant rond par en bas, il nous plut; et ses joues un peu fortes, mais belles, eurent leur part de nos louanges. Ses cheveux étaient d'un blond argenté, qui convenait entièrement aux belles couleurs de son visage. A dire le vrai, avec une taille plus grande et de plus belles dents, elle méritait d'être mise au rang des plus belles femmes de l'Europe, et je trouvai qu'elle ressemblait beaucoup au portrait que mon frère nous en avait déjà fait. Sa gorge nous parut bien faite et assez grasse, mais son habit était horrible. »

C'est dans madame de Motteville, si précise, si fine, et qui relève si à propos ses élégants commérages d'une pointe d'ironie toute française, qu'il faut lire les détails de ces solennelles et dramatiques noces de la France et de l'Espagne, dans la personne de Louis et de Marie-Thérèse. C'est dans ses piquants *Mémoires* qu'il faut voir, par exemple, le jeune roi plein de curiosité et d'impatience, accablant de compliments écrits sa future femme qui, avec la gravité enjouée et le pudique abandon de la coquetterie espagnole, laisse languir son *inamorato* et se borne à mander à la reine, sa tante, « des choses fort tendres » qui rejaillissent si naturellement sur son fils. Quand on la pressait de répondre quelque chose pour le roi, elle disait naïvement : « Ce que je dis pour la reine, ma tante, se peut entendre pour le roi. »

Le mercredi 2 juin 1660, le roi d'Espagne quitta Saint-Sébastien, et vint à Fontarabie, pour pouvoir faire le mariage, qui devait avoir lieu le lendemain. Don Louis de Haro, ministre d'Espagne, devait épouser l'Infante au nom du roi, et l'évêque de Fréjus fut nommé pour en être témoin. Madame de Motteville n'a garde de ne pas décrire la cérémonie, avec ses caractères à part, si imprévus pour des Françaises : le langage un peu trop galant des prêtres, la tenue sombre et roide, les habits brodés lourdement et les chausses étroites des courtisans, l'Infante et les demoiselles d'honneur avec leurs robes ballantes, leur gorgette ouverte par derrière, leurs manches taillardées et leurs inflexibles vertugadins. Rien de plus curieux et de plus étrange que l'entrevue cérémonieuse du roi d'Espagne et de sa sœur, Anne d'Autriche, qu'il n'avait pas vue depuis quarante-cinq ans, brusquement interrompue par l'entrée du roi, qui n'a pu encore voir celle qui est déjà sa femme. Anne d'Autriche rougit en voyant paraître le roi, son fils, et la jeune reine encore plus, en le considérant attentivement. Le roi d'Espagne le regarda aussi et souvent, en disant à la reine, sa sœur, qu'il avait *in lindo Hoirno* (un beau gendre). Monsieur dit tout bas à la jeune reine : « Que semble-t-il à Votre Majesté, de cette porte? » (Louis XIV était demeuré sur la porte entr'ouverte.) Elle lui répondit aussitôt, d'un air spirituel et en riant : « La porte me paraît fort belle et fort bonne. » Après que le roi eut regardé la reine-infante, il se retira et alla se poster au bord de la rivière, pour la voir s'embarquer. Il dit alors à M. le prince de Condé et à M. de Turenne que d'abord la laideur de la coiffure et de l'habit de l'Infante l'avait surpris, mais que, l'ayant regardée avec attention, il avait connu qu'elle avait beaucoup de beauté et qu'il comprenait bien qu'il lui serait facile de l'aimer.

C'était encore plus facile à la jeune reine, qui aimait déjà depuis longtemps, comme elle en fit à ses dames la naïve confidence, celui que son cœur désirait, bien avant que la raison d'État le lui destinât pour époux. « Elle nous fit l'honneur de nous dire, un soir, à madame de Navailles et à moi, qu'elle avait toujours regardé le roi comme devant être son mari;... et que, non-seulement elle avait aimé le roi, mais qu'elle avait même aimé jusqu'à ses portraits. »

Mais c'est assez de ces romanesques détails, qui abondent dans la narration de madame de Motteville, et qui colorent, de tous les feux de la passion et de la poésie, les premiers jours de ce royal hyménée, consacré définitivement à Saint-Jean-de-Luz, le 9 juin 1660.

La jeune reine ne fut pas longtemps à lasser, par son amour même et sa monotone extase devant son époux adoré, la tendresse qu'il lui avait d'abord témoignée, sous la charmante surprise de tant de pudeur unie à tant d'abandon et de tant de vertu unie à tant de grâce. Ce que Marie-Thérèse conserva toujours de son inconstant mari, c'est la confiance, le respect et l'estime. Mais, dès les premiers jours de leur retour à Paris, après ces fêtes fastueuses, dont la magnificence demeura pour la France comme un long enchantement, son mari ne lui appartenait déjà plus, et il allait inaugurer vis-à-vis d'elle cette singulière et incomplète fidélité, qui se borna bientôt à ne jamais découcher. C'est en faisant allusion discrètement à ces déceptions précoces, qui lui firent un si rapide besoin de la résignation, que la pauvre reine, plus tard, avouait à son lit de mort, devant Madame, qui nous l'a rapporté, « qu'elle ne se souvenait d'avoir eu qu'un jour heureux dans sa vie. » Ce jour, c'était le premier, l'unique, le dernier de cet amour où elle apportait le roman, et où Louis XIV mit si vite la réalité, de cet amour qui, de la part du roi, s'éteignit avec le flambeau nuptial, et n'eut pas de lendemain.

MARIE-THÉRÈSE D'ESPAGNE.

Cependant, il faut être juste, même envers Louis XIV. Pendant la première année de son mariage, Marie-Thérèse, qui pouvait déjà regretter que le cœur du roi ne lui appartînt plus, n'eut pas du moins à dévorer l'affront de le voir subjugué par une autre. Madame de Motteville, qui a l'œil clairvoyant, semble accorder à Louis XIV, pour cette première année 1661, une sorte d'absolution. « Le roi, dit-elle, qui, jusqu'alors, *avait été* ou *paru sage*. » Il se faut contenter de cet à peu près, comme la pauvre reine dut le faire. Déjà Dieu la consolait de tout le reste. Sa profonde et fervente piété servait d'exemple à la cour, et dans un coin obscur de cette représentation éclatante de la royauté elle s'était ménagé les grâces du sanctuaire.

Mais l'héritage de Marie Mancini ne devait pas demeurer longtemps vacant. C'est tour à tour mademoiselle de Pons, mademoiselle de la Motte-Houdancourt qui s'offrirent, malgré les efforts de la prudente reine mère et la noble résistance de la duchesse de Navailles, cette duègne sublime, à l'honneur de se déshonorer. En même temps, Madame, la brillante et séduisante Madame, fille d'Henriette d'Angleterre, attirait le roi à ces fêtes mythologiques et à ces nocturnes promenades de Fontainebleau, qui, sans effleurer l'indifférence de Monsieur, éveillèrent si fort les jalouses susceptibilités de Marie-Thérèse, les inquiétudes d'Anne d'Autriche et la verve maligne des chroniqueurs du temps. Enfin la Vallière vint, et le roi fut vaincu, vaincu par cette naïveté dans la faute, par cette pudeur dans la faiblesse, qui ont fait à cette violette, qui se cachait sous l'herbe et qui rougissait d'aimer et d'être aimée, une place unique et presque respectée, une sorte de place d'honneur parmi les maîtresses de roi. Qui ne pardonnerait aujourd'hui à cette passion, la seule sincère, la seule désintéressée, dont les larmes d'un repentir héroïque ont si noblement expié le délire et lavé les hontes discrètes? Marie-Thérèse elle-même ne savait que pleurer. Elle ne pouvait haïr cette rivale ingénue qui savait si bien aimer. Elle se réfugiait dans les douceurs de cette résignation que donne la foi et aussi de celle que donne l'espérance. Le roi ne lui reviendrait-il pas? Fallait-il s'indigner à jamais d'une erreur si facile, à son rang et à son âge, qu'elle en semble inévitable? D'ailleurs, comment résister à cet époux adoré, qui savait donner à ses fautes une sorte de grandeur irrésistible pour celle même qui en souffrait? Tour à tour doux et terrible, il avait de si heureux retours, des caresses si réparatrices, ou bien des colères si tonnantes, sous l'éclair desquelles la reine elle-même courbait la tête en tremblant! Un jour, c'est madame de Motteville qui le rapporte, il convint de ses écarts, s'en affligea et promit à la reine, en pleurant avec elle, « qu'il deviendrait à trente ans le modèle des maris. » Et la reine attendit que le roi eût trente ans. Patients sont les amours qui sont éternels.

En attendant, elle s'humilia, se fit oublier, remplissant avec courage les pénibles devoirs de sa maternité délaissée. En 1661, elle mit au monde Monseigneur le Dauphin. En 1662, elle accoucha de Madame Élisabeth de France, bientôt ravie à ce bonheur maternel qui la consolait de la perte de tous les autres. Cependant le roi s'enhardissait de plus en plus. Après madame de la Vallière, modeste, pudique, cachée, et déjà frappée de repentir en pleine faute, ce fut madame de Montespan, l'amour scandaleux, adultère et d'une cynique fécondité. Marie-Thérèse dut être d'autant plus sensible à cette nouvelle épreuve, qu'elle put se considérer comme doublement trahie, par son époux d'abord, puis par cette hypocrite rivale, qui avait capté sa confiance en la plaignant, et qui avait plus d'une fois dit tout haut devant elle qu'elle aimerait mieux mourir que d'imiter la Vallière! Que ne l'imitait-elle au moins dans ses craintes, dans ses précautions, dans ses ménagements? La reine en eût moins souffert.

La reine souffrit tellement, qu'elle n'osa plus se plaindre, comme elle l'avait fait dans les premiers temps. Quelle vengeance ou quelle consolation eussent pu atteindre à la hauteur d'une si grande douleur? Marie-Thérèse ne se plaignit donc pas. Je dis plus, elle puisa dans sa foi et dans son persistant amour la force d'un pardon supérieur à toutes les épreuves, qu'on ne prenait même plus la peine de lui déguiser, et non d'un pardon farouche et sombre, mais d'un pardon souriant et presque jovial. Elle eut la force d'accueillir et d'embrasser ces enfants adultères qui insultaient aux siens. Elle avait servi de marraine à mademoiselle de la Vallière, se vouant au cloître. Elle l'eût peut-être fait pour madame de Montespan, quand celle-ci, à son tour, connut les amertumes de l'infidélité et de l'abandon. Voilà la véritable grandeur de Marie-Thérèse. Voilà la vertu rare et sublime, supérieure à la foi, supérieure à la charité, d'autant plus admirable qu'elle est de celles qu'on ne loue point, et qui échappent même, par une inviolable pudeur, aux éloquences d'un Bossuet. Qui sondera, sans une épouvante égale à son admiration, cet abîme de douleur si fièrement descendu? Qui pensera sans larmes aux innombrables stations et aux affronts sans cesse renouvelés de cette Passion conjugale? La Vallière, Montespan, mademoiselle de Fontanges, madame de Soubise, madame de Ludre et tant d'autres ne passèrent-elles pas tour à tour devant Marie-Thérèse, pour enfoncer cette couronne d'épines que cachait son diadème? Elle alla jusqu'au bout de ce long martyre, qui semble trouver dans l'excès même de la douleur une sorte d'ineffable joie. Madame donne sur cette résignation de la reine, toujours égale, souvent même spirituelle, des détails qui se ressentent de la franchise allemande, et d'un caractère dont la liberté devançait celle du temps. C'est elle qui nous la montre dominée par la séduction que le roi, malgré tout, exerçait sur elle, « cherchant à lire dans ses yeux tout ce qui pouvait lui faire plaisir, et, pourvu qu'il la regardât avec amitié, gaie pour toute la journée. » C'est elle qui nous la montre aussi, à la moindre apparence de retour, au moindre hommage rendu à ses droits, « aimant à être plaisantée là-dessus, riant, clignant les yeux et frottant ses petites mains. » Ces petites faiblesses, son goût pour le chocolat, l'ail et le jeu, auquel elle perdait toujours, sans doute parce qu'elle pensait à autre chose, font rire Madame et hausser les épaules à l'altier Saint-Simon. Pour nous, nous sommes moins irrévérencieux ou moins exigeants. Pour nous, cette constance d'amour, cette ténacité d'illusion, cette facilité d'espérance, nous semblent plus sublimes que ridicules. Nous trouvons que le spectacle est assez rare, des reines qui savent être épouses, mères et saintes, pour qu'il n'en faille pas rire. Nous pensons que le courage de Marie-Thérèse, si douce envers la vie, est encore plus admirable que celui d'Henriette d'Orléans, douce seulement envers la mort. Nous trouvons enfin qu'il n'y a rien à ajouter à la louange de cette femme de Louis XIV, qui mérita encore plus de larmes que d'éloges.

Marie-Thérèse mourut le 30 juillet 1683. « Le roi, dit madame de Caylus, fut plus attendri qu'affligé. » Mais la conscience de ses fautes et des mérites de celle qu'il perdait lui arracha un mot qui la peint tout entière, et honore plus sa mémoire que l'oraison funèbre de Bossuet.

« Voilà, dit-il, le premier chagrin qu'elle m'ait donné ! »

M. DE LESCURE.

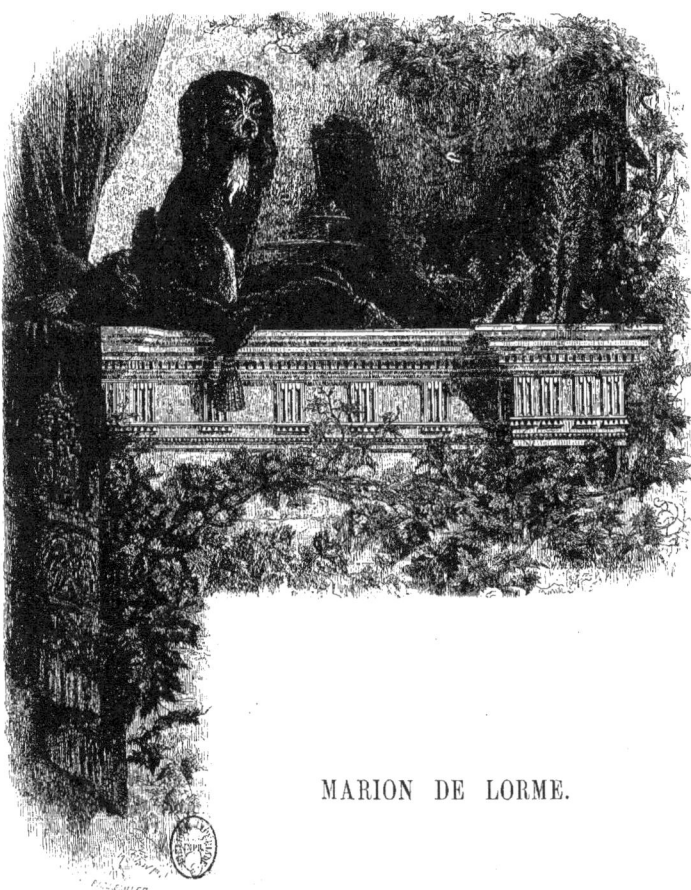

MARION DE LORME.

Celle-ci est une espèce de fantôme, étrange et charmant, dont la vie est semblable au roman le plus impossible, à ce point que l'on sait à peine où donc elle a vu le jour, et que pas un historien n'est assuré de sa mort. Pour vous représenter comme il convient cette intelligente et cette imprudente créature, il faudrait étudier avec soin le roi Louis XIII, et bien connaître l'époque où vécut

Marion de Lorme. Il faudrait aussi connaître à fond ce terrible mystère appelé le cardinal de Richelieu, si l'on veut savoir à quelle volonté souveraine, implacable et violente obéissaient les hommes et les femmes de ce temps-là. Et soit que l'homme, une épée à la main, eût abaissé les citadelles, soit que la femme, en sa jouvence, eût dompté les cœurs les plus féroces, que l'on soit prince du sang royal ou maréchal de France, que vous soyez la reine mère ou la duchesse de Chevreuse, absolument il faut obéir au premier ordre du cardinal. Quand il a dit : « Je veux ! » pas de réplique. Il a fait tomber les têtes les plus hautes, parce qu'elles avaient froncé le sourcil. Tel était ce maître altier d'un roi débile et timide. Louis XIII, encore enfant, se prit d'amitié pour son valet de chambre, pour son oiseleur, pour son capitaine des gardes; esprit sombre et méchant, il riait volontiers d'un malheureux à l'agonie. Amoureux de mademoiselle de Hautefort, il tremblait devant ces belles amours; il tremblait aussi devant mademoiselle de la Fayette, il tremblait surtout devant le cardinal. Son discours n'était que de chevaux, de chiens, d'oiseaux, de chasses, de mousquetaires et de mousqueteries. Il ne riait guère dans ses jeunes années, il finit par ne plus rire à partir du jour où il permit au cardinal de mettre à la Bastille le maréchal de Bassompierre. Il était cependant brave à ses heures, comme un digne fils de Henri IV; il y avait des jours où il faisait des vers, de la musique et de la peinture. Il avait souvent des railleries cruelles, et quand il eut porté sa loi capitale contre les duels : « Je suis bien sûr, disait-il avec son mauvais rire, que messieurs tels et tels n'en seront pas fâchés. »

Un pareil homme avait cependant l'honneur d'être le roi du grand Corneille; il refusa la dédicace de *Polyeucte*, pour ne pas faire un présent au poëte, qui avait touché deux cents louis d'or de M. de Montauron pour la dédicace de *Cinna*. Ce triste roi traînait à sa suite un ennui sans remède. Un jour, quand mademoiselle de la Fayette fut entrée au couvent, il se prit d'amitié avec M. de Cinq-Mars, dont il fit son grand écuyer. M. de Cinq-Mars était un jeune homme imprudent, tout rempli des tumultes de la jeunesse. Il s'ennuyait royalement avec son prince, et pour s'en distraire, il rencontra, dans les premiers jours de son printemps, leste et vive, ambitieuse, et parfaitement disposée à marcher dans les sentiers défendus, une fillette ayant nom Marion de Lorme, aussi bien faite que pas une personne de son temps. Elle était née en bonne maison, d'un honnête homme assez riche, et qui pouvait lui donner vingt-cinq mille écus en mariage, si la demoiselle eût été faite pour accepter tout simplement la main d'un galant homme, et pour vivre honorée également dans la noblesse et la bourgeoisie.... Elle avait d'autres instincts. Elle voulait, comme on disait alors : *Être et paraître* à tout prix. Rien de trop riche et pas un galant trop beau pour elle, et trop grand seigneur.

A dix-huit ans la dame était déjà fort belle et de grande mine, et faisant tout de bonne grâce. — Elle excellait à la danse, au théâtre, aux chansons, au beau rire, à la dépense. Elle avait eu pour son premier maître en ces élégances toutes nouvelles, un bel esprit qui se retrouve à chaque instant dans les aventures de ces dames, les galantes, des Barreaux le poëte, un sceptique; en ce temps-là on disait : un athée, et peu s'en est fallu que plus d'une fois des Barreaux fût dénoncé à la Sorbonne, au Parlement, « et traité à la façon de son ami Théophile, qui fut brûlé en place de Grève. » Il était ce qu'on appelle un gentil esprit, ce des Barreaux, bon plaisant, riche et bien posé dans le monde. Il avait disposé, pour y promener mademoiselle de Lorme, un grand jardin qu'il appelait : l'Ile de Chypre, et sous les vieux arbres il racontait à Marion les soupers de Florence et le carnaval de Venise. Elle écoutait, de toutes ses oreilles, ces métamorphoses dont son poëte avait le secret. S'ils étaient séparés, elle attendait avec impatience une lettre, un sonnet de des Barreaux : « Je n'eusse jamais pensé, belle Marion, que l'absence eust été une si cruelle passion comme à présent j'en fais l'office. Esloigné de l'orient de vostre belle face, toutes choses me semblent noires au prix de vostre belle clarté qui remplissoit mon cœur de joye, et n'a, mondit cœur, autre nourriture que de soupirs et de larmes. » Tel était cependant le style des beaux esprits de la cour. Le duc de Beaufort n'écrivait pas autrement à la duchesse de Montbazon, le duc de Bellegarde à madame de Béthune, et le duc de Mercœur à mademoiselle Mazzini sa fiancée. Ainsi Marion de Lorme apprit de très-bonne heure, et par les meilleurs maîtres, les plus belles façons du Louvre et du château de Saint-Germain. Elle avait pour amis le duc de Candale, et M. de Chabot, avant qu'il épousât mademoiselle de Rohan; elle a connu le comte de Châtillon, six mois avant qu'il eût enlevé mademoiselle de Boutteville au prince de Condé. Ses galants les plus dévoués portaient les plus grands noms de la Fronde, à savoir : Chavigny, qui devait découvrir le traité de Cinq-Mars avec l'Espagne; Gourville, le marquis de Créquy, Fontrailles, et M. d'Hémery, contrôleur général des finances. On pouvait dire, de celui-là aussi, ce que la Fontaine a dit du surintendant Fouquet :

<blockquote>Jamais surintendant ne trouva de cruelles!</blockquote>

Telle était cette belle, au moment où le cardinal de Richelieu s'avisa de ces grâces et de ces beautés. Il jouait un jour contre sa nièce, madame la duchesse d'Aiguillon, un diamant de cent pistoles; il le gagna, et l'envoya par un page à cette belle, avec tous ses baisemains : « Voilà, disait-elle, un trophée; » elle voulait dire : une enseigne. A vingt ans elle avait pour plus de vingt mille écus de nippes; ses gants lui servaient trois heures, ses souliers à peine une journée.

On citait, dans tout Paris, le collier de perles que lui avait donné le maréchal de Sennecterre en avancement d'hoirie : « Ah! disait-il quand il la vit pour la première fois, comment se fait-il que j'aye été jusqu'à ce jour sans vous voir? » Puis il la reconduisit galamment à son carrosse, et s'en revint sans demander son reste. Il eut raison, le maréchal de Sennecterre, de ne pas se poser en rival du cardinal de Richelieu. Un mot lui suffit pour qu'il renonçât à cette aimable conquête, et les gens bien informés des ruelles de la place Royale racontaient tout bas, à l'oreille, que le cardinal, jaloux de M. de Cinq-Mars, avait fait surveiller Marion de Lorme par son digne complaisant l'abbé de Boisrobert.

Ce facile et complaisant abbé lui apprit qu'en effet Marion de Lorme avait un certain penchant pour le favori du roi, mais qu'elle aimait aussi des Barreaux, conseiller au Parlement, un épicurien, d'une conversation enjouée; impie et débauché au dernier point. Sur quoi le cardinal fit prier des Barreaux de ne plus s'occuper de Marion, promettant, en revanche, de le pousser dans les honneurs; mais des Barreaux répondit en riant que certainement monseigneur ne s'occupait guère de ses amourettes.

De son côté, sollicité par l'abbé de renoncer à Marion, M. de Cinq-Mars prit la chose au plus haut, disant que le cardinal avait bien autre chose à faire, et qu'il tenait à ses amours. Des Barreaux en fut quitte pour l'exil, M. de Cinq-Mars y perdit la tête. Il ne faut pas jouer avec le feu, il ne fallait pas contrarier le cardinal. Marion de Lorme et M. de Cinq-Mars n'en savaient pas tant que cela. Ils s'aimaient tout bellement; absente, il courait après elle; elle, à son tour, déguisée en toutes sortes d'habits, l'allait chercher jusque dans la garderobe du roi. Les parents de la fillette, excités par le cardinal, faisaient semblant de redouter un mariage de mademoiselle de Lorme avec M. de Cinq-Mars.... Le bourreau vint qui trancha ces belles amours. Ce fut le beau moment de ce jeune homme; il retrouva tout son courage; il accepta la mort comme un triomphe; il mourut simplement, non pas sans envoyer une mèche de ses cheveux blonds à ses infidèles amours. Il avait les yeux ouverts quand sa tête fut tranchée, et tenait le billot si ferme, que l'on eut peine à l'en détacher. On ne dit pas la conduite de Marion de Lorme avec le cardinal; si elle résista jusqu'à la fin à cet opprobre, ou bien si, après sa chute, elle en accepta les conséquences. Le nuage ici, le nuage sanglant se fait autour de cette jeune femme; on la cherche..., on ne voit plus que le cardinal : ses piéges, ses cruautés, ses disgrâces, ses vengeances contre la reine mère, et cette éternelle prosternation de tout le monde aux pieds de Son Altesse.

MARION DE LORME.

Peu d'âmes sont assez fortes pour contempler sans peur ces grands fantômes qui traversent les peuples, ne laissant après eux que des malédictions et des ruines. A peine on cite, en tout ce règne, une demi-douzaine d'âmes viriles qui aient résisté à Richelieu; au premier rang de ces héros, il faut citer un vieux docteur de Sorbonne, à qui Son Éminence faisait demander un avis favorable à sa volonté : « Monsieur, reprit ce bonhomme à l'envoyé du cardinal, j'ai passé quatre-vingts ans; pour examiner ce que vous me proposez, il me faut six mois : car je suis obligé de revoir six gros volumes de recueils que voilà. — Bien, dit le prélat, je reviendrai dans le temps que vous me marquez. » Le terme venu, le cardinal envoie une seconde fois; le vieillard lui dit : « On a bien des incommodités à mon âge; je n'ai pu lire que la moitié de mes recueils. » L'envoyé voulut gronder et le menacer : « Voyez-vous, lui dit-il, monsieur, je ne crains rien. Il n'y a pas plus loin de la Bastille au paradis, que de la Sorbonne. Vous faites un métier bien indigne de votre rang et de votre naissance; vous en devriez mourir de honte. Allez, et ne mettez jamais le pied dans ma chambre. »

A la mort de ces trois ennemis, qui s'en vont, pour ainsi dire, à la même heure, M. de Cinq-Mars, le cardinal de Richelieu, et le roi Louis XIII, le dernier survivant, qui s'éteignit plein d'angoisses et de remords, disparaît Marion de Lorme. Un des historiens de ce temps-là, Arnault, le mestre de camp, le parent du grand Arnault, dans une lettre au président Barillon, nous raconte que Marion fut obligée de quitter Paris, au moment où le roi y faisait sa rentrée.... Ordre du roi! Il n'avait point pardonné à Marion de Lorme l'amour que lui portait le grand écuyer. Un peu plus tard, nous retrouvons Marion de Lorme invitée au ballet qui se devait donner à l'occasion des fiançailles du duc d'Enghien avec mademoiselle de Maillé-Brézé : « Marion a été priée du ballet pour aujourd'hui, avec grandes excuses de quoi elle ne le fut point jeudi. On lui dit qu'elle en savait bien la raison. »

On composerait tout un gros tome avec les vers, les satires rimées et les sonnets amoureux contre Marion de Lorme, et pour elle.... On l'adore, on la hait; elle est un ange, elle est un monstre. Or, de ces haines et de ces adorations, Marion ne s'en inquiète guère; elle en rit comme autant d'hommages à sa grâce, à sa beauté. Dans ces mêmes lettres de M. Arnault, il raconte agréablement par quelle fortune il visita la maison de mademoiselle de Lorme : « Nous passâmes par Bayes, maison de madame de Lorme, où nous nous arrêtâmes un jour en fort bonne compagnie, dont la célèbre Marion n'était pas ce qu'il y avait de moins agréable. Elle était alors dans sa grande beauté, mais tous ses charmes ne la mirent point à couvert de la fureur du maréchal de la Meilleraye, dont elle me conta l'histoire en nous promenant le long du canal de Bayes. Si elle avait été aussi sage que sa sœur madame de Montgeron le fut à l'égard de ce maréchal, à la ruine de sa famille, elle aurait laissé d'elle une plus belle réputation. »

La plus galante histoire dont Marion de Lorme ait été l'héroïne, est racontée par le chevalier de Grammont, avec cette bonne humeur, ce charme intarissable qu'il apporte en toute chose. Il disait que Marion de Lorme était de son temps la créature la plus charmante ; elle avait l'esprit d'un ange, et les caprices d'un démon : « Cette princesse m'ayant invité à souper, s'était avisée d'inviter un autre galant à ma place. Elle m'écrivit le plus joli billet du monde, tout rempli du désespoir où elle était d'un mal de tête qui l'obligeait à garder le lit. Ce mal de tête me parut suspect : « Ah ! parbleu, madame la coquette, dis-je en « moi-même, vous souperez toute seule. » Au même instant, un de mes grisons m'avertit qu'il a vu sortir de chez la dame un petit laquais, porteur d'un message. Ainsi confirmé dans mes soupçons, et la nuit étant venue, je montai à cheval, sans vouloir qu'on me suivit. Je fus ainsi, de la place Royale à la rue Saint-Antoine, où je rencontre un homme en manteau couleur de muraille : c'était le duc de Brissac. Je vais à lui, et mettant pied à terre : « Il faut, lui dis-je, que tu me fasses « un plaisir. J'ai rendez-vous à quatre pas d'ici, pour la première fois, et je « n'y veux pas rester longtemps. Prête-moi ton manteau, et promène un peu « mon cheval. » Puis, sans lui laisser le temps de répondre, je me coulai par-dessous les arcades, jusqu'à la porte de Marion. Je frappe, on ouvre, et me voilà chez la dame. Ah ! qu'elle était belle, et qu'elle était interdite, et toute parée ! Elle eut d'abord un grand accès d'innocence et d'indignation ; mais quand je lui eus dit : « Brissac est là qui promène mon cheval, et voilà son manteau « qu'il m'a prêté ! » elle en pensa mourir de rire. Et nous étant séparés bons amis, je retrouvai mon Brissac à l'endroit où je l'avais laissé. Je lui fis mille excuses de l'avoir fait attendre si longtemps, et mille remercîments de sa complaisance. Il me dit que je me moquais, que ces compliments ne se faisaient pas entre amis, et pour me convaincre qu'il m'avait rendu ce petit service de bon cœur, il voulut à toute force tenir la tête de mon cheval. Je lui donnai bien le bon-soir, en lui rendant son manteau, et je rentrai chez moi, également content de ma maîtresse et de mon rival. »

Marion de Lorme et Ninon de Lenclos, choses légères. Elles brillaient à la même heure ; son bonheur a voulu que mademoiselle de Lenclos fût exposée à moins de tourmentes ; au contraire, avec Marion de Lorme, on ne finit pas de s'étonner. Les uns ont prétendu qu'elle avait visité à Bicêtre Salomon de Cos, l'inventeur de la machine à vapeur, qui n'était pas inventée ; les autres prétendent qu'elle s'est mariée en Angleterre, et plus tard dans la Franche-Comté. Celui-ci vous raconte qu'elle fut volée sur le grand chemin de toute sa fortune, et celui-là, qu'elle mourut misérable, entre les mains de deux valets qui lui disputèrent même son linceul. Le plus clément la fait mourir jeune encore, dans son hôtel de la rue des Petits-Champs, où elle fut exposée en grande parure, et dans le suprême éclat de sa beauté. Que si vous consultez la biographie universelle, elle vous dira que cette infortunée est morte en 1741, sous le fardeau de cent trente-quatre ans dix mois.... Vengeance trop cruelle, après tout, pour quelques années de folies. Il n'était permis qu'à la seule Ninon de vivre si longtemps.

Marion de Lorme a disparu comme un météore, et pour que rien ne manquât à cette existence voisine des fables, il devait arriver qu'à deux cents ans de distance, un jeune homme, un poëte, obéissant à tous les enivrements du paradoxe et de la passion, réhabilitât dans une œuvre impérissable la gloire et les malheurs de cette énigme, entourée à la fois de mystère et de curiosité :

Que de belles larmes cette héroïne a fait répandre! Elle est devenue une élégie, un drame, une plainte ineffable, par la grâce et par la volonté des poëtes. Elle a donné le signal éloquent, passionné du nouvel art dramatique. Encore aujourd'hui elle est un charme, un enchantement, un mystère! Heureuses à jamais, heureuses entre toutes les femmes, ces beautés choisies que protége un grand poëte, un grand peintre, un grand artiste; elles sont désormais immortelles, et leur nom glorifié s'en va, d'un siècle à l'autre, entouré de louanges qui ne sauraient périr.

J. JANIN.

MADAME DE LONGUEVILLE.

La loi salique, inventée comme moyen de précaution contre l'influence des femmes, ne les a jamais empêchées de jouer un rôle dans notre histoire. Par l'esprit, par la grâce, par l'intrigue elles exercent une action constante sur les arts, sur les mœurs, sur la politique courante, quelquefois même elles résument une époque; c'est ainsi que les dernières années du règne de Louis XIV se personnifient dans madame de Maintenon. Le dix-septième siècle, surtout dans sa première moitié, a produit plusieurs femmes illustres à divers titres, à la tête desquelles se place la duchesse de Longueville. « Plutôt aventurière qu'héroïne, » a dit le cardinal de Retz, qui fut en position de la bien juger.

Fille de Henri de Bourbon prince de Condé, elle vient au monde en 1619 dans le donjon de Vincennes; elle naît prisonnière, étrange aventure pour une princesse du sang, et qui semblait la prédestiner au rôle qu'elle devait jouer plus tard. Toute jeune, on la cite déjà pour son esprit et sa beauté; elle trôna à l'hôtel Rambouillet, et les beaux esprits du temps composent des pièces de vers à sa louange où ils la comparent à un ange. Ce terme de comparaison a toujours été un peu vague, mais comme il revient sans cesse avec une persistance singulière, on l'explique en ce qui concerne madame de Longueville, par cette particularité qu'elle était très-blanche, avec des yeux bleus et de magnifiques cheveux blonds. C'est ainsi que les peintres ont toujours représenté les anges. Il est certain qu'elle avait un très-grand air et une inexprimable séduction qui tenait peut-être en partie à un instinct de coquetterie très-prononcé. Cet instinct dut la dominer beaucoup pour justifier ce mot du cardinal de Retz : « Elle eût eu peu de défauts si la galanterie ne lui en eût donné beaucoup. » Ce trait à la Saint-Simon est dur, l'histoire dit qu'il est juste.

Pour de l'esprit, elle en eut autant que de beauté : j'entends l'esprit de conversation; et il en fallait pour être remarquée dans ce siècle qui fut celui de la causerie par excellence, au milieu d'une cour qui poussa à l'extrême les élégances de la vie aristocratique et les raffinements du beau langage. Sur ce point, du reste, madame de Longueville tenait de son frère le prince de Condé, qui était homme d'esprit autant qu'homme de guerre; mais si elle parlait avec beaucoup de charme, elle n'écrivait pas de même; le plus enthousiaste de ses apologistes est forcé d'en convenir, il plaida pour sa vertu, mais il passe condamnation sur son style qu'il trouve assez mauvais. Les femmes qui savaient écrire ne sont pourtant pas rares dans ce temps, sans parler même de l'incomparable madame de Sévigné.

Geneviève de Bourbon avait vingt-trois ans lorsqu'on la maria au duc de Longueville qui avait deux fois son âge. C'était, paraît-il, un personnage assez maussade, affublé déjà d'une vieille passion qu'il ne crut pas devoir sacrifier aux beaux yeux de sa jeune femme. Le bonhomme, envoyé comme plénipotentiaire à Munster, emmena avec lui la duchesse, qui tint une cour brillante et excita l'admiration des Allemands. La duchesse avait emporté Paris à la semelle de ses mules; elle avait besoin de distraction et peut-être aussi de vengeance. Entourée d'hommages depuis son enfance elle devait cruellement ressentir l'offense de ce Céladon suranné qui la négligeait pour une Philis vulgaire.

On la voit dès lors aux prises avec les galants les plus raffinés de la cour; le premier que l'on cita fut le comte Maurice de Coligny, fils du maréchal de Châtillon : celui-là mourut pour elle, tué en duel par le duc de Guise. Ce jeune Coligny qui passa comme une ombre, effleurant à peine le cœur de la duchesse, intéressa bien plus que cet égoïste et froid prince de Marcillac qui exerça une si grande influence sur la vie de madame de Longueville.

Le prince de Marcillac, duc de la Rochefoucauld et auteur de ce fameux livre des *Maximes* qui est le code de l'égoïsme, crut devoir formuler sa passion pour la duchesse dans ce distique si connu :

> Pour captiver son cœur, pour plaire à ses beaux yeux,
> J'ai fait la guerre aux rois, je l'aurais faite aux dieux!

Nous préférons la prose de la Rochefoucauld à ses vers, quoiqu'ils soient du dernier galant; d'ailleurs s'ils ont la rime, ils n'ont pas la raison, ou du moins la vérité. Ils tendent à faire croire que Marcillac se jeta dans la Fronde pour plaire à la duchesse, tandis que ce fut elle, au contraire, qui, subjuguée par Marcillac, le suivit parmi les frondeurs, malgré les efforts du prince de Condé qui aimait passionnément sa sœur et se laissa, lui aussi, entraîner par elle.

Il est certain que la duchesse n'avait personnellement rien à gagner à la Fronde, et c'est à elle-même avec beaucoup plus de vérité qu'auraient pu s'appliquer les vers de son amant. Celui-ci, au contraire, bien qu'il ne méprisât pas sans doute le cœur et les beaux yeux de madame de Longueville, visait à d'autres conquêtes plus sérieuses pour un esprit positif comme le sien.

Madame de Longueville entra donc dans la Fronde par amour pour la Rochefoucauld et aussi par un fond d'humeur hasardeuse que rien n'étonnait. Avec sa naissance, son esprit et son initiative, elle ne pouvait y jouer un rôle médiocre. En 1649, pendant que Paris était assiégé par les troupes royales, elle s'installa à l'Hôtel de ville avec la duchesse de Bouillon. Elle y fit même ses couches. Le prévôt des marchands, assisté des échevins, tint sur les fonts l'enfant, qui reçut le nom de Charles-Paris. La chambre de la duchesse était le quartier général des frondeurs. C'était là que se réunissaient les fortes têtes du parti; on y discutait les questions de politique et le plan d'opérations militaires. C'est de là qu'après avoir décrété la victoire, on lançait contre l'armée royale des troupes qui presque toujours revenaient battues, au milieu des rires et des huées de la population. Jamais on ne fit la guerre civile plus gaiement. Les jeunes seigneurs et les belles dames, en galant équipage, affluaient aussi dans cette chambre de la duchesse; on y dansait, on y faisait des vers, on s'y occupait de galanterie autant que d'autre chose. C'était à la fois une cour politique et une cour d'amour.

Ce n'est pas ici le lieu de s'appesantir sur ce mouvement de la Fronde, produit singulier de deux courants contraires : l'esprit féodal qui poussait la noblesse à reconquérir son ancienne importance, et l'esprit bourgeois excité déjà par de vagues aspirations de liberté.

Le peuple n'était là que comme appoint ; la véritable lutte était engagée entre la monarchie et l'aristocratie qui savait très-bien ce qu'elle voulait. Le temps était propice aux aventures dont le goût régnait encore dans les mœurs. Les guerres civiles du siècle précédent avaient développé outre mesure l'esprit d'audace particulier à la race française. On s'en ressentait encore ; on aimait les hasards de la guerre et de l'amour, les aventures extraordinaires, les duels, les enlèvements, le bizarre, le merveilleux. C'était comme un dernier souffle de la chevalerie féodale qui passait sur la noblesse au moment où la monarchie absolue de Louis XIV allait la plier à l'ordre et à la règle.

La paix fut signée au mois de mars 1649. La cour revint à Paris ; le prince de Condé, qui avait commandé l'armée royale lors du siége, prit des airs de maître qui irritaient la régente. A l'égard du cardinal-ministre il se permettait des plaisanteries un peu risquées même pour un prince du sang ; il le bafouait publiquement et en face ; il alla même jusqu'à lui écrire un billet avec cette inscription : *All' illustrissimo signor Faquino*. Mazarin attendit que Condé eût mécontenté tout le monde ; alors il le fit arrêter avec son frère le prince de Conti, et son beau-frère le duc de Longueville. Cette arrestation eut lieu en plein Louvre ; le cardinal si durement humilié n'était pas fâché de pouvoir étaler sa vengeance. La population parisienne célébra cet événement par des feux de joie.

Les princes furent conduits à Vincennes. C'est là qu'était née la duchesse de Longueville ; mais elle n'était pas curieuse de revoir ce donjon qui avait été son berceau : elle aima mieux s'enfuir en Normandie pour y jouer le rôle d'héroïne errante. Les aventures ne lui manquèrent pas. Son plan était de passer en Angleterre. En voulant s'embarquer, elle tombe à la mer et manque de se noyer ; on la repêche à grand'peine. Mais le roman ne s'arrête pas là. Elle est obligée de prendre un déguisement et d'errer quelque temps sur la côte. Enfin elle réussit à gagner un capitaine anglais qui la conduit du Havre à Rotterdam.

De Rotterdam, la duchesse se rendit à Stenay, où était Turenne. Elle rentra alors dans le roman politique, et publia un manifeste contre la cour de Mazarin qui retenait les princes en prison. Par ses soins, Turenne se mêla aux soulèvements qui éclatèrent dans plusieurs provinces, et se fit battre en Champagne par Duplessis-Praslin. Le plus grand malheur de Turenne en cette occasion, ce ne fut

MADAME DE LONGUEVILLE.

pas d'être battu, mais de commander une armée espagnole. Enfin les deux frondes ayant uni leurs efforts, Anne d'Autriche se vit dans la nécessité d'ouvrir aux princes les portes de Vincennes et d'exiler Mazarin à Cologne.

Madame de Longueville se hâta d'accourir à Paris pour y jouir de son triomphe. Cette fois on lui fit bon accueil, du moins en apparence, comme autrefois elle reçut chez elle les grands seigneurs et les beaux esprits. La société littéraire du temps était alors divisée par la grande querelle de deux sonnets, de *Job* et d'*Uranie*, qui ne méritaient vraiment pas tant d'honneur. Lequel des deux sonnets l'emportait sur l'autre? Quel était le plus grand homme de Voiture ou de Benserade? Les esprits s'échauffaient sur cette double question.

La manie des réhabilitations et des curiosités historiques a beaucoup exagéré l'importance de ces bureaux d'esprit du dix-septième siècle, où trônaient les femmes les plus distinguées du temps. Ils n'ont rendu à la littérature d'autre service que de mettre les travaux intellectuels en honneur dans les hautes classes de la société, ce qui est bien quelque chose; mais en même temps ils créaient des coteries, des modes littéraires, et ce n'est pas toujours par le bon goût qu'ils se distinguaient. Le pédantisme et la sottise précieuse trouvaient là de fervents admirateurs; on y était engoué de Cottin et de Pradon, c'est tout dire. « Racine et le café passeront, » écrivait madame de Sévigné elle-même, cette femme d'un esprit si fin et d'ordinaire si juste. Molière, dans deux comédies immortelles, a montré l'impuissance et le ridicule des bureaux d'esprit et a pris sur eux la revanche du bon sens et du goût.

Bien qu'elle ne se mêlât plus aussi activement de politique, de nouveaux troubles décidèrent madame de Longueville à s'éloigner encore une fois de Paris. Quoique jeune et dans tout l'éclat de sa beauté, elle avait éprouvé déjà les déceptions et les amertumes de la vie. Son roman avec la Rochefoucauld en était arrivé à son dernier chapitre. Pour bien comprendre ce dénoûment d'une liaison qui semblait devoir résister à l'action du temps, il faut se rappeler ce penchant immodéré à la galanterie qui, au dire du cardinal de Retz, lui donnait tant de défauts. La chronique scandaleuse de l'époque rapporte que pendant un voyage en Guyenne qu'elle fit lors du dernier soulèvement qui amena la mise en liberté des princes, elle parut sensible aux soins du duc de Nemours, un peu plus que la Rochefoucauld ne l'aurait voulu. Les apologistes de la princesse, après mûr examen de l'affaire, croient pouvoir assurer que les choses se passèrent en tout bien tout honneur, et que les coquetteries de l'héroïne n'eurent d'autre but que d'exciter la jalousie d'une grande dame contre laquelle on avait des représailles à exercer.

Ce que l'on sait de positif, c'est que la Rochefoucauld prit les choses du mauvais côté, se crut trompé, et par orgueil ou par chagrin de cette trahison, rompit avec la princesse. Eut-il tort ou raison? On l'ignore, *adhuc sub judice lis est;* mais il eut, en tout cas, le tort d'oublier le dévoucment passionné dont on lui avait donné des preuves si sincères, et dans le feu de son dépit d'outrager indignement la femme qui l'avait aimé.

L'amertume que la duchesse dut ressentir de cet abandon fut peut-être une des causes du dégoût qu'elle montra bientôt pour le monde. Elle suivit la pente des pécheresses titrées du temps, qui des splendeurs de la cour tombaient tout à coup dans l'ombre du cloître. Toute jeune, elle avait pris en affection les Carmélites de la rue Saint-Jacques, fondation de la maison de Condé, et même elle avait eu un moment la fantaisie de s'y enterrer avant son mariage. Lasse de tout, elle revint frapper à la porte de cette maison d'ailleurs très-aristocratique dans son genre et fort à la mode.

Mademoiselle de la Vallière, elle aussi, se retira plus tard aux Carmélites, non de la rue Saint-Jacques, mais de Chaillot, et s'y soumit aux plus dures austérités. On a voulu établir entre les deux illustres pénitentes un rapprochement que rien pourtant ne justifie. Mademoiselle de la Vallière demanda aux rigueurs du cloître l'oubli d'un amour désespéré dont elle ressentait encore les cruels déchirements au moment de sa fuite; elle les appelait comme une expiation de sa faute; elle était partagée entre les angoisses de la passion et les terreurs de l'enfer. Madame de Longueville n'apportait au fond du cœur que l'ennui et la fatigue, elle ne venait rien expier; elle n'était point déchirée, mais dégoûtée des vanités de la vie. La première devait venir au couvent pour y pleurer et se frapper la poitrine, l'autre venait seulement y bâiller.

Elle ne porta point le cilice et ne prit point le voile; ce fut simplement une retraite, une certaine façon décente et acceptée pour les femmes de rompre avec la société mondaine, comme un homme de se retirer dans ses terres. Cela s'appelait alors une conversion. Madame de Longueville vécut tantôt chez les Carmélites de la rue Saint-Jacques, tantôt à Port Royal des Champs, où elle ne restait pas indifférente aux disputes théologiques. Elle devint alors l'amie des jansénistes. Les savants docteurs de la secte, Arnauld, Nicole, Sacy, s'assemblaient chez elle. Cet esprit toujours actif ne pouvait se passer d'aliment.

Le temps était loin où elle se passionnait pour le fameux sonnet de Voiture. Les discussions littéraires et politiques lui étaient devenues assez indifférentes; on voit pourtant persister chez madame de Longueville le vieil esprit frondeur, mais il ne s'exerce plus que sur des questions religieuses. Le jansénisme se plaisait à la cour, et c'est vers le jansénisme que se portent ses sympathies; à ce trait on reconnaît tout de suite la femme qui avait lutté contre Mazarin et Anne d'Autriche, et aussi contre *Job* et Benscrade. Au fond c'était une âme fière, plus facile à séduire qu'à faire plier, et à ce titre remarquable au milieu d'un monde de courtisans qui vivaient à genoux.

Quelques années avant sa mort, elle eut la douleur de perdre son fils, tué au passage du Rhin, et elle mourut elle-même au mois d'avril 1679, à l'âge de cinquante-neuf ans. Pour résumer en quelques mots ce qu'il faut penser de la duchesse de Longueville, disons qu'elle offre le type le plus parfait de la grande dame de son temps, et qu'elle représente avec éclat un des côtés de cette société où l'élément féminin prit tant d'importance. Curieuse de toutes les élégances de l'esprit et menant de front les plaisirs et les affaires, elle ne borne pas son action à de petites intrigues du cœur et poursuit avec une énergie virile de sérieuses entreprises. A première vue cependant, on la prendrait pour une tête légère, et cela tient à ce qu'elle sut mettre en toutes choses la grâce et le charme de son sexe; mais en l'étudiant de plus près, on retrouve au fond de son caractère la suite dans les idées, la persévérance obstinée, la volonté inflexible, en un mot les solides qualités d'une forte race. Elle datait en effet, par sa naissance, d'une époque où le despotisme royal n'avait pas encore asservi et énervé les âmes. Cela dit, restons dans une sage mesure et n'exagérons rien. Ne plaçons pas madame de Longueville sur un piédestal, et pour rester dans le vrai, sachons reconnaître que c'est surtout à certain épisode romanesque de sa vie qu'elle doit d'avoir laissé une trace dans l'histoire.

CLÉMENT CARAGUEL.

MARIE TUDOR.

Parmi les figures léguées au souvenir des hommes par ce grand seizième siècle qui a laissé une si forte empreinte dans l'histoire, il faut réserver une place à part pour la fille de Henri VIII, Marie la Sanglante, *the Bloody Mary*, comme l'appellent encore aujourd'hui les Anglais.

Ce n'est pas que Marie Tudor ait joué un grand rôle politique, ni qu'elle ait fixé l'attention par de grands talents. Comparée aux femmes célèbres de son temps, on la trouve de tous points bien inférieure. Elle n'a par exemple ni le génie d'intrigue de Catherine de Médicis, ni la beauté, la grâce et l'esprit de Marie Stuart. Placée dans le milieu ordinaire de la vie, rien sur elle n'eût attiré les regards; mais reine d'Angleterre, élevée au faîte des grandeurs humaines, elle rayonne comme un météore sinistre enveloppé d'une vapeur de sang.

Fille de Henri VIII et de Catherine d'Aragon, Marie Tudor naquit le 19 février 1515 au château de Greenwich. Les premières années de cette jeune fille, qui devait plus tard couvrir l'Angleterre de sang et de deuil, n'offrent que des images riantes : c'est comme une aurore radieuse. A peine âgée de trois ans, elle est fiancée au dauphin de France qui devait être plus tard François II; successivement il est question de la marier au duc d'Orléans, à François Ier et à Charles-Quint. On dirait une de ces princesses des contes de fées dont les plus grands princes du monde se disputent la main. Sa mère songe à lui donner une éducation forte, comme c'était l'usage au seizième siècle pour les femmes de haut rang; elle s'adresse d'abord au savant docteur Linacre, qui compose une grammaire tout exprès pour sa jeune élève. Linacre étant mort, Catherine fait venir de Bruges un autre docteur, Louis Vivès, surnommé par ses contemporains le nouveau Quintilien. La jeune princesse montre, au dire de ses professeurs, une grande aptitude et devient bientôt capable de s'entretenir avec eux en latin et en grec. Cette instruction solide développe en elle des qualités énergiques et viriles; elle garde néanmoins de la femme le goût des plaisirs, du luxe, des fêtes et des magnifiques ajustements.

Ici se place une question qui paraît difficile à résoudre et qui n'est pourtant pas sans importance dans la biographie d'une femme. Marie joignait-elle aux dons de l'intelligence les charmes de la figure? Sur ce point les avis sont partagés. Plusieurs historiens, sous l'impression peut-être d'une horreur inspirée par les cruautés de son règne, en font un monstre au physique comme au moral; il y a là une exagération manifeste, car des contemporains qui la virent souvent de près en parlent tout autrement. L'ambassadeur vénitien Michele la représente comme petite, maigre et délicate, mais point mal faite, au demeurant agréable dans sa jeunesse et même jolie.... Il reste donc pour asseoir un jugement les portraits du temps, et ils sont nombreux; plusieurs ont été peints par Holbein et Antonio Moro : malheureusement ils ne se ressemblent pas entre eux; — c'est au point que, dit un historien, « il est difficile d'y reconnaître la même personne. »

Nous avons sous les yeux un portrait gravé d'après Moro; le visage qu'il représente n'a rien de désagréable, ni d'attrayant non plus. C'est un peu sec de lignes; mais cette sécheresse tient-elle à la manière du peintre? Je crois que le modèle y est pour quelque chose. Dans l'ensemble on sent la vieille fille ascétique plutôt que la femme; le front très-élevé et renflé des deux côtés annonce un invincible entêtement; le bas du visage maigre et pointu fait un contraste un peu choquant avec la largeur du front; la bouche est pincée et relevée aux extrémités; les yeux sont durs et fixes. En somme rien de vulgaire; ce qui manque à cette figure, c'est l'épanouissement de l'âme, le reflet de la beauté intérieure.

Mais rentrons dans l'histoire. Marie touche à sa dix-huitième année : les temps heureux de sa vie sont passés sans retour, l'horizon s'assombrit autour d'elle, les plus tristes réalités l'assiégent. Le divorce de Henri VIII et de Catherine d'Aragon est prononcé. Ce fut un coup terrible pour la jeune princesse; elle n'a pas même la consolation de rester auprès de sa mère qu'elle adorait. Elle est obligée de vivre à la cour et d'assister au triomphe d'Anne de Boleyn. Mais ce n'est pas tout, cette révolution de sérail a pour conséquence une révolution religieuse. Henri VIII, en querelle avec Rome au sujet de son divorce, se sépare violemment de la communion romaine et entraîne tout le royaume dans cette séparation. Pour que ce schisme s'accomplît si facilement, il devait être préparé d'avance dans les esprits; l'Angleterre, comme le reste de l'Europe, était mûre pour la réforme, et la preuve en est dans l'impuissance des efforts que Marie fit plus tard pour rétablir l'orthodoxie. On n'en est pas moins étonné de ce coup de foudre. Esprit médiocre et sans portée, mû seulement par un brutal instinct de vengeance, Henri VIII était bien loin de deviner l'influence que ce coup de tête devait avoir sur les destinées de l'Angleterre. L'œuvre dépassait de beaucoup l'intelligence de l'ouvrier; il fut la force aveugle qui imprime à un moment donné une impulsion irrésistible.

A partir de ce jour, Marie, tombée elle-même en disgrâce, se sent cruellement blessée au cœur; elle voit sa mère mourir deux ans après le divorce; elle assiste frémissante à la proscription du culte catholique; les amis et les serviteurs les plus dévoués de Catherine d'Aragon sont emprisonnés ou mis à mort pendant que les conseillers du divorce et les partisans du schisme parviennent aux plus hauts emplois et jouissent de la faveur royale. Que se passe-t-il dans cette jeune âme pendant qu'éperdue de terreur et de haine, concentrée dans la douleur, entourée d'ennemis et de pièges de toute sorte, elle réfléchit en silence, au bruit des échafauds qui se dressent, aveuglée par la flamme sinistre des bûchers? Les hommes les plus remarquables de l'Angleterre portent leur tête sous la hache : c'était hier Fisher, l'évêque de Rochester; c'est aujourd'hui l'ancien chancelier Thomas Morus, un des amis les plus fidèles de Catherine. Chaque jour a sa pluie de sang. Marie s'habitue ainsi à confondre la cause de la religion avec celle de sa mère; ces deux causes s'identifient dans son esprit, elles ont les mêmes ennemis que Marie poursuivra un jour de la même vengeance.

Quand ce jour sera venu, nous retrouverons dans la reine d'Angleterre le sceau fortement marqué de sa double origine. Catherine d'Aragon lui a légué le sombre fanatisme espagnol; de son père Henri VIII elle a gardé la violence, l'orgueil tyrannique, et, plus au fond encore, cette ténacité froide et invincible qui est un des traits caractéristiques de la race anglo-saxonne, et qui se personnifie de nos jours dans Wellington à Waterloo.

Marie apparaît enfin! ce règne funeste, qui devait rassembler tant d'horreurs dans le court espace de cinq années, commence le 3 août 1553. Ce jour-là, la nouvelle reine fait pompeusement son entrée à Londres, et son premier soin est de courir en personne à la tour pour faire élargir les prisonniers pour cause de religion. Il est évident que Marie arrivait avec le dessein bien arrêté de rétablir l'orthodoxie romaine dans ses États, ses premiers actes politiques en fournissent la preuve; mais elle devait rencontrer une résistance insurmontable dans la nation habituée et attachée désormais à la réforme, et surtout dans la noblesse enrichie des biens confisqués sur l'Église et qui ne voulait pas d'une nouvelle révolution religieuse qui l'aurait forcée à une restitution.

Tels étaient les projets de la reine, la femme avait aussi ses rêves. Celle dont plusieurs princes s'étaient disputé la main, pendant les premières années de son enfance, avait vécu jusqu'alors, malgré ces brillantes promesses d'avenir, dans les ennuis du célibat. Libre enfin dans sa puissance souveraine, elle conçoit une grande passion pour le jeune lord Courtenay; mais elle-même n'était plus jeune, elle avait alors trente-huit ans. Cette passion n'était un mystère pour personne; la mère de lord Courtenay ne quittait pas l'appartement de la reine, elle partageait même quelquefois son lit, selon la mode du temps. Toute la cour savait que Marie était affolée de ce jeune seigneur un peu fat, très-débauché, naturellement très-fier de sa conquête et tout disposé à devenir le mari de la reine d'Angleterre, jouant auprès d'elle son rôle de galant et s'en allant au sortir du palais courtiser les Cidalises de Londres. Marie connut la dernière le ridicule dont cette passion la couvrait, elle coupa court aux espérances ambitieuses de lord Courtenay. Mais on n'échappe pas à sa destinée; celle de Marie était de savourer jusqu'au bout la mortelle amertume de l'amour dédaigné et de souffrir toutes les angoisses de l'abandon.

Elle se tourna alors vers le prince d'Espagne, celui-là même qui devait être plus tard Philippe II. Pressée d'oublier son jeune lord, elle s'enflamme pour le fils de Charles-Quint, sur un simple portrait, avec une ardeur de vieille fille qui a sa revanche à prendre d'une illusion perdue. Cette nouvelle fantaisie de la reine provoque un mécontentement général; l'Angleterre s'en montre justement inquiète; la Chambre des communes vote une adresse pour supplier Marie d'épouser un gentilhomme anglais, au lieu d'un prince étranger dont le nom seul était une menace

MARIE TUDOR

pour les libertés nationales. Marie répond avec hauteur qu'elle n'a de conseil à prendre que d'elle-même, et qu'elle sait mieux que personne ce qui convient au bien de ses sujets.

Il est facile de démêler les motifs politiques qui poussaient la reine en cette circonstance. Fermement décidée à ramener l'Angleterre dans le giron de l'orthodoxie romaine, elle sentait bien que réduite à ses seules forces, ses efforts resteraient impuissants. Il lui fallait le concours et l'appui d'un mari, mais ce mari elle ne pouvait le trouver dans l'aristocratie du royaume. Un Anglais de naissance n'aurait osé assumer la responsabilité d'une lutte ouverte contre le sentiment national si fortement prononcé déjà en faveur de la réforme. Le prince d'Espagne était au contraire le collaborateur qu'il lui fallait pour cette œuvre violente. Il appartenait à une race d'inquisiteurs et de persécuteurs, et tout jeune encore il avait déjà donné des gages d'un fanatisme sanguinaire. Ce caractère sombre et implacable en faisait un allié précieux pour le projet de la reine; ces mains déjà teintes de sang étaient bien celles qui devaient l'aider à extirper l'hérésie par le fer et le feu. La femme, de son côté, se sentait attirée vers ce jeune homme dévot par une communauté de sympathies et de haines, par la passion religieuse et aussi par une sorte de nostalgie de race. L'Angleterre se résumait pour elle dans un peuple hérétique, un Parlement séditieux, un jeune lord débauché, ingrat et perfide : autant d'objets d'horreur.

De ce moment s'engage entre Marie et l'Angleterre une lutte qui durera jusqu'à sa mort : lutte sourde d'abord, mais qui tourne bientôt en révolte ouverte. Après plusieurs soulèvements de peu d'importance, éclate la grande insurrection de Thomas Wyat, qui met sérieusement en danger le pouvoir royal. Jusque-là Marie avait paru hésiter à mettre le pied dans la voie des exécutions sanglantes; mais à partir de cet instant le vertige la prend; elle livre au bourreau deux cents prisonniers en quelques jours et saisit l'occasion de faire exécuter la sentence de mort prononcée depuis plusieurs mois contre Jeanne Gray. Le prétexte fut la complicité de son père le duc de Suffolk dans la rébellion de Thomas Wyat; mais comment Jeanne Gray, prisonnière à la tour, aurait-elle pu se mêler au complot?

Marie est désormais vouée à l'horreur; un noir esprit de persécution et de vengeance la possède. Les prisons se remplissent, les potences et les échafauds se dressent, et c'est au milieu de cette agitation sanglante que le Parlement débat les clauses du mariage de la reine. Philippe débarque enfin en Angleterre; son mariage avec Marie est célébré à Westminster, et les deux époux font leur entrée à Londres entourés de toutes les pompes officielles; mais le peuple reste froid et mécontent.

La résistance que Marie rencontre partout autour d'elle l'exaspère; son intérieur est plein de tristesse et d'ennui. Ce jeune mari si impatiemment attendu répond froidement aux ardeurs quadragénaires de la reine; il voit qu'il ne prendra jamais racine en Angleterre. Marie, de son côté, par amour et par politique, s'attache à lui plus fortement chaque jour. Il y a deux rêves qu'elle poursuit avec une égale ténacité : rétablir le catholicisme et faire couronner Philippe roi d'Angleterre. Élevé au trône, peut-être l'aimera-t-il, au moins par reconnaissance; en tout cas, il ne songera plus à s'éloigner de la reine; mais les répugnances nationales sont invincibles, Marie parvient à grand'peine à faire décerner au prince le titre de régent. Pour ce qui est de réconcilier le royaume avec la cour de Rome, elle y parvient officiellement du moins; la réconciliation a lieu solennellement au Parlement, en séance royale; le saint-siége était représenté en cette circonstance par le cardinal Pole.

Alors commence, à proprement parler, la terreur religieuse; les persécutions avaient eu jusque-là un caractère avant tout politique. Le schisme ayant perdu son existence officielle, il ne s'agit plus que de l'extirper du sein de la nation par le fer et le feu. Les violences succèdent aux violences, et la plume se refuse à retracer les horreurs qui affligent l'humanité; ce ne sont plus seulement les vivants que l'on envoie au bûcher ou à la potence, ce sont encore les morts que l'on déterre pour exercer sur leurs cadavres d'atroces vengeances. Il semble que Marie ait voulu, comme plus tard Louis XIV, faire un pacte avec le ciel, et acheter sa faveur par l'extermination des hérétiques.

Mais c'est en vain que les plus nobles victimes périssent dans les supplices : le ciel reste inexorable, et Marie est toujours la plus malheureuse des femmes. Les tourments de son âme se trahissent par une étrange illusion; elle se croit sur le point de donner un héritier à la couronne d'Angleterre, sa grossesse est même annoncée et provoque des réjouissances publiques. Était-ce réellement une illusion, ou bien une comédie calculée pour retenir Philippe impatient de quitter un pays abhorré et une femme qui l'obsédait de ses tendresses? En tout cas, il ne lui revint de cette aventure qu'un ridicule de plus. Philippe partit sous un prétexte, voyant bien que ses espérances ambitieuses étaient déçues, et qu'il ne tirerait jamais rien de l'Angleterre; il partit, chargé, lui et son entourage, des dons de la reine de plus en plus affolée et convaincue qu'il allait revenir au bout d'une quinzaine. Elle l'attend à Douvres pendant ces quinze jours; puis se voyant jouée, elle reprend la route de Londres, la mort dans le cœur.

Marie ne devait plus revoir ce mari fugitif qui la leurre encore quelque temps de l'espoir de son retour. Elle ne se lasse pas d'offrir de nouveaux sacrifices humains au ciel toujours inflexible. Tout l'accable dans les derniers temps de son règne. La réforme s'étend en Angleterre malgré les plus cruelles persécutions; les événements politiques à l'extérieur se présentent sous les couleurs les plus sombres : Marie est en querelle avec le pape et en guerre avec la France qui reprend Calais; ce fut son coup de grâce; elle survécut peu de temps à cet échec.

Elle fut inhumée à Westminster; mais sur sa tombe on ne voit ni une statue ni une simple inscription, rien qui rappelle le nom et le souvenir d'une femme qui fut le fléau de son pays et qui fut elle-même si misérable, comme fille et comme épouse, on peut presque dire comme mère, car par une cruelle ironie du sort elle n'eut que l'illusion de la maternité.

Certes, à ne rappeler que Richard III et Henri VIII, on peut dire que l'Angleterre est de tous les pays celui qui a connu les plus exécrables tyrannies; aussi l'on se demande la cause de cette réprobation exceptionnelle dont elle a poursuivi la mémoire de Marie, au point de refuser un nom à sa tombe, comme si elle la rayait ainsi de l'histoire. Est-ce que la cruauté lui a paru plus particulièrement odieuse chez une femme, ou que son instinct politique se révolte à l'idée du péril qu'a couru cette réforme religieuse nécessaire peut-être au développement du génie anglo-saxon? Quoi qu'il en soit, il faut que la tyrannie de la fille de Henri VIII ait blessé bien profondément le sentiment national, pour qu'après trois siècles l'Angleterre n'ait pas encore pardonné.

CLÉMENT CARAGUEL.

MADAME DE THIANGES.

L'aimable et galante figure, madame de Thianges! Elle réunit tous les contrastes. Elle est précieuse, évaporée, ingénue et coquette, bonne et méchante, dissipée et dévote, impérieuse et familière; son rire est doux, son sérieux charmant; tous ces contrastes se heurtent et s'unissent dans l'étrange caractère de cette belle femme d'esprit qui ne voulut être ni une épouse, ni une mère, et qui, dans sa jeunesse comme en son déclin, resta, selon l'expression même de Saint-Simon, une des *Reines de Paris*.

C'est pourquoi elle est si difficile à peindre, cette reine par la grâce de l'esprit et de la beauté. On ne sait à qui se fier pour avoir, de sa personne, une image vivante et sincère. Écoutez madame de Caylus; ses souvenirs se brouillent, ses impressions se contredisent, dès qu'elle prononce le nom glorieux de la digne sœur de madame de Montespan et de madame l'abbesse de Fontevrault. Sur madame de Montespan, elle se donne librement carrière, et sans crainte d'erreur; sur madame de Fontevrault, elle est d'une clarté parfaite; à peine est-elle en la présence de madame de Thianges, elle hésite, elle se reprend, elle dit naïvement *oui* et *non*, comme si elle était décidée, en fin de compte, à tout embrasser sans rien concilier. Interrogez M. le duc de Saint-Simon. Il la traite en reine, il est vrai; mais tantôt il la salue avec respect, tantôt il la désigne avec un certain abandon qui dénote assez peu d'estime. La grande Mademoiselle, qui la connut toute jeune, nous la montre, dans une même scène, heureuse et riante jusqu'au délire, mettant par ses folies les épées hors du fourreau, et pleurant ensuite à chaudes larmes dans un admirable accès de dévotion. Madame de Sévigné, le grand juge, aux arrêts sans appels, qui semble si bien connaître madame de Montespan, ne fait guère que chuchoter sur madame de Thianges. L'abbé Testu, ayant à caractériser les trois sœurs, se tire de peine par un jeu de mots : « Madame de Montespan, dit-il, parle comme une personne qui lit, madame de Fontevrault comme une personne qui parle, madame de Thianges comme une personne qui rêve. »

Une personne qui rêve? Ah! monsieur l'abbé, c'est vous qui rêvez sûrement. Une personne qui rêve, c'est madame de la Fayette, dont madame de Sévigné a pu écrire : « Elle est dans sa petite maison, auprès de Meudon, elle y passera quinze jours, pour être comme suspendue entre ciel et terre; elle ne veut pas penser, ni parler, ni répondre, ni écouter; elle est fatiguée de dire bonjour et bonsoir; elle a tous les jours la fièvre, et le repos la guérit. » Si madame de Thianges avait l'air de rêver en parlant, c'était une grâce d'attitude ou une suprême impertinence. Je la vois lever les yeux, baisser les épaules, renverser la tête, elle parle ainsi aux gens, d'une façon distraite, laissant à penser que ses moindres mots sont comme une manne qui tombe des cieux.

Dans le *Dictionnaire des Précieuses*, la marquise de Thianges est désignée sous le nom de Tisimène, fille de Métrobarzane. Elle était âgée de trente ans alors, et voici tout ce qu'en savait le bon Somaize : « C'est encore aujourd'hui une des plus agréables femmes de la cour; mais puisqu'elle est fille de Métrobarzane, il ne faut pas s'en étonner : car c'est un homme fort galant et qui fait fort bien les vers; aussi Tisimène a-t-elle conservé cette inclination pour les lettres et l'estime pour tous ceux qui s'en mêlent, qu'elle les voit d'assez bon œil, pourvu qu'ils aient quelque enjouement : car les choses trop mélancoliques lui déplaisent. A présent elle n'a point d'alcôviste particulier, et conserve une grande égalité pour tous ceux qui la voient. »

Cette aimable échappée de l'hôtel de Rambouillet était en avance d'une vingtaine d'années sur le siècle. Elle appartenait, par son abandon et son peu de souci des choses régulières, non pas au Versailles de 1650, mais au Palais-Royal de 1720; elle était une grâce, un esprit, une beauté de la Régence. Elle était nonchalante et gourmande; elle eût inventé les petits soupers, si le roi l'eût laissée faire. C'est elle qui, la première, a dit qu'on ne vieillit point à table, et, sans le vouloir, elle a fait un proverbe, adopté de tous les épicuriens. Que vous dirai-je? elle avait *l'esprit des Mortemart*, mais elle l'avait tourné en mépris du *qu'en-dira-t-on*. Elle n'avait peur de personne, elle se souciait fort peu de la bonne opinion du roi lui-même; elle préférait les plaisirs de la ville à toutes les splendeurs de la cour. Ainsi bien et peu disposée au mariage, elle rencontra pour l'épouser, justement parce qu'elle ne le cherchait guère, un bon gentilhomme de Bourgogne, Claude-Léandre de Damas, marquis de Thianges, cousin de Bussy-Rabutin. Le mariage fut conclu le mercredi 2 juin 1655.

Madame de Thianges, emmenée une première fois en Bourgogne pour des raisons d'économie, refusait de suivre une seconde fois son mari dans ses terres. Un vieux château, des vassaux misérables, une solitude immense, à peine un fragment de miroir où la dame se puisse rassurer sur l'état présent de sa beauté.... c'était pis que la mort, c'était l'oubli. Elle rencontra fort heureusement Mademoiselle, au moment où la fille de Gaston, exilée de Versailles, s'arrêtait en chemin pour rendre visite à la reine Christine. Madame de Thianges amusa la reine de Suède, qui lui donna hardiment le conseil de quitter son mari, et l'invita à faire à sa suite le voyage de Rome. La marquise profita du conseil en esquivant l'invitation. Après les plus belles révérences, elle tourna le dos à Rome, à la reine Christine, au saint-père, et suivit Mademoiselle à sa terre de Saint-Fargeau.

La résidence d'exil de Mademoiselle ne ressemblait guère au séjour de Versailles. Il se forma pourtant dans ce désert une petite cour, où madame de Thianges amusa tout le monde par son esprit et ses folies. « Elle menait la plus plaisante vie. Elle venait dîner déshabillée, et souvent échevelée; elle me disait : « Je ne me soucie pas que les personnes qui viennent voir Mademoiselle me voient « ainsi; les honnêtes gens attribueraient cette familiarité à la faveur, les sots « me prendraient pour une folle, dont je ne me soucie guère.... » D'autres fois, nouveau caprice : il fallait l'envoyer querir pour manger, et tout ce qu'il y avait de pages et de valets de pied dans le logis venaient après elle, et quelquefois trois ou quatre pages lui portaient la robe ; elle riait de tout cela. Elle aime extrêmement à veiller les soirs; après que j'étais couchée, elle me faisait veiller quelquefois deux heures à l'écouter; elle s'en allait dans sa chambre et se mettait à jouer à de petits jeux avec ses femmes, mes pages et mes valets de chambre, jusqu'à quatre ou cinq heures du matin; quelquefois elle faisait de petits repas et nous contait cela le matin comme les plus belles actions du monde. »

C'était un lutin et une fée. A la cour de François Ier, on l'eût comparée à la salamandre dansant impunément parmi les flammes. Moins romanesque assurément et moins sentimentale que les héroïnes de la Fronde, elle avait pourtant, de ces belles aventurières, le ton cavalier et hardi, la décision capricieuse, la main prompte, l'âme courageuse et presque masculine, en un joli corps tout féminin. Il y a, dans les *Mémoires de Mademoiselle*, une scène de mardi gras qui la représente à cette belle période de sa jeunesse. Au moment où tous les convives boivent à la santé de la princesse, d'un coup de son busc madame de Thianges casse le verre du chevalier de Béthune, et voilà le plus sobre des chevaliers baptisé de vin pur! M. de Béthune se fâche, et la dame de rire aux éclats; le chevalier s'emporte, la marquise monte aux nues, entre en fureur, et fond en larmes. M. de Béthune lui a manqué de respect : il lui faut le sang du chevalier. Déjà les épées sont en l'air; mais l'intervention de Mademoiselle apaise l'orage : Béthune s'humilie, il demande pardon ; et comme le lendemain était justement le jour des Cendres, la jeune marquise, dans un bel élan de dévotion, déclara le lendemain qu'elle sacrifiait son ressentiment à Dieu. Béthune, grâce à Mademoiselle, et surtout grâce à Dieu, obtint le pardon de sa fière ennemie. Or, c'étaient de grands événements en ce temps-là.

Dans la *Galerie de portraits*, par Mademoiselle, nous retrouvons, dans toute sa vérité, la vive, hautaine et mobile personne; elle aimait, comme la plupart des femmes du grand siècle, l'art de bien dire, du beau langage, et, naturellement, elle savait écrire; écoutez-la : « J'ai l'air, disait-elle, de ce que je suis née, c'est-à-dire, d'une demoiselle de très-grande qualité.... Je puis dire sans vanité que je suis princesse, et la quantité de souverains dont je suis descendue en fait foi, mais il vaut mieux laisser dire cela aux autres; je dirai seulement que les alliances de ma maison avec celles des ducs de Guienne, des comtes du Limousin et de Poitiers, me laissent assez croire que je suis venue de Rosanière, fille de Policandre, roi des Pictes; jugez après cela si j'ai bon air et si je l'ai haut; aussi m'en fait-on la guerre, et ce sont des guerres qui ne déplaisent pas.... Je suis aussi familière avec les petites gens que l'était cette princesse de qui j'ai l'honneur de descendre.

MADAME DE THIANGES.

L'on dit que j'ai les yeux beaux, doux, et l'on juge de mes regards, selon que l'on m'aime. J'ai les dents belles et la bouche aussi, le nez bien fait et le rire agréable, la gorge belle, les mains admirables, la mine mélancolique, quoique j'aie l'humeur fort gaie. L'on a même dit que j'étais plus emportée lorsque j'étais plus jeune que je ne suis; ce n'est pas que je ne le sois encore assez pour être belle, mais j'ai assez d'âge pour être sage.

« J'ai l'esprit agréable et divertissant, et l'on s'ennuie rarement où je suis. Je crois être assez plaisante.... Il n'y a chanson au monde que je ne sache, rien n'égale ma mémoire.... mais comme l'on sait que la mémoire et le jugement sont discordants, l'on en jugera comme l'on voudra.... Enfin, à tout prendre, je crois que j'ai beaucoup plus de bon que de mauvais, et l'on pourrait dire sur moi de certains vers de Voiture :

> Que qui ne verrait que mes vers
> Et ne connaîtrait mes revers,
> M'aimerait à tort à travers. »

Cette belle, ainsi faisant sa propre image, avait grand soin de se peindre.... en buste ! Elle se gardait bien de raconter tous ses voyages dans les pays du *Tendre*, et s'arrêtait volontiers, dans la narration, au village de *soupirs* et de *petits soins*. Elle fut aimée sans doute, étant des plus aimables, et quoi qu'elle en pût dire, incapable d'étrangler personne pour un galant madrigal. Mais aimée par qui ? C'est en vain que nous interrogeons les belles ruelles, au temps des Bassompierre et des Lauzun, à l'heure où les Beautru, les la Châtre et les Manicamp étaient rois de la place Royale ; à peine on rencontre un sonnet en l'honneur de madame de Thianges. Au temps des princesses, on l'a vu, elle n'avait point d'*alcôviste*. Au beau temps des galanteries royales, on ne lui connut point d'amant. Son mari pourtant ne la gênait guère. Retiré en Bourgogne, il était un étranger pour sa femme. Elle avait repris la livrée des Mortemart et pouvait se conduire comme si elle était veuve.... Une façon de Célimène, et Dieu sait que le pauvre Alceste n'eût guère été moins à plaindre avec celle-ci qu'avec celle-là !

Sans autres ressources que son esprit, madame de Thianges intéressait le roi, le captivait et lui tenait tête avec le sans-façon d'une égale et la familiarité d'une sœur. « Elle occupait à Versailles, nous raconte Saint-Simon, un magnifique logement de plain-pied et contigu à celui de Monseigneur, où les enfants du roi et de sa sœur, qui l'aimaient et la craignaient, la visitaient souvent, ainsi que tout ce qui était de plus distingué à la cour. Monsieur y allait souvent aussi, et il n'y avait point de ministre qui ne comptât avec elle. Assise dans son fauteuil princier, filant sa quenouille comme madame de Maintenon ou son aïeule Rosanière, elle recevait les visiteurs avec une aisance merveilleuse, et les entretenait de manière à les convaincre qu'elle avait plus d'esprit que madame de Montespan. Le soir, elle allait chez le roi, entrait dans ses cabinets, et y demeurait avec lui et sa famille depuis la fin du souper jusqu'au coucher. Là, elle tenait le dé et disputait souvent aigrement contre le roi qui aimait à l'agacer. Avec des choses fort plaisantes, elle était impérieuse et glorieuse au dernier point. Elle vantait toujours sa maison au roi, en effet grande et ancienne, et le roi, pour la piquer, la rabaissait toujours. Quelquefois de colère, elle lui disait des injures, et plus le roi en riait, plus sa furie augmentait. Un jour, étant là-dessus, le roi lui dit qu'avec toutes ses grandeurs, elle n'en avait aucune de celles de la maison de Montmorency, ni connétables, ni grands maîtres, etc. : « Cela est plaisant, répondit-elle, c'est que ces messieurs-là d'auprès « de Paris étaient trop heureux d'être à vous autres rois, tandis que nous, rois dans « nos provinces, nous avions aussi nos grands officiers, comme eux gentilshommes « autour de nous. » C'était la personne du monde qui demeurait le moins court, qui s'embarrassait le moins et qui très-souvent embarrassait le plus la compagnie. Aussi, quoiqu'elle chantât pouilles au roi, elle fut de toutes les parties et de tous les voyages tant qu'elle le voulut bien, et le roi l'en pria souvent, surtout depuis que sa santé l'eut rendu plus sédentaire. »

Très-agréable au maître, considérée et très-écoutée par les ministres, avait-elle un véritable ascendant sur sa sœur? — Tout porte à supposer que madame de Montespan l'employait à bien des choses délicates, et qu'elle s'entremettait d'elle-même en bien des occasions pour apaiser les ressentiments excités par l'altière favorite. « Parfaitement libre avec sa sœur cadette, elle condamnait souvent, nous dira madame de Caylus, les injustices et la dureté de madame de Montespan, et j'ai ouï dire à madame de Maintenon qu'elle avait trouvé en elle de la consolation dans leurs démêlés. »

Si nous en jugeons par de certains petits faits épars dans les mémoires et les correspondances, madame de Thianges, très-liée avec les personnages importants du monde littéraire, qui visitait madame de la Fayette et madame de Sablé, devait être le représentant des gens de lettres auprès de madame de Montespan et l'ambassadrice de madame de Montespan auprès des gens de lettres. Si Montausier et Bossuet étaient choisis pour l'éducation des princes, si madame de la Fayette recevait de Versailles une écritoire en bois de Sainte-Lucie, et si la charge d'historiographes était donnée en même temps à Boileau et à Racine, le mérite de ces faveurs revenait tout entier, j'en suis sûr, à l'initiative de madame de Thianges. Elle compte aussi dans la création de ce grand livre intitulé : *Mémoires de l'Académie des inscriptions et belles-lettres*, dédié par l'Académie à madame de Montespan.

Protégée par ce beau souvenir, nous ne lui reprocherons pas d'avoir intrigué, vers la fin du règne de madame de Montespan, pour remplacer sa sœur par sa propre fille, madame de Nevers, la plus belle personne de la cour. Madame de Thianges ne s'occupait guère de sa famille. Elle s'inquiétait assez peu de son fils, menin de Monseigneur et lieutenant général; en revanche elle se mirait et s'admirait dans sa fille aînée, madame de Nevers; elle avait oublié son autre fille, mariée en Italie au duc de Sforce. Il ne faut chercher en elle, nous le répétons, ni une épouse, ni une mère. Elle était bien de cette époque où M. de Grammont, dansant au ballet du roi, comme on venait le prévenir que son père était mort, tirait sa montre et répondait à haute voix : « M. le duc de Grammont est trop bien élevé pour mourir avant qu'il soit deux heures du matin. »

Sur la fin de ses jours, elle devint dévote, par l'influence de madame de Sablé et de M. de Tréville (Troisville), l'Arsène des *Caractères* de la Bruyère. Madame de Sévigné raconte qu'elle a vu madame de Thianges en pleine réforme : elle ne met plus de rouge, elle cache sa gorge, elle est tout à fait dans le bel air de la dévotion. L'abbesse de Fontevrault, dans une lettre, dit fort malignement à propos de la conversion de sa sœur : « .... J'ai vu M. de Tréville une fois ou deux pendant que j'étais à Paris. Je ne soupçonnais pas du tout alors qu'il pût être, à deux ans de là, le directeur de madame de Thianges. » C'est l'histoire universelle en ces temps où tout finissait par la règle et la bienséance.

HIPPOLYTE BABOU.

HENRIETTE D'ENTRAIGUES.

Henri IV, *le conquérant du sien*, tient une aussi grande place, ou peu s'en faut, dans les historiettes que dans l'histoire. Si monseigneur l'archevêque de Paris, Péréfixe, écrivait en son beau langage l'histoire et la biographie de Henri le Grand, mademoiselle de Guise écrivait à la même heure, et sous des pseudonymes transparents, l'*Histoire des amours du grand Alcandre*. Les amours du *grand*

Alcandre.... Henri le Grand tiennent une place considérable dans les annales galantes de notre histoire. Il se vantait, on le vantait publiquement de ses bonnes fortunes; ses faiblesses charmantes n'ôtaient rien à sa gloire; on chanterait encore aujourd'hui volontiers la chanson populaire :

Vive Henri Quatre,
Vive ce verd galant!

Les amours du *verd galant*, vous les retrouvez aussi dans les Mémoires historiques, concernant les amours des rois de France, publiés à Paris, *vis-à-vis le Cheval de bronze*. Ainsi, quand nous écrivons la vie de Catherine-Henriette de Balzac d'Entraigues, marquise de Verneuil, nous ne saurions la séparer des autres amours de Henri le Grand. A peine il était le maître de son royaume, et vainqueur de toutes les résistances, on le voit tout de suite obéir, au péril de sa vie et de son trône, à tant de violentes et tumultueuses passions. Après la bataille de Coutras, quand il avait à poursuivre tant d'avantages, il porte à la duchesse de Guiche les drapeaux qu'il a gagnés; durant le siége d'Amiens, il court après madame de Beaufort, sans s'inquiéter de l'archiduc Albert qui s'avançait pour tenter le secours de la place. Il avait beaucoup aimé Gabrielle d'Estrées, la *Belle Gabrielle*, de la famille de la Bourdaisière : « la race la plus fertile en femmes galantes qui ait jamais fleuri dans le royaume de France, » au dire de ce diantre de Tallemant des Réaux. Elles étaient six filles, plus un frère; on les appelait les sept péchés mortels, mais c'était pour rire. Or la dame avait bien de l'esprit uni à la plus sincère beauté, et les galants de la cour lui chantaient cette chanson du grand poëte Ronsard :

Quand ce beau printemps je voy,
J'aperçoy
Rajeunir la terre et l'onde,
Et me semble que l'amour,
En ce jour,
Comme un enfant renaisse au monde.

Les galants n'avaient pas tout à fait tort près de la dame : elle se laissait aimer du roi, mais elle ne l'aimait guère; elle le tenait à distance, et lui, poussé par la passion, traversait l'armée ennemie, et s'en venait sous les habits d'un paysan, portant un sac plein de paille sur sa tête :

« Elle alors fut si surprise de voir ce grand prince en cet équipage et fut si mal satisfaite de ce changement qui luy sembloit ridicule, qu'elle le reçoit fort froidement : et plustôt comme son habit le monstroit, que selon ce qu'il estoit, elle ne voulut demeurer qu'un moment avec luy, et encore ce fut pour luy dire qu'il estoit si mal, qu'elle ne le pouvoit regarder, et se retira là-dessus. » Il courtisait à la même heure madame de Boinville, et madame Leclin, femme d'un conseiller de la grand'chambre. Il avait été fort épris de la marquise de Guercheville, une honnête femme de ces temps pleins de tumulte et d'oubli de soi-même; madame de Guercheville avait tenu le Béarnais à distance, et s'était défendue elle-même par le respect : « Par où passe-t-on, madame, pour aller en votre hôtel? » lui demandait le bon sire.... Elle répondit avec un beau salut : « Sire, par l'église! »

O la belle réponse! Elle donna sérieusement à réfléchir à ce maitre volage; il laissa la dame en repos.... il se souvint de sa vertueuse résistance, et quand il fut marié, pour la seconde fois, il nomma la comtesse de Guercheville dame d'honneur de la reine Marie de Médicis. Il y avait aussi l'abbesse de Montmartre, à qui le bon prince en contait pendant le siége de Paris. Pour en revenir à la belle Gabrielle, elle était née uniquement pour les belles intrigues et les élégantes amours. « Alcandre l'avait rencontrée par hasard, et tout de suite il en fut amoureux; mais l'importance de ses affaires l'appelant ailleurs, il emporta dans son cœur le feu que cette belle y avait allumé, et ne se soucia plus que d'elle.... A son retour, il reprit le cours de sa passion, disant qu'elle lui était plus chère que toutes les choses du monde; elle cependant, qui n'aimait pas le roi, se mit dans une extrême colère contre Alcandre, lui protesta de ne l'aimer jamais, et là-dessus se retira en la maison de son père! » Elle aimait, en effet, mais là, pour tout de bon, un jeune homme appelé *Florian*, dans l'histoire du grand Alcandre : « Il fut le propre artisan de son malheur; ayant perdu la liberté de vivre avec sa maîtresse, et hasardé l'amitié de son maître, et le bonheur et la fortune. » Or ce Florian trop heureux n'était rien moins que le duc de Bellegarde! Il avait été grand ami du roi, mais sitôt que le roi fut devenu son rival, celui-ci, furieux de ce qu'il appelait *une trahison*, envoya plus d'une fois son capitaine des gardes avec l'ordre de tuer son rival. Mais le capitaine des gardes connaissait le bon prince, il savait que c'était là un ordre auquel il ne fallait pas obéir, d'autant plus que chaque jour la *Belle Gabrielle* augmentait en biens, en crédit, en finances, disons aussi en prudence. « En cette grande dignité, avec de si hautes espérances, elle se rendit à chacun si officieuse, que ceux qui ne la vouloient pas aimer ne la pouvaient haïr; elle commandait à toute la cour, avec une grande douceur, obligeant le plus de personnes qu'elle pouvait. »

Elle était l'exemple et la fête du palais de Fontainebleau. Eux-mêmes le chancelier et le garde des sceaux, deux vieillards, avaient chacun une maîtresse, et le roi s'amusait à les tourmenter. D'autres fois il dansait aux chansons avec les femmes de ses conseillers. Chaque matin à son réveil il écrivait à sa maîtresse un billet doux. Chacun sait la mort misérable de cette beauté violente, ambitieuse et logée si près du Louvre, dans une maison que le roi lui avait achetée en 1576 : « A Monsieur de Schomberg, j'ai sceu que vouliez vendre vostre maison de Paris, et pour ce qu'estant proche du Louvre comme elle est, elle seroit fort propre pour ma maîtresse, qui en cherche une achepter, j'ai pensé que vous seriez aussy ayse de la lui vendre qu'à une autre.... » Elle vint à Paris, pour y faire ses pâques en public, afin de se montrer bonne catholique au peuple qui ne la croyait pas telle, et le mercredi saint étant arrivé, elle alla ouïr les ténèbres qui se disaient avec une grande musique. A peine le service était-il achevé, qu'elle rentra chez elle assez malade. Elle voulut écrire au roi, mais elle fut prise d'une convulsion qui lui dura jusqu'à la mort. Le roi qui était resté à Fontainebleau, apprenant qu'elle était morte, jeta une grande abondance de larmes.

Mais le roi Henri IV ne portait pas longtemps le deuil de ses amours; à peine il eut perdu la belle Gabrielle, que les courtisans le voyant triste, et ne le croyant pas inconsolable, lui vantèrent tout d'une voix une beauté de la ville d'Orléans, la propre fille de François d'Entraigues, gouverneur de la province, et de cette aimable Marie Touchet qui avait été la maîtresse du triste roi Charles IX. « Celle-ci lui fit oublier tout à fait ses derniers amours, bien qu'elle ne fût pas si belle; mais elle était plus jeune de beaucoup et plus gaie. » Mademoiselle d'Entraigues était dans tout l'éclat de la jeunesse, et toute charmante; un fin sourire, un visage heureux, et mille grâces dans l'esprit. Elle plut au roi tout de suite, et il lui promit par un acte signé de sa main, qu'il l'épouserait si elle lui donnait un fils. Telle était l'ambition, telle était la volonté de la future marquise de Verneuil.

Elle tenait le roi dans son piége, et n'eût été M. de Sully qui déchira cette promesse imprudente, et qui mariait le roi à Marie de Médicis, la France aurait eu peut-être à s'incliner devant mademoiselle d'Entraigues. Elle porta très-impatiemment le joug du fidèle ministre; elle jeta la flamme et le feu quand elle apprit que le roi était marié. « Elle fit tant de vacarme, et gourmanda tant ce pauvre amoureux qu'il eut bien de la peine à la mettre en bonne humeur. » Le roi fit plus encore, il voulut que sa maîtresse fût présentée à la reine : « Extrêmement surprise de cette vue, la reine la reçut froidement; mais celle-ci, fort hardie de son naturel, lui parla tant et se rendit si familière, que la reine, à la fin, se radoucit.... Elle finit par la traiter mieux que pas une des princesses. La reine fit un ballet qu'elle étudia longtemps : la marquise en était; cette bonne intelligence dura tout l'hiver et une partie de l'été, mais les gens de la cour ne pouvaient pas demeurer si longtemps dans le calme, chacun pensant toujours profiter du changement. »

Ici commence la *vengeance* de madame d'Entraigues. Elle se révolte ; elle

HENRIETTE DE BALZAC D'ENTRAIGUES.

appelle à son aide le prince de Joinville et le duc de Guise, fils aîné de Henri duc de Guise, assassiné à Blois par le roi Henri III, et son père, François de Balzac d'Entraigues, et son frère utérin, Charles de Valois, comte d'Auvergne, et depuis duc d'Angoulême, fils naturel du roi Charles IX. Cela toucha même à la conspiration, et l'on fit à ces tristes sires l'honneur de les emprisonner à la Bastille, dans la prison de ce duc de Biron, le conspirateur, que le roi Henri IV appelait : *l'instrument le plus tranchant de ses victoires*. Le roi ne pardonna pas à Biron qu'il estimait, il pardonna facilement au comte d'Entraigues et au fils de sa femme, le comte d'Auvergne. Il favorisa l'évasion du duc de Guise, et la dame, au milieu de sa conspiration, resta seule à se débattre contre un roi si débonnaire.

Elle le connaissait de longue date facile au pardon : « Sire, une corde pour mon frère, un pardon pour mon père, et pour moi justice. » Ainsi criait la dame emprisonnée en l'abbaye de Beaumont-lès-Tours. Triste famille! et que de pages semblables à cette triste page on voudrait déchirer de l'histoire de Henri le Grand ! Quand elle eut compris, par cette disgrâce personnelle, que son jour de défaite absolue n'était pas loin, et qu'elle serait, tôt ou tard, au rang des femmes oubliées, la marquise de Verneuil, revenue un instant à des sentiments plus humbles, s'efforça de ressaisir son empire à force de soumissions et de respects. Le roi, qui n'était pas guéri tout à fait de ces menteuses amours, s'abandonna de nouveau à cette femme extravagante, et ce fut en vain qu'il eût voulu cacher cette nouvelle honte.... La reine et la marquise accouchèrent à la même heure, la première du roi Louis XIII, la seconde d'un fils adultérin, Henri de Bourbon, qui fut plus tard évêque de Metz. A ce propos nous avons retrouvé un admirable portrait de madame d'Entraigues, écrit par une femme, et l'on rencontrerait dans toute cette histoire peu de pages plus charmantes, peu de portraits plus ressemblants.

« Elle avait donc ce bel enfant au maillot qu'elle nourrissait de son lait, et comme nous étions à table, à la fin du dîner, elle, parée et toute couverte de pierreries et de broderies, une robille à l'espagnole de toile d'or, des bandes de broderie de cannetille d'or et d'argent, un pourpoint de toile d'or à gros boutons de diamants (habit approprié à l'office de nourrice), on lui apporta à la table son cher fils, emmaillotté aussi richement qu'estait vestue sa nourrice pour lui donner à taister. Elle le met entre nous deux sur la table, et librement se déboutonne baillant son tetin à son petit. Ce qui eust été tenu à incivilité à quelqu'autre; mais elle le faisait avec tant de grâce et de naifveté, comme toutes ses actions en étaient accompagnées, qu'elle en reçut autant de louanges que la compagnie de plaisir. »

C'est pourtant ce même enfant à qui sa mère disait si bien : « Mon fils, saluez de ma part le roi votre père, et dites-lui que si je l'avais connu comme je le connais, vous n'auriez jamais vu le jour. » Elle avait précisément conservé une seconde promesse de mariage que le roi lui avait faite, et le roi, qui l'aimait toujours, l'admettait volontiers dans sa compagnie et celle de la reine. Un jour que la reine et la marquise et les principales coquettes de la cour entendaient prêcher le carême à Saint-Gervais, assises sur le banc d'œuvres, où le roi se tenait volontiers, le P. Gautier, excellent prédicateur de ce temps-là, voyant la marquise qui faisait des gestes et des risées au roi pour le faire rire, s'arrêta au milieu de sa prédication : « Sire, dit-il, ne vous lasserez-vous donc jamais de traîner à votre suite, jusque dans la maison de Dieu, tout ce sérail, au grand scandale de la reine et des chrétiens ici présents? » Pensez donc à l'indignation de la marquise de Verneuil. Elle voulait qu'on jetât le P. Gautier à la Bastille; mais le roi, qui était sage à ses heures et rendait à chacun toute justice : « Holà! dit-il, le P. Gautier est le maître; il a le grand tort d'appeler les choses par leur nom propre : au demeurant, il a fait son devoir et traité ces dames comme elles le méritaient. »

Par le train des changeantes passions cette existence au milieu des plaisirs et des intrigues devient moins bruyante; la marquise, négligée et dédaignée, marche à l'oubli définitif. Déjà sa beauté a disparu, ses belles grâces se sont effacées; elle sourit, le roi ne voit plus son sourire; elle pleure, il s'inquiète assez peu de ses larmes. La reine a cessé d'être jalouse de cette antique rivale.... Plus de serviteurs empressés autour de cette beauté déclinante, plus d'ambitieux dans son antichambre; où donc sont les poëtes qui, dans leurs chansons, la plaçaient à côté des étoiles?

> La belle princesse n'est pas
> Du rang des beautés d'ici-bas;
> Car une fraîcheur immortelle
>   Se voit en elle.
> Dans son visage et dans ses traits,
> Brillent quelques divins attraits;
> Et dans sa mine et dans son geste,
>   Un air céleste.

De disgrâce en disgrâce, importune à force d'avarice, et si âpre à la curée qu'elle eût volontiers dévoré les vingt-deux millions que le duc de Sully tenait enfermés dans le trésor de la Bastille, sans compter les vingt et un millions qu'il promettait d'y porter encore, la marquise de Verneuil fut exilée à Dieppe, « et ses papiers étant inventoriés dans ses coffres, dit l'Estoile, à la date du mois de décembre 1604, on y trouva force billets et poulets amoureux, instrument du mestier. » D'abord la marquise se fâcha et fit le serment de ne pas revenir à la cour quand bien même elle y serait rappelée. A la fin cependant, la voilà implorant le pardon du roi, et le bon roi lui permit de revenir..., à condition qu'il ne la verrait plus, tant il était amoureux en ce moment de mademoiselle de Montmorency! « Elle était si jeune encore qu'elle ne faisait que sortir de l'enfance ; sa beauté n'était qu'un charme, et toutes ses actions étaient d'un tel agrément qu'il y avait de la merveille à son moindre geste. Alcandre, la voyant danser, un dard à la main, se sentit percer le cœur si violemment, que cette blessure lui dura aussi longtemps que la vie! »

La mort de Henri IV est restée une épouvante au milieu de ces amours. Le couteau de Ravaillac vint trancher misérablement le cours d'une si belle vie, où tant de grandes actions font pardonner tant de faiblesses. Ce Ravaillac est une espèce de mystère; en vain toutes les terreurs de la justice ont tenté d'expliquer ce crime inexplicable. On n'en sait rien; beaucoup ont été interrogés, qui n'ont rien répondu; beaucoup ont été accusés, dont l'accusation est tombée à néant. Une des femmes de la reine Marguerite de Valois, la première femme du roi Henri IV, quand elle fut interrogée à son tour, accusa la marquise de Verneuil de complicité avec le meurtrier du roi.... L'accusation tomba d'elle-même; il n'y avait dans la fille de Marie Touchet que l'étoffe d'une conspiration vulgaire ajustée aux plaintes d'une caillette. Au reste elle le fit bien voir, quand, restée seule et sans crédit, peu de gens l'aimant ou la haïssant, elle ne fut plus célèbre que par sa gloutonnerie et sa corpulence, comme elle était adorée, il y avait trente ans, par son beau rire et par sa gentillesse. Elle devint monstrueuse à force de mangeailles, et dans cette graisse enfermée, elle mourut âgée à peine de cinquante ans.

VICTOR CHAYNEL.

NINON DE L'ENCLOS.

Un des phénomènes du règne de Louis le Grand et de madame de Maintenon, une héroïne inattendue, en ces époques si correctes, où la Célimène de Molière fut un véritable événement; chacun se demandant si une habitante de la place Royale pouvait être à ce point frivole et coquette. On l'appelait *Ninon*, de son nom populaire et charmant, Ninon de l'Enclos.

Mademoiselle Anne de l'Enclos, dont l'histoire a gardé le nom parmi les noms singuliers et fêtés de la chronique élégante et galante, naquit au beau milieu du dix-septième siècle, en l'an de grâce et de beauté 1620, et mourut bien longtemps après, rassasiée de passions, de renommée et d'aventures, le 17 octobre 1705, dix-huit ans avant le roi Louis XIV. Elle était la fille d'un joueur de luth, gentilhomme (autrement dit : serviteur) du prince d'Elbeuf et de mademoiselle Marie Barbe de Lamanche. Elle était encore une enfant, cette Ninon, quand son étourneau de père, après un duel malheureux avec le baron de Chabans, fut forcé par la rigueur des édits et sa mauvaise fortune de quitter la France! Exilé, on eût dit qu'il avait oublié toute chose; il tenait peu de place, même dans la famille, et sa fillette ainsi grandit entre la toilette et la musique, entourée à profusion des petits marquis de l'Œil-de-Bœuf.

Elle était jolie ; elle savait rire, elle plaisantait, elle aimait la bonne compagnie. A seize ans déjà, elle comptait, parmi ses attentifs, le marquis de Rambouillet, le marquis de Sévigné, à peine marié à mademoiselle de Rabutin-Chantal ; elle a fait verser bien des larmes à la charmante et très-éloquente femme qui devait créer, en se jouant, les grâces les plus délicates de la langue française. — Au premier rang des amoureux de Ninon, il faut placer encore, et dignes rivaux, celui-ci et celui-là, rivaux par le bon goût, par l'élégance et le bel esprit, les héros de la place Royale et de l'Œil-de-Bœuf; le marquis de Miossens, le duc de Châtillon, le marquis de Villarceau, le maréchal d'Albert. Que dirons-nous? le prince de Condé, un peu plus tard, devait compléter par sa glorieuse présence la popularité de mademoiselle de l'Enclos. C'était le temps des belles causeries, des légères passions, des couplets et des beaux mots qui couraient la ville, et, pour peu que la dame fût belle, à la mode, et bien entourée, elle occupait de sa grâce et de son esprit la ville et la cour. On parlait de mademoiselle de l'Enclos chez madame de la Vallière et chez madame de Montespan ; Scarron, qui n'était pas encore marié, la proclamait la belle entre les belles. Elle était la femme à la mode, et vous trouveriez difficilement une réunion de galantins, un bon conte, un couplet bien fait, dans lequel mademoiselle de l'Enclos fût oubliée. Tel mot qu'elle avait dit le matin, à son petit lever, traversait soudain la ville entière. Elle dit un jour devant M. de Cavoie, à l'abbé Testu : « Monsieur l'abbé, si vous êtes jamais évêque, il faudra que ce soit dans les ruelles de la place Royale. » Une autre fois, des Yveteaux, le poëte, parlant devant elle des quatre amoureux de la duchesse de Chaulnes, la fille du vidame de Pecquigny : « Bon! bon! fit-elle, il ne faut jamais croire que la moitié de ce qu'on dit. » Elle disait de l'abbé Boisrobert, le bouffon du cardinal de Richelieu : « Prenez garde, il porte une chasuble faite avec un vieux jupon. »

Une autre fois, elle l'appelait un Trivelin de robe longue, et le nom en était resté à Boisrobert, qui fit contre elle une comédie intitulée : *la Belle Plaideuse*. Ah! siècle heureux, où l'esprit tenait tant de place, où la femme d'un président au Parlement priait son mari de lui amener la belle Ninon pour l'entendre. « Mais, disait-elle, il faudrait qu'il y eût une tapisserie entre elle et moi. — Rassurez-vous, Madame, elle est pour le moins aussi prude que vous, reprit le bonhomme, et bien plus aimable; » et madame la Présidente fut la première à tirer le rideau qui la séparait de la belle savante. Ninon racontait assez souvent cette histoire avec de grands rires, en contrefaisant la Présidente. Elle racontait aussi que son père, ayant été faire une visite au vieux Gaultier, musicien de la chambre du roi, qui s'était retiré dans une assez belle maison, près de Vienne en Dauphiné, après avoir dîné : « Tu ne joues plus du luth? lui dit l'Enclos; pour moi, j'ai quitté toute cette vilenie. — Je n'en jouerais pas pour tous les biens du monde, » répond Gaultier. Au retour, l'Enclos voit des luths : « C'est pour ces enfants! dit Gaultier; ils s'y amusent. Il n'y a pas une corde qui vaille; tout cela est en pitoyable état. » Cependant l'Enclos, à qui les doigts démangeaient, ne put s'empêcher d'essayer les deux luths; et voyez le hasard! il se trouva qu'ils étaient fort bien d'accord : « Hé! dit-il, telle pièce, la trouves-tu belle? » Il la joue.... A son tour, l'ami Gaultier lui dit : « Et celle-ci, que t'en semble? » Et à l'autre pièce ils jouèrent trente-six heures sans boire ni manger.

Cependant, nous avons beau faire, il faut bien avouer, en fin de compte, que cette élégante et spirituelle mademoiselle de l'Enclos, une des grâces de Paris, a servi de modèle à Molière, quand Molière a créé Célimène, la coquette. Elle était même un peu plus qu'une coquette; elle appartenait à la race éternellement changeante et toujours la même de ces beautés qui, dans tous les temps, ont pu dire avec un juste orgueil : « Je suis belle, mais je suis dangereuse. » Un des Pères de l'Église, saint Jérôme, a signalé dans une éloquente homélie ces profanes et séduisantes créatures, petites-filles d'Aspasie, et qui marchent au hasard dans les sentiers perdus. « Elles font tomber des deux côtés de leur front les boucles de leur chevelure abondante et respirent les parfums les plus suaves. La manche de leur habit laisse entrevoir un bras de statue athénienne; on les entend venir au milieu des harmonies de fête et de plaisir.... Épouses sans nom, femmes sans maris, prêcheuses de liberté, fidèles seulement au caprice, à la vanité, vêtues de pourpre et d'or, tissu en légers filets. Les veuves sont encore les plus innocentes; elles ont du moins le prétexte de chercher un nouveau mari. »

Vous le voyez, le grand saint Jérôme n'y va pas de main morte. On croirait, à l'entendre, lire une page de Tacite, une satire de Juvénal. Molière lui-même, après nous avoir montré Célimène au milieu de toutes les adulations de la vie, heureuse et presque honorée, insiste, et va nous montrer, tantôt s'introduisant chez madame Jourdain, et fort mal traitée, une certaine comtesse de bonne aventure : « Jour de dieu ! monsieur Jourdain, s'écrie à ce propos madame Jourdain, est-ce donc ainsi que vous festinez ces dames? » Et véritablement madame Jourdain s'y prenait comme il faut s'y prendre avec ces marquises de nouvelle édition et de la petite vertu.

Madame Jourdain était moins indulgente en ceci que la reine Anne d'Autriche, à propos de mademoiselle de l'Enclos. Elle écoutait volontiers les bruits que faisait cette belle, et cette reine, qui mettait si volontiers les princes du sang royal à la Bastille, laissa mademoiselle de l'Enclos parfaitement libre de jeter l'incendie et l'ironie à pleine main, aux belles années de la minorité du jeune roi. C'est en vain qu'on disait à la reine : « Prenez garde! mademoiselle de l'Enclos s'attaque assez volontiers, même aux choses saintes. » La reine se contentait de sourire. Elle tenait compte à cette beauté de sa résistance aux galanteries du vieux cardinal de Richelieu; elle lui savait bon gré d'avoir dédaigné ce terrible ministre. Et bientôt, quand le jeune roi fut entré dans l'adolescence et qu'il eut donné le signal de ces amours, qui faisaient si grand'peur au duc de Saint-Simon, mademoiselle de l'Enclos se crut autorisée, et au delà, par l'exemple venu du château de Saint-Germain, par les scandales du Versailles naissant.

Elle était vraiment une des intelligences de ce siècle, et vivait en reine de Paris dans les plus célèbres compagnies, au milieu des plus honnêtes gens. A ce contact rare, exquis, charmant, son esprit s'était mûri, sa vivacité ne connaissait plus de bornes, son regard supportait les regards les plus féroces et les plus tendres. Nous n'avons pas dit aussi qu'elle vivait de son bien; que ce bien-là suffisait à sa dépense et la mettait à l'abri des aventures déshonorantes. Voilà comment il se fit que sa maison devint pour ainsi dire une succursale heureuse du célèbre hôtel de Rambouillet, habité par toutes les grâces les plus sévères. Quand Molière eut immolé les *Précieuses*, il advint que les femmes galantes, les jeunes courtisans de l'Œil-de-Bœuf, les plus vaillants capitaines, les plus beaux esprits et la meilleure part de la ville et de la cour se donnèrent rendez-vous chez mademoiselle de l'Enclos. On venait de toutes parts écouter sa parole, admirer son luth, son clavecin, sa beauté.

On venait la voir de bien loin. La reine Christine lui fit une visite, et baisa ses belles mains. Les plus honnêtes gens l'aimèrent. A ceux que nous avons déjà nommés, ajoutons, s'il vous plaît, Chapelle et son ami Bachaumont. Ils avaient fait en se jouant, dans quelques pages pêle-mêle de prose et de vers, un chef-d'œuvre, et Ninon les voulut voir. Elle ne garda que Bachaumont; elle chassa bientôt Chapelle, en disant : « Vous buvez trop; une pointe de vin d'Aï, à la

NINON DE L'ENCLOS

bonne heure. » Enfin, parmi tant de belles choses qui lui furent apportées et présentées, il y eut un jour où Molière en personne apporta dans cette maison profane et glorifiée sa plus terrible comédie et son funeste trésor : *Tartuffe*. Alors les dévots tremblèrent, quand ils apprirent que cette muse approuvait la vengeance et la témérité de Molière. « Ah! ma fille! disait Molière, avez-vous assez de mérite et d'esprit? » Il aimait Ninon, au souvenir de Célimène!

Il y avait, à la même époque, un disgracié de la cour, qui fut bientôt un philosophe, un sage; un bon écrivain, qui doutait de toute chose et ne doutait de rien, M. de Saint-Évremont. Comme il avait à choisir parmi toutes les grandes amitiés de ce beau siècle, il avait adopté madame la duchesse de Mazarin, cette aimable Hortense Mancini, qui fut, ou peu s'en faut, reine de France, et qui se trouva mariée au plus sot de tous les hommes. En même temps, il acceptait l'amitié de mademoiselle de l'Enclos, la bien riante et la bien disante; maîtresse infidèle, elle était une amie excellente et dévouée. Elle disait, en se moquant du marquis de la Châtre, à qui elle avait promis par acte authentique de l'aimer toujours : « Eh! le bon billet qu'a la Châtre! » Oui, mais elle rendit à son ami Gourville toute la fortune dont celui-ci l'avait faite la dépositaire. Enfin, il n'y a pas, jusqu'à Voltaire adolescent, dont mademoiselle de l'Enclos n'ait deviné la malice et pressenti le génie. Elle lui laissa, dans son testament, deux mille francs pour acheter des livres. Ainsi, le premier homme qui fit peur à mademoiselle de l'Enclos, ce fut le cardinal de Richelieu; le dernier qui l'étonna, ce fut Voltaire!

Vous sentez bien que le grand Condé lui-même ne pouvait pas échapper à cette séduction toute-puissante. Mais à quelle gloire a manqué Henri de Bourbon? Il est partout dans son siècle. Il pleure aux vers du grand Corneille; il applaudit les comédies de Molière; il soupe chez Ninon de l'Enclos; il était, en Navarre, à la première chaire de l'abbé Bossuet; il était encore à la première place, dans le chœur; à la dernière, à la plus éloquente oraison funèbre de monseigneur l'évêque de Meaux.

Ainsi entourée, honorée par les hommes les plus spirituels et les plus grands seigneurs de cette époque, vous comprenez que mademoiselle de l'Enclos fut une puissance au niveau de toutes les puissances de ce bas monde, irrégulière, il est vrai, mais enfin une puissance. Elle inquiéta, à elle seule, toute la pruderie de cette époque. On la voulut avoir des deux parts; le moliniste lui fit des avances charitables; le janséniste eût volontiers converti cette belle. Un évêché eût payé cette illustre conversion.

« J'ai refusé bien des choses pour mon corps, disait-elle, et j'ai beaucoup plus refusé pour mon âme. » Hélas! la plus grande et la plus honnête femme de ce siècle, madame de Sévigné, eut cruellement à se plaindre et à souffrir de mademoiselle de l'Enclos. Ninon la Superbe avait enlevé à madame de Sévigné son mari d'abord, plus tard son fils, et, qui le croirait? son petit-fils. C'était, entre ces deux femmes, une espèce de défi à qui l'emporterait. A chaque instant, Ninon de l'Enclos apparaît dans les lettres de madame de Sévigné; tantôt l'injure et tantôt la louange, et jamais le mépris. « Qu'elle est dangereuse, cette Ninon! dit madame de Sévigné. Ecoutez un mot charmant de Ninon! » Et toujours Ninon. Elle l'appelait sa *belle fille*, en riant d'un rire amer.

Que dis-je? il y eut amitié sérieuse et constante amitié entre mademoiselle de l'Enclos et la femme austère et charmante que le vieux Scarron avait associée à sa misère, en attendant qu'elle montât sur le trône de nos rois. Alliance étrange! madame de Maintenon et mademoiselle de l'Enclos! Elles eurent souvent le même lit. C'était l'usage dans les amitiés de ce temps-là. A ce propos, l'esprit s'étonne en songeant qu'il y eut peut-être un jour où madame Scarron alla demander à son amie un asile pour la nuit; et que dans ce tête-à-tête, à demi éclairé par la lampe silencieuse, l'une de ces femmes consulta l'autre (avec une certaine rougeur) pour savoir si véritablement elle lui conseillait d'être reine à Versailles? Si la demande a été faite, à coup sûr je sais la réponse. Certes, la femme qui, à seize ans, avait vu, pâle d'effroi, le cardinal de Richelieu à ses pieds, devait être singulièrement épouvantée de la vieillesse de Louis XIV.

Chacune des deux amies obéit à sa destinée. Madame Scarron épousa le roi, et fit désormais sa tâche unique de plaire à ce vieillard qui avait épuisé toutes les prospérités, accablé maintenant de tous les ennuis.... Ninon de l'Enclos n'épousa personne. L'une vécut à la cour, dans les inquiétudes et dans les existences de la grandeur. Elle mourut seule et veuve pour la seconde fois. Avant la mort, elle eut à subir le regard curieux du czar Pierre le Grand. L'autre jouit d'une vieillesse fabuleuse; elle mourut comme elle avait vécu, au milieu des fleurs, des belles paroles, des amis, des beaux-arts; épicurienne jusqu'à la fin, et laissant après elle le juste renom du plus honnête homme de son temps. C'était, en effet, la prière de Ninon, matin et soir : « Mon Dieu! disait-elle, faites que je sois toujours un honnête homme.... une honnête femme quelquefois. »

C'est bien dit, cela; mais pour une femme heureuse et sensée, les premières vertus seront toujours les vertus de la femme. Elle-même, arrivée au bout de son emploi, en ce moment suprême où l'empereur Auguste demandait à ses courtisans s'il avait bien joué son rôle en cette comédie de la vie humaine, mademoiselle de l'Enclos, dans un moment de justice et de vérité avec elle-même, récapitulait les *bonheurs* de ses quatre-vingts ans d'oisiveté, de folies et de passions. « Hélas! disait-elle, qui m'eût proposé une pareille vie, je me serais pendue à l'instant. » Elle disait juste, elle disait vrai. Ces parasites charmantes sont toutes semblables à ces fruits d'or qui s'épanouissaient sur les bords de la mer Morte; on les cueille, on les porte à sa lèvre.... O cendre et poussière!

En ces moments d'amertume, un galant homme éprouve, au fond de l'âme, je ne sais quel immense besoin de se rafraîchir aux sources sacrées. C'est beau, vu de loin, une dame errante en grand habit de fête, à travers les enchantements du royaume de Tendre; mais c'est un spectacle admirable et rempli de respect, une honnête femme à l'heure suprême, où, pleine de jours et d'honneur, elle descend au tombeau entre ses enfants en larmes et leur père au désespoir. L'âme et l'esprit se reposent à plaisir de ces tumultes et de ces bruits du monde, aux profanes amours, dans la contemplation de ces chastes épouses, l'honneur de la maison, qui font du toit domestique un asile sérieux de perfections familières et de lumières bienfaisantes.

A l'ombre de ces modestes vertus s'évaporent soudain les délires et les parfums défendus; le regard est tout charmé de ces clartés moins vives mais durables; on est bien vite au bout de ces terribles amours; on n'est jamais lassé des sentiments profonds d'une tendresse avouée à la face du ciel; le plus bel ornement des plus beaux fronts est encore une de ces couronnes qui fleurissent sur les chastes hauteurs, comme la rose des Alpes sous la neige, au bord des glaciers.

J. JANIN.

MADAME ROLAND.

Manon-Jeanne Phlipon, née à Paris en 1754, était fille d'un graveur assez obscur, riche pourtant pour son état, et qui fut ruiné par de mauvaises spéculations quand sa fille était déjà en âge de sentir la privation de la fortune. Manon Phlipon fut parfaitement élevée, d'abord dans la maison paternelle, et ensuite dans un couvent, dont elle nous a laissé elle-même une peinture charmante; son père, en sa qualité d'artiste, lui fit apprendre la musique et le dessin ; et sa mère, qui était une femme pratique, y joignit l'art de faire les provisions et de diriger la maison. La nature de Manon se prêtait à tout, et quoiqu'elle préférât le dessin et la lecture, elle consentait de bonne grâce à apprendre le métier de bonne ménagère. Ce que son père ni sa mère ne lui apprenaient, et ce qu'elle brûlait d'apprendre, c'était la philosophie. Elle commença par être dévote, mais c'était une dévotion pleine de curiosité, qui, grâce à l'esprit du temps et à des lectures de hasard, la conduisit tout droit à la religion de Jean-Jacques Rousseau. Elle était jolie, et elle le savait; et quoique fort occupée de l'enfer et du purgatoire, et même déjà un peu du *Contrat social*, elle n'était pas étrangère à la coquetterie. Elle nous a laissé son portrait, qui est ravissant, et qui doit être ressemblant, puisque c'est elle-même qui l'a écrit. Elle avait refusé bien des prétendants, sans compter M. Michon, le boucher, et le docteur Gardanne, avec sa perruque à trois marteaux; et elle en donne la liste et les portraits avec une bonne humeur et une impartialité surprenantes.

Elle arriva ainsi jusqu'à vingt-six ans. Sa mère, qu'elle avait tendrement chérie, était morte à cette époque; son père avait achevé de la ruiner; elle épousa Roland par raison. Il avait vingt-deux ans de plus qu'elle. « Je devins la femme d'un véritable homme de bien, dit-elle dans ses *Mémoires;* et il m'aima toujours davantage à mesure qu'il me connut mieux. » Il était, au moment de son mariage, inspecteur général des manufactures à Amiens. Il avait déjà publié plusieurs ouvrages de mérite, et sa femme commença par être son copiste et son correcteur d'épreuves. Elle-même s'étonna plus tard de tant d'humilité ou d'abnégation. Le secrétaire finit par être collaborateur, et il y eut même un moment où les rôles furent intervertis, où Roland fut le secrétaire et madame Roland l'inspiratrice. Peut-être Roland ne le sut-il jamais. C'était, avec de la bonté et des qualités solides, un caractère entier et un esprit très-plein de lui-même. Il acceptait comme chose due le dévouement de sa femme.

La Révolution le trouva à Lyon, et le porta rapidement aux affaires. Il accepta le portefeuille de l'intérieur dans le premier ministère girondin (mars 1792). C'eût été, en d'autres temps, un beau rêve pour un inspecteur des manufactures; mais on commençait à ne plus s'étonner de rien. Ce premier ministère de Roland ne dura que trois mois. Le roi ayant refusé de sanctionner le décret contre les prêtres réfractaires et celui qui prescrivait la formation d'un camp au-dessous de Paris, Roland lui adressa une lettre éloquente, qui est tout entière l'œuvre de sa femme, et qui ressemble à un ordre plutôt qu'à une prière. « Il n'est plus temps de reculer, disait-il; il n'y a même plus moyen de temporiser. La révolution est faite dans les esprits; elle s'achèvera au prix du sang et sera cimentée par le sang, si la sagesse ne prévient pas des malheurs qu'il est encore possible d'éviter. » La réponse du roi fut une destitution immédiate; mais dans la séance du 10 août, après la suspension du pouvoir royal, l'Assemblée législative rappela au ministère, par assis et levés, sur la proposition d'Isnard, Roland, Clavière et Servan, que Louis XVI avait renvoyés ensemble.

Roland avait une position très-difficile dans ce moment de transition où les esprits étaient partagés entre la royauté qui tombait et la république qui allait naître. Les sociétés populaires, réunies par un vaste système d'affiliation, rendaient presque nulle l'action du pouvoir central, et l'Assemblée, désormais souveraine, intervenait directement jusque dans les plus petites affaires. Roland, grâce à la popularité qui l'entourait dans ces commencements, et aux efforts du parti de la Gironde, maintint son autorité dans les départements; à Paris, il fut promptement effacé par le maire et par le club des Jacobins. Les massacres de septembre vinrent montrer que Paris était plus fort que la France, ce qui sera toujours vrai en révolution. Roland, indigné et consterné, donna des ordres qui furent méprisés, éclata en protestations qu'on ne daigna pas écouter : Danton et la Montagne, sans être expressément complices, profitèrent d'un crime qui était un malheur pour la révolution et une victoire pour leur parti. A dater de ce moment, une sorte de conspiration de calomnie, à la tête de laquelle était Marat, fut organisée contre Roland. On l'accusa de viser à la dictature; toutes ses actions furent dénaturées; sa probité même fut mise en doute. On parla de corruption, d'intrigues avec l'Angleterre. On prétendit que sa femme le trompait et le gouvernait, qu'elle était le véritable ministre. Danton le dit ouvertement à la tribune; Marat ne parlait plus, dans ses feuilles et à l'Assemblée, que « du boudoir de la femme Roland. » Elle fut mandée à la barre, le 7 décembre 1792, pour répondre aux calomnies d'un intrigant, ou plutôt d'un espion, nommé Achille Viard, qui l'accusait de comploter la ruine de la république avec Talleyrand, alors réfugié à Londres. Pour cette fois, et quoique la ruse fût grossière, Marat et Danton croyaient la tenir; mais elle répondit à tout avec tant de modestie, de clarté et de fermeté, qu'elle excita dans l'Assemblée un mouvement très-vif de sympathie. On lui accorda les honneurs de la séance, et elle traversa la salle au bruit des applaudissements. « Voyez, dit Marat, le silence du public : il est plus sage que vous! »

Elu à la Convention, Roland avait opté pour le ministère : c'était hasarder sa vie, car jusque-là les députés étaient inviolables. De mois en mois, de jour en jour, le danger devenait plus évident; l'hôtel même du ministère fut plus d'une fois sur le point d'être envahi. Enfin, le 23 janvier, après la mort de Louis XVI, se sentant vaincu avec tout le parti de l'appel au peuple, et comprenant, suivant l'expression de madame Roland, « que les sages étaient désormais en minorité, » il envoya sa démission à la Convention. Sa lettre débutait ainsi : « Je viens offrir à la Convention mes comptes, ma personne et ma démission.... » La démission fut acceptée, quoique les Girondins fussent encore en majorité dans l'assemblée; mais ils étaient déjà vaincus, parce qu'ils croyaient l'être.

La mise en accusation de Roland fut prononcée le 1er avril. Il se cacha. Sa femme, qui pouvait le suivre, aima mieux rester dans son hôtel. « Le soin de me soustraire à l'injustice, dit-elle, me coûterait plus que de la subir. » Elle fut arrêtée dans la nuit du 31 mai, enveloppée dans la défaite de son parti.

On la conduisit à l'Abbaye. Le concierge Lavacquerie et sa femme l'accueillirent avec de grands égards. On lui prépara à la hâte une petite chambre où elle passa cette première nuit; et dès le lendemain, toujours active, bien ordonnée et prête à s'accommoder aux circonstances, elle organisa sa vie de prison. « J'examinai, dit-elle, comment je m'établirais dans mon nouveau logis. Je couvris d'un linge blanc une petite vilaine table que je plaçai près de ma fenêtre et que je destinai à me servir de bureau, résolue de manger plutôt sur le coin de la cheminée pour me conserver propre et rangée la table de travail. Deux grosses épingles de tête, fichées dans les planches, me servirent de portemanteau. Je souriais moi-même à mes préparatifs, car il y avait une grande agitation, le rappel battait à chaque instant, et j'ignorais ce que ce pouvait être. Ils ne m'empêcheront pas de vivre jusqu'au dernier instant, me disais-je, plus heureuse de ma conscience qu'ils ne seront animés de leur fureur; s'ils viennent, — elle se souvenait de septembre ! — s'ils viennent, je vais à eux, et je sors de la vie comme on entre dans le repos. »

Elle ne fut que vingt-quatre jours à l'Abbaye; elle avait écrit à l'Assemblée, au ministre (Garat), à sa section, sans recevoir de réponse. Enfin, on lui annonça qu'elle était libre. « Ma pauvre bonne, qui arrivait pour me voir, pleurait de joie en faisant mon paquet; on me fait voir l'ordre de ma liberté, fondé sur ce qu'il n'y a rien contre moi; je fais mes comptes et mes petites générosités pour les pauvres et les valets de la prison; j'envoie chercher un fiacre, je descends; je me fais conduire à mon domicile; je quitte le fiacre avec cette légèreté qui ne m'a jamais permis de sortir d'une voiture sans sauter; je passe sous ma porte comme un oiseau, en disant gaiement au portier : « Bonjour, Lamarre. » Je n'avais pas franchi quatre marches de mon escalier lorsque deux hommes venus sur mes talons, je ne sais comment, s'écrient :

« Citoyenne Roland !

— Que voulez-vous ? demandai-je en me retournant.

— De par la loi, nous vous arrêtons. »

Qui sait sentir n'a même pas besoin de penser pour juger ce que je dus éprouver à cet instant.

MADAME ROLAND.

Elle fut écrouée à Sainte-Pélagie. Elle avoue elle-même que la première nuit fut cruelle. Elle reprit dès le lendemain son empire sur elle-même. N'avait-elle pas des livres comme à l'Abbaye? Elle fit acheter des crayons pour varier ses passe-temps, et régla l'emploi de ses journées. Elle aurait été parfaitement calme sans le souvenir de son mari et de sa fille. Madame Bouchaud, la concierge, la comblait d'attentions. Elle lui avait prêté son salon pour y passer ses journées. C'est là que madame Roland, avec un courage et une puissance de volonté dont il n'y a pas peut-être un autre exemple, écrivit ses mémoires de ce style simple, animé, facile, passant aisément de l'exaltation à une douce et communicative gaieté, qui seraient une lecture charmante si elle les avait composés dans son cabinet, et qui remplissent d'admiration et presque d'effroi, quand on se rappelle qu'elle parlait et qu'elle pensait ainsi en attendant la mort.

Le salon de madame Bouchaud fit scandale. On contraignit madame Roland de passer la nuit dans le dortoir des filles perdues. Elle se savait atteinte d'une maladie mortelle qui, dans sa situation, pouvait paraître une délivrance. Elle pensa même au suicide, non par faiblesse ou par désespoir, mais pour sauver la fortune de sa fille; car une condamnation par le tribunal emportait la confiscation des biens. L'ami auquel elle demanda de l'opium lui représenta qu'il était plus digne d'elle d'attendre la mort que de se la donner. Elle discuta la question froidement, et finit par se laisser convaincre; l'attente, au surplus, ne fut pas longue.

Les Girondins avaient péri le 31 octobre 1793; on la transféra le même jour à la Conciergerie. Chauveau-Lagarde, le courageux avocat de Charlotte Corday, de la reine, des Girondins, s'offrit pour défenseur à madame Roland. Elle accepta, passa avec lui la soirée qui précéda son jugement, le laissa exposer et développer la défense qu'il avait imaginée, fit ses objections, donna son avis avec autant de liberté d'esprit que si elle n'avait pas été en cause. A onze heures, on avertit Chauveau-Lagarde que les portes allaient se fermer. Comme il faisait mine de se retirer, madame Roland, émue pour la première fois, se lève, tire un anneau de son doigt et le lui présente sans prononcer une parole. Il refuse, il se récrie. « Madame, nous nous verrons demain, après le jugement! — Demain, dit-elle, je n'existerai plus. Vos conseils me sont chers; ils pourraient vous devenir funestes; ce serait vous perdre sans me sauver. Que je n'aie pas la douleur d'avoir causé la mort d'un homme de bien! Ne venez pas au tribunal, je vous désavouerais; mais acceptez le seul gage que ma reconnaissance puisse vous offrir. »

Madame Roland parut devant le tribunal avec toute la fierté qu'on devait attendre d'elle. Elle fit l'éloge de son mari, des Girondins et de Brissot, se glorifia d'être appelée à partager leur sort, et commença la lecture d'un écrit qu'elle avait préparé pour rendre compte de sa conduite depuis la révolution. Le président l'interrompit sous prétexte que le tribunal ne pouvait pas entendre l'apologie du crime. Elle s'écria que la défense n'était pas libre, et en appela à l'auditoire, qui lui répondit par des cris de : « Vive la république ! à bas les traîtres ! »

Riouffe, qui se trouvait avec elle à la Conciergerie, a décrit ainsi ses derniers moments : « Le sang des vingt-deux fumait encore lorsque madame Roland arriva à la Conciergerie. Bien éclairée sur le sort qui l'attendait, sa tranquillité n'en était pas altérée. Sans être à la fleur de son âge, — elle avait alors trente-neuf ans, — elle était encore pleine d'agréments; elle était grande et d'une taille élégante; sa physionomie était très-spirituelle; mais les malheurs et une longue détention avaient laissé sur son visage des traces de mélancolie qui tempéraient sa vivacité naturelle. Elle avait l'âme républicaine dans un corps pétri de grâces et façonné par une certaine politesse de cour; quelque chose de plus que ce qui se trouve ordinairement dans les yeux des femmes se peignait dans ses grands yeux noirs, pleins d'expression et de douceur. Elle me parlait souvent à la grille, avec la liberté et le courage d'un grand homme. Ce langage républicain, sortant de la bouche d'une jolie femme française dont on préparait l'échafaud, était un miracle de la révolution auquel on n'était pas encore accoutumé. Nous étions tous attentifs autour d'elle, dans une espèce d'admiration et de stupeur. Sa conversation était sérieuse sans être froide; elle s'exprimait avec une pureté, un nombre et une prosodie qui faisaient de son langage une espèce de musique dont l'oreille n'était jamais rassasiée. Elle ne parlait jamais des députés qui venaient de périr qu'avec respect, mais sans pitié efféminée, et leur reprochant même de n'avoir pas pris des mesures assez fortes; elle les désignait sous le nom de *nos amis*. Elle faisait le plus souvent appeler Clavières (qui avait été ministre avec Roland), pour s'entretenir avec lui. Quelquefois aussi son sexe reprenait le dessus, et on voyait qu'elle avait pleuré au souvenir de sa fille et de son mari. Ce mélange d'amollissement naturel et de force la rendait plus intéressante. La femme qui la servait me dit un jour : « Devant vous, elle « rassemble toutes ses forces; mais dans sa chambre, elle reste quelquefois trois « heures, appuyée sur la fenêtre, à pleurer. »

Elle passa huit jours à la Conciergerie, où sa douceur l'avait déjà rendue chère à tout ce qu'il y avait de prisonniers. Le dernier jour, elle s'habilla en blanc avec beaucoup de soin; elle portait ses longs cheveux épars, suivant une mode du temps, et ils lui tombaient jusqu'à la ceinture; elle était plus belle et plus touchante que jamais. Il y avait même dans ses mouvements une sorte de vivacité joyeuse, comme si la mort eût été vraiment pour elle une délivrance. Elle fit aux prisonniers un signe d'adieu en passant très-vite dans le guichet après sa condamnation, se livra sans faiblir un instant aux derniers apprêts, et monta sans aide sur la fatale charrette. Le trajet était long jusqu'à la place de la Révolution. A côté d'elle était Lamarche, directeur général de la fabrication des assignats, condamné à mort pour avoir été en armes aux Tuileries le 9 août 1792. Il paraissait accablé, et elle s'appliqua, pendant tout le chemin, à le consoler et à relever son courage. Elle lui parlait avec une gaieté si douce et si vraie, qu'elle fit naître plusieurs fois le rire sur ses lèvres. Elle devait mourir la première; mais elle fit à la faiblesse de son compagnon un suprême sacrifice en lui permettant de la devancer. « Allez le premier, lui dit-elle; que je vous épargne au moins la douleur de voir couler mon sang. » Puis, comme le bourreau hésitait, elle lui dit avec un sourire : « Vous ne refuserez pas la dernière prière d'une femme. »

Elle s'inclina avant de mourir devant la statue colossale de la Liberté qui se dressait à côté de l'échafaud, et s'écria : « O liberté, que de crimes on commet en ton nom! » Ce furent ses dernières paroles. On était au 10 novembre 1793.

Roland apprit cette triste nouvelle en Normandie, dans l'asile que deux généreuses femmes lui avaient ouvert. Il en sortit le 15 novembre, à six heures du soir, suivit pendant quatre lieues la route de Paris, s'assit sur une borne du chemin, et, d'une main ferme, enfonça un couteau dans sa poitrine.

JULES SIMON.

L'IMPÉRATRICE JOSÉPHINE.

Aucun signe éclatant, aucun flatteur présage ne semblaient désigner à sa haute destinée la jeune fille qui devait être un jour l'impératrice des Français.

Joséphine était née, le 23 juin 1763, de M. Joseph Tascher de la Pagerie et de Rose-Claire des Vergers de Sannois, appartenant l'un et l'autre à deux des familles marquantes de la Martinique : île privilégiée, il est vrai, parmi toutes les Antilles, et qui devait donner plus d'une surprise au monde. N'est-ce pas de la Martinique qu'était partie cette Françoise d'Aubigné, qui devait être *presque* reine de France, et qu'après Joséphine, encore seulement vicomtesse de Beauharnais, devait, en 1786, sortir cette brillante créole, mademoiselle Aimée Dubuc de Rivery, qui, capturée en route par des corsaires algériens, devint, dit-on, la sultane favorite du Grand Seigneur, et fut la mère de Mahmoud II?

Quoi qu'il en soit, et en dépit des révélations romanesques de cette sibylle intéressée, mademoiselle Lenormand, qui s'entendait encore mieux à raconter le passé qu'à prédire l'avenir, l'enfance et la jeunesse de Joséphine n'offrent à l'observateur aucun de ces incidents avant-coureurs des grandes destinées. Rien, dans sa personne, dans son esprit, ne respirait le prodige, ne trahissait l'avenir. De bonne heure, seulement, elle eut ce je ne sais quoi qu'on peut appeler *le charme*, et marcha environnée de cette grâce plus belle encore que la beauté.

Il est cependant, en dehors du récit de mademoiselle Lenormand, un témoignage, à peu près authentique, du premier avertissement donné à Joséphine par la destinée. Une vieille négresse, à moitié sorcière, comme elles le sont toutes, lui aurait prédit, en considérant attentivement sa main et son visage, qu'elle serait bientôt mariée, puis veuve, puis reine de France. Elle ajoutait qu'elle périrait dans une émeute. Cette dernière partie de la prédiction ne s'est heureusement pas réalisée.

Bien loin d'arriver de plain-pied à cette brillante destinée, Joséphine eut toute la peine du monde à trouver ce premier mari qui devait avoir un empereur pour successeur. Depuis longtemps, les deux familles de la Pagerie et de Beauharnais étaient liées entre elles par de mutuels services et une communauté de séjour à la Martinique, dont le marquis de Beauharnais avait été gouverneur. Madame de Renaudin, sœur de M. de Tascher, qui vivait en France depuis 1760, séparée judiciairement d'un mari extravagant, fut l'intermédiaire naturel de ces relations entre les deux maisons. Un mariage convenait à merveille pour resserrer à jamais ces liens forcément un peu relâchés. Chose étrange! la dernière à laquelle on songea pour consacrer, par l'hymen souhaité, l'union de ces deux familles, c'est Joséphine. Il fallut la mort prématurée de sa sœur Désirée, préférée par la négociatrice du mariage et les parents eux-mêmes, puis le refus de sa plus jeune sœur, Maria, dont une mère idolâtre ne pouvait se résoudre à se séparer, pour pousser Joséphine au premier rang. Joséphine ne paraît pas avoir souffert de cet ironique caprice de sa destinée; mais il est impossible qu'elle ne l'ait pas senti plus tard, alors que les amertumes de l'abandon la punissaient de la confiance avec laquelle elle avait accepté un choix si peu personnel, et plus flatteur pour sa famille que pour elle-même.

Alexandre de Beauharnais, futur époux de Joséphine, venait de recevoir le grade de capitaine au régiment de la Sarre, en garnison à Rouen. Il était vif, hardi, spirituel, ambitieux, galant, comme un frère cadet de Lauzun.

C'est à ce jeune et brillant capitaine de dix-neuf ans que se trouva ainsi destinée, par ricochet, cette Joséphine de la Pagerie qu'il ne connaissait pas, et qu'elle ne connaissait pas davantage. En octobre 1779, elle débarqua à Brest, accompagnée de son père malade et de sa sœur, mademoiselle Rosette de la Pagerie, avec les autres passagers de la frégate *la Pomone*.

En cette même année, à l'autre bout de la France, débarquait aussi, venant d'une autre île française, celui qui devait s'appeler Napoléon Ier.

Le 13 novembre 1779, dans la petite église de Noisy-le-Grand, fut célébré le mariage de Joséphine de la Pagerie avec Alexandre vicomte de Beauharnais.

Ce mariage hâtif, succédant à un amour improvisé, en quelque sorte, des deux parts, parut d'abord devoir être heureux. Mais Alexandre de Beauharnais était trop supérieur à sa femme, du côté de l'esprit, pour lui demeurer longtemps égal du côté du cœur. Par un de ces phénomènes qui ne sont pas rares dans les vicissitudes des affections conjugales, il se détacha d'elle à mesure qu'elle s'attachait davantage, et il l'apprécia moins à mesure qu'elle se donna plus à lui. Bientôt, l'affront de l'infidélité vint s'ajouter à celui de l'indifférence, et les malentendus, entre deux époux si différents de caractère, s'aigrirent jusqu'à rendre une séparation nécessaire. Alexandre de Beauharnais, au retour d'un voyage à la Martinique, où il avait trouvé dans le père de Joséphine un censeur justement irrité de ses torts, aggravés encore par une passion scandaleuse pour une beauté créole, ajouta à toutes ces fautes celle de provoquer brusquement une rupture qui lui paraissait la seule vengeance digne de ses ressentiments. Vers la fin de 1783, il saisit le Parlement d'une demande en séparation, fondée sur les griefs les plus invraisemblables et les plus injurieux pour une femme qu'il n'avait pas su apprécier et qu'il ne méritait pas. Joséphine se retira pendant un an à l'abbaye de Panthémont, où la sympathie de toute la famille de son mari et les naïves caresses de ses deux enfants, Eugène, né le 3 septembre 1781, et Hortense, née le 10 avril 1783, la consolèrent d'injustices contre lesquelles protestait l'opinion publique elle-même, et que punit un arrêt qui lui rendit la liberté, dans les termes les plus honorables pour elle et les moins flatteurs pour son mari. Madame la vicomtesse de Beauharnais continua à demeurer à Fontainebleau avec sa tante, madame de Renaudin, et son beau-père, le marquis de Beauharnais, qui désapprouvait hautement son fils.

La Révolution trouva madame de Beauharnais à la Martinique, où elle était allée, en juin 1788, présenter Hortense à sa famille. Quant au vicomte de Beauharnais, envoyé aux états généraux par la noblesse du bailliage de Blois, il avait bientôt pris dans l'Assemblée la place réservée à un homme de vingt-neuf ans, apportant à défendre les opinions nouvelles l'enthousiasme éloquent et l'impatient désintéressement de ce groupe d'aristocrates libéraux qui, le premier, tendit la main au Tiers, et sacrifia ses priviléges sur l'autel de la Patrie, dans la nuit du 4 août, avec une si chevaleresque imprévoyance.

Ayant enfin trouvé un aliment pour son activité, un but pour son ambition, débarrassé des inquiétudes de l'oisiveté, Alexandre de Beauharnais, rendu par la réflexion à la justice, et par l'absence à l'amour, réclama sa femme, avec l'empressement d'un homme heureux et l'autorité de sa renommée naissante. Dans les premiers jours de septembre 1790, madame de Beauharnais, se rendant à des désirs qu'elle partageait secrètement, s'embarqua pour la France, à travers les boulets tirés par le fort Bourbon, où les miliciens révoltés retenaient son père, le baron de Tascher, prisonnier. Elle quittait, pour le spectacle d'événements et de malheurs autrement grandioses et terribles, le tumulte de ces troubles coloniaux, où son père, maire de Fort-de-France, s'était fait remarquer par tant de prudence et de fermeté.

Reçue comme en triomphe par toute sa famille et par son mari lui-même, suffisamment riche pour n'avoir rien à craindre de l'avenir, madame la vicomtesse de Beauharnais eut, de 1790 à 1791, une année heureuse, durant laquelle elle put, entourée de ses deux enfants, déjà charmants, présider, avec une sécurité souriante, ce salon de la rue de l'Université, devenu le rendez-vous des hommes les plus distingués du parti constitutionnel.

Cependant les illusions des deux époux réconciliés ne durèrent pas longtemps. Bientôt entraîné par le mouvement qu'il prétendait conduire, descendu du fauteuil de la présidence de l'Assemblée, pour aller à la frontière envahie, commander en chef l'armée du Rhin, Alexandre de Beauharnais, mal secondé par des médiocrités envieuses et triomphantes, ne put assez tôt payer à l'impatience de l'Assemblée et des clubs ce tribut de victoires, qui, pour tout général républicain, était comme la rançon de sa vie. Bientôt suspect, puis accusé, il fut transporté, par un de ces revirements homicides si fréquents dans une Assemblée que dominaient les féroces mobilités de l'opinion publique, sur la sellette du tribunal révolutionnaire, condamné à mort, et exécuté le 4 thermidor, tandis que sa famille, jetée dans les cachots de la Terreur, expiait par l'attente du même sort le crime de lui avoir appartenu.

Joséphine avait été arrêtée le 20 avril, et enfermée aux Carmes, encore ruisselants du sang de septembre, avec la duchesse d'Aiguillon et madame de Fontenay, dont un courageux billet à Tallien, son amant, dissipa les dernières hésitations des réactionnaires, et précipita le mouvement libérateur de thermidor.

L'IMPÉRATRICE JOSÉPHINE.

Délivrée des premières, Joséphine sortit de prison, veuve, et se voua tout entière, dans une obscurité besogneuse, à l'éducation de ses deux enfants. Elle était à Fontainebleau, au milieu de sa famille, vivant des avances que lui faisait généreusement un banquier de Dunkerque, M. Emmery.

En août ou septembre 1795, elle avait mis sa fille Hortense à Saint-Germain, dans le pensionnat naissant, depuis si célèbre, de madame Campan.

Cependant Bonaparte commençait à jouir à Paris du crédit dû au général victorieux de vendémiaire. Un jour, un jeune homme en larmes, presque un enfant, vint à l'état-major de la place de Paris lui réclamer l'épée de son père, qui avait été général de la République. Bonaparte, ému, accéda au vœu, rendu plus touchant par le deuil et par les larmes, du jeune pétitionnaire. La reconnaissance inspirée pour un pareil procédé amena entre la vicomtesse de Beauharnais et le jeune général des rapports qui, après avoir débuté par une simple visite de remercîment, finirent par le mariage. Joséphine était alors dans une position singulièrement améliorée par les envois de sa mère et par les restitutions que lui avait procurées, sur les biens confisqués de son mari, le crédit tout-puissant de madame Tallien. Elle habitait, rue Chantereine, l'hôtel qu'elle venait d'acheter à Talma.

Le mariage de Joséphine de la Pagerie, veuve de Beauharnais, avec le général en chef de l'armée d'Italie (il venait de recevoir ce titre) fut borné à la célébration civile, et eut lieu, le 9 mars 1796, avec l'approbation des deux familles et la sympathie publique. Les témoins du général Bonaparte étaient Barras et Lemarrois, son aide de camp, et ceux de Joséphine, Tallien et un sieur Calmelet, homme de loi, conseil de la future impératrice. Soit négligence, soit flatterie, Joséphine, dans cet acte, était rajeunie de quatre ans et Bonaparte vieilli de deux, afin d'égaliser les âges.

Cette différence d'âge laissait dans cette union, où Bonaparte s'était jeté avec un amour sincère, passionné, brûlant, que le temps et la raison d'État devaient singulièrement refroidir, et à laquelle Joséphine s'était décidée plus par raison et par sympathie que par inclination, un premier germe d'incompatibilité dont nous verrons bientôt les fruits amers.

Douze jours après son mariage, Bonaparte s'arrache aux bras de sa femme, et va, comme on disait alors, cueillir aux champs d'Italie, pour les mêler à ses myrtes récents, ces lauriers auxquels il devait joindre bientôt les palmes d'Égypte. Tout le temps que Bonaparte, en cette lune de miel d'amour et de gloire, ne consacre pas à des bulletins de victoire, il l'emploie à écrire des lettres où, tout en faisant la part de l'exagération et du mauvais goût du temps, il est impossible de méconnaître l'accent de la passion la plus vive et la plus profonde. Joséphine, après avoir joui à Milan, à Brescia, à Venise, à Gênes, à Bologne, à Rome, de la gloire de son mari, et suivi sa marche triomphale, le ramène à Paris, aussi heureux en diplomatie qu'en guerre, et ajoutant à ses autres titres celui de négociateur du traité de Campo-Formio.

Bonaparte, après avoir à peine effleuré la coupe d'enivrement que lui présente l'admiration fanatique de la France, surprise par la gloire avant de s'être accoutumée à son salut, vole à de nouveaux dangers et à de nouveaux triomphes. L'expédition poétique et lointaine d'Égypte lui donne le prestige d'absence et de génie nécessaire à ses projets, et il arrive à temps pour mettre le comble à ses services et consolider son pouvoir. Le héros du 18 brumaire devient facilement le premier Consul, et de sa résidence de la Malmaison, déjà envahie par la France nouvelle, Joséphine, toujours par la bonté et par la grâce à la hauteur de sa fortune, passe au petit Luxembourg, et de là aux Tuileries, où elle suit Bonaparte qui s'approche du trône et s'essaye à l'Empire.

Joséphine était demeurée, en dehors de l'influence de ses deux maris et de celle des événements, sincèrement royaliste. La pitié pour d'augustes malheurs avait ravivé sa foi, et il n'est pas permis de douter que si elle eût pu faire de son mari un Monck, ce rôle, qui ne suffisait pas à l'ambition de Bonaparte, eût suffi à la sienne. Mais Joséphine n'avait pas dans le caractère l'énergie nécessaire pour suivre une telle inspiration. Elle n'en eut que la pensée, et se borna à faire au parti qu'elle ne pouvait servir qu'en invoquant le droit de grâce, le plus de bien possible. Son rôle, à cette époque critique des derniers conflits et des suprêmes efforts de l'anarchie, est noble et caractéristique. Elle négocie, elle rallie, elle pacifie, d'accord avec madame Campan et madame de Montesson; elle travaille par l'esprit, par la bonté, par la clémence, à la réconciliation universelle. Elle illumine et elle embellit de son sourire la gloire impérieuse et le génie inexorable de Napoléon. Elle couvre de fleurs l'ambition consulaire, rongeant son frein. La machine infernale, de son explosion subite et de son odieuse terreur, allume autour du premier Consul une sorte de popularité. Bientôt, il arrive au but, par la force de son génie et la faveur des circonstances, et l'on voit l'Empire sortir tout armé du Consulat, et les conventionnels, brodés et anoblis, former la garde du trône révolutionnaire. A mesure que Napoléon monte, Joséphine descend. Elle s'efface dans la lumière, avant de s'effacer dans l'obscurité. Elle suit au couronnement, avec une sorte d'orgueil tremblant, son impérieux et adoré mari et maître; et s'il demeure soucieux au milieu de son triomphe, elle peut se rappeler, pour fortifier ses espérances, les larmes, malheureusement inutiles, qu'elle a versées pour sauver le duc d'Enghien, et les remercîments de ces familles en deuil auxquelles elle a rendu MM. de Polignac et de Rivière.

Voici l'Empire, militant d'abord, puis triomphant, puis souffrant. Joséphine, heureuse épouse, heureuse mère, réconciliée avec l'Église par un mariage religieux, s'étale, impératrice, au milieu d'une famille de rois et de reines, parmi lesquels sont Eugène et Hortense, ses deux enfants. Elle est généreuse jusqu'à la prodigalité, compatissante, aumônière, favorable, avec plus d'empressement que de goût, aux lettres et aux lettrés, aux arts et aux artistes. Rien ne manquait à sa gloire.... que le malheur. Le divorce consomme son rôle et remplace, sur son front, la couronne passée à Marie-Louise, par l'auréole du sacrifice et de la résignation. C'est le moment de la véritable popularité de Joséphine. Napoléon, vaincu et malheureux, n'a qu'une amie véritable, Joséphine, la compagne délaissée de ses premières années. Au remords de ses fautes politiques, s'ajoute celui de ses fautes privées. Cependant il lutte jusqu'au bout, avec l'énergie désespérée du Titan acculé. Plusieurs fois encore il fait reculer l'Europe. La victoire semble lui redevenir fidèle. Mais non, il tombe, il part, désespéré, aveuglé, confiant dans l'hospitalité dont l'Angleterre fera une prison. Joséphine ne résiste pas à cette dernière secousse, et comme si sa vie était attachée à la gloire et au bonheur de celui qu'elle adore davantage à mesure qu'elle l'admire moins, elle meurt, le 29 mai 1814, au milieu de la désolation de ses enfants, des respects et des regrets de la France entière, en murmurant ces mots, par où s'échappe le secret des douleurs, qui tuent en elle l'épouse, la mère, la femme : « Bonaparte ! — L'île d'Elbe ! — Marie-Louise ! »

M. DE LESCURE.

BIANCA CAPELLO.

Le seizième siècle abonde en types énergiques dont la grandeur, dans le bien comme dans le mal, se revêt d'une poésie assez fière pour se passer de tout ornement. Prétendre les enjoliver, sous prétexte d'art et d'arrangement, c'est s'exposer à fausser les attitudes, à affadir les expressions. Telle est la faute commise par la plupart des romanciers et des poëtes qui ont parlé de Bianca Capello. Ils ont voulu faire un doux pastel de cette physionomie où l'énergie fut poussée jusqu'à la perversité. Ils ont cherché des motifs à rêveries sentimentales dans une existence qui se consuma tout entière en luttes et en intrigues contre le monde et la destinée. Nous allons essayer de faire revivre la Bianca des chroniques italiennes ; on verra combien le type ancien diffère des peintures qu'on en fait aujourd'hui. Montaigne, qui l'avait vue, la dénonce comme une femme *impérieuse*, qui avait *angeolé* le grand-duc de Toscane. Il y a déjà loin de là à la *douce Bianca* d'Auguste Barbier.

Toute la poésie de l'histoire est dans son début. Quoi de plus touchant que cette patricienne de quinze ans, amoureuse d'un pauvre commis du même âge, Pierre Bonaventuri? Un soir de rendez-vous, comme elle va rentrer, elle trouve la porte de son hôtel fermée : que voulez-vous qu'elle devienne? Quoi de plus dramatique que la fuite de ces deux enfants, poursuivis par les malédictions d'une famille puissante, et par les sentences, par les sbires mêmes du sénat de Venise?

Ils se sauvent à Florence. Ici la poésie se gâte. Bianca devient la maîtresse de François de Médicis, fils de Cosme Ier et mari de l'archiduchesse Jeanne. Pour Bonaventuri, il se résigna d'emblée à l'infamie et accepta le titre d'intendant du palais.

Enfin François de Médicis arrive au pouvoir. Dès lors l'horizon se fait tout à fait noir et le roman tourne décidément au drame.

En l'année 1570, en effet, Cosme Ier parvint au but de ses longs efforts. Malgré les protestations de Philippe Ier d'Espagne, il put quitter son titre de *duc de Florence* pour prendre celui de *grand-duc de Toscane*. Comme si sa carrière politique devait finir là, Cosme abandonna, dès ce moment, la direction des affaires à son fils aîné, François. L'ex-commis Bonaventuri afficha aussitôt des prétentions telles, qu'on eût pu croire que le grand-duc avait abdiqué en sa faveur. Il devenait importun de bien des façons; il gênait le prince, dont il exploitait sans pudeur et sans mesure la facile bienveillance; il nuisait à Bianca, dont ses incartades faisaient ressortir la situation équivoque. La Vénitienne prit alors un parti où son caractère se révéla d'un coup. Elle avait fui de Venise non par amour pour Bonaventuri, mais par haine pour sa famille. L'idée d'un joug quelconque l'irritait. Son amant fut assassiné.

Du reste, Bianca ne perdit pas pour cela son entraînante gaieté, sa frivole insouciance d'autrefois. Sous ces dehors légers, qui plaisaient à François de Médicis, elle cachait les projets les plus sérieux et les menées les plus profondes. Mais le grand-duc vivait encore; il ne fallait pas qu'elle parût avoir un autre but que celui de distraire et d'amuser le prince héréditaire.

La mort de Cosme Ier, survenue le 21 avril 1574, permit à la favorite de mettre enfin à exécution la première partie d'un plan qu'elle avait mûri de longue main.

Après dix ans de mariage, Jeanne n'avait pas encore donné d'héritier à la Toscane. La couronne menaçait d'échoir au cardinal Ferdinand de Médicis, le frère de François, et que celui-ci n'aimait guère. Bianca prit ses mesures en conséquence. Vers la fin de l'année 1575, elle parla, avec embarras, de symptômes qu'elle qualifiait d'alarmants. Le nouveau grand-duc, comme elle s'y attendait, ne vit là aucun sujet de tristesse; il en conçut au contraire une joie qu'il ne déguisa point. Bianca s'assura le concours d'un cordelier et de plusieurs matrones discrètes, et, dans la nuit du 29 août 1576, on lui apporta dans son lit un enfant mâle qui venait de naître et qu'on avait acheté à sa mère, pauvre mendiante d'un quartier éloigné. L'amour de François pour Bianca s'accrut en raison de cette paternité inattendue; il reconnut publiquement l'enfant et lui donna le nom d'Antoine de Médicis. Les partisans de Jeanne d'Autriche firent des efforts de toute sorte pour désabuser le souverain; ils se mirent à rechercher les auteurs de la supercherie; ils comptaient leur arracher des aveux qui devaient faire crouler le crédit de Bianca. Mais les perquisitions n'eurent aucun résultat; par un de ces hasards qui sont trop utiles pour n'être pas suspectés, tous les complices de Bianca étaient morts de fièvres malignes. Bianca sut faire tourner à son profit l'impuissance de ses détracteurs; elle se donna même, à leur égard, le mérite d'une feinte générosité, qui acheva de les confondre. Peu de mois après, Jeanne d'Autriche mit au monde un fils. Bianca se montra ravie de cet événement; elle ne parut se souvenir de ses intérêts personnels que pour les immoler sans regret au bien de l'État.

Une crise plus sérieuse vint la surprendre au mois de mars 1578. Jeanne d'Autriche donna un second fils à son mari et mourut des suites de ses couches. Ce deuil subit, suivant de près une grande joie, frappa vivement l'esprit de François et remplit son âme de terreurs religieuses. Les ennemis de Bianca ne manquèrent pas d'exploiter contre elle ces dispositions, au moment même où elle osait concevoir la pensée de prendre sur le trône la place de la reine. Pour la première fois, elle put croire que la fortune l'abandonnait. Le grand-duc avait quitté secrètement Florence; du fond de sa retraite, il envoya un ordre d'exil à l'aventurière.

Bianca se garda bien d'obéir; c'eût été, dans son esprit, quitter une partie aux trois quarts gagnée. Elle voyait le titre de *grande-duchesse* vacant; elle avait là, sous la main, le prix de ses longues dissimulations; c'était en vain que sa proie, circonvenue, enlacée, tentait un effort pour lui échapper. Elle suivit ses ennemis sur leur propre terrain et retourna contre eux les armes dont ils la menaçaient. Elle sut mettre dans son parti le confesseur même du prince; celui-ci se chargea de faire comprendre à son royal pénitent que le moment était peut-être mal choisi pour repousser les faveurs de la Providence, qui lui permettait enfin de réparer, par un nouveau mariage, le scandale causé par un adultère de quatorze années.

Le confesseur, dès les premiers mots, s'aperçut qu'il prêchait un converti. Dans sa retraite, François succombait sous le poids de son ennui et de ses humeurs sombres que Bianca avait seule le secret de dissiper. Il y avait trois mois à peine que Jeanne d'Autriche était descendue dans la tombe, que déjà (le 15 juin 1578) un mariage secret unissait François de Médicis à l'ancienne compagne de Bonaventuri, à l'aventurière que les sentences du sénat de Venise avaient diffamée dans toute l'Italie.

Les deux enfants légitimes de François moururent peu de temps après.

Cette double mort émut vivement le cardinal Ferdinand de Médicis. Il avisa aux moyens de ne pas laisser intercepter son héritage. François venait de tomber dangereusement malade. Près de lui était Bianca avec son fils Antoine, dont la vigueur plébéienne prospérait à souhait pour entretenir sa mère dans l'esprit d'une régence. Le cardinal quitta Rome pour se rendre auprès du grand-duc et l'exhorter à éloigner une femme qui lui aliénait le cœur de ses sujets. Mais ce conseil, alors même que François aurait eu la force de le suivre, venait trop tard. Il avoua son mariage, et le premier résultat de l'intervention de Ferdinand fut de rendre publique l'élévation de Bianca et de changer sa honte en triomphe.

Aussitôt guéri, François s'occupa de lui assurer officiellement le titre de grande-duchesse, et, tout d'abord, il voulut obtenir du sénat de Venise la réhabilitation solennelle de Bianca.

Il adressa à la sérénissime République le seigneur Sforza di Santa-Fiore en qualité d'ambassadeur. Le doge, Nicolas da Ponte, prévenu de son arrivée, envoya un cortége de quarante sénateurs à sa rencontre. On le conduisit tout d'abord au palais Capello. Sur les degrés de cette demeure d'où Bianca s'était furtivement enfuie, d'où la malédiction de tous les siens l'avait poursuivie, l'ambassadeur toscan trouva le patriarche d'Aquilée, Grimani, en habits pontificaux, lequel le complimenta et l'introduisit près de Barthélemy Capello. De là Santa-Fiore se rendit à l'audience du doge. Il y lut la lettre par laquelle François notifiait son mariage avec Bianca. On y remarquait le passage suivant :

« Je regarde cette signora comme la *fille* de votre sérénissime République, dont je vais devenir le fils par alliance, comme je l'ai été jusqu'à présent par inclination et par vénération pour elle. »

Le 16 juin eut lieu aux *Pregadi* une séance solennelle. Bianca, à *l'unanimité*, y fut déclarée *la fille véritable et particulière de la République, en considération des qualités rares et précieuses qui l'avaient rendue très-digne de la plus haute fortune.*

Aussitôt les cloches de Saint-Marc sonnèrent à toute volée ; toutes les églises de la ville répondirent, et, en signe de joie universelle, on tira le canon dans tous

BIANCA CAPELLO.

les quartiers. Barthélemy Capello et son fils Vittorio reçurent le titre de chevaliers. A l'issue de la séance, la *seigneurie* en corps alla complimenter l'ambassadeur Sforza.

On peut douter que Bianca elle-même eût jamais rêvé une pareille glorification, voisine de l'apothéose. Jamais l'histoire peut-être n'eut à signaler un plus complet et plus insolent retour de fortune.

François voulut témoigner, à son tour, sa reconnaissance à la République. Il envoya, pour la remercier, son frère naturel, Jean de Médicis, alors âgé de douze ans, escorté de l'élite de la noblesse florentine.

Venise décréta des fêtes nouvelles et plus brillantes pour recevoir l'ambassadeur-enfant. Quarante membres des *Pregadi* sortirent de la ville pour le complimenter, et Vittorio Capello fut investi de pleins pouvoirs pour divertir et amuser Jean de Médicis aux frais de la République. On ne s'en tint pas aux fêtes. Comme il retournait à Florence, l'enfant tomba malade de la petite vérole, à Padoue. Par décret du sénat, Fabrice d'Aquapendente et Mercuriali, les plus célèbres médecins du temps, furent envoyés pour le soigner.

Enfin, le 12 octobre 1579, arrivèrent à Florence les magistrats vénitiens chargés de mettre Bianca en possession des priviléges de *fille de Saint-Marc*. La courtisane de la veille se vit adorée à genoux, et ce fut des mains de sa patrie qu'elle reçut cette couronne royale, achetée par quinze années de hontes et de crimes.

A partir de ce jour, François parut avoir abdiqué. Bianca s'empara du pouvoir et le partagea avec son frère Vittorio, devenu premier ministre. Tandis que le frère donnait libre carrière à sa cupidité et exerçait d'odieuses exactions, la sœur dirigeait toutes ses pensées vers ce but unique : la reconnaissance d'Antoine, par les États de Toscane, comme l'héritier *légitime* de François de Médicis.

L'entreprise était difficile. Bianca entrait en lutte avec le cardinal Ferdinand, un des hommes les plus résolus et les plus habiles de son temps. On citait de lui mille traits qui le faisaient regarder comme un adversaire digne de la grande-duchesse ; celui-ci entre autres :

Le pape Sixte-Quint, redoutant les menées du cardinal, avait résolu de le faire arrêter. Mandé à l'audience pontificale, Ferdinand mit ostensiblement une cuirasse sous sa robe rouge.

« Qu'est-ce que cet habit ? demanda Sixte-Quint.

— Saint-père, c'est un habit de cardinal...; mais ceci, ajouta Ferdinand en frappant sur sa cuirasse, c'est un habit de prince italien.

— Cardinal ! cardinal ! reprit le pape, je vous ferai tomber de la tête le chapeau rouge !

— Si Votre Sainteté m'ôte de la tête ce chapeau de feutre, répliqua Ferdinand d'un ton résolu, j'en prendrai un de fer. »

Tel était l'homme qui apparaissait comme un point noir dans le ciel bleu de Bianca Capello. Or, le nuage menaçait de grandir. L'influence du cardinal arrêtait les négociations relatives à la reconnaissance d'Antoine de Médicis ; les probabilités de la régence rêvée par la grande-duchesse devenaient de plus en plus hypothétiques. Pour comble de disgrâce, Vittorio Capello, dont les concussions ameutaient le peuple et scandalisaient la noblesse, fut renvoyé du ministère et chassé de la Toscane.

Bianca, réduite à ses seules ressources, bien convaincue de la vanité de ses efforts pour faire monter *son fils* sur le trône, voulut renouveler l'expédient qui lui avait déjà réussi. Elle prépara toutes choses pour se donner un second enfant. L'intrigue marchait à merveille, le secret le plus profond avait été gardé, le moment décisif approchait, déjà même on annonçait l'arrivée des premières douleurs, quand le cardinal s'avisa de choisir, pour lire son bréviaire, le couloir par lequel on pénétrait dans l'appartement de la grande-duchesse. Il ne pouvait survenir de plus fâcheux contre-temps. La malade envoya prier le cardinal de s'éloigner. Le bruit de ses pas lui causait un ébranlement général.

« Dites à Son Altesse, répondit froidement le cardinal, que je la supplie de faire son office ; moi, je dis le mien. »

François fut privé ainsi du bonheur d'avoir un héritier direct, et sa femme contrainte d'avouer qu'elle s'était méprise sur sa situation.

Elle venait d'échouer, pour la première fois, dans deux entreprises consécutives. Elle en ressentit une tristesse profonde. Elle était au déclin ; la fortune s'éloignait d'elle. Sa haine pour le cardinal s'accrut au point qu'il lui devint insupportable de vivre dans le même air que lui. Elle entraîna François dans la splendide villa de Poggio Cajano. Là, elle parut se calmer peu à peu dans le silence et le recueillement des champs.

Au mois d'octobre 1587, elle manifesta l'intention de se réconcilier avec le frère de son mari. Ferdinand, invité par François, se rendit à la villa, où il fut accueilli avec de vifs témoignages d'affection. Tous les motifs de haine semblaient oubliés, et, lorsqu'on se mit à table, il n'y avait plus en présence que les membres d'une même famille.

On a diversement raconté l'histoire de ce dîner. Les uns ont prétendu que Bianca avait fait préparer pour Ferdinand un plat dont il était friand et qu'elle avait empoisonné. Le soupçonneux cardinal refusa d'y toucher, sur quoi le grand-duc s'écria : « Puisque mon frère n'en mange pas, j'en mangerai, moi. » Et il en mangea en effet.

Bianca préféra mourir avec son mari que de trahir son crime en l'empêchant de manger. Elle se servit aussi du mets empoisonné.

Il est certain que ce fait n'a rien qui répugne au caractère de Bianca ; son énergie en face de la mort ne peut être mise en doute, surtout au moment même où toute espérance de domination lui échappait. Toutefois, il est difficile de concilier cette version avec les faits rapportés par l'histoire.

Le 8 octobre, François de Médicis tomba malade ; le 10, Bianca fut atteinte du même mal, que les médecins qualifièrent de fièvre intermittente. Le grand-duc vécut encore onze jours et mourut le 19, à quatre heures du matin. Sa femme le suivit, à quelques heures de distance ; elle rendit le dernier soupir le 20 octobre 1587, à trois heures de l'après-midi. Il est assez surprenant que pendant cette maladie relativement longue, on n'ait surpris aucun symptôme d'empoisonnement. Ajoutons que le premier soin du cardinal, devenu Ferdinand Ier de Toscane, fut de faire exposer les corps des défunts, après en avoir ordonné l'autopsie.

Quoi qu'il en soit, le drame se complète par ce dénoûment. Bianca disparait du monde dès qu'elle cesse de le dominer, sa chute est soudaine comme son élévation, sa mort s'enveloppe de mystères comme sa vie s'était passée dans l'intrigue. Ne semble-t-il pas qu'il y ait là quelque chose de prédestiné qui rappelle le *fatum* antique ?

JEAN ROUSSEAU.

MADAME DE STAËL.

Madame de Staël (Anne-Louise-Germaine Necker, baronne de Staël-Holstein) est née à Paris le 22 avril 1766. Elle était fille du ministre Necker, et n'avait que dix ans quand il prit la direction des finances; mais son extrême sensibilité et la force de son imagination la rendirent promptement capable de comprendre le rôle de son père et de jouir de sa popularité. La disgrâce de Necker, en 1784, la pénétra d'indignation, parce qu'elle y vit à la fois une injustice et un malheur public. Quand il fut rappelé, après le ministère de M. de Calonne, elle crut, dans l'ardeur de sa jeunesse, qu'il allait tout réparer et que rien ne résisterait à l'ascendant de tant de vertus et de lumières. Tendre, généreuse, enthousiaste, fière de ses talents dont elle sentait le bouillonnement intérieur et dont elle avait déjà donné des preuves, dévouée du fond de l'âme à la liberté et croyant en entrevoir l'aurore, avide de pensée, d'action et d'influence, elle jouissait de vivre au milieu d'esprits d'élite, de voir de près et de haut les mouvements de la politique, et de s'associer par son ardente et intelligente curiosité aux travaux et aux espérances de son père. Madame Necker, femme éminente à tous égards, mais accoutumée à une réserve quelque peu austère, s'efforçait inutilement de contenir cette sensibilité expansive, cette imagination puissante et mobile. Elle comprenait, en mère intelligente, qu'une nature ainsi organisée ne vit beaucoup qu'à condition de souffrir beaucoup. Mais madame de Staël ne pouvait ni se refuser au monde, qui la devinait et la recherchait, ni s'arracher au spectacle des passions humaines, et de ces grands événements qui commençaient à agiter l'Europe et qui allaient la transformer.

Elle écrivait déjà, quoiqu'elle ne fût encore qu'une très-jeune fille. Elle fit des riens élégants, des synonymes, des portraits, des contes; une comédie de salon qu'elle a publiée plus tard : *Sophie, ou les Sentiments secrets*. Elle se permit même, toute jeune, deux tragédies en vers, *Jane Grey* et *Montmorency*. Ces passe-temps littéraires étaient alors une fureur, et une femme d'esprit pouvait s'y livrer sans tirer à conséquence. On n'était pas auteur, même pour avoir fait deux tragédies, si elles n'étaient jouées que derrière un paravent. Necker n'approuvait pas qu'une femme se fît auteur, et sa fille, qui ne savait rien lui refuser, résista tant qu'elle le put au penchant qui l'entraînait. Jamais on ne la vit s'enfermer pour écrire, et ses livres se faisaient comme par hasard. Elle écrivait debout sur une feuille volante, au coin de la cheminée, souvent en grande toilette ou sur le point de sortir, interrompue à chaque instant, mais toujours prête pour toutes les interruptions, et retrouvant à point nommé sa verve et le fil de ses raisonnements. Elle ne se permit le luxe d'une table à écrire qu'après le succès de *Corinne*.

Elle avait épousé à vingt ans, en 1786, le baron de Staël-Holstein, très-grand seigneur et très-galant homme, mais beaucoup plus âgé qu'elle et dont la fortune était assez délabrée. Fort riche elle-même, fille unique du ministre tout-puissant, et spirituelle à miracle, elle pouvait choisir entre les meilleurs partis de France; mais il fallait que son mari fût protestant et qu'il pût rester à Paris et à la cour. Elle eut de ce mariage deux fils, dont un seul, le baron Auguste de Staël, lui survécut, et une fille qui devint madame la duchesse de Broglie. M. de Staël, l'ambassadeur de Suède, mourut en Suisse, entre sa femme et son beau-père, en 1802.

L'histoire de Necker, pendant les deux premières années de la Révolution, est l'histoire même de madame de Staël. Elle partagea son ivresse tant qu'il dirigea la Révolution au milieu de l'enthousiasme général, son courage quand il crut devoir s'efforcer de la contenir, son désespoir quand il sentit qu'elle lui échappait et qu'il vit la nation presque tout entière se tourner contre lui. Necker, abandonné des deux partis, obtint comme une grâce la permission d'arriver jusqu'à la terre d'exil. Ces situations exceptionnelles sont de celles qui tuent ou qui retrempent. Madame de Staël, quand elle alla retrouver son père à Coppet, à travers mille périls, au moment du 2 septembre, se sentait désormais capable d'avoir raison contre tout le monde, ce qui est la manière la plus parfaite d'avoir raison.

Elle avait publié, en 1789, les *Lettres sur les écrits et le caractère de J. J. Rousseau*. Sous le règne de la Terreur, partagée entre l'indignation et la pitié, elle ne voulut et ne put pas écrire. On n'a d'elle, pendant cette période, qu'une *Épître au malheur*, en vers, et une défense éloquente et courageuse de Marie-Antoinette, adressée au tribunal révolutionnaire. Elle avait toujours respecté l'homme dans Louis XVI et la femme dans Marie-Antoinette ; elle l'aimait alors avec un dévouement passionné, parce qu'elle aimait le malheur en elle. Après le 9 thermidor, qu'elle salua comme une délivrance, elle publia deux brochures anonymes : *Réflexions sur la paix*, adressées à M. Pitt et aux Anglais, et *Réflexions sur la paix intérieure*. De retour à Paris, elle y trouva les débris de son ancienne société et tout un monde d'hommes nouveaux que les derniers événements avaient mis en lumière. Malgré ses opinions très-arrêtées et très-connues, la tolérance que lui imposaient ses doctrines et que sa nature lui inspirait la rendait très-propre au rôle de conciliatrice. Les hommes et les partis étaient appréciés chez elle par ce qu'ils avaient de bon et de grand ; les petits et les méchants côtés étaient laissés en oubli, pourvu qu'il ne fût pas question des principes de la morale, sur lesquels elle ne transigeait pas. Cette haute et sereine impartialité, et le talent incomparable qu'elle déployait dans la conversation et dont ses écrits mêmes ne donnent qu'une idée incomplète, rendirent bien vite à son salon l'éclat et l'influence qu'il avait eus sous le ministère de Necker. Elle y reçut Tallien, Barras, le comte de Montmorency, Joseph Bonaparte, et avec lui le jeune général à laquelle la France allait se donner. Elle rendit justice à son génie et jugea sévèrement son caractère. Passionnée, dévouée, expansive, elle ne sentait en lui que résolution et calcul. C'était, disait-elle, plus qu'un homme ou moins qu'un homme. Elle en eut peur : plus elle le voyait grandir, plus elle tremblait pour la liberté. On n'était plus à ces temps heureux des débuts de la Constituante qu'elle-même a caractérisés en disant qu'une idée était alors plus puissante qu'un général, même sur le peuple. Deux livres publiés par elle, à quatre ans de distance, furent une date glorieuse pour sa vie et même pour la littérature française, qui alors commençait à renaître, avec l'ancienne poétique et des aspirations nouvelles. Le premier de ces deux ouvrages a pour titre : *de l'Influence des passions sur le bonheur des individus et des nations*, et est demeuré inachevé ; le second est le célèbre traité *de la Littérature considérée dans ses rapports avec les institutions sociales*, où l'on trouve pour la première fois dans sa plénitude ce grand talent si bien défini par M. Villemain : « Spirituel et grave, enthousiaste et sensé. » Le traité *de la Littérature* fut promptement suivi d'une œuvre délicate et charmante qui, aujourd'hui encore, ravit toutes les âmes tendres par un mélange exquis d'analyse savante et de mélancolie rêveuse : c'est le roman de *Delphine*, l'un des premiers et assurément l'un des plus beaux qu'ait produits le dix-neuvième siècle. Tous ces livres, en paraissant, jetaient un grand éclat et soulevaient de vives polémiques, en dépit de la gravité des événements; car en France on ne se désintéresse jamais tout à fait de la littérature, et il y a toujours une place pour le roman à côté de l'histoire.

Madame de Staël, autre preuve de sa force, avait alors de nombreux adversaires. Chateaubriand, son rival de gloire et d'influence, la combattit, mais courtoisement. Ces deux grands esprits, qui peut-être travaillaient à la même œuvre, se croyaient séparés par un abîme, parce que Chateaubriand venait de faire la poétique de la religion chrétienne, et que madame de Staël appartenait plutôt à la philosophie. Les contemporains ne voient que leurs différences, et c'est la postérité qui se charge de marquer leurs analogies. La politique était la cause secrète de ces animosités. Madame de Staël avait beau faire des romans et de la littérature. Celle qui a écrit : « S'occuper de politique est religion, morale et poésie tout ensemble, » mettait nécessairement de la politique partout ; et la preuve, c'est que ce fut après le roman de *Delphine* que Bonaparte l'exila à quarante lieues de Paris.

On a plaisanté quelquefois sur cette petite persécution qui, de loin, ressemble à une taquinerie, et sur la douleur de madame de Staël, qui ne pouvait se résigner « à vivre loin du ruisseau de la rue du Bac; » qui ne cessait de se lamenter sur son malheur, et de se rapprocher le plus près possible de la limite défendue ; qui même, une fois, se donna la joie de passer quatre jours à Paris dans le plus grand secret, et de s'y promener au clair de la lune. On peut plaisanter, en effet, pourvu qu'on n'oublie pas que madame de Staël aurait supporté avec plus de stoïcisme une persécution véritable, et qu'on se souvienne aussi qu'il n'a tenu qu'à elle, plus d'une fois, d'acheter sa grâce par un seul mot. Elle a gémi, mais elle a été inébranlable. Que peut-on demander de plus, même à la première des femmes?

Vers la fin de 1803, madame de Staël fit son premier voyage en Allemagne. Elle y connut, à Weimar, Goethe, Wieland et Schiller, et se lia avec Schlegel, qui, depuis, devint son conseiller assidu, et la suivit dans la plupart de ses voyages.

MADAME DE STAËL.

L'année suivante fut marquée pour elle par le plus grand malheur qui pût l'atteindre en ce monde : Necker mourut à Coppet le 9 avril 1804, âgé d'environ soixante et onze ans. Sa fille accourait, avertie par une amie, pour recevoir son dernier soupir. Elle apprit la funeste nouvelle par les chemins. Jamais fille n'avait, comme madame de Staël, aimé, adoré, idolâtré son père. Son premier soin, après l'avoir perdu, fut d'écrire pour ses œuvres une admirable et touchante notice. Elle partit ensuite pour l'Italie, avide de se fuir elle-même et de chercher dans les distractions du dehors une consolation impossible. Insensible jusque-là aux beautés de la nature, elle commença, après cette grande catastrophe, à comprendre que la vie est partout et que ce n'est pas seulement dans le cœur de l'homme qu'il faut l'étudier. Cette initiation à des sensations nouvelles donna au roman de *Corinne*, qu'elle rapporta d'Italie, une force et une beauté qui n'éclataient pas au même degré dans *Delphine*. On a dit qu'elle s'était peinte elle-même dans ses héroïnes; que Delphine est son portrait, et Corinne son idéal. Il est probable qu'elle n'a pas cherché cette ressemblance, mais elle avait une telle habitude d'analyser les sentiments, et les siens comme ceux des autres, qu'elle se mettait toujours tout entière dans ses écrits, et qu'on la retrouve avec toutes ses passions, et, si on peut le dire, avec tous les charmes de son âme vibrante et généreuse, jusque dans ses œuvres les plus abstraites. Son originalité tient surtout à ce qu'elle est toujours passionnée et toujours clairvoyante.

Elle visita Vienne en 1807, et fit paraître bientôt après son livre *de l'Allemagne* dont l'influence a été si puissante sur notre littérature et sur notre philosophie. Ce monde voisin nous était inconnu. Madame de Staël l'expliquait, et en même temps le jugeait, avec la supériorité du génie. Cette belle œuvre sortit toute meurtrie des mains de la censure. L'auteur reçut l'ordre de ne plus quitter Coppet, et ce qui appesantit douloureusement le poids de cette disgrâce, M. de Montmorency et madame Récamier furent exilés à leur tour pour avoir été lui porter des consolations dans son exil.

Cette terre de Coppet était alors le centre de l'opinion, et rien ne s'y disait qui n'eût son écho dans Paris, car tout s'entend dans le silence. Là étaient les esprits les plus distingués de la France, de la Suisse et de l'Allemagne, tous ceux du moins qui n'appartenaient pas au monde officiel, Benjamin Constant, les Schlegel, Sismondi. Madame de Staël les attirait et les retenait par la plus aimable hospitalité, par les grâces de son commerce et par cet art, dans lequel elle excella toute sa vie, de causer et de faire causer. Elle y souffrait pourtant au milieu de cet empressement et de ces triomphes. La police l'entourait et la cernait de toutes parts, et chaque nouvelle conquête de l'Empereur resserrait le cercle où elle pouvait se mouvoir. Un matin, elle sortit de son château, un éventail à la main. Une voiture l'attendait comme pour la promenade. Elle y monta pour se rendre à Londres, en passant par Saint-Pétersbourg et Stockholm, les seuls chemins qui lui fussent ouverts. On était au printemps de 1812, et elle mit près d'une année pour accomplir son voyage. Elle vit l'empereur de Russie à Saint-Pétersbourg; à Stockholm, elle retrouva Bernadotte, alors prince royal en attendant le trône; elle était liée avec Moreau : ses ennemis ne manquèrent pas de dire qu'elle soufflait partout la guerre contre la France; mais la vérité est qu'elle fut toujours Française. Ni son père ni elle n'avaient émigré. Ils avaient quitté la France à leur grand chagrin, par nécessité, ce qui est bien différent de l'avoir quittée par esprit de parti. Elle disait qu'il fallait d'abord être chez soi, ensuite y être libre. Un jour, on vint avec empressement lui apprendre que les alliés étaient dans Paris. C'était la fin de son exil. « De quoi me félicitez-vous? dit-elle; de ce que je suis au désespoir! »

Elle avait épousé secrètement, en 1810, M. de Rocca. C'était un homme bon et distingué, couvert de blessures glorieusement reçues; beaucoup plus jeune qu'elle, et qui s'était fait aimer en l'aimant. Il l'entoura jusqu'à sa mort des plus tendres soins et lui survécut très-peu. La vie extérieure de madame de Staël ne fut pas changée par son union avec M. de Rocca; elle resta la même pour ses enfants, pour ses amis et pour le monde. Elle avait pris l'administration de ses biens à la mort de son père, et, en vraie fille de Necker, elle dirigeait ses affaires avec beaucoup d'habileté et de générosité. Quand elle se vit de retour à Paris, en pleine Restauration et sous l'empire de la Charte, elle obtint pour elle, ou plutôt pour ses enfants, une somme de deux millions. Ce n'était pas, comme on pourrait le croire, une part du milliard d'indemnité; car elle ne fut jamais émigrée, et son père, qui figura sur la liste des émigrés pendant la Terreur, en fut rayé sous le Directoire, non par faveur, mais par justice, et sur les instances mêmes de sa fille. Ces deux millions étaient la restitution d'une somme égale que Necker avait prise noblement sur sa fortune et versée dans le trésor public comme garantie de ses engagements envers des banquiers hollandais, pendant qu'il était ministre des finances.

Elle avait publié à Londres une brochure contre le suicide, dédiée à Bernadotte; et quand elle mourut, à Paris, le 14 juillet 1817, elle laissait deux ouvrages inachevés : *Dix années d'exil* et les *Considérations sur la Révolution française*. On comprend l'effet que dut produire, à l'époque où il parut, un livre si rempli de vues neuves et profondes, de jugements définitifs sur des hommes et des choses qui n'étaient alors appréciés, en bien ou en mal, que par la passion; toujours simple dans l'expression avec des éclairs de génie, sensé, pratique, et pourtant animé d'un bout à l'autre par le plus pur patriotisme et le plus ardent amour pour la liberté. Peut-être gagne-t-il encore à être relu aujourd'hui, après de nouvelles expériences. Trois révolutions ajoutées à celles que l'auteur avait vues ne le rendent que plus vrai et plus expressif. Madame de Staël appartient visiblement à cet ordre de grands esprits, qui ne sont pas grands seulement pour leur temps et pour leur monde. Cette gloire est de celles que la postérité doit accepter. Tous les biens avaient été prodigués à madame de Staël : le génie, la renommée, la fortune, un père et des enfants dont elle était justement fière, et qui lui rendaient l'amour exalté qu'elle avait pour eux, de nombreux amis parmi les premiers de son temps, et, dans la foule, des sympathies ardentes. Pourtant elle a beaucoup souffert, mais, comme toutes les âmes d'élite, par ses qualités. Son cœur a saigné de toutes les plaies de la patrie. Elle était, sous la Terreur, au pied de l'échafaud avec les victimes; elle souffrait, sous l'Empire, pour son idéal perdu, pour la liberté détruite ou ajournée. Elle était si impartiale, qu'elle adorait le talent dans ceux mêmes qu'elle combattait, dans Bonaparte, « qui rendait l'espèce humaine anonyme en accaparant la gloire pour lui seul; » dans Mirabeau, « enlacé dans ses passions comme Laocoon dans ses serpents. » Elle ne se sentait jamais séparée de personne que par une idée. Quoiqu'elle n'aimât pas Chateaubriand, elle ne pouvait relire *René* ou *Velléda* sans que le cœur lui battît d'enthousiasme. C'est à lui qu'elle dit un jour, peu de temps avant de mourir, ce mot qui résume si bien toute sa vie : « J'ai toujours été la même, vive et triste. J'ai aimé Dieu, mon père et la liberté. »

JULES SIMON.

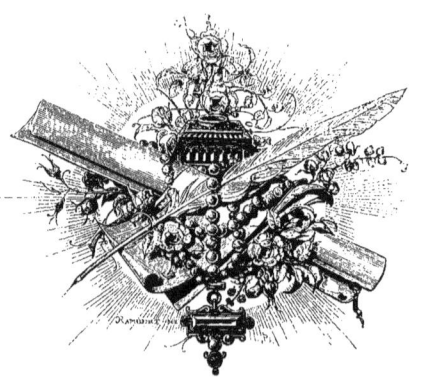

MADAME RÉCAMIER.

Voici une femme qui n'a laissé ni un livre ni un de ces actes éclatants qui donnent ordinairement à un nom la survivance, et cependant elle a sa place — une place à part — dans le Panthéon des souvenirs. Elle appartient à la glorieuse famille des immortels. Pourquoi cette exceptionnelle faveur? Un seul mot l'expliquera : le charme. Elle avait au plus haut degré cette chose indéfinissable qui attire, exalte et soumet. Partout où elle se trouvait, elle était centre. On se sentait instinctivement entraîné vers elle, et, sans la connaître, on s'arrêtait pour voir passer cette reine par le droit divin de la beauté et de la grâce.

Notre génération n'avait connu que les derniers jours de cette brillante existence; elle avait vu l'astre se coucher mélancoliquement dans la solitude et elle n'avait qu'une idée confuse de la vie de cette femme célèbre, avant qu'une main amie [1] eût recueilli les souvenirs et la correspondance de madame Récamier. Aujourd'hui on peut se rendre compte de l'empire souverain, de la fascination que cette femme, née d'une famille bourgeoise, mariée à un bourgeois, a exercés sur les personnages les plus illustres de son temps — les princes de la terre et les princes de l'intelligence. Pour conquérir cette célébrité que tant de femmes, après elle, ont cherchée sans l'atteindre, elle n'eut besoin d'aucun effort. Elle était au contraire modeste, et elle se serait volontiers reléguée au second plan, si ses qualités exquises ne lui eussent assigné partout et toujours la place d'honneur.

Jeanne-Françoise-Juliette-Adélaïde Bernard naquit en 1777, à Lyon, où son père était notaire. Tout enfant, on la remarquait déjà pour son extraordinaire beauté. Sa mère la conduisit un jour à l'un des derniers grands couverts de la monarchie expirante, et, dans cette grande salle de Versailles, la reine Marie-Antoinette apercevant cette petite fille (Juliette avait onze ans), qui se tenait au premier rang de la foule, la fit venir auprès d'elle et la fit conduire dans les appartements, où elle fut mesurée avec Madame Royale, depuis duchesse d'Angoulême. La jeune princesse ne fut que médiocrement flattée de se voir ainsi mesurée et comparée avec cette petite bourgeoise dont elle ne savait pas même le nom.

A quinze ans (on était en cette terrible année de 1793) Juliette fut mariée à un banquier de Paris, ami de la famille Bernard, M. Jacques Récamier, âgé de quarante-deux ans; la belle Juliette l'avait aimé entre toutes les personnes qui venaient chez son père, et l'on comprendra cette amitié quand on saura que c'était M. Récamier qui apportait à la jeune fille les plus jolies poupées. Elle se maria donc sans y songer et sans trop savoir ce qu'elle faisait, et il faut ajouter qu'elle ne connut jamais du mariage que le sacrement, ou plutôt la cérémonie, car le sacrement n'était pas en honneur en 1793. Si maintenant l'on me demande comment cet homme qui n'était point un vieillard, M. Récamier, put vivre auprès de cette femme si belle, si charmante, si attrayante de tous points sans être autre chose qu'un père et un ami, voici ce que je dirai : toutes les fées avaient présidé à la naissance de Juliette; l'une lui avait donné la grâce, l'autre la beauté, l'autre l'esprit, et c'est ainsi qu'elle avait reçu les dons les plus séduisants; mais une mau-

---

1. Madame Lenormant.

vaise fée, la dernière venue, avait pris plaisir à rendre imparfait ce chef-d'œuvre et elle avait dit : « Tu inspireras l'amour, tu le ressentiras peut-être, mais tu seras une statue; » la statue était vivante cependant. Hélas! ce n'était pas seulement un Pygmalion qu'il fallait pour animer une telle Galathée!

Juliette fut amenée à Paris par l'homme dont elle portait le nom. L'heure était mauvaise. « Qu'avez-vous fait pendant la terreur? demandait-on à Sieyès. — J'ai vécu, » répondit-il. La seule préoccupation de tout le monde était donc de vivre, et l'on vivait surtout en se faisant oublier. Ce ne fut qu'après Thermidor que madame Récamier commença à être célèbre.

Madame Récamier faisant son entrée dans le monde sous le Directoire, à ce moment où le paganisme était encore dans toutes les imaginations, devait par son incomparable beauté être le point de mire de tous les hommages. Se montrait-elle à la promenade de Longchamps, la foule s'arrêtait pour la contempler et la saluait comme une souveraine. Un jour, elle se rend aux instances de ses amis et fait la quête à Saint-Roch. Sa présence provoque aussitôt dans l'église, rouverte de la veille aux cérémonies religieuses, une véritable manifestation. On montait sur les chaises, sur les piliers, sur les autels des chapelles latérales, et ce fut à grand'peine si l'objet de cet empressement put fendre le flot des curieux et faire circuler la bourse des pauvres. La foule revenue au culte catholique n'avait point encore tout à fait oublié, comme on voit, le culte des déesses de la Raison.

L'hôtel de madame Récamier fut bientôt le centre de Paris. Pas un étranger de distinction qui n'arrivât en France sans solliciter l'honneur d'être présenté à l'incomparable Juliette. A ce moment de sa belle jeunesse, madame Récamier a pour fidèles le duc Adrien et le vicomte Mathieu de Montmorency qui revenaient de l'émigration, le vieux duc de Guiches qui avait été ambassadeur de Louis XVI à Londres, Christian de Lamoignon, le comte de Narbonne, Camille Jordan, auxquels se mêlaient, sans être aussi familiers dans la maison, les hommes éminents de la société nouvelle : Eugène de Beauharnais, Fouché, Bernadotte, Barrère, Masséna, la Harpe, Lemontey, Legouvé et bien d'autres.

M. Récamier avait loué le château de Clichy, un véritable château de fermier général, et c'est là que pendant l'été accouraient les adorateurs de Juliette. Les jardins étaient vastes, les ombrages magnifiques et la déesse trônait chaque soir dans son salon après avoir présidé à une table entourée de convives. Un soir qu'il se promenait dans le parc avec madame Récamier, Lucien Bonaparte, alors ministre de l'intérieur, se sentit subjugué comme tous les autres, mais, plus audacieux, il risqua une déclaration qui ne fut point accueillie; il ne se découragea pas cependant et envoya lettre sur lettre. Cette correspondance de *Roméo* à *Juliette* est d'une fadeur désespérante, on dirait d'une amplification de rhétoricien. « Roméo vous écrit, Juliette; si vous refusez de le lire, vous serez plus cruelle que nos parents, dont les longues querelles viennent de s'apaiser; sans doute, ces affreuses querelles ne renaîtront plus. Il y a peu de jours, je ne vous connaissais encore que par la renommée; je vous avais aperçue quelquefois dans les temples et dans les fêtes; je savais que vous étiez la plus belle; mille bouches me répétaient vos éloges et vos attraits m'avaient frappé sans m'éblouir.... Pourquoi la paix m'a-t-elle livré à votre empire! La paix, elle est aujourd'hui dans nos familles, mais le trouble est dans mon cœur.

« Je vous ai revue depuis. L'amour a semblé me sourire.... Assis sur un banc circulaire, seul avec vous, j'ai parlé, j'ai cru entendre un soupir s'exhaler de votre sein! Vaine illusion! Revenu de mon erreur, j'ai vu l'indifférence au front tranquille assise entre nous deux.... La passion qui me maîtrise s'exprimait dans mes discours, et les vôtres portaient l'aimable et cruelle empreinte de la plaisanterie. »

Juliette soutint vaillamment le choc de ces compositions littéraires. Voyant qu'il perdait son temps et sa rhétorique, Lucien Bonaparte battit en retraite.

Le premier consul lui-même subit, dans une certaine mesure, l'influence de cette beauté sans pareille. « Et moi aussi, lui dit-il, un soir j'aimerais bien à aller à Clichy. » Et pendant que Garat chantait la scène d'*Orphée*, madame Récamier retrouvait le regard du futur empereur attaché sur elle avec une persistance et une fixité qui l'embarrassait.

Ce qui distingue madame Récamier des beautés vulgaires, c'est l'absence de toute coquetterie. Elle est belle et elle s'en doute bien un peu en se voyant le point de mire de tant d'hommages, mais loin de provoquer les adorations intéressées, elle les redoute, les fuit et les repousse dès la première sommation. Elle aime à plaire toutefois, mais elle se dérobe aux sentiments trop vifs; elle est toute à tous parce qu'elle n'est à aucun; elle règne sur les cœurs et les esprits en restant libre, et c'est là, il me semble, tout le secret du long empire de cette femme extraordinaire.

Quand l'Empire fut fait, un peu contre son gré, car elle avait assisté aux innocents conciliabules de Bernadotte et de Moreau, elle se rangea noblement dans le parti des persécutés contre les persécuteurs, et c'en fut assez pour la signaler à l'ombrageuse police du temps. Napoléon, qui n'avait pu obtenir que madame Récamier fût un des ornements de sa cour, ne supportait qu'avec dépit que les hommes considérables parmi ses ministres, ses généraux, les ambassadeurs et même les princes étrangers, de passage à Paris, se montrassent aux soirées de l'hôtel Récamier. Pour un rien, Napoléon aurait embrigadé la belle Juliette parmi les idéologues, et l'on sait combien c'était un mot terrible, ce mot *idéologue*, dans la bouche du maître. Heureusement il y avait en ce temps-là un terrain neutre

MADAME RÉCAMIER.

où l'on pouvait se rencontrer en dépit des agents de Fouché. La bonne compagnie allait encore au bal de l'Opéra, et le bal de l'Opéra devint le salon *in partibus* de madame Récamier : là elle se rencontrait avec le prince de Metternich, premier secrétaire de l'ambassade d'Autriche et en grande réputation d'esprit; avec le prince héréditaire de Mecklembourg-Strelitz, frère de la belle reine Louise de Prusse; avec le prince de Bavière qui fut le roi Louis, — un poëte couronné, — et avec beaucoup d'autres, tous sous le charme et ravis de pouvoir serrer en passant la petite main de Juliette. Un beau soir, à ce même bal de l'Opéra, le prince de Wurtemberg feignant de ne pas reconnaître madame Récamier, lui prend la main et s'empare d'une bague. Je ne sais trop quelle sévère leçon eut à recevoir le pauvre prince, mais le lendemain il écrivait le billet suivant :

« C'est à la plus belle, à la plus aimable, mais toujours à la plus fière des femmes que j'adresse ces lignes, en lui renvoyant une bague qu'elle a bien voulu me confier au dernier bal masqué. Si mon étourderie était inconcevable, j'aime à l'avouer, ma punition hier a été bien sévère et j'assure que cette leçon me corrigera pour toute ma vie. »

A la bonne heure, voilà un prince qui sait vivre et qui même est bon prince. Il n'en est pas moins vrai que, pour que tant d'hommes distingués éprouvassent un tel désir de voir madame Récamier, de la rencontrer n'importe où, quand la prudence ne leur permettait pas d'aller chez elle, il fallait que la beauté et même la grâce ne fussent pas les seules armes de l'enchanteresse. Une femme qui accordait si peu eût bientôt lassé ses plus intrépides adorateurs, si aux qualités qui séduisent elle n'avait joint les qualités qui attachent, les qualités de l'intelligence et du cœur.

Madame Récamier, restée fidèle à sa noble amie, madame de Staël, devait faire comme tous les libres esprits du temps le voyage de Coppet. Ce fut dans une de ces visites à la petite cour de Corinne, que madame Récamier vit, pour la première fois, le prince Auguste de Prusse, neveu du grand Frédéric. Celui-ci, remarquablement beau, brave, chevaleresque, et âgé de vingt-quatre ans, conçut pour la belle Française une passion qui ne devait s'éteindre qu'à la mort. Secondé par madame de Staël, dont l'imagination saisit avidement un projet qui pouvait répandre sur Coppet un éclat romanesque, il proposa à madame Récamier de l'épouser. On sait que le divorce était autorisé par la loi civile. Madame Récamier, émue et un instant ébranlée, fut sur le point de céder à l'émotion du sentiment qu'elle inspirait; mais cet instant fut court. Après trois mois d'enivrement pour le prince, de doute et d'hésitation pour Juliette, elle partit tout à coup pour Paris et se dégagea par une lettre. « J'ai été frappé de la foudre, » lui répondit le prince Auguste. Il voulut au moins revoir celle qu'il appelait « la cruelle Juliette, » et il resta toujours sous le charme de la première émotion. Trois mois avant sa mort (1843), il lui écrivait encore un billet tout pénétré du parfum de l'amour de 1808. Il n'est que les princes, et les princes allemands, pour une telle constance. Étrange destinée de madame Récamier! Elle inspirait la passion sans la partager; elle passait au milieu du feu comme la salamandre. Plus tard, elle refusera également le nom d'un des plus grands princes de la prose française, le nom de Chateaubriand.

Telle nous l'avons vue à Paris et à Coppet, telle nous la retrouverons partout où elle ira, s'emparant des cœurs, en quelque sorte à son insu; dans le court séjour qu'elle fait à Londres, la fière aristocratie britannique va s'inscrire chez elle; elle se lie avec le marquis de Douglas, depuis duc de Hamilton, et avec sa sœur; le prince de Galles lui offre ses hommages; elle reçoit la visite du duc d'Orléans et de ses jeunes frères, le duc de Beaujolais et le duc de Montpensier. Pendant quelques semaines, les feuilles anglaises ne sont occupées qu'à enregistrer les faits et gestes de l'illustre étrangère. A Rome, les plus grands personnages lui feront fête, et à Naples elle illuminera, des rayons de sa beauté, la cour de son amie la reine Caroline.

La Restauration fut pour madame Récamier, rentrant à Paris avec l'auréole de la persécution, l'apogée de sa gloire et de sa renommée; mais, comme par le passé, son salon s'ouvre à toutes les opinions. Benjamin Constant y coudoie M. le duc de Montmorency, et madame Regnault de Saint-Jean-d'Angély s'y assoit à côté de madame la duchesse des Cars. Le duc de Wellington y passe un instant, et dans un billet qu'il écrit à madame Récamier, il la remercie de lui avoir envoyé *la Pamphlète* de madame de Staël. Wellington appelait ainsi une des plus belles œuvres du commencement de notre siècle. *La Pamphlète* en question était le livre *de l'Allemagne*.

L'Abbaye aux Bois fut, jusqu'au moment où Chateaubriand devint l'idole du temple, un cercle charmant où se rencontraient, à de certaines heures, toutes les supériorités sociales et intellectuelles : la duchesse de Devonshire, le comte de Bristol, le duc de Hamilton, Alexandre de Humboldt, Ballanche, David (d'Angers), Lamartine, Bertin l'aîné, Benjamin Constant; et plus tard, MM. Villemain, Alexis de Tocqueville, Salvandy, de Montalembert, Augustin Thierry, Sainte-Beuve, Mérimée, Ampère, etc.

Arrêtons-nous ici, et examinons cette figure vraiment originale. Si elle n'eût été que belle, madame Récamier aurait-elle exercé sur tous ceux qui l'approchèrent, depuis le prince Auguste de Prusse jusqu'à Ballanche, depuis Lucien Bonaparte jusqu'à Chateaubriand, une influence aussi décisive? Personne ne le croira. La beauté est un don suprême, mais tout puissant qu'il soit, il n'aurait pas suffi à rallier pendant presque un demi-siècle tant d'intelligences d'élite. D'autres femmes furent proclamées belles, à l'époque même où apparut madame Récamier, qui n'eurent qu'un règne éphémère. La beauté est un puissant auxiliaire, mais elle n'est qu'un auxiliaire. Toute belle qu'elle était, madame Récamier eût passé inaperçue si sa beauté n'eût été relevée par d'autres qualités précieuses. Outre qu'elle était douée d'une grâce sans égale qui attirait et retenait, elle avait une bonté sans limites, une inépuisable charité, et un dévouement à toute épreuve. Les lettres qui restent d'elle, lettres écrites à des amis, sans prévision de publicité, et qui se distinguent par beaucoup de finesses, par des remarques délicates, et parfois par d'aimables malices, prouvent aussi que chez elle les dons de l'esprit n'étaient point au-dessous des qualités du cœur.

Entourée et adorée comme elle était, non-seulement madame Récamier ne pouvait être une intelligence secondaire, mais il est impossible de se représenter cette femme extraordinaire sans le cortége de qualités supérieures. Tenir un salon avec aisance, avec esprit, être le centre d'un cercle d'hommes et de femmes distingués; nous savons tous combien cela est difficile, puisque si peu de femmes aujourd'hui possèdent ce grand art qui est comme le luxe des sociétés polies; mais y grouper pendant si longtemps autour de soi, à travers les fluctuations de la politique, les esprits les plus illustres de l'Europe, recevoir en même temps les anciens et les nouveaux, et avoir assez de tact, d'habileté, de grâce, d'autorité pour que nul froissement ne résulte de ces éléments disparates, voilà le rare. N'oublions pas non plus que la nature généreuse de madame Récamier l'entraînait toujours vers les victimes : vers madame de Staël, sous l'Empire; vers la reine Hortense et la reine Caroline, sous la Restauration; on peut dire qu'elle a été l'amie passionnée de toutes les puissances tombées. Noble cœur, noble esprit, noble femme : voilà mon dernier mot.

EDMOND TEXIER.

MADEMOISELLE DE FONTANGES.

Je ne pense pas, écrivait madame de Sévigné, qu'il y ait d'exemple d'une si heureuse et si malheureuse personne.

C'est en deux mots l'histoire de mademoiselle de Fontanges.

La cour de Louis XIV resplendit sous le règne des blondes. Le roi-soleil aimait la moisson dorée. Mademoiselle de Fontanges était blonde comme la Violente du Titien, — presque rousse, — ce beau blond de Venise qui ruisselle dans les Décamérons du Giorgone, et qui est la fête des yeux pour les coloristes. On n'a pas de portraits authentiques de mademoiselle de Fontanges. Mais a-t-elle eu le temps de poser? Tous les contemporains, même les femmes, même madame de Sévigné, la représentent comme la plus jolie femme de son temps, — son temps qui ne dura qu'un matin! Madame de Sévigné la trouve si belle qu'elle la surnomme la *belle Beauté*. Quel était le caractère de cette beauté? « Belle comme un ange et sotte comme un panier, » dit l'abbé de Choisy. Voilà tout un portrait qui se détache du cadre; mais ce n'est pas là un portrait ressemblant. Je dirai plus loin que mademoiselle de Fontanges n'était pas sotte. Si j'en crois d'autres portraitistes à la plume du même temps, elle était en effet belle comme un ange, « toute parée de sa candeur et de sa virginité, » blanche avec des tons roses, pâlissant et rougissant tour à tour, n'étant maîtresse ni de son cœur ni des mouvements de son cœur. Grande comme mademoiselle de la Vallière, elle n'avait pas sa grâce, roseau penché, mais elle avait cette charmante maladresse des filles qui entrent à peine à l'école de l'amour. Elle fut dépaysée à Versailles jusqu'au jour où elle y fut la reine. On riait d'abord de la voir si timide au milieu de ces belles familières. Elle n'osait ni aller ni venir, elle craignait les moqueries; il semblait qu'elle marchât sur les flots tant elle avait peur d'avancer, mais enfin elle fit le pas des dieux.

Le roi aimait toutes les filles d'honneur de sa cour. On ne disait plus filles d'honneur de la reine, mais filles d'honneur du roi, par antiphrase.

Marie-Angélique de Scoraille de Roussille, duchesse de Fontanges dans le grand livre héraldique des *Nuits* de Versailles, débuta comme mademoiselle de la Vallière dans la troupe empanachée des filles d'honneur de Madame. Mais ce n'était plus la belle Madame : la Palatine avait succédé à Henriette d'Angleterre. Selon la chronique, mademoiselle de Fontanges avait été destinée par sa mère à devenir maîtresse du roi, mais l'histoire repousse cette opinion, faute de preuves. Et d'ailleurs l'histoire ne s'amuse pas à ces détails.

Dès que madame de Montespan vit venir cette belle fille, elle la voulut peindre par un mot railleur, selon sa coutume. Elle dit au roi que Madame avait pris pour nouvelle fille d'honneur une provinciale qui était une vraie idole de marbre, avec des cheveux dorés comme les antiques. « Quel sera le Pygmalion? » demanda le roi, qui ne savait qu'une histoire, l'histoire des dieux. Dès qu'il vit mademoiselle de Fontanges, il jura qu'il la ferait descendre de son piédestal. Madame de Montespan la lui amena au jeu de la reine comme une curiosité. « Voyez donc, Sire, quelle majesté! quelle fraîcheur! quelle merveilleuse sculpture! » La marquise jouait sur le mot pour exprimer que la jeune fille était de marbre, mais bien sculptée. « Mais voyez donc, Sire. » Et la marquise soulevait la dentelle qui voilait le sein de vingt ans. Le roi, voyant rougir mademoiselle de Fontanges, dispensa madame de Montespan du reste de sa description. « Je sais mieux que vous, madame, voir les œuvres parfaites. » Dès ce soir-là le duc de Saint-Aignan dit à la duchesse d'Arpajon, en lui montrant le ciel : « Regardez, duchesse, nous avons là-haut une nouvelle étoile. »

Durant tout un mois, ce ne furent que fêtes, chasses, soupers et bals. Elle était souveraine et donnait la mode. Un jour de chasse, une bouffée de vent dénoua sa coiffure; elle la fit rajuster avec un ruban dont les nœuds lui voltigèrent sur le front. C'était poétique comme l'ombrage mystérieux de l'amour royal. Les fronts voilés donnent plus d'éclat aux regards et de volupté à l'expression. Voici comment Bussy conte cette page d'histoire des modes : « Elle étoit vêtue, ce jour-là, d'un justaucorps en broderie d'un prix considérable, et la coiffure étoit faite des plus belles plumes qu'on eût pu trouver. Il sembloit, tant elle avoit bon air avec cet habillement, qu'elle ne pouvoit pas en porter un qui lui fût plus avantageux. Il s'éleva un petit vent qui obligea mademoiselle de Fontanges de quitter sa capeline. Elle fit attacher sa coiffure avec un ruban dont les nœuds tomboient sur le front, et cet ajustement de tête plut si fort au roi, qu'il la pria de ne se coiffer point autrement de tout ce soir. Le lendemain, toutes les dames de la cour parurent coiffées de la même manière. Voilà l'origine de ces grandes coiffures qu'on porte encore, et qui, de la cour de France, ont passé dans presque toutes les cours de l'Europe. »

Bussy, cette mauvaise langue, en dit bien d'autres sur cette chasse : « La crainte qu'avoit son amant qu'il n'arrivât quelque accident à cette nouvelle chasseresse, l'obligea à rester toujours à ses côtés; il ne l'abandonna point; et après lui avoir donné le plaisir de faire passer devant elle le cerf que l'on couroit, il s'écarta avec elle dans le lieu le plus couvert du bois pour lui faire prendre quelque rafraîchissement. Nous avons sujet de croire que le fruit qui naîtra de ce passe-temps n'en sera pas plus sauvage pour avoir pris son origine dans les bois. »

Quand mademoiselle de Fontanges vit le roi à ses pieds, elle leva la tête beaucoup plus haut. Elle prit devant sa rivale les grands airs dont celle-ci abusait si impunément; elle dépensa cent mille écus par mois, et fit porter par des duchesses la queue de sa robe. Elle se fit nommer duchesse elle-même. Ce fut une surprise et un éblouissement à la cour. Mademoiselle de la Vallière n'avait eu que deux chevaux à son carrosse; madame de Montespan allait à quatre chevaux; mademoiselle de Fontanges arriva un jour dans la cour de Versailles dans un carrosse doré à huit chevaux!

« Belle et bête comme une statue, » disait madame de Montespan de mademoiselle de Fontanges. Selon la Palatine, « elle était belle depuis les pieds jusqu'à la tête. On ne pouvait rien voir de plus merveilleux, mais elle était sotte comme un petit chat. » — « La belle sotte, » disait encore l'abbé de Choisy. C'est encore une réputation usurpée : mademoiselle de Fontanges n'était pas sotte; c'est tout au plus si elle était bête.

A l'heure de sa mort, quand le roi vint la voir à Port-Royal et qu'il lui montra ses larmes : « Je meurs contente, dit-elle, puisque mes derniers regards ont vu pleurer le roi. » Beaucoup de mots qui ne sont pas des *concetti*, mais qui marquent juste, pourraient être pris dans ses vingt ans, pour donner un démenti à l'abbé de Choisy et à madame de Montespan. Quand on sacra sa sœur abbesse de Chelles, toute la cour était présente, avec la musique du roi. Une femme de province, tout enivrée par les parfums, tout éblouie par les diamants des dames, s'écria : « C'est donc ici le paradis! » Mademoiselle de Fontanges se retourna : « Eh non! madame, dit-elle étourdiment : il n'y aurait pas tant d'évêques. » Madame de Montespan n'eût pas mieux dit.

Mademoiselle de la Vallière avait noué des rubans et des roses à la jupe de madame de Montespan; la voilà vengée, car c'est aujourd'hui madame de Montespan qui noue des roses et des rubans aux jupes de mademoiselle de Fontanges. Lisez plutôt madame de Sévigné : « On m'a dit de bon lieu qu'il y avoit eu un bal à Villers-Cotterets : il y eut des masques. Mademoiselle de Fontanges y parut brillante et parée des mains de madame de Montespan. »

Toutes les maîtresses de Louis XIV avaient eu leur songe, comme dans la tragédie. « Moi, disait mademoiselle de Fontanges à son confesseur, j'ai eu un songe inexplicable. J'étais emportée sur une haute montagne, où je fus prise d'un terrible éblouissement. C'était à perdre la vue; mais tout à coup me voilà dans la nuit, ce qui me fit peur et me réveilla. » Son confesseur lui dit qu'il ne fallait pas un devin pour expliquer un tel songe. « La montagne, c'est la cour; le soleil, c'est le roi; les ténèbres, c'est le péché. »

On crut au règne de mademoiselle de Fontanges, parce que c'était une aurore; mais les nuages de la mort l'ensevelirent à son premier éclat. Ce ne fut qu'une apparition.

Mademoiselle de Fontanges devint duchesse à son tour; elle eut la France à ses pieds, elle fut la dispensatrice des grâces, elle nomma les généraux et les évêques; mais un jour le roi lui dit qu'il ne l'aimait plus. Elle fut frappée mortellement et se tourna vers Dieu, comme mademoiselle de la Vallière, comme demain madame de Montespan. Elle prit aussi le chemin de la rue Saint-Jacques. Elle fit une halte à Port-Royal dans son voyage vers le ciel.

Madame de Sévigné a écrit à vol d'oiseau l'histoire de cette autre décadence :

MADEMOISELLE DE FONTANGES.

« Vous apprendrez une nouvelle qui n'est pas un secret, et vous aurez le plaisir de la savoir des premières. Madame de Fontanges est duchesse avec vingt mille écus de pension; elle en recevoit aujourd'hui les compliments dans son lit. Le roi y a été publiquement; elle prend demain son tabouret, et s'en va passer le temps de Pâques à une abbaye que le roi a donnée à une de ses sœurs. Voilà une manière de séparation qui fera bien de l'honneur à la sévérité de son confesseur. Il y a des gens qui disent que cet établissement sent le congé; en vérité, je n'en crois rien. Le temps nous l'apprendra. » Le temps le lui apprit bien vite. Après une si belle ascension, quel rapide déclin! « Le *médecin forcé* traite madame de Fontanges, continue madame de Sévigné. Cependant madame de Coulanges me mande qu'*en faisant ses fagots*, il a guéri madame de Fontanges, qui est revenue à la cour, où elle a reçu d'abord publiquement une fort belle visite. »

Mais c'est le mensonge de la santé et de la faveur : « Madame de Fontanges est partie pour Chelles; elle a quatre carrosses à six chevaux, le sien à huit; toutes ses sœurs y étoient avec elles : mais tout cela si triste qu'on en avoit pitié; la belle perdant tout son sang, pâle, changée, accablée de tristesse; méprisant quarante mille écus de rente, et un tabouret qu'elle a, et voulant la santé et le cœur du roi, qu'elle n'a pas : votre *médecin forcé* a fait là une belle cure. »

Et madame de Grignan rit en lisant ce numéro de son journal : « Vous avez ri de cette personne blessée dans le service; elle l'est au point qu'on la croit invalide. » Pauvre Fontanges, si tu avais lu ce bulletin de ta santé! « Blessée dans le service! » C'est que le service des filles d'honneur était rude en l'an de grâce 1680. Un peu plus tard, la spirituelle gazetière ajoute : « Nous aurions entendu de notre abbaye les triomphes, les fanfares et la musique de Chelles, au sacre de l'abbesse. On dit que la *belle Beauté* a pensé être empoisonnée, et que cela va droit à demander des gardes; elle est toujours languissante, mais si touchée de la grandeur, qu'il faut l'imaginer précisément le contraire de cette petite *violette* qui se cachoit sous l'herbe. » Enfin, pour dernier mot : « On me mande que madame de Fontanges est toujours dans une extrême tristesse : la place me paroit vacante, et, avec elle, une espèce de rouée, comme la Ludre, elles ne feront peur à personne, ni l'une ni l'autre. »

Cette extrême tristesse, c'était l'extrême-onction de l'amour.

Quand le roi apprit qu'on désespérait de sauver sa maîtresse, il lui envoya trois fois la semaine le duc de la Feuillade lui porter les plus tendres paroles. La dernière fois que vint l'ambassadeur, elle lui prit la main et y mit un billet où elle prioit le roi de venir lui dire adieu. Sans doute le billet était éloquent, car le roi dit à son ambassadeur qu'il voulait revoir la duchesse de Fontanges, qu'il voulait l'aimer encore, qu'il voulait qu'elle vécût. Paroles d'amant qui espère, paroles de roi qui commande. Le duc de la Feuillade avertit par une dépêche la mourante que le lendemain le roi irait au couvent. « Demain, dit-elle, il sera trop tard. » En effet, le médecin avait prédit qu'elle ne passerait pas la nuit; elle passa la nuit comme par miracle, un pied dans le paradis, un pied dans l'enfer. Le matin elle se fit coiffer et habiller dans son lit presque funéraire. On lui mit ses nœuds de ruban sur le front, des belles de nuit à ses oreilles, un collier de perles qui devait rappeler au roi les premiers jours de sa passion. Quand elle fut habillée et parée, elle se mira et dit : « Voilà une belle morte sur un lit de parade. » A chaque minute elle regardait l'heure. La mort était là qui attendait, mais l'âme demandait grâce et se retenait au rivage.

Enfin le bruit des carrosses dans la cour du couvent l'avertit que sa dernière heure avait sonné. Le roi entra. Il ne croyait pas que ce fût elle. Tant de beauté sitôt flétrie! tant de jeunesse sitôt fauchée! tant de grâce sitôt évanouie! Il alla s'asseoir dans un fauteuil tout préparé. « Plus près, » dit-elle en essayant un dernier sourire. C'était la voix de la tombe, sourde, lente, funèbre. « Je vous attendais pour partir; vous êtes venu, j'oublie toutes mes douleurs. » Le roi ne trouvait pas une parole : il était effrayé de voir la mort de si près. Mademoiselle de Fontanges lui tendit sa main, il la porta à ses lèvres, mais l'effleura à peine, comme s'il eût craint de n'être pas assez détaché de sa passion.

Dans les yeux déjà voilés de la mourante, il reconnaissait un accent trop humain. Elle le dévorait. Le repentir n'avait pas entamé ce cœur tout à l'amour profane. Elle mourait pour lui, rien que pour lui. Dieu n'avait pas sa part du sacrifice. Elle sacrifiait jusqu'au salut de son âme. Le roi, d'abord plus surpris que touché, s'attendrit peu à peu jusqu'aux larmes. « Ah ! je meurs contente, dit-elle, puisque mes derniers regards ont vu pleurer mon roi. » Ce furent là ses dernières paroles.

Madame de Thianges, qui l'a comparée à un cygne, aurait pu parler du chant du cygne. Madame de Montespan écrivit : « Si elle a bien parlé, c'est qu'elle allait mourir, car de toute sa vie elle n'a pu dire un mot. »

Mademoiselle de Fontanges était née aux premiers jours de la passion du roi et de mademoiselle de la Vallière. Elle fut la dernière maîtresse de Louis XIV, car madame de Maintenon ne fut que la femme occulte.

Quand il revint de Port-Royal après avoir posé ses lèvres sur le front de la morte, le grand roi, qui ne voulait plus aimer, repassa sans doute par tous les méandres du passé, ce passé de vingt ans qui était toute sa vie. Durant ces vingt ans, n'avait-il pas vécu vingt siècles de gloire et d'amour? Toute la grandeur et tout l'enchantement de son règne sont dans cette belle période. Le soleil va décliner, lentement, il est vrai, mais il a dépassé le zénith. On remarqua à la cour que du jour où le roi s'encapuchonna avec madame de Maintenon, il mit de côté le vin de Champagne pour le vin de Bordeaux; le vin tapageur des belles folies, des vaillantes batailles, des jeunes ivresses, pour le vin des esprits timides et des estomacs inquiets.

Pour oraison funèbre de tant de jeunesse, de tant de beauté, mises si vite au tombeau, Saint-Simon se contente de dire : « Mademoiselle de Fontanges ne fut pas si heureuse que madame de Montespan, ni pour le vice, ni pour la pénitence. »

Mademoiselle de Fontanges mourut à vingt ans. Si on n'avait peur d'ennuyer Malherbe, on lui ferait redire encore une fois ces quatre vers, qui sont toute sa poésie :

> Elle était de ce monde où les plus belles choses
> Ont le pire destin,
> Et rose, elle a vécu ce que vivent les roses,
> L'espace d'un matin.

De tant de beauté et de jeunesse mises au tombeau, de ce coup de soleil qui illumina Versailles toute une matinée de ce règne « si vite dévoré », de ces trois millions jetés si gaiement du haut de son balcon, que resta-t-il? une coiffure.

ARSÈNE HOUSSAYE.

MADAME DE MONTESPAN.

Cette belle calomniée n'avait pas jeté son cœur sous les pieds des chevaux du roi, ni son âme aux passions honteuses. Si elle fut belle toujours, elle fut noble jusqu'à la fin. Elle ne s'humilia jamais que devant Dieu : car ce fut pour Dieu qu'elle s'humilia devant son mari quand sonna l'heure de la pénitence.

Ah! celle-là était née pour aller dans les carrosses du roi, pour présider les carrousels, pour changer l'eau en vin dans les soupers de Versailles! Quel entrain diabolique! quel esprit à tout propos! quelle folie éclatante! le roi-soleil n'était plus qu'une ombre devant elle, « son ombre! »

Et pourtant, quelle tristesse sous cette gaieté du dehors! Elle a étouffé mademoiselle de la Vallière dans sa passion pour le roi, mais du même coup elle s'est tuée elle-même.

C'est une femme mal comprise jusqu'ici : on l'a jugée sans l'entendre. Sa beauté et son esprit ont masqué son cœur. On n'a pas pénétré dans cette nature inquiète et chercheuse, éprise du bien et tombant dans le mal sans y penser, voulant et ne voulant pas, toute au caprice de l'heure, fantasque et dangereuse comme la Méditerranée à l'équinoxe; obéissant à la raillerie pour dominer, pour s'amuser, pour se venger; se pavanant, parce qu'elle voulait contraster avec mademoiselle de la Vallière, « la violette cachée dans l'herbe! » riant à gorge déployée, parce que sa rivale pleurait toutes ses larmes.

Elle raillait tout le monde, et se raillait elle-même « pour dispenser les autres de le faire. » Quand le roi était avec elle à la fenêtre de son cabinet de Versailles, les courtisans se détournaient de peur de la mousqueterie. Elle avait imaginé un jeu de cartes en action, composé des hommes et des femmes de la cour. Rien n'amusait Louis XIV comme sa manière de battre les cartes et de retourner le valet de cœur sur la dame de carreau. Il fallait avoir la clef du jeu pour le comprendre; et comme elle ne la donnait à personne, le soir, au jeu de la reine, elle osait tout haut brouiller les cartes et amener les batailles et les rencontres les plus curieuses.

La reine elle-même n'était pas sacrée pour elle. Un jour, on racontait que dans une promenade Marie-Thérèse avait vu tout à coup dans un gué son carrosse se remplir d'eau.

« Ah! si nous avions été là, dit en riant madame de Montespan, nous aurions crié : La reine boit! »

Dans le portrait de Mignard elle est adorablement belle, dans sa robe rouge, toute noyée de perles et de dentelles, avec ses blonds cheveux qui lui baisent l'épaule. Quoique blonde, elle aimait les tons vifs et heurtés; ce n'était point assez pour elle d'avoir une robe rouge, il lui fallait encore une plume rouge sur la tête. Ce portrait la représente jeune, mais l'esprit va se lever avec cette aurore. Le rayon transperce déjà cette légère brume matinale qui est le duvet de la jeunesse : cette bouche-là va parler, le trait va partir, le mot rit déjà sur la lèvre. Qui est-ce qui va être montespanisé?

L'abbé Testu, un des quarante, celui-là que Ninon avait surnommé : *Testu, tais-toi*, a très-finement dit des trois filles du duc de Mortemart, pour exprimer les nuances de leur esprit :

« Madame de Thianges parle comme une personne qui rêve, madame de Fontevrault comme une personne qui parle, et madame de Montespan comme une personne qui lit. »

Le père de madame de Montespan était un homme de plaisir qui ne doutait de rien, excepté de Dieu peut-être; il avait épousé une dévote qui passait toutes ses journées à l'église. Il disait que c'était le mariage le mieux assorti, puisqu'il ne voyait jamais sa femme; en effet, si elle passait la journée dans les églises, il passait la nuit au jeu, dans le cortége des mauvaises passions. Il était batailleur, insolent, hautain, fort en gueule. Madame de Montespan était le portrait de son père, adouci par sa mère. Le diable à quatre était tempéré par l'idée de Dieu. Pendant toute sa vie, même aux jours les plus emportés, elle aimait, comme sa mère, le pieux spectacle des églises.

Le roi, au retour des campagnes de Flandre, disait à mademoiselle de la Vallière :

« Voyez-vous comme madame de Montespan m'attaque! Elle voudrait bien que je l'aimasse, mais je n'en ferai rien. »

Louis XIV ne voulait pas prendre madame de Montespan au sérieux. Il aimait l'amour qui ne rit pas, l'amour profond, l'amour romanesque. Il y avait en lui du héros de roman plus que du héros. Aux jours de passion, c'était plutôt un personnage de mademoiselle de Scudéri qu'un grand homme de Plutarque.

Madame de Montespan aimait son mari avant d'aimer le roi; l'amour du roi lui fit peur, elle eut le vertige et montra l'abîme au marquis de Montespan :

« C'est trop vivre à la cour, lui dit-elle, allons vivre en notre château. »

Le marquis ne comprit pas. Quelques jours après, la jeune femme, toute rougissante et tout émue, se cache le front sur le cœur du mari pour lui dire qu'il est encore temps de partir.

« Expliquez-vous, madame.

— Que je m'explique? Sachez donc que cette fête ont tout le monde parle, le roi la donne pour moi. »

Le marquis domina sa jalousie.

« Eh bien, n'êtes-vous donc pas assez belle pour qu'on vous donne des fêtes? ou plutôt êtes-vous assez folle pour vous figurer que cette fête est en votre honneur?

— Puisqu'il faut vous le dire, le roi est amoureux de moi.

— Eh bien, l'amour du roi n'est pas une injure; vous savez votre devoir.

— Oui, je sais mon devoir, mais j'ai peur. »

Le marquis de Montespan, qui jouait un peu le capitaine Fracasse, dit qu'il n'avait pas peur, et que si sa femme n'était pas digne de son nom et du sien, il mettrait le roi à la raison.

Madame de Montespan fut d'abord très-recherchée par la reine, qui tous les soirs l'appelait chez elle, toute ravie de son esprit, pour lui faire prendre en patience les conversations du roi avec mademoiselle de la Vallière. Madame de

Montespan fut comme la reine, mais sans le savoir, jalouse de la maîtresse du roi : ce fut par la jalousie que commença son amour. Quand le roi rentrait une heure plus tard, elle avait, elle aussi, ses impatiences et ses colères. Louis XIV, qui n'était jamais pressé de se coucher, car c'était l'heure de la reine, se jetait en rentrant dans un fauteuil, et, pour perdre ou pour gagner du temps, il priait madame de Montespan de lui conter une de ces histoires qu'elle contait si bien. Ce fut ainsi qu'elle commença le conte des *Mille et une Nuits*.

Madame de Montespan dit un jour à son mari, à Versailles, qu'elle allait dans le carrosse de la reine :

« Vous voulez dire dans le carrosse du roi, madame ; je vous défends de partir. »

Cette fois, madame de Montespan releva la tête et dit qu'il était trop tard pour vivre en son château. Il y eut une scène terrible ; le mari frappa la femme, disant qu'il gardait la moitié de sa colère pour le roi. Madame de Montespan ne partit pas dans le carrosse de la reine, mais elle courut à Versailles, tout épouvantée, supplier le roi de se mettre en garde. Elle croyait à toute heure voir arriver son mari. Le roi lui dit qu'il ne se mettrait en garde que pour la protéger, comme s'il était lui-même invulnérable dans sa majesté.

Tout Versailles prit naturellement la cause de la femme battue. La reine était indignée !

Le lendemain, on ne songeait peut-être plus guère au mari, quand un homme tout vêtu de noir, comme dans les légendes, se présenta fièrement à la porte du palais de Versailles. Comme il avait ses grandes entrées, on le laissa passer. Il arriva sans obstacle jusque dans le salon des Glaces, où il trouva un grand nombre de courtisans qui attendaient le roi au sortir du conseil. Tous le connaissaient, tous vinrent à lui, très-surpris de le voir en grand deuil. On eut beau l'interroger, il demeura silencieux ; mais le roi passant bientôt, il se jeta sur la baie.

« Pourquoi ce grand deuil ? demande le roi surpris.

— Sire, je porte le deuil de ma femme !

— Le deuil de votre femme !

— Oui, Sire, je ne la verrai plus ! »

Et il s'en alla sans ajouter un mot. Il revint à Paris dans une voiture de deuil, disant partout que sa femme était morte.

On ne prit pas au sérieux cette grande douleur et cette grande leçon.

Ne sait-on pas toute son histoire : il partit pour l'exil. Il se réfugia à ce fier château de Montespan, « ce géant de la montagne » dont les ruines ont conservé je ne sais quel air hautain. Il y vécut un demi-siècle avec une plaie au cœur ; « il y vécut toute sa vie et mourut amoureux de sa femme, » dit Saint-Simon.

MADAME DE MONTESPAN

Il ne pardonnera jamais au jour des humiliations ; la marquise de Montespan lui demandera la grâce de rentrer chez lui comme la dernière de ses servantes : il ne daignera pas lui répondre. Est-ce qu'il reconnaîtrait la maîtresse de Louis XIV ? Il avait aimé dans sa jeunesse la fille du duc de Mortemart, il lui avait donné son cœur et son nom ; mais celle-là était morte un soir, à une fête du Palais-Royal. S'il pleure encore, c'est la mort de celle-là. Que lui importe celle qui a survécu ?

Quand il mourut, il dit à son fils :

« Monsieur, quand tout à l'heure je serai couché dans la tombe, vous pourrez sans honte faire graver ces mots sur le marbre : *Ci-gît Henri-Louis de Pardaillan de Gondrin, marquis de Montespan.* »

Pendant cinq années l'altière marquise eut si vif rayonnement, qu'elle éclipsa le roi lui-même. Toute la cour était tournée vers cette planète ardente, qui dérangeait les astres consacrés. Elle régnait impérieusement. Le conseil des ministres était présidé par elle et chez elle. Jamais Cléopâtre ne s'était nourrie de si belles perles. Le roi, allant la voir à Clagny, compta des milliers de maçons, de jardiniers, d'artistes :

« C'est mon Versailles! » lui dit-elle.

Louis XIV alla si loin dans cette folie royale, qu'il légitima les enfants qu'elle lui avait donnés, — enfants nés d'un double adultère !

Madame de Montespan, avec toute sa beauté et tout son esprit, ne pouvait lutter longtemps devant le roi contre cette femme moitié dieu et moitié démon, qui lui prenait ses enfants et montrait le ciel à Louis XIV à travers le ciel de son lit ; cette donneuse d'eau bénite qui disait à sa confidente, madame de Fontenay :

« Je le renvoie toujours affligé et jamais désespéré. »

Cependant, un jour, Bossuet vint apporter l'extrême-onction à madame de Montespan, à ce cœur qui voulait persister dans son agonie :

« Ne parlez pas, dit-elle au grand prédicateur, je sais bien que vous venez prononcer mon oraison funèbre.

— Oui, madame la marquise, le roi ne vous aime plus! »

Bossuet fut doux et terrible : il échoua.

Madame de Maintenon vint la seconde :

« Je sais bien ce qui vous amène, dit la marquise de Montespan qui avait été instruite la veille : l'amour du roi est mort, et vous m'apportez une lettre de faire part ; allez, madame, vous n'obtiendrez rien, je meurs où je m'attache. »

Le croira-t-on? le troisième, ce fut le duc du Maine, le fils du roi et de madame de Montespan :

« Cher enfant, lui dit-elle en l'embrassant, quelle bonne nouvelle m'apportes-tu ? »

On lui avait dit toute cette odieuse comédie, préparée par madame de Maintenon; on lui avait dit que le fils viendrait lui-même dire à la mère qu'il fallait qu'elle se résignât à quitter le monde.

Le duc du Maine n'eut pas le courage d'ouvrir son cœur; il avait été à bonne école pour suivre les sentiers tortueux : madame de Maintenon avait appris à son élève le grand art de parler pour déguiser sa pensée. Aussi, après avoir embrassé sa mère, le duc du Maine lui dit, avec l'accent de M. Tartuffe, qu'elle n'avait plus qu'une seule branche de salut pour se rattraper à l'amour du roi : c'était de lui faire croire qu'elle ne voulait plus le voir jamais.

« Il sera offensé de cet adieu silencieux, il sera irrité de cet exil prémédité, il sera désolé de cette absence imprévue, il rappellera pour son triomphe celle qu'il a le plus aimée. »

Ainsi parlait le fils à la mère; la mère aurait voulu étouffer le fils sur son cœur dans sa colère.

Elle monta dans son carrosse, — madame de Maintenon elle-même avait veillé à ce que les chevaux fussent attelés, — elle regarda une dernière fois le château de Versailles, — et elle s'éloigna pour jamais de ce paradis perdu.

Dès qu'elle fut partie, le duc du Maine donna l'ordre que tous les meubles, toutes les robes, toutes les parures de sa mère la suivissent le même jour à Paris, « pour lui ôter tout prétexte de revenir à la cour, dans la crainte que si le roi la revoyait, il ne lui rendît ses bonnes grâces. »

Digne fils d'une telle mère!

Une fois seule à Paris, madame de Montespan chercha ses amis; elle s'aperçut ce jour-là qu'elle n'en avait pas :

« J'oubliais, dit-elle, il m'en reste une! »

Elle courut aux Carmélites se jeter dans les bras de mademoiselle de la Vallière :

« Vous pleurez, lui dit sœur Louise de la Miséricorde; moi qui ne pleure plus.
— Vous ne pleurez plus? ah! moi je pleurerai toujours. »

Maintenant la marquise de Montespan est sur le chemin de sa croix; elle souffrira mille morts à chaque station; elle arrivera au calvaire les pieds en sang, toute déchirée et toute maudite, ayant répandu sur la route toutes les larmes de la pénitence.

Dans la pieuse solitude des Carmélites, mademoiselle de la Vallière a pu souvent se reposer en Dieu, sans être agitée encore par les orages du cœur; mais madame de Montespan s'est épuisée à chercher le rivage : elle a trouvé tous les vents contraires. Elle a essayé de fuir le monde, et elle a eu peur d'elle-même dans sa solitude; elle a demandé la mort, et elle a eu peur de la mort; elle a appelé Dieu, et Dieu n'est pas venu à elle, parce qu'elle n'a eu ni la foi ni la douceur, parce qu'elle est restée toujours sur le volcan des colères, parce que son cœur altier ne s'est pas humilié jusque dans la poussière.

La mort de madame de Montespan fut un coup de tonnerre. Il n'y a pas dans toute la Bible de page plus effrayante. Jamais la main de Dieu ne se montra plus terrible et plus vengeresse.

Cette reine d'aventure qui avait rallié la France à ses pieds, cette amoureuse du roi qui d'un seul coup de ses dents aiguës avait dévoré tous les soupers de Lazare, cette marquise insolente qui avait mis huit chevaux à la roue d'or de sa fortune, elle mourut assassinée par une saignée et pillée par son fils sans avoir le temps de se recommander au ciel. — Elle mourut un jour d'orage, et ses entrailles furent jetées aux chiens. — Elle mourut sans oser regarder son Dieu et sans oser se regarder elle-même, tant elle était horrible à voir.

Le roi dit pour madame de Montespan ce qu'il avait dit naguère pour mademoiselle de la Vallière :

« Il y a trop longtemps qu'elle est morte pour moi, pour que je la pleure aujourd'hui. »

ARSÈNE HOUSSAYE.

TABLE DES GRAVURES

TABLE DES GRAVURES

	Dessinateurs	Graveurs
AMOURS SOUTENANT ÉCUSSON, faux titre	Rambert.	Pannemaker.
Amour portant couronnes, titre	De la Charlerie.	Pannemaker.
Boudoir, frontispice	De la Charlerie.	Pannemaker.
Chien king-charles, fleuron	De la Charlerie.	Pannemaker.
LA MARQUISE DE BOUFFLERS	De la Charlerie.	Hotelin-Hurel.
Amour jouant dans les fleurs	De la Charlerie.	Pannemaker.
Amour papillon, fleuron	De la Charlerie.	Pannemaker.
MADAME DE PARABÈRE	Flameng.	Pannemaker.
Bijoux et dentelles	De la Charlerie.	Pannemaker.
Bouquet de fleurs, fleuron	De la Charlerie.	Pannemaker.
MADEMOISELLE GEORGES	De la Charlerie.	Pannemaker.
La Tragédie	Rambert.	Pannemaker.
Allégorie, fleuron	Rambert.	Pannemaker.
MARIE-ANTOINETTE	De la Charlerie.	Pannemaker.
Vue de Trianon	Allongé.	Crahuneau.
Amour fouillant dans un coffret, fleuron	Liénard.	Pannemaker.
MADAME VIGÉE-LEBRUN	Bocourt.	Pannemaker.
Entrée de forêt	A. de Bar.	Laplante.
Satyre, fleuron	De la Charlerie.	Pannemaker.
JANE GREY	L. Mar.	Pannemaker.
La Tour de Londres	A. de Bar.	Pannemaker.
Hache et billot, fleuron	Rambert.	Simon.
MADEMOISELLE RACHEL	Bocourt.	Pannemaker.
Melpomène	De la Charlerie.	Pannemaker.
Roses trémières, fleuron	De la Charlerie.	Pannemaker.
LA PRINCESSE DE LAMBALLE	Viollat.	Pannemaker.
Château de Meudon	A. de Bar.	Sargent.
Bonnet phrygien, fleuron	Rambert.	Lemaire.

	Dessinateurs	Graveurs
CATHERINE II..	Viollat.	Pannemaker.
Les Honneurs..	Pelcoq.	Hébert.
Couronne et sceptre, fleuron...................	De la Charlerie.	Pannemaker.
CHARLOTTE CORDAY................................	L. Mar.	Pannemaker.
Vue de Caen...	Catenacci.	Pannemaker.
Palmes et roses, fleuron.........................	De la Charlerie.	Hurel.
ADÉLAÏDE DE SAVOIE................................	L. Mar.	Pannemaker.
Site de Savoie......................................	A. de Bar.	Pannemaker.
Bouquet d'arbres, fleuron........................	A. de Bar.	Lemaire.
MADAME DES HOULIÈRES...........................	Renaud.	Jonnard.
La Bergerie..	De la Charlerie.	Meyer-Heine.
La Mare aux grues, fleuron......................	De la Charlerie.	Pannemaker.
MARIE LECKZINSKA..................................	De la Charlerie.	Guillaume.
Trône et couronne.................................	De la Charlerie.	Pannemaker.
Balustrade, fleuron................................	De la Charlerie.	Hébert.
LA PRINCESSE DOLGOROUKY......................	De la Charlerie.	Pannemaker.
Site de Sibérie......................................	A. de Bar.	Pannemaker.
Livre de prières, fleuron.........................	Catenacci.	Hébert.
MADAME GEOFFRIN...................................	Stella.	C. Laplante.
Fruits et fleurs.....................................	A. de Bar.	Sargent.
Sciences et arts, fleuron.........................	Flameng.	Pannemaker.
MADAME ÉLISABETH..................................	De la Charlerie.	Pannemaker.
Colonnade du parc de Versailles...............	A. de Bar.	Pannemaker.
Nid de mésange, fleuron.........................	Catenacci.	Pannemaker.
MADEMOISELLE MARS................................	De la Charlerie.	C. Laplante.
La Comédie...	Rambert.	Pannemaker.
Les amours a la rampe, fleuron................	Rambert.	Pannemaker.
ANNE DE CLÈVES.....................................	De la Charlerie.	Pannemaker.
Oratoire gothique.................................	Liénard.	Degreff.
Cygne et amours, fleuron........................	Flameng.	Pannemaker.
AGNÈS SOREL...	De la Charlerie.	Pannemaker.
Amour fantastique.................................	De la Charlerie.	Sargent.
Armures, fleuron..................................	Catenacci.	Hébert.
MADAME DE POMPADOUR...........................	De la Charlerie.	Hébert.
Pastorale..	Riou.	Sargent.
Instruments de musique, fleuron...............	Rambert.	Sargent.
MARIE STUART..	L. Mar.	Pannemaker.
Vue de Hampton-Court............................	Allongé.	Pannemaker.
King-charles, fleuron.............................	A. de Bar.	Sargent.
ÉLISABETH DE FRANCE..............................	Gagniet.	Hébert.
L'Alhambra...	Rambert.	Pannemaker.
Fruits et fleurs, fleuron.........................	Catenacci.	Pannemaker.
MADAME DU BARRY...................................	Flameng.	Pannemaker.
Le Paon..	De la Charlerie.	Pannemaker.
Roses et tulipe, fleuron..........................	De la Charlerie.	Hébert.

	Dessinateurs	Graveurs
MADEMOISELLE DE LA VALLIÈRE	Parent.	Guillaume.
Chevreuil dans la forêt	De la Charlerie.	Pannemaker.
Corbeille de fleurs, fleuron	De la Charlerie.	Pannemaker.
HÉLÈNE FOURMENT	De la Charlerie.	Pannemaker.
Nature morte	De la Charlerie.	Sargent.
Amours artistes, fleuron	Flameng.	Pannemaker.
HENRIETTE DE FRANCE	De la Charlerie.	Guillaume.
Vue de Windsor	A. de Bar.	Pannemaker.
King-Charles, fleuron	A. de Bar.	Pannemaker.
CHRISTINE DE SUÈDE	Stella.	Pannemaker.
Coin de forêt a Fontainebleau	A. de Bar.	Sargent.
Satyre et amours, fleuron	Flameng.	Pannemaker.
MADAME DE SÉVIGNÉ	De la Charlerie.	Pannemaker.
Cygnes et canards	De la Charlerie.	Pannemaker.
Médaillon de madame de Grignan, fleuron	De la Charlerie.	Pannemaker.
LADY NUNEHAM	De la Charlerie.	Pannemaker.
Le Cerf dans la forêt	De la Charlerie.	Measom.
Ruines, fleuron	De la Charlerie.	Sargent.
MADAME DE MAINTENON	De la Charlerie.	Pannemaker.
Chasse royale	De la Charlerie.	Pannemaker.
La Joueuse d'osselets, fleuron	De la Charlerie.	Pannemaker.
LA BELLE FÉRONNIÈRE	Viollat.	Hotelin.
Chateau de Chambord	Allongé.	Quesnel.
Épingle et bague, fleuron	Rambert.	Pannemaker.
MARIE DE MÉDICIS	Parent.	Pannemaker.
Le Donjon	De la Charlerie.	Blanpain.
Vase antique, fleuron	De la Charlerie.	Pannemaker.
CATHERINE DE MÉDICIS	De la Charlerie.	Jonnard.
Vue du vieux Louvre	Flameng.	Jonnard.
Fleurs de lis, fleuron	Catenacci.	Pannemaker.
BÉATRIX CENCI	De la Charlerie.	Hotelin-Hurel.
Site d'Italie	A. de Bar.	Pannemaker.
Couronnes et palme, fleuron	Catenacci.	Pannemaker.
MARIE-THÉRÈSE D'ESPAGNE	Parent.	Guillaume.
La Galerie des glaces de Versailles	Rambert.	Pannemaker.
Livres de prières, fleuron	Catenacci.	Pannemaker.
MARION DELORME	Viollat.	Hébert.
Chien et chat	De la Charlerie.	Pannemaker.
Bas-relief antique, fleuron	Rambert.	Pannemaker.
MADAME DE LONGUEVILLE	Viollat.	Pannemaker.
Salon Louis XIV	Liénard.	Pannemaker.
Brûle-parfums, fleuron	Rambert.	Pannemaker.
MARIE TUDOR	Flameng.	Jonnard.
Holy-road	A. de Bar.	Jonnard.
Épingle et bracelet, fleuron	Rambert.	Pannemaker.

	Dessinateurs	Graveurs
MADAME DE THIANGES	De la Charlerie.	Jonnard.
Le Chêne	De la Charlerie.	Meyer-Heine.
Amours curieux, fleuron	Liénard.	Pannemaker.
HENRIETTE D'ENTRAIGUES	Viollat.	Hébert.
Psyché et l'Amour	De la Charlerie.	Maurand.
Casque et verre, fleuron	De la Charlerie.	Hébert.
NINON DE L'ENCLOS	Renaud.	Pannemaker.
Amour papillon	De la Charlerie.	Hurel.
Amour se mirant, fleuron	Rambert.	Pannemaker.
MADAME ROLAND	Viollat.	Pannemaker.
Vue du vieux Paris	A. de Bar.	Sargent.
Palme et couronne, fleuron	Rambert.	Sargent.
L'IMPÉRATRICE JOSÉPHINE	Flameng.	Boetzel.
Site des Antilles	A. de Bar.	Laplante.
Bouquet de roses, fleuron	Catenacci.	Pannemaker.
BIANCA CAPELLO	Viollat.	Hébert.
Vue de Venise	Catenacci.	Pannemaker.
Amour aux couronnes, fleuron	De la Charlerie.	Hébert.
MADAME DE STAËL	Bocourt.	Quartley.
Intérieur de forêt	A. de Bar.	Pannemaker.
Encrier et plume, fleuron	Rambert.	Pannemaker.
MADAME RÉCAMIER	Viollat.	Hébert.
La Saulaie	De la Charlerie.	Pannemaker.
Amour lisant, fleuron	Liénard.	Hotelin.
MADEMOISELLE DE FONTANGES	Viollat.	Jonnard.
Le Colombier	De la Charlerie.	Jonnard.
Cygne et tortue, fleuron	Bocourt.	Pannemaker.
MADAME DE MONTESPAN	De la Charlerie.	Hotelin.
Les Faisans	De la Charlerie.	Jonnard
Éventail, fleuron	Rambert.	Pannemaker.

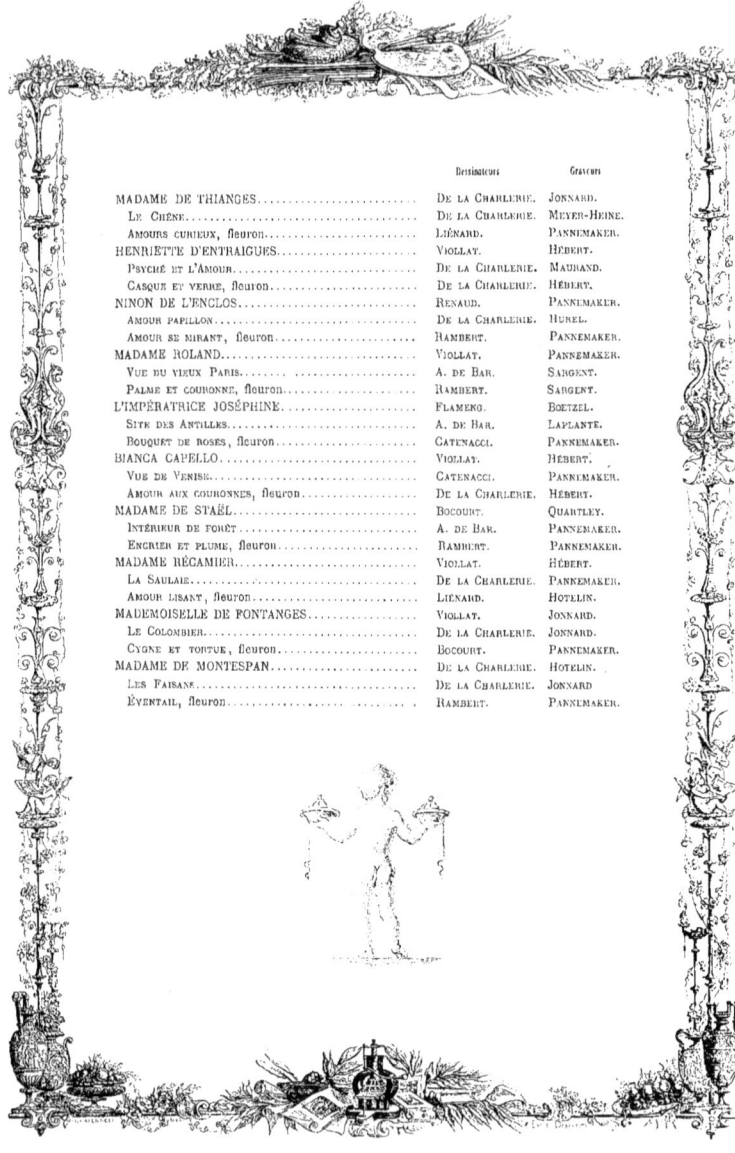

TABLE DES MATIÈRES

	Auteurs
AVANT-PROPOS.	J. G. Armengaud.
MADAME DE BOUFFLERS.	Jules Janin.
MADAME DE PARABÈRE.	Jules Janin.
MADEMOISELLE GEORGES.	Jules Janin.
LA REINE MARIE-ANTOINETTE.	Poujoulat.
MADAME VIGÉE-LEBRUN.	Paul Mantz.
LADY JEANNE GREY.	Amédée Pichot.
MADEMOISELLE RACHEL.	Jules Janin.
LA PRINCESSE DE LAMBALLE.	Arthur de Cirey.
L'IMPÉRATRICE CATHERINE II.	Hippolyte Babou.
CHARLOTTE CORDAY.	Jules Janin.
MADAME ADÉLAÏDE DE SAVOIE.	A. de la Fizelière.
MADAME DES HOULIÈRES.	M. de Lescure.
LA REINE MARIE LECKZINSKA.	M. de Lescure.
LA PRINCESSE NATALIE DOLGOROUKY.	Comte de la Fitte.
MADAME GEOFFRIN.	A. de la Fizelière.

	Auteurs
MADAME ÉLISABETH DE FRANCE	Poujoulat.
MADEMOISELLE MARS	Jean Rousseau.
LA REINE ANNE DE CLÈVES	Jules Janin.
AGNÈS SOREL	A. de la Fizelière.
MADAME DE POMPADOUR	Jules Janin.
LA REINE MARIE STUART	Amédée Pichot.
MADAME ÉLISABETH DE FRANCE	M. de Lescure.
MADAME DU BARRY	Jules Janin.
MADEMOISELLE DE LA VALLIÈRE	Arsène Houssaye.
HÉLÈNE FOURMENT	Paul Mantz.
LA REINE HENRIETTE DE FRANCE	Desnoiresterres.
LA REINE CHRISTINE DE SUÈDE	Oscar de Précy.
MADAME DE SÉVIGNÉ	Jules Janin.
LADY NUNEHAM	M. de Lescure.
MADAME DE MAINTENON	Desnoiresterres.
LA BELLE FÉRONNIÈRE	Jules Janin.
LA REINE MARIE DE MÉDICIS	Desnoiresterres.
LA REINE CATHERINE DE MÉDICIS	Jules Janin.
LA CENCI	Stendahl.
LA REINE MARIE-THÉRÈSE	M. de Lescure.
MARION DELORME	Jules Janin.
MADAME DE LONGUEVILLE	Clément Caraguel.
LA REINE MARIE TUDOR	Clément Caraguel.
MADAME DE THIANGES	Hippolyte Babou.
MADAME BALZAC D'ENTRAIGUES	Victor Chaynel.
NINON DE L'ENCLOS	Jules Janin.
MADAME ROLAND	Jules Simon.

	Auteurs
L'IMPÉRATRICE JOSÉPHINE	M. DE LESCURE.
BIANCA CAPELLO	JEAN ROUSSEAU.
MADAME DE STAËL	JULES SIMON.
MADAME RÉCAMIER	EDMOND TEXIER.
MADEMOISELLE DE FONTANGES	ARSÈNE HOUSSAYE.
MADAME DE MONTESPAN	ARSÈNE HOUSSAYE.

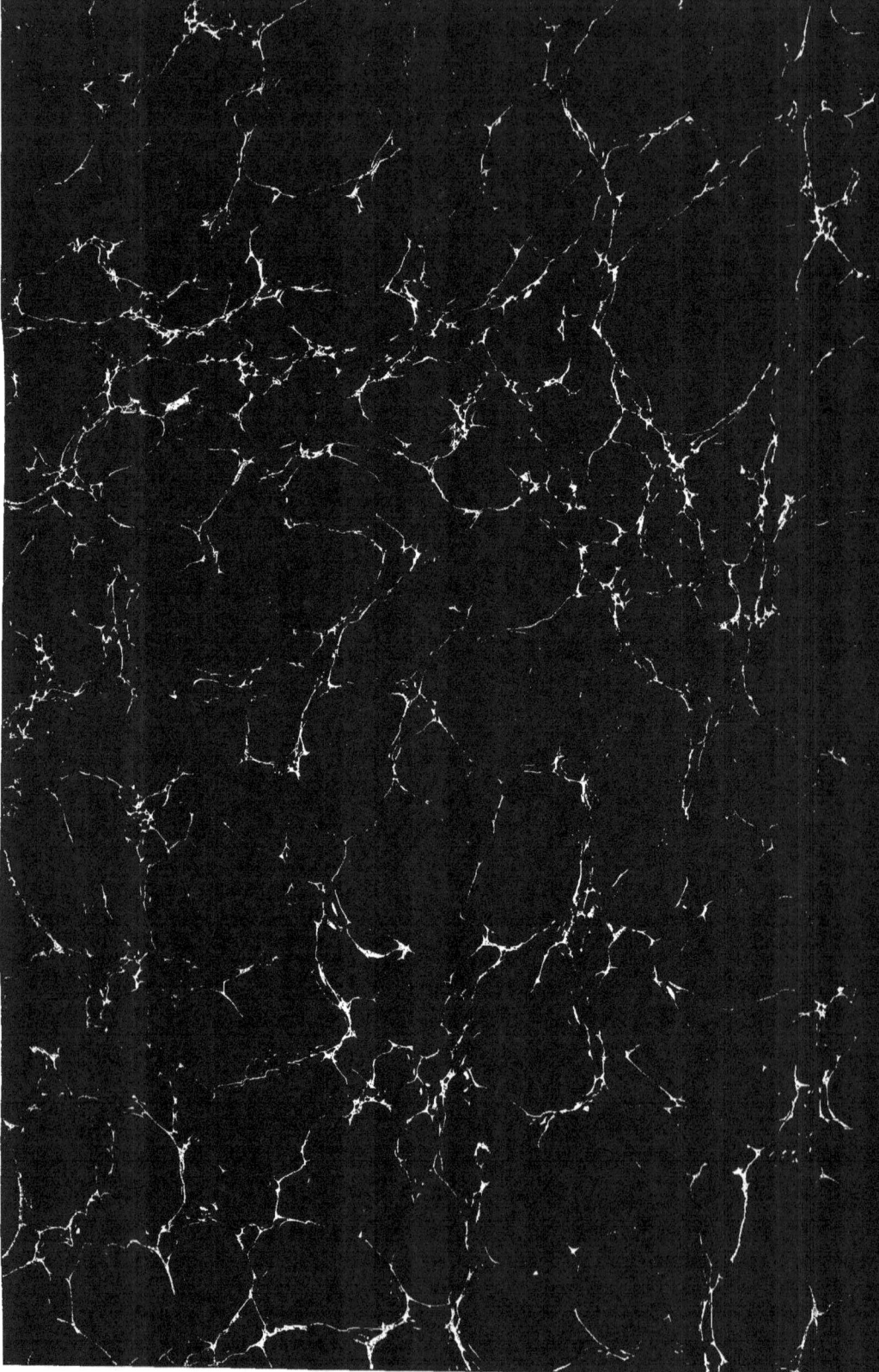

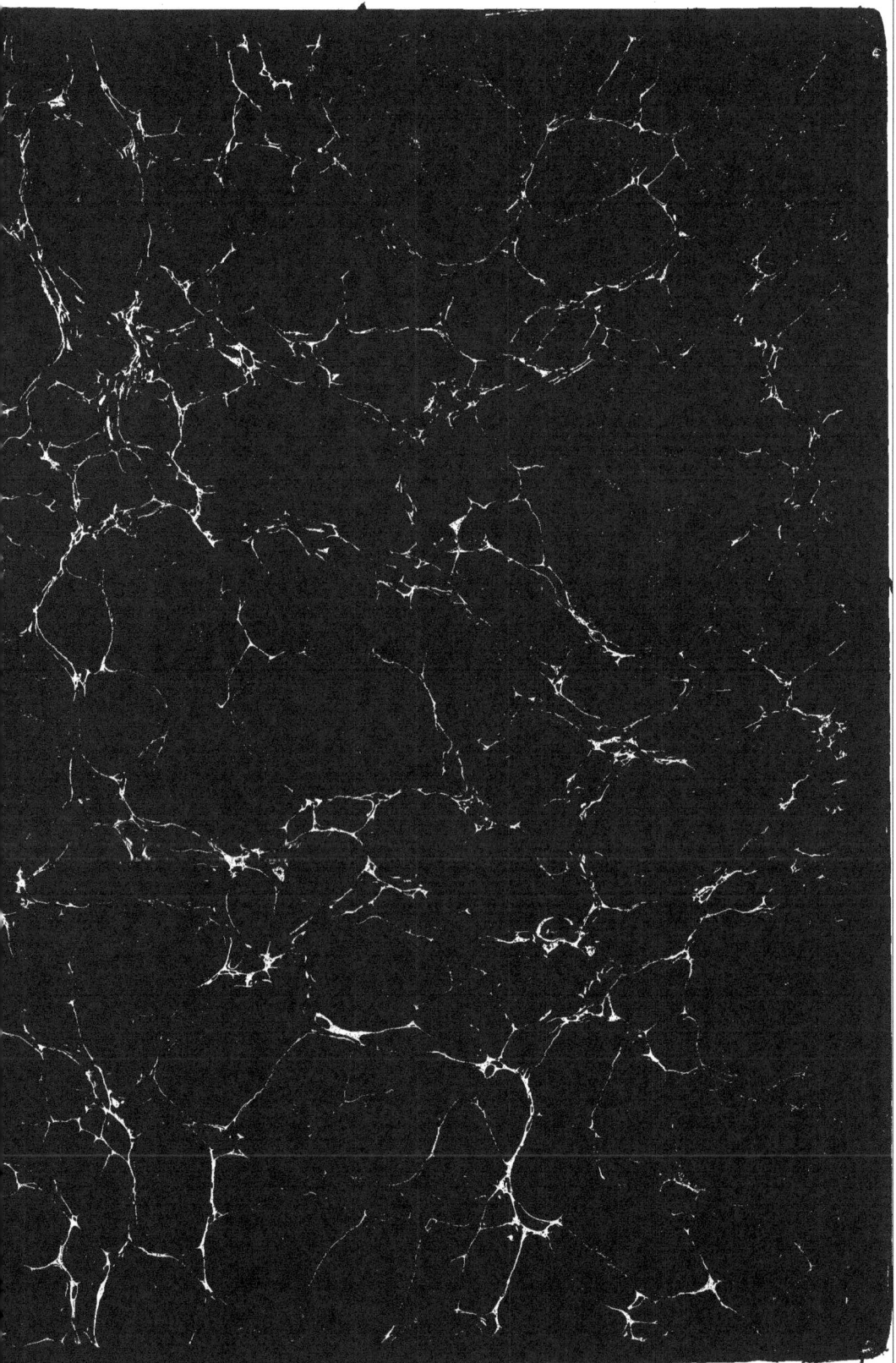

www.ingramcontent.com/pod-product-compliance
Lightning Source LLC
Chambersburg PA
CBHW071943220426
43662CB00009B/971